普通高等教育“十四五”财政与税收专业系列教材
西安交通大学“十四五”规划重点教材

财政学

【第四版】

主编 邓晓兰 宋丽颖
参编 （按姓氏笔画排序）
王俊霞 王晓芳 王爱琴
王　静 王赟杰 刘　华
刘　源 张安钦 陈宝东
邵　鹏 姚公安 徐敏丽
唐　明 鄢哲明

西安交通大学出版社
XI'AN JIAOTONG UNIVERSITY PRESS

内容提要

财政学是研究政府理财的经济学分支，主要研究政府的财务活动及其规律。本教材以“基础理论、支、收、管、控”为逻辑主线，形成中国特色的社会主义市场经济财政学框架，主要介绍财政学理论体系的演进、财政支出与收入的理论，以及税收制度、财政支出与管理体制等内容，探讨政府间财政关系以及财政在国民经济宏观调控中的功能、作用与政策效应。

本教材知识内容体系的展示契合研讨式教学需要，建立专栏资料链接和教辅资源共享包，以鲜活的专栏资料和案例来弥补教学知识内容的抽象性缺陷。教师可以灵活地对专栏资料进行选择、更新和组织课堂讨论；学生课后可以阅读共享资源包提供的参考文献，进行拓展式学习，通过理论联系实际的学习过程将知识融会贯通。

本教材内容覆盖面广，知识系统性强，不仅适用于普通高等教育财政与税收专业，也适用于经济管理类学科的专业核心课程或选修课程，还适用于非经济管理类的其他学科作为选修课教材或自学参考书。

图书在版编目(CIP)数据

财政学 / 邓晓兰，宋丽颖主编. —4版. — 西安 ：西安交通大学出版社，2021.8(2025.8 重印)
普通高等教育“十四五”财政与税收专业系列教材
西安交通大学“十四五”规划重点教材
ISBN 978-7-5693-2225-5

Ⅰ.①财… Ⅱ.①邓… ②宋… Ⅲ.①财政学-高等学校-教材 Ⅳ.①F810

中国版本图书馆CIP数据核字(2021)第138325号

书　　名　财政学
CAIZHENGXUE
主　　编　邓晓兰　宋丽颖
责任编辑　魏照民
责任校对　史菲菲
封面设计　任加盟

出版发行　西安交通大学出版社
(西安市兴庆南路1号　邮编：710048)
网　　址　http://www.xjtupress.com
电　　话　(029)82668357　82667874(市场营销中心)
(029)82668315　(总编办)
传　　真　(029)82668280
印　　刷　陕西思维印务有限公司

开　　本　787mm×1092mm　1/16　　**印张** 20　　**字数** 497千字
版次印次　2021年8月第4版　2025年8月第3次印刷　累计第12次印刷
书　　号　ISBN 978-7-5693-2225-5
定　　价　59.80元

如发现印装质量问题，请与本社市场营销中心联系。
订购热线：(029)82665248　(029)82667874
投稿热线：(029)82668133
读者信箱：897899804@qq.com

普通高等教育“十四五”财政与税收专业系列教材

编写委员会

总　序

中国作为发展中国家，正处于由计划经济向市场经济转型的历史阶段。经济转型不只是经济体制的转变，而是整个社会结构的一场深刻变革，国家、社会、市场以及个人之间的复杂关系正在被重新诠释和构建。伴随着以市场经济为基础的中国新型社会结构的形成过程，必然衍生出新的财政关系，“公共财政”这一新提法便是中国特定语境下新型财政关系的概括。在中国大地上展开的公共财政建设，无疑是借鉴人类共同文明成果基础上的一种制度创新，因为中国从来没有过“公共财政”，而发达国家的“Public Finance”也难以照搬到中国来。中国公共财政的制度建设必将带有中国的特色，那就是地域广袤、人口众多的大国特征和经济社会发展阶段性的历史印迹。

中国的改革、开放、发展进入一个新阶段，面临着经济全球化的新形势，我们如何从理论上对纷繁、复杂、多彩的财政经济现象做更透彻的理解与把握，如何科学地解释、解决经济社会发展和改革中的问题、矛盾与挑战，是理论工作者和实际工作者共同面对的重要任务。中国的发展，中华民族复兴伟业的实现，需要一代又一代人的努力。未来是不确定的，需要我们做好全方位的准备。人才的准备则是最重要的。作为培养各类高素质财经人才的财经类院系，其首要任务就是让学生——未来的财经理论工作者和实际工作者，能够得到科学、严格的专业训练，系统而深入地掌握财经学科的基本原理、基本方法，使之具备足够的能力，为他们将来能够科学地解释和有效地解决复杂的现实财经问题奠定扎实基础。

财经人才的培养，离不开财经教材的建设。这套财政学本科专业系列教材正是从这一宗旨出发，在这方面做了有益的探索。在阐述西方财政基本理论、基本方法的同时，该套教材紧密结合中国财经改革的实践，从理论与现实的结合中尝试形成对中国公共财政的科学诠释和合理的学科体系构架。要做到这一点，其实是很不容易的。其困难在于社会学科是介于科学与艺术之间的学科门类，尽量往“科学”一端靠，也只能是“软科学”。社会科学具有太多的不确定性，包括以价值判断为基础的假设前提、概念的语境变化，以及被观察对象的多变性和在时间维度上的随机性等，使之难以“放之四海而皆准”和永远“正确”。财政学科自然也不例外。例如，自打“公共财政”这个概念提出，争议从来就没有停止过，一个重要的原因就是对其语境的理解不同。“公共财政”的中国语境和“Public Finance”的西方语境有很大差异，语境不同，那么，“公共财政”就不等于“Public Finance”，反之亦然。抽象掉语境，这两个概念是可以互译的，但作为学术概念，则无法互译。因此，在教材建设中，要恰到好处地把中外学术成果融合起来，是相当困难的一件事情。

尽管如此，该系列教材还是尽可能地从“三个结合”上下功夫。

第一，中外理论与现实相结合。该系列教材尽可能吸收国内外同类教材的理论和方法，在此基础上，适当运用一些现实案例进行解读，以使读者有一定的感性认识，并和理性认识相融合。第二，中外已有成果与最新研究成果相结合。在一定意义上，教材是对“比较成熟”的理论和方法的系统梳理，比较稳定，而学术研究则是日新月异，教材很难处于理论前沿。该套教材在介绍已成熟理论与方法的同时，也尽力阐述相关理论、方法的创新点，以使读者感受学术研究的新动向。第三，写作范式上“国际规范”与“中国特色”相结合。学术界一直在讨论经济学在中国发展的“规范化”、国际化、现代化与“本土化”的关系问题。在没有“定论”以前，该系列教材尽力“土洋结合”，以适合国人理解的方式来阐述基本理论和方法，努力做到深入浅出，通俗易懂。

该系列教材的作者来自全国十几所院校，他们接受过现代经济学、管理学的系统训练，大都是经济学博士，而且从事教学科研工作多年，他们对中外理论研究和现实状况有较全面和深入的了解，为这套系列教材在融合中外学术成果的基础上再上新台阶提供了条件。教材建设是一个长期的动态过程，同样需要与时俱进。该套教材也许还有种种不足之处，甚至存有缺陷，但以发展的眼光看，任何尝试都是值得的，都是对学界的一份贡献。

刘尚希

2007 年 3 月 26 日于北京

第四版前言

财政学作为相对独立的学科已有近三百年的历史，随着社会经济的发展，财政学科研究领域不断拓展，但“在教材建设中，要恰到好处地把中外学术成果融合起来，是相当困难的一件事情”。财经人才的培养需要国际视野与中国特色相结合的高质量的教材，财政学人为此不断努力。这本《财政学》教材于 2007 年首次出版，2010 年第二版修订，2015 年第三版修订，2021 年第四版修订。此版教材的修订，以习近平新时代中国特色社会主义思想为指导，贯彻落实党中央的理论创新和政策创新思维，及时反映中国财政改革进程，尽量在教材内容上体现党的十八大和十九届三中全会提出的“财政是国家治理的基础与重要支柱”的精神。教材修订的原则思路是将马克思主义政治经济学理论、西方公共经济学理论与中国特色社会主义市场经济理论相结合，理论阐释与实证分析相结合。教材主体内容上，以“基础理论、财政支出、财政收入、管理制度、政策调控”为逻辑主线，探索构建中国特色的社会主义市场经济财政学框架。

本版教材主要修订的内容如下：

第一，对财政学教材结构体系进行了适当调整，由第三版的 15 章压缩为 14 章。从过去强调各章节内容全面转向注重知识架构、展现核心内容。首先，增强了基础理论阐释，本版教材一至四章为基础理论部分，运用马克思主义政治经济学理论与西方公共经济学理论阐明公共财政存在的理论依据。其次，缩减了介绍财政收支具体内容的章节，将非税收入压缩并入财政收入概论一章，将主要财政支出项目合并为一章，着重分析财政支出项目的作用。

第二，在教材内容知识体系展示方面，根据研讨式教学需要，教材内容重在相关理论阐释与现实问题分析相结合，并在相关章节以资料链接形式加入鲜活的专栏资料与案例，切合章节的理论知识点给出分析思考提示，引导学生关注现实财政经济问题，进行拓展式学习，通过理论联系实际的分析过程将知识融会贯通。

第三，以培养学生将财税理论知识运用于分析现实社会经济问题的思维习惯，提高学生分析和研究问题的能力为目标，在每章末尾设计了复习思考题。旧版教材每章后面的复习思考仅仅是围绕教材内容的知识点列出问答题目，学生阅读教材即可以找到答案。此版教材改变了提问方式，要求学生根据所学理论知识联系实际，阅读相关资料或者收集相关数据，进行分析评价并写出研究报告，以此引导学生改变填鸭式学习方式而进行探究式学习。

第四，教材内容与教学方式改革相融合，建立共享教学资源包，作为教辅材料。线下与线上教学方式相融合的改革趋势要求课堂教学与网络平台结合，这对教材编写提出了新的要求。为此，编辑研讨式、探索性、开放式的学习内容，将动态交互性的内容建立共享教学网络资源包，更加动态地呈现教学内容即教学过程。教材每章末增加了要进一步参考阅读的文献和课件，使用者可通过扫描二维码获取教学参考资源。

本教材的特色是尽可能地将财政学中西学术成果融合，将理论阐释与分析现实财政经济问题相结合，教材内容紧跟时代脉络，力图及时反映财政改革发展进程，中西兼容，汇集各家观点，甚至引入具有理论争鸣意义之说，并在介绍财政实践活动的章节不乏国际比较。教材内容的结构传承了财政学界泰斗邓子基等财政学前辈建立的“收、支、管、平”的逻辑体系，又在“古为今用，洋为中用”方面下功夫，有些内容以分析研究的范式加以阐述。此版教材修订由西安交通大学经济与金融学院邓晓兰教授提出大纲和修订指南，并组织编写。西安交通大学和国内数所高校教师参与了此版教材的修订，修改比重达60%以上，有些章节甚至全面改写。人员修订分工具体如下：第一章由南京工业大学政法学院讲师王晓芳完成；第二章由西安交通大学教授宋丽颖、博士生张安钦完成；第三章由西安交通大学助理教授刘源完成；第四章由西安交通大学助理教授王爱琴完成；第五章由西安工程大学副教授邵鹏完成；第六章由湖南大学唐明教授完成；第七章由西安财经大学讲师王静完成；第八章由西安外事学院副教授王赟杰完成；第九章由西安交通大学副教授姚公安完成；第十章由西安交通大学讲师刘华完成；第十一章由西安交通大学教授王俊霞完成；第十二章由西安工程大学副教授陈宝东完成；第十三章由西安交通大学副教授鄢哲明完成；第十四章由江南大学副教授徐敏丽完成。全书由西安交通大学教授邓晓兰负责总纂定稿。

我们在本书的编写与修改过程中广泛借鉴和吸取了国内外学者与媒体的文献成果，在此诚表谢意。教材出版得到了西安交通大学出版社的大力支持，特别是魏照民编辑一如既往地关注、支持该教材的编撰修订工作，为该教材的出版与再版付出了大量的心血，再次表示由衷的感谢。由于我们水平有限，加之我国的经济学理论不断发展，本书一定存在不足与疏漏之处，恳望广大读者批评指正。

邓晓兰

2020年12月于西安

目　录

第一章 导 论

本章主要研究和阐述财政起源与发展、财政学理论体系的演进以及财政学研究对象与方法等内容。本章学习要求：①了解财政的起源与发展，国家、经济与财政之间的关系，以及各种经济形态下财政的特征；②掌握公共财政的概念与特征、财政学研究对象与方法；③理解财政理论演进发展的脉络。

第一节 财政起源与发展

一、财政的概念

“财政”这个名词在中国官方的文件中出现，大约始于光绪年间，见于1898年戊戌变法“明定国是”诏书，其中提到“改革财政，实行国家预算”。1903年清政府设财政处，为官方用财政名称之始。在国外，“财政”一词最早于13—15世纪出现在拉丁文中，意为结算支付期限、支付款项、确定罚款支付等。19世纪“财政”概念进一步得到明确，指国家及一切公共团体的理财，英语为“finance”。19世纪末，日本引进西方“finance”一词，同时借鉴中国古代的“财”与“政”的词意，创立“财政”词语。1882年日本率先使用“财政奏折”一词。19世纪90年代，财政一词由日本传入我国。新中国成立后，建立了与计划经济体制相适应的国家财政模式，1992年社会主义市场经济体制确立后，符合市场经济体制发展要求的公共财政概念引入我国，理论界又开始对财政的含义进行重新定义。基本达到共识的定义是，公共财政是与市场经济体制相适应的一种财政类型，是指国家集中一部分社会资源，用于为公众提供公共产品和公共服务，满足社会公共需要的财政分配活动或政府经济行为及其经济关系。

二、国家、经济与财政

（一）财政的起源

财政是人类社会发展到一定历史阶段的产物，以生产力和生产关系不断发展为基础，随着国家的产生而产生。因此，财政既是一个历史范畴，也是一个经济范畴。财政的产生需要两个前提条件，一个是经济条件，一个是政治条件。

剩余产品的出现是财政产生的经济前提条件。原始社会之初，社会生产力水平十分低下，产品没有剩余，需要平均分配才能维持生存。原始社会末期，由于社会生产力的发展，产品出现了剩余，促进了私有制和阶级的产生，人类社会从无阶级的原始社会过渡到有阶级的奴隶社会，随之产生了国家。私有制逐步成为整个社会的经济基础，社会日益分裂为根本利益互相对立的阶级，处于有利地位的阶级要维护既得利益就需要统治暴力工具即国家机构，为维持国家机构运转会凭借政治权力参与社会产品的分配，去实现政治、经济和公共管理职能，满足社会公共需要。简言之，为维持国家机构的存在并保证其职能实现，国家必须凭借政治权力从社会产品分配中占有一部分国民收入，便产生了财政这种特殊的分配活动。

(二)国家与财政

国家是阶级统治的工具，而财政则为国家实施并实现其职能提供财力，财政是国家的经济行为或以国家为主体的分配活动。财政作为国家政权的经济支柱，既是政府收入和支出的反映，又体现经济资源在国家和企业法人、公民之间的分配，深刻地涉及和联动一国所有公共事务的政治决策过程。财政由国家政权的性质所决定，与人民的地位、现代法治的形成等密切关联。

恩格斯对财政与国家的关系进行了明确论证。“国家是社会在一定发展阶段上的产物；国家是承认：这个社会陷入了不可解决的自我矛盾，分裂为不可调和的对立面而又无力摆脱这些对立面。而为了使这些对立面、这些经济利益互相冲突的阶级，不致在无谓的斗争中把自己和社会消灭，就需要有一种表面上凌驾于社会之上的力量，这种力量应当缓和冲突，把冲突保持在‘秩序’的范围以内；这种从社会中产生但又自居于社会之上并且日益同社会相异化的力量，就是国家。”①“国家是整个社会的正式代表，是社会在一个有形的组织中的集中表现”②，其活动的经济体现集中表现为财政分配。因此，财政分配的主体只能是国家，这包括两层基本含义：第一，在财政分配的各项收支活动中，无论是收支的形式、渠道，还是收支的规模、比例等都由国家确定，而参与的另一方总是处于被动的和从属地位，是按照国家规定行事的具体执行者。第二，国家在一定时期内的政治、经济政策常常要通过财政分配活动体现出来，财政是贯彻国家政治、经济政策的重要手段。因此，财政就是国家为了维护并依靠它所拥有的公共权力占有一部分社会产品，从而从整个社会产品的分配中独立出来的一种以国家为主体的分配活动，明确财政是政府的一种经济行为，有利于理解国家与财政之间的关系。

(三)经济与财政

财政是一个特殊的经济范畴，基于马克思主义唯物辩证法，经济与财政之间是辩证关系，经济决定财政，财政反作用于经济。在社会主义市场经济条件下，市场经济水平决定公共财政水平，只有加快经济的发展，提高经济发展质量，才能保证财政“唯有源头活水来”。财政收入规模的增加最终依赖于经济规模的增加和经济运行质量的提高。经济发展的规模越大，速度越快，质量越高，财政分配的规模和效益越大；反之，财政分配规模和效益就越小。同时，财政影响经济发展，即财政收入规模、增长速度与分配情况影响经济发展规模、增长速度和效益，影响产业结构的走向；财政分配在社会产品再分配中居于主导地位，对工资分配和价格分配等分配问题的各个方面发挥支配作用，影响着国民经济结构和经济增长。

---

① 马克思，恩格斯．马克思恩格斯文集：4卷[M]．中共中央马克思恩格斯列宁斯大林著作编译局，编译．北京：人民出版社，2009：189.

② 马克思，恩格斯．马克思恩格斯全集：3卷[M]．中共中央马克思恩格斯列宁斯大林著作编译局，编译．北京：人民出版社，2009：320.

三、各经济形态下的财政特征

财政作为一种以政府为主体的分配方式或资源配置方式，在不同的社会经济形态与体制下，财政的本质与特点是不同的。人类社会迄今为止存在着三种经济体制，相应有三种财政类型。这就是与自然经济相适应的“家计”财政，与市场经济相适应的“公共”财政，以及与计划经济相适应的“国家”财政。

（一）自然经济中“家计”财政

自然经济条件下，奴隶制和封建制王室财政模式统称为“家计”财政。由于“普天之下莫非王土，率土之滨莫非王臣”，因此，整个国家的财产，不管实际掌握在谁手中，最终都来源于君主，或为君主所有。在这种情况下，国家财政与王室财务并无本质的区别。由于君主直接掌握着土地等重要的生产资料，因而当时财政收入的主要来源并不是以公共权力的身份获取的税收等公共收入，而是来源于王室的财产收入或特权收入，如地租、专营收费等。而财政支出也基本都是满足王室和整个官吏阶层的消费性需要，即使存在兴修水利、防灾救灾等公共项目开支，其目的也是君主维护自己“家天下”的统治之稳固。由于君主的命令即是法令而导致的财政收支的随意性以及王室财政的不受监督则更是一个普遍现象。由此可见，尽管当时的财政活动也是以国家的名义强制地、无偿地参与国民收入的分配，但是国家的代表是君主，不管是政治权力，还是财产权利，君主都可视其为“私权”。在这种历史背景下，“私人”与“公共”的区分因为缺乏对应的参照系而成为不必要，国家财政自然而然成为王室的“家计”财政。

（二）计划经济中“国家”财政

计划经济体制下的财政又称“国家”财政。“国家”财政不是一般的以国家为分配主体的财政模式，而是特指在计划经济体制下的一种财政运行模式，故而在国家二字上打上引号。“国家”财政不同于“家计”财政，作为财政主体的国家完全摆脱了“家计”财政下“君临天下，唯我独尊”的状态，在政治上，国家是全体人民利益的代表，是全民所有制财产的所有人，根本不能再存在国家财政与个人财务相混淆的情况。“国家”财政也不同于“公共”财政，它建立在全民所有制和集体所有制基础之上，虽然从政治上而言人民的利益和需要摆在第一位，但在经济实现途径上，国家利益和国家需要至高无上，而个人或企业的利益即使不是完全否定，也是被压抑到尽可能低的程度。建立在私人需要基础上的公共需要也缺乏产生的土壤，“国家财政论”强调阶级性，认为社会主义国家财政取之于民用之于民。“国家”财政的特征是高度集权、集中分配，它是计划经济体制运行的财力保障。

（三）市场经济中“公共”财政

公共财政是指在市场经济条件下国家提供公共产品或服务的分配活动或分配关系，是满足社会公共需要的政府收支模式或财政运行模式，是与市场经济相适应的一种财政类型，是市场经济国家通行的财政体制和财政制度。“公共”财政站在公共需要的角度要求政府提供财政服务、筹集公共收入，这是人们观察财政问题的一个新视角。它尊重了市场在某些领域失效的客观事实，突出了为满足公共需要而进行财政支出的地位，将财政收入的筹集活动限制在财政支出适应公共需要这一个限度内。这对于国家职能的转变，对于督促国家财政更好地为市场经济提供高效优质服务提供了理论突破口。公共财政具有以下三大特征。

第一，公共性。公共财政是“公共”的财政，即公共财政着眼于满足社会公共需要。公共财政要求每一笔政府收支都必须建立在公众根本利益的基础之上，必须由代表全体人民的人代会来决定。公共财政的职能范围是以满足社会公共需要为口径界定的，凡不属于或不能纳入社会公共需要领域的事项，财政就不去介入；凡属于或可以纳入社会公共需要领域的事项，财政就必须涉足。社会公共需要涵盖的范围颇广，包括政府执行其职能以及执行某些社会职能的需要，诸如行政、国防、文化教育、卫生保健、生态环境保护的需要，也包括基础设施、基础产业、支柱产业和风险产业的投资；从广义上讲，还包括为调节市场经济运行而采取各种措施和各项政策提供的服务等。综上所述，财政的运行完全以满足社会公共利益的需要为出发点和落脚点，作为财政分配主体的国家或政府没有独立的特殊利益，不得超越市场机制活动的界限，行使其分配权力，对待市场经济活动的其他主体应该坚持一视同仁的公平原则。公共性是公共财政模式最主要的特征。

第二，非营利性。公共财政的收支安排是以公共利益的极大化，而不是以政府投资赚钱或带有投资赚钱的因素为出发点和归宿。公共财政的非营利性决定于政府活动和公共财政的公共性，在市场经济条件下，政府作为社会管理者，其行动的动机不是，也不能是取得相应的报偿或营利，而只能以追求公共利益为己任。其职责只能是通过满足社会公共需要的活动，为市场的有序运转提供必要的制度保证和物质基础。即便有时提供的公共物品或服务的活动也会附带产生数额不等的收益，但其基本出发点或归宿仍然是满足社会公共需要，而不是营利。其表现在财政收支上，即：财政收入的取得，要建立在为满足社会公共需要而筹集资金的基础上；财政支出的安排，要始终以满足社会公共需要为宗旨。

第三，法治性。公共财政是法治化的财政，即公共财政收支行为具有规范化与法治性。一方面，政府的财政活动必须在法律法规的约束规范下进行；另一方面，通过法律法规形式，依靠法律法规的强制保障手段，社会公众得以真正决定、约束、规范和监督政府的财政活动，确保其符合公众的根本利益。公共财政以满足社会公共需要为基本出发点，与全体社会成员的切身利益直接挂钩。不仅财政收入要来自社会成员的缴纳，财政支出要用于向社会成员提供公共物品和服务的事项，而且财政收支出现差额带来的成本和效益，最终仍要落到社会成员的身上。市场经济是法治经济，如果没有法律的规范，人们就无法正常开展市场活动。政府活动和行为也应当置于法律的根本约束和规范之下，财政作为政府直接进行的活动，在市场经济条件下显然也必须受到法律的约束和规范，从而具有了法治性。

[资料链接 1-1]

“公共财政”概念的由来

如果不做过细的考证，我国最早出现有关“公共财政”的提法，大约始自20世纪80年代初期的一部译著，译者在翻译出版美国经济学家阿图·埃克斯坦的 *Public Finance* 一书时，正式使用了《公共财政学》的书名（张愚山），此前人们一直将“public finance”一词翻译为财政学或财政。由财政到“公共财政”，应当说是一个不小的变化。但是，或许是当时的财政实践还没有对财政理论提出创新的要求，或许是人们当时未能意识到“公共财政”这一概念所具有的另外含义，这一提法并没有引起当时学术界太多的关注，仅仅是当成一个不同的表述而已。此后较长的一段时间之内，人们也未赋予它什么特殊的意义。

随着经济体制转轨，财政也在转轨。但如何转，一直都是“摸着石头过河”，给企业、地方政府让利放权是20世纪80年代的主要做法。以让利放权为主要内容的转轨给财政压力很大，全国财政收入占国民收入的比重不断下降，中央财政收入占全国财政收入的比重一同下降，财政相当困难，尤其是中央财政曾经一度要向地方财政借债过日子。“两个比重”下降，迫使实际部门开始考虑从财政支出上寻求出路，试图通过调整财政支出结构来压缩支出规模，以减轻财政压力。但面对着在计划经济体制下形成的无所不包的支出格局，支出结构的调整显得十分艰难，而且在理论上也说不清楚应该“保什么”“压什么”。尽管当时也有了“越位”和“缺位”的说法，但找不到一个衡量的理论尺度。

1992 年邓小平南方谈话之后，情况开始发生了大的变化。社会主义制度下也可以搞市场经济被正式肯定之后，西方市场经济国家的体制自然而然地成为我们设计体制模式的样板。财政转轨自然也不例外，市场经济基础上的西方财政也就成为我们的参照物。1992 年正式提出建立社会主义市场经济体制之后，学术界在探讨中国财政改革的目标模式时已经明确提出了“公共财政”，并认为是改革的方向和目标。厦门大学的张馨教授是这方面最具有代表性的人物。直到 1998 年，“公共财政”这个概念正式纳入政府的决策之中，明确提出了建立公共财政体系。从此，“公共财政”便成为政府财政改革的方向和目标。尽管学术界仍有争论，但不妨碍这个说法成为财政改革进入新阶段的一个标志。构建与社会主义市场经济相适应的财政运行机制，成为“公共财政”概念下的改革主题。

资料来源：刘尚希.“公共财政”概念的由来[J].经济研究参考，2009(70)：16.

第二节　财政学理论体系的演进

一、古典经济学的财政观

英国古典政治经济学是 17 世纪中叶至 19 世纪 30 年代初反映英国资产阶级利益和要求的经济思想。从重商主义向古典政治经济学过渡的代表人物威廉·配第，处于产业资本逐渐代替商业资本在社会经济生活中占据主要地位的时代。他在逐渐摆脱重商主义的影响中，把政治经济学研究从流通领域转到生产领域，对资本主义生产的内部联系做了一定的考察，最先提出劳动价值论的基本观点。他的财政思想和财政政策主张是：按国家的职责把财政支出分为军事、行政司法、宗教、教育、社会事业和公共土木等六个项目。他认为财政支出应以提高国家的生产率、振兴产业为目标，主张削减前四项支出。在税收方面，他认为政府的税收应做到公平合理，对纳税人一视同仁，税收负担要相对固定，避免临时加税。他还主张用单一国内消费税来取代其他税种，以利于资产阶级加速积累的过程。他的代表作《赋税论》既是一部政治经济学著作，同时也为财政学的创立奠定了基础。

第一个从理论上系统阐述财政理论的经济学家是英国古典经济学派的代表人物亚当·斯密。他在 1776 年发表了《国民财富的性质和原因的研究》（即《国富论》）的著作，从而创立了财政学。在此之前，全部财政学都纯粹是国家的，从属于国家本身。他关于国家职能及财政作用的观点，体现在其代表作《国民财富的性质和原因的研究》第五篇“论君主和国家的收入”和《关于法律、警察、岁入和军备的演讲》中。他从社会分工开始，建立自己的货币学说、价值学说、阶级和收入学说以及资本和再生产学说，并在这个基础上探讨财政问题，从而把财政学融于政治经济学之中。他从流通领域到生产领域，从现象到本质，探讨财政与经济的内在联系，把财政升华为名副其实的经济范畴，把财政学作为政治经济学的有机组成部分。斯密认为：有一只看不见的手在操纵着经济的运行，使得人人为自己的经济活动最终产生一个大家都获利的社会结果。市场经济既然有如此神妙的作用，对它的任何干预就都是不可取的，政府只要能像“守夜人”那样，防止外来侵略和维持国内治安。基于此，他提出了如下财政原则：①在税收方面提出了“公平、确定、简便和征收费用最小”四原则；②在财政支出方面提出了厉行节约原则；③在财政收支平衡方面提出了“量入为出”的原则；④在财政目标方面提出了“廉价政府”应成为财政所要追求的最高目标。这就是斯密勾勒的财政学的基本框架。《国富论》的问世，使西方财政理论发展成为一个比较完整的体系。亚当·斯密的财政思想及其政策主张，经过让·巴·萨伊、大卫·李嘉图、约翰·斯图尔特·穆勒和庇古等人的继承和发展，对西方各国财政理论的发展产生了极其深远的影响。

让·巴·萨伊是古典经济学派另一位代表人物，他以“萨伊定律”闻名于世。萨伊从“公共消费”开始分析财政问题。1803 年萨伊出版其代表作《政治经济学概论》，把自己的财政思想和理论作为这部经济学著作的一个组成部分。该书第三篇主要阐述财政问题，分析国家公共消费问题、税收问题和公债问题。萨伊认为，公共消费是私人消费的集合，是政府履行职责时购买并消费的个人劳务的集合，是为了对外防御、对内保护私人利益。萨伊也持财政活动的非生产性的观点，赞同“小政府”和“小财政”。在征税问题上，他提出“在最低程度上妨害再生产”的原则，这与当代“税收中性”的原则是一致的。在公债问题上，萨伊基本依据的是斯密的主张。

英国经济学家大卫·李嘉图于 1871 年出版的《政治经济学及赋税原理》(又称《赋税论》)一书中表述的财政观点继承了斯密的思想，在许多方面也有所丰富和发展。在赋税问题上，李嘉图和斯密的观点有所不同。李嘉图认为税收对现有资本有损害，因而他反对对资本的课税，“因为征收这种赋税，就会损害维持劳动的基金，因而也就会减少国家将来的生产”。而斯密认为税收是人民的非生产性支出转为国家的非生产性支出，对现有资本并无损害。在公债问题上，李嘉图则与斯密一样持否定态度，认为举债是将生产性资本转向非生产性消费，影响资本积累。斯密和李嘉图的财政思想是资本主义上升发展时期的集中体现。

二、现代经济学的财政观

(一)凯恩斯学派的财政观

20 世纪 20 年代末、30 年代初的经济大危机，催生了以宏观经济分析为主要特色的凯恩斯主义经济学，财政学也因此在资产阶级经济学体系中占据了显赫的位置。1936 年凯恩斯发表了著名的《就业、利息和货币通论》，凯恩斯认为，资本主义制度的弊端在于需求不足，为了实现充分就业，必须借助于政府的力量，政府只当“守夜人”的教条必须抛弃。财政支出直接就可形成社会有效需求，从理论上说，它可以完全弥补私人部门需求的不足部分，使得经济达到充分就业均衡。从这个意义上说，政府应当倚重财政政策来解决经济危机和失业问题。凯恩斯的理论提出之后，引起了西方经济学界的震动。许多经济学家放弃了庸俗经济学的传统观点，而追随凯恩斯，并对《就业、利息和货币通论》加以补充和发展，形成了凯恩斯主义学派。其主要代表人物包括美国的 A. H. 汉森、P. A. 萨缪尔森，英国的 J. V. 罗宾逊、P. 斯拉法等人。

凯恩斯学派的主要财政观点和政策主张是：①实行国家干预的经济和财政政策。凯恩斯提出有效需求不足理论，认为经济危机是由于有效需求不足即消费需求和投资需求不足引起的。要消除经济危机，必须刺激有效需求。因此，政府必须扩大财政开支，大量发行公债，推行财政赤字政策。汉森则把财政赤字政策和经济周期联系起来，认为在萧条时期，政府应推行赤字预算的政策，以弥补有效需求不足；在繁荣时期，应推行预算盈余的政策，以减少有效需求。这种旨在调节有效需求以熨平资本主义经济波动的政策，被称为补偿性财政政策。②把税收作为调节社会经济的重要手段。凯恩斯认为国家应通过改变租税体系，限定利率或其他方法，指导和刺激消费需求。后凯恩斯主义还把税收和投资联系起来，根据国家干预经济的需要，实行增税或减税，以谋求缓和经济衰退。汉森主张利用快速折旧鼓励企业投资。美国的C. R. 麦克康纳认为，个人所得税、公司所得税对调节供求关系有着自动稳定的作用。③用发行公债的办法来弥补财政赤字。他们认为通过举债，可以扩大政府购买支出，兴办和扩大公共投资，弥补私人消费之不足，达到增加就业、繁荣经济的目的。

(二)反凯恩斯学派的财政观

凯恩斯主义在西方财政学界盛行一段时间之后，到20世纪70年代初，当通货膨胀席卷西方世界，而失业率却未能像其理论所预示的那样大幅度降低时，人们逐渐对它产生了怀疑。以米尔顿·弗里德曼为代表的一批经济学家借此发动了一场对凯恩斯传统的“反革命”，其中主要有货币主义学派、供给学派和理性预期学派。

1. 货币主义学派的财政观

货币学派以米尔顿·弗里德曼为主要代表人物，该派认为政府应该从对市场的干预中解脱出来，最大限度地让市场发挥作用；控制通货膨胀比减少失业更具有现实意义；主张从压缩财政支出入手，控制通货膨胀；反对用减税和扩大政府开支等扩张性财政政策来刺激经济；主张以单一规则的货币政策代替凯恩斯主义的财政货币政策。

2. 供给学派的财政观

供给学派代表人物为A. B. 拉弗、P. C. 罗伯茨等人，因强调经济的供给方面，认为需求会自动地适应供给的变化而得名。其重新肯定了萨伊定律，把滞胀的原因归咎于凯恩斯主义的经济政策。供给学派反对凯恩斯的赤字财政政策，供给学派竭力主张大幅度减税，特别鼓吹降低边际税率的作用。他们认为减税能刺激人们多工作，更能刺激个人储蓄和企业投资，从而大大促进经济增长，并可抑制通货膨胀。他们还宣称，减税后政府税收不致减少，还会增多。拉弗首次把税率与税收的关系制成模型，画在直角坐标图上，这就是以拉弗命名的拉弗曲线。

3. 理性预期学派的财政观

以卢卡斯为首的理性预期学派以其鲜明的有别于凯恩斯正统经济的理论和政策主张而引人注目。该学派的两个理论前提是：理性预期假说和持续的市场出清。他们认为，竞争性市场可以很快使经济恢复到充分就业状态，大萧条只是一种反常的现象。如果政府运用财政政策对经济活动进行干预，那么人们就会根据政策对未来可能产生的影响做出预期，从而调整自己的行为，这样做的结果是政策无效。尽管该学派认为财政是无效的，但也提出自己的政策主张：政府在使用政策时，一定要注意政策的“信誉”，保持政策的连续性。政府的财政政策应该保持公开、稳定的税率，使税收正好能够满足政府的开支。

(三)公共选择学派的财政观

当学者们围绕着凯恩斯展开无休止的争论时，以布坎南和图洛克为首的一批经济学家在财政学的一个重要领域中取得了重大的理论进展。他们将财政作为公共部门经济，集中研究社会公共需要及满足这一需要的产品——公共物品——问题,分析了决定公共物品的生产及分配的过程,以及生产公共物品的机器——国家——的组织和机构。通过投票论、政治联盟论、官僚主义论和制度选择论等,布坎南等人运用经济分析的方法研究了政治制度的运行,其中,财政问题始终居于研究的中心。这一学派被称为“公共选择学派”。自布坎南摘取了1986年诺贝尔经济学奖的桂冠以后,该学派的理论也引起了西方财政学界的广泛注意,其中的很多观点已经被写入财政学的各种论著之中。

公共选择理论既承认市场缺陷,也承认政府缺陷。该理论认为人们不能先验地认为市场和政府孰优孰劣。问题的实质是如何在市场和政府间进行选择。有时,市场缺陷并不必然意味着需要政府干预,因为政府干预的效率也无法保证。在这种情况下,首先要进行市场缺陷和潜在的非市场缺陷(政府缺陷)的比较,才能得出适当的结论。也就是说,对于两个参加比赛的乐手,不能只听了第一个乐手的演奏感到不满意,就把奖杯授予第二个乐手。对于那些存在市场缺陷,而且经过比较后必须选择政府干预的领域,也要采取种种制度的、技术的措施来严格限制政府权力,以防滥用。

(四)新凯恩斯主义经济学派的财政观

当代西方财政理论中最值得注意的是新凯恩斯主义经济学派,其代表人物有哈佛大学教授曼昆、萨默斯和麻省理工学院的布兰查德、罗泰姆伯格等。他们认识到原凯恩斯主义的不足,因而主张以工资、价格黏性取代工资、价格刚性。其主要特点:一是在财政政策上主张“适度”的国家干预,如果没有紧缩性政策通货膨胀会更严重,没有扩张性政策失业会更严重;二是用许多数学模型来阐述经济政策主张,但很少将对策具体化,缺少可操作性措施。

新凯恩斯主义经济学派认为,即使存在理性预期,政府的经济政策仍可发挥效力。财政支出的增加会产生溢出效应,通过乘数增加未来收入。政府必须通过收入再分配增进公平,通过税收补贴消除外溢性,通过政府投资提供公共产品。他们在分析中加入经济当事人最大化和理性预期的假设,与原凯恩斯主义注重对经济进行“数量”的调节相比,他们更关注财政政策调节经济的“质量”,其财政政策主张不仅使美国经济取得了成功,更重要的是该学派重新审视了以往的国家干预经济理论并综合了各派的观点,它代表了当代财政理论与政策的演变趋势。

总之,从财政理论的发展历史来看,财政职能范围和作用方式是随着市场经济的发展而变化的。从古典和新古典的市场自动均衡而得出的政府“守夜人”角色是和市场机制占主导地位的自由资本主义相适应的;为熨平经济周期、促进社会公平而产生了政府大规模干预;经济滞胀所暴露的政府缺陷又导致了强调市场作用的回归。这是一种螺旋式的调整,使得政府和市场的关系更加清晰,财政在市场经济中的职能定位更加明确。

三、新中国的财政理论观

新中国财政理论基于马克思主义政治经济学原理,在吸收和借鉴西方财政理论的基础上,逐步形成了若干有影响的学术流派,从不同角度探索了财政的内涵和外延,形成了具有中国特色的财政理论体系。主要有国家分配论、价值分配论、国家资金运动论、剩余产品分配论、社会再生产前提论、社会共同需要论、新市场财政论等理论学派。

(一)计划经济时期中国财政理论观

新中国建立后,中国在借鉴苏联财政理论体系的基础上,结合社会主义计划经济体制建设的客观需要,经过不断探索与实践,逐步形成了具有中国特色的社会主义财政理论,具有代表性的财政流派如下。

1. 国家分配论

国家分配论是中国财政理论界的主流学派,认为财政是“以国家为主体的分配活动”,财政的本质是“以国家为主体的分配活动和分配关系”,是国家分配主体性和集中性的体现。国家分配论认为社会主义财政的本质是无产阶级专政的国家为实现其职能分配社会产品和国民收入而形成的分配关系,它具有“取之于民、用之于民”的本质特征。国家分配论认为国家财政活动的五大基本要素是:财政分配的主体是国家(政府),客体是社会产品或国民收入剩余产品,形式主要是强制、无偿的价值分配,依据是国家的公共权力或政治权力,目的是满足国家实现其职能的需要①。国家分配论认为国家财政具有资源配置、收入分配、调控经济与监督管理职能。

2. 价值分配论

价值分配论强调财政分配的价值形式,认为财政是国家以价值形式进行社会产品和国民收入的分配而形成的分配关系。“国家参与价值的分配,必然在社会的多个方面,首先是在各个阶级之间形成一系列的分配关系。而这些分配关系——国家分配价值所发生的分配关系,就是财政现象的本质。”②以 20 世纪 60 年代王亘坚提出的观点为代表,该理论与“国家分配论”不同的是把分配局限于“价值”范畴。

3. 国家资金运动论

国家资金运动论以 20 世纪 60 年代李成瑞提出的观点为代表,认为“社会主义财政,作为社会主义经济关系的一部分,区别于其他社会主义经济关系,在于它是社会主义国家资金所体现的种种经济关系”,而“国家资金是指社会主义国家所能掌握和运用的全部资金,资金的形成、分配、周转、使用等一系列运动,都体现了国家各方面的经济关系”③。国家资金运动论认为财政属性只属于经济基础的范畴,并且作为一种特殊的经济范畴。安体富把财政放到社会总资金的运动中进行研究,他认为“无论是一般经济分配或者财政分配,它们都是对社会产品的分配,都是一种经济关系,因而都属于经济范畴”④。

4. 剩余产品分配论

剩余产品分配论强调财政的本质特征是对于剩余产品的分配,体现的是国家、集体、个人之间对剩余产品的分配关系。该理论以王绍飞 20 世纪 80 年代提出的观点为代表,认为“与一般分配过程不同财政分配的对象不是社会总产品和国民收入,而是包含在社会总产品和国民收入中的剩余产品,这是财政分配的质性,也是财政分配区别于其他分配关系的本质特征”;“财政是由剩余产品形成各种社会基金的一个经济过程,始终体现国家、集体与个人之间的剩余产品的分配关系”⑤。

---

① 张馨.当代财政与财政学主流[M].大连:东北财经大学出版社,2000:395-401.

② 王亘坚.论财政学的对象[M]//财政部财政科学研究所.财政学问题讨论集:上册.北京:中国财政经济出版社,1965:200.

③ 李成瑞.从实践中的若干体会来谈社会主义对财政的实质和范围问题[J].经济研究,1965(8):20.

④ 安体富.财政是一种特殊的经济范畴[M].北京:中国财政经济出版社,1964:66.

⑤ 王绍飞.财政学新论[M].北京:中国财政经济出版社,1984:7-10.

5. 社会再生产前提论

该理论强调以社会再生产为前提去认识财政的本质，财政是社会再生产全过程的分配关系。以陈共 1964 年提出的观点为代表，他认为“研究财政的本质必须从社会再生产出发，也就是从再生产过程中诸经济现象的相互联系中把财政现象区别出来加以概括”。“财政是以国家为主导的一方而形成的分配活动和分配关系，但是，从根本上说，决定财政的产生和发展的不是国家，而是经济条件，亦即社会现存的生产力和生产关系。”因此，他主张以再生产为前提建立财政学。

6. 社会共同需要论

改革开放后，社会共同需要论应运而生，创造性地提出“公共性”问题，该理论认为财政本质是人们为满足社会公共需要而对人力、物力、财力进行分配所产生的分配关系。社会共同需要论以何振一的观点为代表，认为“财政是由于人类社会生产的发展，出现了剩余产品或剩余劳动之后，发生了社会共同需要而产生的。它的实质是人们为了社会共同需要而对剩余产品进行分配所发生的分配关系”；“社会再生产过程中为满足社会共同需要而形成的社会集中化的分配关系，这就是财政范畴的一般本质或内涵”①。

总之，上述学术理论从不同的角度对财政本质进行探索，但其核心观点之间不绝对排斥，有些论点也有交叉。这些财政理论在特定时期对财税制度的建立和完善、社会主义经济发展都做出积极贡献，同时对社会主义公共财政理论的创建具有非常重要的借鉴作用。

（二）社会主义市场经济体制下的财政理论观

1. 构建完善公共财政体系

1992 年邓小平南方谈话后，社会主义市场经济体制在我国正式确立起来，中国越来越重视市场机制在资源配置中的作用。为适应计划经济向社会主义市场经济转变，在借鉴西方公共财政理论基础上，中国的传统财政模式开始转型。1993 年 3 月的第九届全国人民代表大会第二次会议，中国正式确立公共财政作为财政改革的目标模式，中国公共财政体系由此进入运作与实施阶段。公共财政是市场经济体制下的政府财政，是指国家集中一部分社会资源，用于为公众提供公共产品和公共服务，满足社会公共需要的分配活动或经济行为。公共财政在国民经济和社会活动中占有重要的地位，它对依法促进公平分配、调控宏观经济、合理配置市场资源，起着不可代替的作用。公共财政的宗旨是满足社会公共需要，是按社会公共利益来进行的一种社会集中性分配。作为与市场经济相适应的财政模式，其收支必须建立在法治基础之上，一切财政收支活动必须纳入法治规范的范围。公共财政的历史使命是扶持、促进市场体制的形成和发展，社会主义市场经济体制下的中国，必须向着公共财政模式转型。2006 年，政府工作报告中再次提出完善和健全公共财政体系的要求。2007 年，党的十七大明确了“围绕推进基本公共服务均等化和主体功能区建设，完善公共财政体系”的改革目标。2012 年，党的十八大提出了“完善基本公共服务均等化和主体功能区建设的公共财政体系”的目标。因此，社会主义市场经济体制下，公共财政理论的构建必须以马克思主义政治经济学为基础、为主干，通过对新古典主义经济学、凯恩斯主义主流经济学中优秀成果的兼收并蓄，结合中国财政改革实践，创新具有中国特色的社会主义财政学理论。

---

① 何振一. 理论财政学[M]. 北京：中国财政经济出版社，1987：3.

2. 新市场财政理论观

“新市场财政学”是相对于“旧市场财政学”而言的。马海涛认为改革开放后，将社会主义制度与市场机制融合，研究的是市场经济形态下的财政活动，在财政学前面添加“市场”这一修饰语，更加侧重的是财政理论的经济基础和体制背景，强调市场机制对资源配置的作用，这就意味着我国发展到了“旧市场财政学阶段”。但是，2014 年国家经济进入新常态之后，政府部门开始运用政府购买公共服务、政府与社会资本合作模式等多种形式，将市场机制引入公共产品和公共服务的供给和配置当中，在这种情况下，“新市场财政学”应运而生①。

李俊生提出，“新市场财政学”不是作为一个新概念，而是作为一个新的财政理论框架、新的财政学分析与研究范式。探索新市场财政学范式的主要目的是针对目前主流财政学所存在的解释力不强、预测力弱化问题而提出解决之道。新市场财政学的理论本源是“社会共同需要论”，这与马克思主义政治经济学的人民性是一致的。新市场财政学将“社会共同需要”作为财政理论的核心概念，既回答了财政“范畴”和财政“活动”本身的来源问题，也回答了财政活动的目标问题，进而为科学地解决“财政本源”问题和财政学科的属性问题开辟了客观可行的路径，为增强财政科学对客观世界的解释力和预测力奠定了基础。新市场财政学能够充分吸纳马克思主义政治经济学理论及其前沿研究方法，讨论各利益主体如何与政府实现互动，研究财税体系、政策过程与经济社会治理这些重大现实问题，集中体现了马克思主义政治经济学的实践性与科学性。

作为一种新的财政理论范式，新市场财政学力图构建具有强大的解释能力和预测能力的财政基础理论——这个财政基础理论必然要在紧密联系中国财政实践和其他国家财政实践的前提下构建，必然要充分考虑中国文化和中国思维方式对理论框架建设的影响，从这个意义上看，也可以把新市场财政学视为财政学的“中国学派”。

新市场财政学通过“新市场模型”重新树立了市场“平台观”和政府“参与型”，将以公共价值最大化为组织目标的公共部门和以私人价值最大化为组织目标的私人部门都视为市场平台的参与者，并归纳了公共部门和私人部门满足社会共同需要和私人个别需要的多种广义的市场交互关系。在放弃了“市场失灵理论”的前提下，一方面新市场财政学为财政学的基础理论建设开辟了全新的研究视角；另一方面新市场财政学从国家治理需求的角度出发，为政府以及经济社会其他有关需求者研究与探索财政问题提供更具解释力和预测力的理论方法与工具②。

（三）新时代社会主义公共财政思想

“财政是国家治理的基础和重要支柱”，是十八届三中全会《中共中央关于全面深化改革若干重大问题的决定》予以明确的，并且提出“科学的财政体制是优化资源配置、维护市场统一、促进社会公平、实现国家长治久安的制度保障”。可见在新时代，我国将财政提升到国家治理层面，放在国家治理中定位，使其功能和作用得到全面提升和拓展；将财政改革列为全面深化改革的重点，提出建立现代财政制度及其基本框架，进一步明确了社会主义市场经济体制下财政的基本职能；提出在适度扩大总需求的同时，着力加强供给侧结构性改革。

如何理解财政是国家治理的基础和重要支柱呢？在当代市场经济条件下，财政体制内

---

① 马海涛. 新市场财政学：批判、继承与开拓[J]. 经济与管理评论，2017(5)：13.

② 李俊生. 新市场财政学：旨在增强财政学解释力[J]. 社会科学文摘，2017(6)：49－50.

嵌于市场经济体制之中，作为政府、市场、社会之间连接的纽带，其本身的健康、稳定、平衡、效率，运行过程的法制化、制度化、规范化水平以及社会公平问题的矫正等内容，都关乎一个国家治理体系建设和治理能力的现代化水平。随着改革深入经济建设、政治建设、文化建设、社会建设、生态文明建设和党的建设等多领域联动的阶段，作为各领域改革的一个交汇点，中国发展的各个方面都离不开财政政策的支持和财税体制的完善，财政必然成为国家治理现代化所必需的重要支撑。财政职能可以覆盖所有政府职能，并由此影响经济、政治、文化、社会、生态文明等所有领域。可见，财政是一项最具综合性的基本政府职能，国家治理体系格局的任何变化均要伴之以财税体制的同步变化，财税体制的触角可以伸展至国家治理体系的方方面面。因此，财政是一项最具基础性的基本制度安排，是国家治理的基础和重要支柱①。

新时代加快建立现代财政制度，要有大国财政思维，充分发挥财政在全球治理中的重要支撑作用。党的十九大宣告中国特色社会主义进入了新时代，明确习近平新时代中国特色社会主义思想是新时代的指导思想，该思想已被写入党纲。新时代呼唤新理论，新理论引领新实践。因此，加快建立现代财政制度是新时代发展的必然要求，是深化财税体制改革的必然要求，是完善社会主义制度建设的必然要求，是推进国家治理体系和治理能力现代化的必然要求。十九大报告提出："加快建立现代财政制度，建立权责清晰、财力协调、区域均衡的中央和地方财政关系。建立全面规范透明、标准科学、约束有力的预算制度，全面实施绩效管理。深化税收制度改革，健全地方税体系。"当前，全球治理格局正在发生变化，中国日益在国际事务中扮演越来越重要的角色，财政改革也要适应中国在全球化治理中的角色定位，展现大国财政思维，充分发挥财政在全球治理中的重要支撑作用。

［资料链接 1-2］

高培勇：深刻认识财政"基础和支柱说"

党的十八届三中全会《中共中央关于全面深化改革若干重大问题的决定》（以下简称《决定》）提出"财政是国家治理的基础和重要支柱"的新论断。

（一）"基础和支柱说"是在怎样的语境下提出来的

党的十八届三中全会《决定》提出，全面深化改革的总目标是完善和发展中国特色社会主义制度，推进国家治理体系和治理能力现代化。这就是说，"基础和支柱说"是在国家治理现代化的语境下提出来的。所谓基础和支柱，是相对于国家治理而言的，是"国家治理的基础和重要支柱"。离开国家治理现代化，就没有"基础和支柱说"。同样，离开财政这一国家治理的基础和重要支柱，也就不可能实现国家治理现代化。两者紧密联系、相伴而生，只有从它们相辅相成、互为条件的关系中理解"基础和支柱说"，才能对其做出恰如其分的阐释。

（二）为什么到现在才提出"基础和支柱说"

社会发展目标往往具有明显的阶段性特征，一个阶段性目标的实现往往伴随着下一个阶段性目标的确立。从历史上看，传统计划经济体制最显著的特征，就是把几乎所有社会资源都集中到政府手里，并由政府直接支配。在计划经济体制下，"治理"二字不可能提到议事日程，也难以形成国家治理概念。在改革开放初期，改革主要针对经济体制，发展主要聚焦于经济领

① 贾康.财政学通论[M].上海：东方出版中心，2019：159-161.

域,也难以提出全方位的国家治理现代化命题。只有在我国确立社会主义市场经济体制框架、跻身于世界第二大经济体之后,在现代化各项事业稳步推进的基础上,我们才有条件提出推进国家治理体系和治理能力现代化的目标。正因为我们今天走到了这一步,才会有财政被纳入国家治理体系以及与之相匹配的"基础和支柱说"。"基础和支柱说"是我国经济社会发展到一定阶段的产物,标志着我国财政迈入了一个新的历史发展阶段。

(三)我国财政应怎样适应新的定位

"基础和支柱说"亮明了当前和未来我国财政运行的底色。在国家治理中履行基础和重要支柱的使命,已经成为我国财政必须致力于完成的经常性工作和根本性任务。顺应这一规律,瞄准"国家治理的基础和重要支柱"这一新的功能和作用定位,全面构建匹配现代国家治理的财政运行新格局,是当前深化财税体制改革的第一要务。按照中国特色社会主义"五位一体"总体布局和"四个全面"战略布局的要求,促进创新、协调、绿色、开放、共享发展理念的贯彻落实,是财政必须承担的重要职责和作用。这意味着我国财政迈上了一个新的发展平台,应当树立新的理念,历史地、辩证地认识财政运行的阶段性特征,准确把握财政运行的新规律。为此,全面而适时地调整以往习以为常的理念、思维和做法,以新的科学理念、思维和做法推动我国财政理论和实践实现转型,是非常必要的。我国财政应在不断把握新规律、构建新格局的过程中,通过全面深化改革向着既定方向稳步前行,为推进国家治理体系和治理能力现代化、促进经济社会持续健康发展发挥更大作用。

资料来源:高培勇.深刻认识财政"基础和支柱说"[N].人民日报,2016-01-07(7).

[资料链接1-3]

刘尚希:如何理解"大国财政"?

(一)大国财政的概念需要深入人心

中国的大国财政已经在政治经济生活中发挥着作用,只不过全社会对此缺乏足够的意识和认识,亟须转变观念。这个观念包括有意识地审视在全球化和区域经济一体化中大国财政的作用,也包括突破"国内"的界限,从区域化、全球化的角度来思考问题,从更加宏观的视野去看待财政的职能和政策。

全局的概念正在发生变化,如果继续就中国的问题谈中国,就国内财政来谈财政,其后果必然导致思维、战略与实际情况之间的隔罅、公共政策与实际效果之间的背离。只有首先具备大国财政的意识,才能有相应的整体战略筹划,进而体现在战术执行层面。因此,大国财政并非一个抽象概念,要通过具体的国家行为来体现,让中国老百姓和全世界都感受到大国财政带来的好处。

那么,如何理解大国财政的概念?

中国是最大的发展中国家,随着经济总量跃升世界第二,政治、文化方面的影响力也越来越大。如果还用传统眼光看财政,不仅会在国际事务上陷入被动,国内的事情也很难做好。经济开放后,国家利益不再局限于国内,国与国之间利益关系的调整,需要财政出马;防控全球风险,在全球范围内提供公共服务或公共产品,无一不与大国财政密切联系在一起。举一些现实的例子,如非洲爆发埃博拉疫情,中国派出了医疗队,这背后需要财政支撑;亚丁湾海盗猖獗,威胁包括中国在内的各国航运安全,我国派出军舰护航,这关系到财政支出;马尔代夫发生供水危机,中国海空两路进行送水,依然需要财政予以配给。这些全球性公共服务都不局限于国内,直观上很少有人把它和财政联系在一起,但其实都是用大国财政思维去进行部署安排的实际案例。

（二）大国财政是大国治理的基础

大国财政思维，不能仅仅局限于国内传统财政的收支问题上。从国内考虑，政府职能的正常发挥和有效履行，财政是基础；同样，从国际考虑，大国责任在国际上的担当，也是以财政为基础的。要让大国财政真正发挥作用，就要按新的思维设计改革。

党的十八届三中全会《中共中央关于全面深化改革若干重大问题的决定》把财政定位为国家治理的基础，这意味着财政的职能已经突破了原有的经济学框架，上升到国家长治久安的范畴。如果有意无意地抑制财政发挥作用，国家治理就存在重大风险隐患。中国经济要进一步发展，从中等收入国家变成高收入国家，一定要和全球经济协同发展，不可能单打独斗。中国搞PPP模式、“一带一路”、基础设施互利互通等，都是国家行为，需要财政政策配套实施，这些政策同样受到国际社会的高度关注。在这种情况下，我们更应当以国际视野来认识财政，不仅让财政发挥应有的治国安邦之用，而且，应当发挥中国财政在全球治理中的更大作用。

资料来源：刘尚希.如何理解“大国财政”[N].中国财经报，2015-04-14(7).

第三节 财政学研究对象与方法

一、财政学研究对象

财政学是研究以国家（或政府）为主体的分配关系的经济学科，其研究对象是财政分配过程、分配关系、分配手段及其规律性。

财政学要从财政基础理论出发，研究财政职能定位、财政分配的过程及内容、财政分配与社会经济活动的相互关联等，揭示财政分配的规律性，进而为制定财政制度和财政政策提供科学的理论指导，以更好地引领财政实践，实现国家治理的既定目标。

在中国特色社会主义新时代，公共财政成为与我国社会主义市场经济体制相对应的财政模式，有着独特的制度设计和运行机制，发挥着重要的职能作用。因此，公共财政的研究对象可确定为：社会主义市场经济体制下的政府财政分配活动和分配关系及其规律性。

二、财政学研究方法

（一）唯物辩证分析法

唯物辩证法是马克思主义创立的科学研究方法，是自然科学研究和社会科学研究必须遵循的唯一科学的方法论。我们研究学习财政学一贯坚持以马克思主义政治经济学理论为基础和引领。坚持用马克思主义的基本立场和观点来考察分析财政现象、财政活动，以及财政行为、财政制度，探寻复杂的财政分配关系中隐含的规律。要运用唯物辩证法的思维来正确理解公共财政学中的一些基本概念、基本范畴、基本原理，系统掌握其历史演变与发展的轨迹，这是学习掌握财政学一般原理的基本前提。如不了解财政概念和特征，就无法理解财政学的研究对象和主要研究内容。通过掌握普遍与特殊的辩证关系，运用财政学一般理论对各国财政实践进行描述分析和解释，提炼与凝练出普遍规律，正确认识财政运行规律的普遍性与不同国家及不同时期财政实践特殊性的关系，用科学的财政理论去指导财政实践活动。

（二）规范分析法

规范分析是运用伦理的、哲学的方法来揭示经济规律的方法。规范分析要回答“应当是什么”的问题，即确定若干准则，并据以判断研究对象目前所具有的状态是否符合这些准则，如果存在偏离，应当如何调整。

规范分析运用于财政学，就是要根据社会主义市场经济这一制度前提，根据公平与效率这两大基本社会准则，来判断目前的财政制度是否与上述前提和准则相一致，并探讨财政制度的改革问题。一方面有利于构建财政学的科学体系，以经济学为基础，通过对财政学的基本概念、基本知识、基本原理等的介绍、剖析、演绎、归纳、推理，逐步构建具有逻辑体系、反映财政学本质属性和基本规律并能指导实践的学科体系。另一方面有助于构建价值判断框架，从财政现象到财政本质、从具体财政活动、财政行为到抽象的财政分析；再由财政本质到对财政现象的判断、从抽象的财政理论到对具体财政活动、财政行为的指导，需要构建一个价值判断体系。通过规范分析可以由表及里、去伪存真、深入浅出地构建价值判断体系。

（三）实证分析法

所谓实证分析，就是按事物的本来面目描述事物，回答研究对象“是什么”的客观结论，它着重刻画经济现象的来龙去脉，概括出若干可以通过经验证明正确或不正确的基本结论，不做主观价值判断。

实证分析法运用于财政学，就是要按照财政活动的真实情况，客观描述从财政取得收入直至安排支出的全过程及可能产生的经济影响，组织财政活动所建立的机构、制度和各种政策安排，以及公共财政政策怎样发挥作用以及作用的结果，等等。财政学研究中普遍运用统计学中的各种方法，如图表法、数列法等作为分析的手段，直观而形象地勾画出财政收入和财政支出的过程、趋势及其对经济运行的影响，以及财政活动与社会和国民经济活动的相互作用。实证分析是掌握分析问题、研究问题的基本手段和工具。

（四）比较分析法

比较分析法主要是通过对不同国家、不同的历史时期、不同经济制度下公共财政活动、财政制度等加以比较，进而总结出具有指导意义的结论或规律。可以从纵向和横向两个角度进行比较。

纵向比较分析运用辩证唯物主义和历史唯物主义的方法，对一国财政发展的历史轨迹、制度变迁、政策安排和组织财政活动的机构设置等进行比较分析，洞悉不同历史阶段财政的形态、结构、运行机制有什么不同，清晰地认识在特定历史阶段财政的特点，并以此对未来做出合理的预期，便于从历史的深度来探知财政学发展的规律。

横向比较分析对同一时期一国的财政与世界其他国家财政发展的现状、管理水平、趋势等进行比较分析，如公共产品供给能力、公共支出结构和规模、预算制度等的比较，从中发现可以借鉴的先进理念及管理经验，即从现实的广度来学习和研究财政理论与实践的发展态势。

（五）案例分析法

案例研究方法是对已经发生的某个事件或现象进行描述或解释，并试图从中推导出新结论的研究分析方法。案例分析法真正作为一种方法的形成和运用，是在 1910 年美国哈佛大学的法学院和医学院。在财政学研究中，可以通过某些具体的财政实例或者现象，对公共部门的财政行为、财政政策、财政绩效等做出详细的描述和深入的剖析，总结出财政运行规律和可行的经验借鉴，检验理论在具体的公共财政活动中的适用性。在财政学课程中使用案例分析法，能够拓展社会认知面，提升运用所学基本理论知识去分析、解决现实问题的能力。

[资料链接 1-4]

关于经济学研究方法的思考

1986年，哈佛大学公共管理学院的约翰·贝勒博士说，美国正在抗癌的战斗中遭受失败，“对癌症的治疗工作没多大起色”。但是，美国癌症学会的L.加菲考博士回答道：“毫无疑问，总体死亡率上升的原因是肺癌所致。如果不考虑肺癌，死亡率就不是上升了8%，而是下降了13%。”

这一简单的事例反映了对某一问题的研究可能因研究方法的不同而形成对结果的不同表达方式，显然，前者是立足于规范性概括得出的一般性结论，后者则立足于实证性研究而更准确地说明了问题的真实结果。原则上，实证分析不要求做价值判断，因为它的目的在于描述。另一方面，规范经济学则需要有伦理标准，因为没有伦理标准，就无法说何者为“好”。

资料来源：美国抗癌失败录[N].纽约时报，1986-05-08.

本章小结

1. 财政是伴随着国家的产生而出现的一个特殊的经济范畴，财政是国家治理的基础和重要支柱。财政作为一种以政府为主体的分配活动，目的是使有限的资源合理运用以满足社会共同需要。

2. 公共财政是与市场经济体制相适应的一种财政模式类型，是指国家集中一部分社会资源，用于为公众提供公共产品和公共服务，满足社会公共需要的财政分配活动或政府经济行为。

3. 不同的经济体制决定不同财政类型，即与自然经济相适应的“家计”财政，与市场经济相适应的“公共”财政，以及与计划经济相适应的“国家”财政。

4. 西方古典经济学的财政理论、现代经济学的财政理论、中国计划经济体制下的财政理论，都为社会主义公共财政理论体系的构建奠定了基础，具有极其重要的借鉴意义。

5. 财政决定着国家治理体系建设和治理能力的现代化水平，国家发展的各个方面都离不开财政政策的支持和财税体制的完善，财政必然成为国家治理现代化所必需的基础和重要支柱。

6. 财政学是研究以国家(或政府)为主体的分配关系的经济学科，其研究对象是财政分配过程、分配关系、分配手段及其规律性。

7. 财政学的研究方法主要有唯物辩证分析法、规范分析法、实证分析法、比较分析法与案例分析法等方法。

关键概念

财政范畴　“家计”财政　“国家”财政　“公共”财政　财政特征　财政理论　研究对象　规范分析法　实证分析法

思考分析

1. 结合国内外社会经济现实情况分析国家、经济、财政之间的关系。
2. 根据中国公共财政理论观阐释新时代中国财政思想的发展演变历程。
3. 根据财政学研究对象概括财政学的研究范围与内容。
4. 根据实证分析与规范分析研究方法，联系实际分析科学运用研究方法的重要性。

第二章　政府活动与财政职能

本章主要阐述市场经济中政府活动的范围，理清财政收支活动与政府职能履行的关系，进而明确混合经济中的财政职能。财政作为国家治理的基础和重要支柱，财政职能源于政府经济职能，政府活动的范围决定了财政支出的方向和财政收入的规模。本章学习要求：①了解市场失灵的客观性及政府干预的必要性；②掌握财政职能的内涵及外延；③理解混合经济中财政职能范围延展的逻辑思路。

第一节　市场失灵与政府干预

一、市场失灵及其表现

市场失灵是指完全依靠市场机制的作用无法达到资源配置的帕累托最优和社会福利的最佳状态。市场失灵主要包括两重含义：其一是单靠市场机制不能达到优化社会资源配置的目的；其二是对那些以社会目标为主的活动市场无能为力。市场失灵主要表现在以下方面。

（一）市场机制在配置资源方面的失灵

1. 公共产品和公共服务的提供

市场不提供公共产品和公共服务，或提供量很少。因为公共产品消费具有非排他性和非竞争性特点，这使得市场的竞争机制和价格机制无法起作用，导致市场机制在配置公共产品方面失灵。如果通过市场机制来配置公共产品，不可避免地将出现供给短缺状况，这就决定了公共产品必须由政府来提供。

2. 解决外部效应问题

外部效应是指未被市场交易价格反映的额外经济交易成本或效益。当某个经济主体的活动导致了对其他经济主体的影响，而受影响者没有因为遭到损失而得到补偿，或者没有因为得到利益而付款，便产生了外部效应。外部效应包括正的和负的两种。正的外部效应是指某种活动给他人带来利益，即供给者的成本大于收益，得不到应有的效益补偿，从而相应的物品市场不能充分提供，会造成供给不足和效率损失（比如污染治理）；负的外部效应是指某种活动给他人增加了成本，供给者的成本小于收益，不完全承担自己受益的代价（环境污染），因而会导致相应的物品供给过度，造成资源的浪费和损害他人利益。当出现外部效应时要求政府的适当干预，以实现对经济主体利益外溢的补偿、促使外部成本的内在化。

3. 市场竞争的缺陷——垄断问题

市场效率是以完全自由竞争为前提的，然而现实的市场并不具备这种充分条件，在现实经济中并不总能形成有效竞争。在成本递减或规模报酬递增的规模经济显著的行业，特别容易形成垄断。垄断形成后，企业对价格具有不同程度的控制能力，或不让其他企业自由进入市场。当市场存在垄断或自然垄断等情况时，市场这只"看不见的手"就不能很好地发挥作用，资源配置将出现低效率，这就是竞争失效。

由于市场竞争的存在易于导致垄断，垄断和垄断价格会引起效率的损失，如果不加管制，垄断者从自身利益出发，必然会减少产量，以求利润最大化，造成整个社会范围内的效率损失。所以，需要政府干预。为了对付垄断，政府可以实行公共管制，或在垄断部门建立公共生产，并从效率和社会福利角度规定价格。

4. 市场信息不充分的问题

在市场经济中，市场交易的任何一方如果不具备充分的信息，都会导致资源配置的扭曲，从而产生由于信息不灵引致的市场失效。私人市场所提供的信息往往不足，特别是随着市场规模的扩大，信息越来越分散、复杂，生产者和消费者往往不能充分地掌握必要信息。没有充分的信息，竞争将是不充分的，不可避免地出现很多非理性决策，影响到竞争的充分性，从而市场的运转也必然是不完善的。因此，这会影响到市场机制的效率，就需要政府来提供信息。政府提供充分的信息是一种社会性服务，特别是在医疗、卫生、食品、生产、会计、公共娱乐消费等方面，政府必须建立强制性的信息披露和安全检测标准。充分、可靠的政府信息也是一种公共产品。

5. 市场不完善的问题

市场的不完善是指市场无法提供或无法充分提供某种边际成本等于价格的产品或服务。市场能够充分有效地提供个人需要的绝大多数产品，但不是个人需要的所有产品，市场都能够充分有效地提供。市场无法有效提供的物品不仅仅是公共产品和有外在效益的物品，还有许多物品市场也无法提供或无法充分提供，如在保险方面，失业保险这类受政府行为影响的保险，市场无法提供或不能充分提供；一些投资巨大、回收周期长及高风险的产业，私人部门不敢贸然经营(比如大规模钢铁企业、某些高新技术产业等)。此外，市场机制在社会保险、大学生贷款、农业贷款、出口贷款、小企业贷款等方面也存在着不完全市场问题，这些领域也需要政府介入。

(二)市场机制解决社会问题的无效性

上述资源配置方面的市场失灵说明，如果没有政府加以干预，市场经济将无法解决它自身存在的矛盾，从而导致经济处于低效率状态，不能达到帕累托最优效率，这就为政府干预经济提供了原动力。但是，即使在市场可以达到帕累托最优状态时，也存在政府干预的其他原因。

1. 个人偏好的不合理

个人偏好的合理性是市场竞争结果合理性的前提条件，但在现实市场中，并不是每个人的要求、愿望都是合理的。可能某种产品给个人带来的利益较大，但消费者本人并未意识到这一点，只是给予它较低的评价，即只有在低廉的价格下才愿购买；或者相反，某种物品给人们带来的好处并不大，甚至有害无利，但消费者却给予较高的评价，愿意以高价购买。我们把消费者的评价低于合理评价的物品称为优值品(如教育，有人不愿为子女上学付出代价，导致学龄儿童辍学打工等);将消费者评价高于合理评价的消费行为称为劣值品(如吸烟等)。这两种情况也都决定了政府干预的必要。

2.收入分配的不公平

分配不公是指市场的要素禀赋分配会导致社会收入分配出现两极分化、贫富差距加剧的问题。市场机制和市场竞争的目标是实现效率,这就决定了收入的初始分配首先是按要素禀赋分配。由于每个人的禀赋或挣钱的本事不同,参与竞争的条件、能力不同,而且这些不同往往受家庭出身、家庭结构、性别、遗产继承等许多个人不能左右的因素的影响,从而会产生收入分配结果的不公平,富者越富,贫者越贫,甚至失去基本的生活保障。这种收入分配的不公平会影响社会的安定和凝聚力,也不符合社会的道德观念,因而也需要政府的干预,以实现收入分配的社会公平。

二、政府干预

(一)政府干预的内涵

理论界对政府干预概念的界定莫衷一是。有的学者认为"从最广泛的意义上,政府干预包含了政府对契约自由的一切干预,亦即政府干预在很大程度上等同于为重新分配利益和好处而修正法律法规的调节政策"。有的学者认为"政府干预是指政府以管理者的身份,通过一定的措施,对经济生活进行干预,以使经济的运行和发展符合政府预定的目标"。还有的学者从更为具体的操作层面给出了详细解释,如干预的方式、手段等。尽管对政府干预的表述不尽相同,但所表达的实质都殊途同归,即政府机关依据法规、政策与措施对市场经济活动进行直接或间接的调节和控制。

(二)政府干预的局限性

政府干预并非万能,同样存在着"政府失效"的可能。政府失效一方面表现为政府干预不足,即政府宏观调控的范围和力度不足或方式选择失当,不能弥补市场失灵和维持市场机制正常运行的合理需要,比如对生态环境的保护不力,缺乏保护公平竞争的法律法规和措施,对基础设施、公共产品投资不足,政策工具选择上失当,不能正确运用行政指令性手段等,结果也就不能弥补和纠正市场失灵;另一方面,则表现为政府干预的过度,即政府干预的范围和力度,超过了弥补市场失灵和维持市场机制正常运行的合理需要,或干预的方向不对路,形式选择失当,比如不合理的限制性规章制度过多过细,公共产品生产的比重过大,公共设施超前过度。对各种政策工具选择及搭配不适当,过多地运用行政指令性手段干预市场内部运行秩序,结果非但不能纠正市场失灵,反而抑制了市场机制的正常运行。政府干预失效的原因如下:

(1)政府机构谋求内部私利的"内在效应"。政府干预的一个前提条件是它应该作为社会公共利益的化身对市场运行进行公正无私的调控。然而,现实中的政府并不总是那么高尚,政府机构谋求内部私利而非公共利益的所谓"内在效应"的现象,在资本主义国家的"金元"政治中有着淋漓尽致的表现。在社会主义国家,同样在理论上不能完全排除政府机构存在"内在效应"的可能,在实践中,少数政府官员的腐败行为更是时有发生。政府部门这种追求私利的"内在效应"必然极大地影响政府干预下资源配置的优化,如同外在效应成为市场失灵的一个原因一样,"内在效应"则是政府失效的一个重要根源。所以,习近平总书记强调:"要加强对权力运行的制约和监督，把权力关进制度的笼子里，形成不敢腐的惩戒机制、不能腐的防范机制、不易腐的保障机制。”

（2）政府某些干预行为的低效率。首先，政府干预与市场机制不同，具有不以直接营利为目的的公共性。政府为弥补市场失灵而直接干预的领域往往是那些投资大、收益慢且少的公共产品，其供给一般是以非等价为特征的，即政府不能通过明确价格的交换从供给对象那里直接收取费用，而主要是依靠财政支出维持其生产和经营，很难计较其成本，因此缺乏降低成本提高效益的直接利益驱动。其次，政府干预还具有垄断性。政府所处的“某些迫切需要的公共产品(例如国防、警察、消防、公路)的垄断供给者的地位”决定着只有政府才拥有从外部对市场的整体运行进行干预或调控的职能和权力。这种没有竞争的垄断极易使政府丧失对效率、效益的追求。最后，政府干预还需要具有高度的协调性。政府实施调控的组织体系由政府众多机构或部门构成，这些机构或部门间的职权划分、协调配合、部门观点都影响着调控体系的运转效率。

（3）政府干预易引发政府规模的膨胀。政府要承担对市场经济活动的干预职能，包括组织公共产品的供给、维持社会经济秩序等，自然需要履行这一职能的相应机构和人员。柏林大学教授阿道夫·瓦格纳早在19世纪就提出：政府就其本性而言，有一种天然的扩张倾向，特别是其干预社会经济活动的公共部门在数量上和重要性都具有一种内在的扩大趋势。这被西方经济学界称为“公共活动递增的瓦格纳定律”。政府的这种内在扩张性与社会对公共产品日益增长的需求更相契合，极易导致政府干预职能扩展和强化及其机构和人员的增长，由此造成越来越大的预算规模和财政赤字，成为政府干预的昂贵成本。

（4）政府干预为寻租行为的产生提供了可能性。寻租是个人或团体为了争取自身经济利益而对政府决策或政府施加影响，以争取有利于自身的再分配的一种非生产性活动(即不增加任何社会财富和福利)。如企业通过合法或非法的形式向政府争取优惠特惠，通过寻求政府对现有干预政策的改变而获得政府特许或其他政治庇护，垄断性地使用某种市场紧缺物资等。在这种情况下，大权在握的政府官员极有可能“受非法提供的金钱或其他报酬引诱，做出有利于提供报酬的人从而损害公众和公众利益的行为”。可见，寻租因政府干预成为可能，必然因这种过度干预且缺乏规范和监督成为现实。其主要危害在于，不仅使生产经营者提高经济效率的动力消失，而且还极易导致整个经济的资源大量地耗费于寻租活动，并且通过贿赂和宗派活动增大经济中的交易费用。

（5）政府失效还可能由于政府决策的失误。政府对社会经济活动的干预，实际上是一个涉及面广、错综复杂的决策过程(或者说是公共政策的制定和执行的过程)。正确的决策必须以充分可靠的信息为依据，但由于这种信息是在无数分散的个体行为者之间发生和传递的，政府很难完全占有，加之现代社会化市场经济活动的复杂性和多变性，增加了政府对信息的全面掌握和分析处理的难度。此种情况很容易导致政府决策的失误，并必然对市场经济的运作产生难以挽回的负面影响。正确的决策还需要决策者具备很高的素质。政府进行宏观调控，必须基于对市场运行状况的准确判断，制定调控政策，采取必要手段，这在实践中是有相当难度的。即使判断准确，政策工具选择和搭配适当，干预力度也很难确定。而干预不足与干预过度，均会造成“政府失效”。而现实中的政府官员很多并不具备上述决策素质和能力，这必然影响政府干预的效率和效果。

[资料链接 2-1]

三某奶粉事件对石家庄政府的考验

2008 年 5 月，三某集团已经接到报告说奶粉里面有问题，该集团把原奶送到政府的质检机构去检查，连续送了六家机构都没有检测出来三聚氰胺，都认为这个奶粉是合格的，没有找到原因。最后我们的企业自己去搞研发，研发了一个能够检测三聚氰胺的仪器才发现了问题。8 月 2 日的时候当时三某集团已经向石家庄市政府报告了，说我们的原奶出现问题了，我们不打算对外公布。下一步怎么办？石家庄市政府没有对外公布信息，也没有及时上报情况。三某的新西兰股东向新西兰政府上报了情况，新西兰政府专门召开了部长会议研究情况，并把会议的结果直接报告了中国中央政府。这样一个"出口转内销"的信息让中国政府在国际上陷入非常尴尬的境地。9 月 12 日，在三某集团承认奶粉有问题的第二天，石家庄政府急忙召开新闻发布会，说此案为少数不法分子所为。但随后的媒体调查证明这不是"少数不法分子所为"，而是波及整个乳制品产业、涉及 23 家乳品企业的大事件，政府的诚信降到了最低点。之后地方政府全面介入三某的事后处理，对三某集团的财务数据严格保密，有专家讲由于三某从出事到破产的三个月内信息高度不透明，未来有关三某及地方政府是否涉及转移资产的民事纠纷将会层出不穷。石家庄市政府在 12 月给三某提供担保，帮助它从银行获得了 9.02 亿元的贷款用于支付受害者赔偿金。几天后，三某集团宣布破产。这笔银行贷款肯定是无法偿还了，银行怎么办？最后一件事情就是在 12 月的时候有 400 名经销商集体跑到三某集团的总部说三某破产了，我们的货款收不回来，我们要集体跳楼。石家庄政府赶紧出动特警把他们劝下来，再和他们谈判，答应给他们一部分货款。但这样的结果又引发三某职工的不满，说这样清偿顺序是违反《中华人民共和国破产法》的，先偿付了经销商我们的拖欠工资怎么办？我们也要上去跳楼。

资料来源：李蕾. 地方政府职能转变与三鹿奶粉事件的教训[EB/OL].(2009-01-12)[2014-11-20]. http://finance.sina.com.cn/china/hgjj/20090112/17335750186.shtml.

[资料涉及的理论要点]

(1)市场机制的缺陷。

(2)政府干预的必要性与适度性。

[资料分析与讨论思路]

(1)"三某事件"首先反映出地方政府同市场的关系存在什么问题？

(2)石家庄地方政府对毒奶粉事件的处理反映出怎样的政府干预？

第二节　政府职能与财政收支

一、混合经济中的政府职能

市场失灵是政府弥补市场缺陷的必要条件而不是充分条件。充分条件是政府经济活动在取代私人活动后，与单纯私人经济活动相比表现出更高的效率。政府拥有受民主政治控制的强制力(优势条件)，通常利用政治权力监管私人经济活动，并利用税收和补贴来影响资源使用的动机，这使得政府在纠正市场失灵方面具有某些明显优势。值得注意的是在政府调控下的混合市场经济中，由于各国的政治经济体制和具体国情不同，在发挥政府的经济职能范围方面，各国有各自不同的选择，从而形成了不同的市场经济体制模式：以美国和欧洲多数国家为代表的“新自由主义”的市场经济模式；德国实行的“社会市场经济”模式；以日本、韩国为代表的政府主导型的市场经济模式，即“亚洲模式”或“东方模式”。在我国经济体制转轨时期不仅存在市场失灵问题，还存在市场发育的残缺，这就决定了在处理政府与市场的关系上，需要政府发挥的作用更为突出。因此，政府职能范围的研究显得尤为重要。

随着社会经济的发展，政府职能的范围在逐渐扩大。在18世纪自由竞争的市场经济时期，亚当·斯密从财政税收对国民财富发展的影响角度论证了政府经济活动的范围。出于他的自由经济理论，他认为政府的作用一是保护社会，二是保护个人，三是建设和维护公共设施。到了20世纪，在市场自由竞争与政府干预的混合经济条件下，萨缪尔森在其《经济学》一书中则论述了政府的五种职能：直接控制职能、公共产品的社会消费职能、稳定经济的财政政策和货币政策、政府从事生产的职能、福利支出职能。他尤其重视通过政府的支出与税收对经济进行干预以稳定国民收入水平。

现代混合经济中政府部门的主要职能，概括起来讲就是弥补市场缺陷，承担私人部门经济办不了、办不好、不愿办的事，主要包括：①立法职能，即政府提供人们生活交往活动所必需的法律，特别是经济法律和法规的制定；②经济管理职能，即政府从社会经济生活宏观的角度，履行对国民经济进行全局性规划、协调、服务、监督的职能与功能；③再分配职能，即政府通过各种政策工具（包括税收制度、社会保障制度、工资制度、财政补贴等），参与一定时期国民收入的分配与再分配，实现收入在全社会各部门、各地区、各单位以及各社会成员之间合理分割，缩小收入差距，体现社会公平。

［资料链接2-2］

“政府缺钱关门”与“红绿灯欠费断电”

2006年，最引人眼球的新闻要算“美国新泽西州政府关门”。根据新泽西州宪法，州议会必须在7月1日前通过一项平衡预算方案，否则州政府将无权使用任何财政开支。然而，议会议员并未就预算案达成一致，无奈之下，州长科尔津下达了“关门令”，州内所有非特殊领域的政府部门将停止运行：约4.5万名政府雇员将处于“待业”状态。但包括警察局、监狱、精神病所和儿童福利机构等在内的关键部门，仍然照常运行。

无独有偶，当天陕西渭南也曝出一件类似的事：红绿灯被断电了——不过断电不是因为政府缺钱关门，而是因为红绿灯电费无人缴纳，累计已欠75万元，交警部门称只负责运行管理，花费应由城建部门承担，19年的马拉松推诿中无部门愿付电费，供电部门只好断电，城市交通陷入无序。

对此，7月4日《大河报》刊登周士君的文章说，美国新泽西的“政府缺钱关门”与陕西渭南市的“红绿灯欠费断电”，让我们形象地看到了两种公共财政体制的区别：两者公共财政供给的“保障重点”泾渭分明！

公共财政必须满足对公共需要的保障和供给。渭南之所以闹出“红绿灯断电”，并不一定因当地财政供给能力穷到连红绿灯电费都支付不起的地步，而是公共财政供给机制出了问题。我们常常看到，一些贫困地区在公共物品供给乏力的同时，当地政府的大楼却愈盖愈豪华、官员车辆愈换愈高档。这些反常情形，都因预算约束乏力所致，以至于担当预算执行之责的政府自由裁量权过大，使财政经费过多地向自身倾斜，而真正属公共需要的红绿灯反而被强行“断电”了。

资料来源：曹林．“政府缺钱关门”与“红绿灯欠费断电”［N］．厦门晚报，2006-07-04．（有修改）

［资料涉及的理论要点］

财政与实现政府职能的关系。

［资料分析与讨论思路］

(1)由该案例探讨政府的职能范围。

(2)结合案例分析财政供给在实现政府职能中的作用。

二、财政收支与国家治理

(一)国家治理的内涵

“国家治理”已经成为21世纪世界主要国家改革的重要特征。中国共产党第十八届中央委员会第三次全体会议所勾画的“完善和发展中国特色社会主义制度，推进国家治理体系和治理能力现代化”蓝图，正是在深刻认识世界发展潮流的基础上、立足我国国情所做出的事关我国改革和发展前行方向和前途命运的战略抉择。有别于传统的“统治”，治理并非单一向度的管理，而是一个上下互动的管理过程，其实质是建立在市场规则、公共利益和广泛认同基础之上的合作。因此，它所涉及的要素和领域空前复杂和宽广，既需要凝聚包括政府、企业、社会组织和居民自治组织等尽可能多的社会主体的意志，又需要协调多元利益主体特别是公共利益与个体利益之间的冲突，还需要覆盖经济、政治、文化、社会、生态文明等多个角度和领域。

综合联合国开发计划署和全球治理委员会(CDD)等的界定，现代国家治理主要含有五个基本要素：

(1)合法性(legitimacy)，即社会秩序和权威被公民普遍认可和自觉服从的性质和状态。

(2)透明度(transparency)，即包括立法活动、政策制定、法律条款、政策实施、行政预算、公共开支等有关的政治信息，公民都有权获得，并积极参与公共治理和管理过程并对公权力实施有效的监督。

(3)问责制(accountability)，即国家各级行政机构和公职人员依法必须履行的职责和义务，拒不履行者或尽责不到位者将受到惩罚。

(4)法治(rule of law)性，即在民主基础上形成国家治理的元规则，法律面前人人平等，既规范公民行为，更制约政府权力，最终目的在于保护公平自由。

(5)回应性(responsiveness)，是问责制的延伸，即国家各级行政机构和公职人须对公民的要求做出及时的和负责的反应，定期、主动地征询意见、解释政策和回答问题。

(二)财政收支是国家治理能力的基石

财政作为国家治理的基础和重要支柱，说明财政与国家治理现代化紧密联系、相伴而生、相辅相成、互为条件。

首先，财政收支是实现国家治理的重要前提。在所有国家治理活动所涉及的政府职能中，由于政府做任何事或从事任何活动，都要以花钱为条件。政府所花的钱，来自财政支出的拨付。政府所筹措的钱，构成了财政收入。这一收一支之间或财政收支的过程，便构成了政府履行职能的活动，并由此影响经济、政治、文化、社会、生态文明等所有领域。换言之，国家治理活动要以财政资金的及时、足额到位为前提，没有财政支出的拨付，没有财政收入的筹措，政府职能的履行和国家治理的实现就好比无源之水。

其次，财政收支关联国家治理的全部内容。在所有国家治理事务所涉及的利益关系中，所有公共事务均要最终落实到政府与市场、政府与社会、中央与地方等关系的调整上,而通过财政收入的缴纳、财政支出的拨付以及财政资金的调动所形成的财政关系实际上构成了这些利益关系的基本方面。即是说,财政收支能够覆盖全部,牵动大局,不仅承载并牵动着公共事务的各方面,而且关联着政府职能履行、国家治理实现以及整个经济社会运转的全部内容。

最后,财政制度决定国家治理的实现水平。在所有国家治理体系所涉及的制度安排中,由于国家治理体系格局的任何变化均要伴之以财税体制的同步变化,所以,只有财税体制的触角可以伸展至国家治理体系的方方面面。因此,财政制度的优劣不仅直接决定着财政职能的履行状况,而且事关所有政府职能的履行状况,进而决定着国家治理体系的运行状况和国家治理的实现水平。换言之,财政制度的现代化与国家治理的现代化息息相关,二者彼此依存,互为表里,只有打下了现代财政制度的坚实基础,才可能收获现代国家治理体系和治理能力的硕果。

[资料链接 2-3]

建立现代财政制度 筑牢国家治理的基础和重要支柱

在全面深化改革的背景下,国家治理所涉及的范围已全面覆盖经济、政治、文化、社会、生态文明和党的建设等各个领域。实现"推进国家治理体系和治理能力现代化"的全面深化改革的总目标,也就意味着要全面推进社会主义经济建设、政治建设、文化建设、社会建设、生态文明建设和党的建设。

以如此的视角认识十八届三中全会所做出的全面深化改革的系统部署,便会发现,无论是紧紧围绕使市场在资源配置中起决定性作用深化经济体制改革,还是紧紧围绕坚持党的领导、人民当家作主、依法治国有机统一深化政治体制改革,也无论是紧紧围绕建设社会主义核心价值体系、社会主义文化强国深化文化体制改革,还是紧紧围绕更好保障和改善民生、促进社会公平正义深化社会体制改革,亦无论是紧紧围绕建设美丽中国深化生态文明体制改革,加快建立生态文明制度,还是紧紧围绕提高科学执政、民主执政、依法执政水平深化党的建设制度改革,都离不开财政收支规范化运行的基础和支撑。

这启示我们,在当前这一场全面深化改革的重大战役中,深化财税体制改革可能是最为关键的一仗。深化财税体制改革的主要着眼点,可以也应当放在建立与现代国家治理体系和治理能力相适应的现代财政制度上。正因为如此,十八届三中全会才会做出"科学的财税体制是优化资源配置、维护市场统一、促进社会公平、实现国家长治久安的制度保障"的重要判断。

可以由此确立的行动路线是,瞄准建立现代财政制度这一基本目标,通过完善立法、明确事权、改革税制、稳定税负、提高效率以及改进预算制度、建立事权和支出责任相适应的制度、发挥中央和地方两个积极性等一系列重大改革,为全面实现国家治理的现代化筑牢财政基础和财政支柱。

资料来源:高培勇.筑牢国家治理的财政基础和财政支柱[N].光明日报,2013-11-15(11).

[资料涉及的理论要点]

财政与国家治理的关系。

[资料分析与讨论思路]

财政何以成为国家治理的基础和重要支柱?

第三节 市场经济中财政职能

一、财政职能的内涵与外延

(一)财政职能的内涵

财政职能即政府的经济职能,是政府职能的经济体现。政府和财政的职能范围同其所处的经济体制环境直接相关。在计划经济条件下,政府部门是社会经济活动和资源配置的主体,财政必然处于全面的主导地位。财政职能范围非常之大,其集中体现是财政职能延伸到社会各类财务职能之中,覆盖了包括政府、企业、家庭在内的几乎所有财务的职能。在市场经济体制下,资源配置的基础是市场,而不是政府。政府只介入市场失灵的领域,这就决定了政府的职能只能是解决市场解决不了或解决不好的事项。美国著名财政学家理查·A.马斯格雷夫1959年出版了 *The Theory of Public Finance* 财政学经典名著,将财政职能概括为资源配置、收入分配和稳定经济三大职能。

1.资源配置职能

资源的稀缺性是财政执行资源配置职能、执行提高资源利用效率职能的基本原因。资源的使用效率有两个方面:一是资源的充分利用,由于资源的稀缺性,能否做到资源充分利用,决定了一国的实际产出和物质福利;二是被充分利用的资源是否真正被用得恰到好处,即是否达到最优配置,也被称为帕累托最优状态。财政对资源的配置可分为两部分:一是财政直接的资源配置,主要是国家集中掌握的财力;二是财政通过宏观调控实现资源的合理利用和配置,即运用各种财政杠杆,利用市场机制,引导资源的合理流向,达到合理配置资源的目的。现代市场经济极其注重市场机制在资源配置中的决定性作用,在市场能够有效发挥作用的竞争性领域和范围内,并不需要政府和财政的介入。但在市场失灵的领域和范围,就需要依靠政府和财政的力量,通过非市场手段来直接配置资源,最终实现全社会资源配置的最优效率状态。

2.收入分配职能

财政的收入分配职能是指通过财政分配,将一定时期内社会创造的国民收入在国家、企业、个人之间进行分割,形成合理、公平的比例或份额,即实现收入的公平分配。收入分配职能是财政本质的集中反映,因而是财政固有的基本功能。收入分配分为初次分配和再分配两个阶段。初次分配是由市场价格进行的要素分配,即各种收入首先是以要素投入为依据,由市场价格决定,如依据劳动力的投入获得工资、依据生产资料的投入获得利润、依据土地投入获得地租等。要素收入要与要素投入相对称,要素分配是承认拥有财产的多少、能力的高低和贡献的大小。要素分配符合效率原则,有利于促进社会生产力的发展,但它不能兼顾公平。而再分配是在要素分配基础上,以直接税和财政支出的形式对要素分配进行的分配。收入再分配克服了要素分配的缺陷,能够防止收入差距过分扩大,以致出现收入不公,从而促进社会公正,改善社会福利,维持社会稳定。

3.稳定经济职能

财政的稳定经济职能是指通过财政分配实现充分就业、物价稳定、经济增长及国际收支平衡等政策目标。也就是财政在市场经济条件下承担国民经济宏观调控,实现国家宏观经济政策目标的职责。经济稳定的目标集中体现为社会总供给和社会总需求的大体平衡。

社会总供给是指一定时期内社会提供可进入市场销售的商品和劳务价值的总和。社会总需求是指一定时期内全社会各部门、单位、企业及个人有货币支付能力的需求总和。总供给与总需求的恒等式为：$C+S+T+M\equiv C+I+G+X$，其中 C 代表消费，S 代表储蓄，T 代表税收，M 代表进口，I 代表投资，G 代表政府支出，X 代表出口。从上式可以看出，政府财政收入（T）和财政支出（G）是社会总供求的重要组成部分，财政分配对社会总供求的平衡有着重要的调节作用。在社会总供求保持平衡时，物价水平是基本稳定的，经济增长也比较适度，充分就业和国际收支平衡就有了宽松的条件。

（二）财政职能的外延

财政职能的外延联系国家治理的各个方面。国家治理并非单一向度的管理，而是一个上下互动的管理过程，其实质是建立在市场规则、公共利益和广泛认同基础之上的合作。因此，它所涉及的要素和领域空前复杂和宽广，既需要凝聚包括政府、企业、社会组织和居民自治组织等尽可能多的社会主体的意志，又需要协调多元利益主体特别是公共利益与个体利益之间的冲突，还需要覆盖经济、政治、文化、社会、生态文明等多个角度和领域。财政作为国家治理的基础和重要支柱，意味着财政不仅要发挥好资源配置、收入分配和经济稳定的作用，还要将职能延伸至经济、政治、文化、社会、生态文明的所有领域，覆盖国家治理的全过程。基于此，财政职能的外延可概括为以下三点：

（1）财政始终服从并服务于国家治理的目标。财政作为国家治理的基础和重要支柱，始终是落实国家战略、保障改革顺利进行的重要工具和制度保障。财政职能也始终因特定阶段国家发展战略中心的转移而随之调整。

（2）财政始终是改革成本的最终承担者并为改革推进创造有利条件。由于国家是整个改革进程的设计者、推动者和驾驭者，财政能够通过成本兜底来实现改革过程中利益矛盾的调和，为改革扫清阻力并创造改革的条件和空间。

（3）财政始终为经济发展提供基础性激励并对过度激励进行约束。财政在激励地方政府发展经济的框架下，不仅提供促使地方发展经济的相容性利益激励，同时也通过对地方政府赋权的方式为其提供开展竞争的空间，并根据经济发展形势和需要而适时更新赋权形式，对过度激励实施有效约束。

二、西方国家的财政职能观的演变

（一）西方国家确立财政职能的理论基础

纵观西方财政经济理论体系的发展，不难发现：欧美诸国在确立财政职能时，既始终强调财政是经济发展的客观反映，同时，又十分注重发挥财政的宏观调节作用。所以，财政和经济发展是遥相呼应、互惠互利的。在现代西方财政职能的形成过程中，有三种财政观念曾发挥了不可低估的历史作用：其一是重商主义财政观。它源于 16 世纪中叶，盛行在整个 17 世纪，从理论上主张政府积极干预国民经济活动，特别强调鼓励出口以获取黄金，而且又善于利用关税政策，保护本国贸易。当然，它具有浓厚的封闭色彩。其二是古典经济学派财政思想。它以亚当・斯密的《国富论》为代表，崇尚自由经济，秉承个人主义立场，主张缩小政府职能，偏重于市场调节，集中地体现出了资本主义初级阶段经济发展的客观要求。其三则是现代财政论。其集大成者为凯恩斯所提出的财政政策。鉴于 20 世纪 30 年代世界性经济危机震撼了整个社会，工资与物价的冻结阻碍了充分就业，为抑制经济危机的蔓延，他主张政府用各种财经政策实施调节，以达到既定的宏观经济目标，从而形成了功能性财政体系，并为健全西方财政职能奠定了科学的基础。

毋庸置疑，这些财政思想为西方各国确定本国的财政职能提供了丰富的理论依据，并集中表现在以下三方面：

(1)财政职能必须有利于财政实施国家宏观经济调控。随着现代西方市场经济的发展，由于饱受历次经济危机的困扰，各国政府越来越重视国家对整个宏观经济的调控，特别是发挥财政的宏观调节职能，并且要从财政的本质上就赋予其这方面的职责。

(2)财政必须履行公共义务。在市场经济条件下，企业作为独立经营、自负盈亏的经济实体，依据价值规律而物竞天择，优胜劣汰。但要使整个社会平衡发展，仍存在许多个人或企业无法承担的公共事业，譬如政治独立、社会安全、教育普及等。因此，在西方财政学中财政的首要职责就是要履行公共义务。

(3)财政要能够促进市场体系的完善与发展。在资本主义经济中，市场体系健康发展是社会经济良性循环的基本标志。所以，财政作为“为满足公共需要而进行的分配活动”，就要使其职能能够促进市场体系的健康发展。而实践中也确实如此，在西方发达国家之中，财政对市场体系的发育起着举足轻重的作用。具体而言，在资金上已形成以财政为中心，财政金融一体化的通货管理体制；财政在国家调节市场机制过程中，主宰着经济景气调节、资本储蓄增减、所得收入再分配、国际收支平衡等领域。一言以蔽之，财政已担负起政府调节市场的基本职责。

(二)西方国家财政职能的基本内容

西方发达国家从市场经济的客观需要出发，把财政职能的基本内容主要归纳为四个方面。

1.分配职能

西方财政界均把财政的分配职能看作财政应具有的最基本的权益。为了保障社会机制的正常运转，国家凭借政治权力强制地集中起企业与个人为社会公共需要而创造的价值。其分配对象随着计划调节对市场经济的渗入，已由国民收入再分配向初次分配扩大。在分配形式上形成了以税收、公债为主体的公共收入体系。支出主要采取拨款、补助、政府定额采购的手段，按照国家职能的基本需要实施分配，调节社会总供需的平衡，借此贯彻资源优化配置、收入均等化、稳定经济等宏观政策。

2.调节职能

“调节”已被称为西方财政的核心，没有它就不称其为现代资本主义财政了，许多西方经济学家把财政调节职能看成是保证社会经济稳定发展的必要手段。西方国家财政调节的基本方式是市场调节、政策引导与指标控制。它们十分重视利用财政收支规模与结构的调整，对整个市场运行机制施加影响，以达到既定的政策目标。财政通过调节收入分配、公平税负，为企业与社会创造平等竞争的政策环境；通过调整收支规模，合理安排投资，优化生产要素的合理配置，制定相宜的财政与金融政策，抑制通货膨胀，实现社会总供需的平衡。

3.稳定职能

财政具有稳定经济的职能，在西方财政思想中首先是由凯恩斯提出来的，并为汉森所特别强调。他认为“财政政策有效地控制‘停滞’，实现充分就业和经济稳定”。这种稳定集中体现在：稳定币值，通过财政政策来促进社会供需总量平衡，经济结构合理，通货膨胀与失业率相对较低；稳定经济，保护市场，促进社会利润平均化；稳定社会，建立健全的社会保障体系。

4. 监督职能

这是现代西方财政体系中开辟的崭新领域。在传统资本主义社会，财政的监督职能存在于市场之外，尽管会对某些经济实施监督，但由于缺乏系统的理论指导，往往局限于与国家政权紧密相关的少数领域，如国防、公共教育等。但是，自第二次世界大战结束以后，财政的监督职能伴随着国家调控机制的加强而逐步健全，体现为：利用财政法权监督市场进行合理竞争，实施公平分配，限制滥用国家资源，控制货币发行规模，注重提高财政资金使用效益等。

综上所述，西方发达国家财政职能是西方市场经济理论的具体体现，也是资本主义制度自我完善的客观要求。作为一种顺应市场机制而发展起来的财政理论体系，有它的历史进步性和可供人们探索财政运动规律的科学性。因此，可得出西方发达国家确定财政职能具有这样几个特征：

(1)财政已担负起关系社会经济宏观而长远性的战略规划和调节任务。

(2)财政注重弥补市场机制的内在缺陷，以调节市场为主。

(3)从财政分配范畴出发拓宽职能领域，发挥财政为优化经济运行机制服务的功能。

三、中国特色的财政职能观

在不同的历史时期和不同的发展阶段，财政职能的重点和主要内容都有很大差别，我国财政职能的演变大致经历了以下四个阶段：

1. 计划经济时期

20 世纪 70 年代末以前，我国实行高度集中的计划管理体制。财政是政府集中分配全国资源的工具，并且通过国家与国有企业之间的缴拨款活动，对企业生产经营的耗费和成果进行计算和监督。这一时期的财政职能主要包括分配职能和监督职能。

2. 有计划的商品经济时期

20 世纪 80 年代初，我国开始经济管理体制改革，进入有计划的商品经济时代，形成了新的国家、企业、个人三者之间的收入分配关系。为调动各方积极性，政府需要制定合理的税收政策和支出政策，科学确定、及时修正税种和税率、支出范围和规模。这一时期的财政职能主要包括分配职能、监督职能和调节职能。

3. 社会主义市场经济时期

1992 年，党的十四大确定了我国经济体制改革的目标模式，即实行社会主义市场经济体制。我国财政职能随之与西方接轨，具有了一般市场经济国家财政相同的三项职能，即资源配置职能、收入分配职能和稳定经济职能。此外，由于我国是以公有制为基础的社会主义国家，必须保证政令统一，维护国家和人民的根本利益。在市场经济条件下，利益主体的多元性、经济决策的分散性、市场竞争的自发性和排他性，决定财政需要实施监督和管理，以规范财经秩序、促进社会主义市场经济健康发展。因此，监督管理职能成为我国财政不可或缺的又一项职能。

4. 推进国家治理现代化时期

党的十八届三中全会不仅将深化财税体制改革作为全面深化改革系统部署的一个重要组成部分，而且还将财政提升至关乎“完善和发展中国特色社会主义制度，推进国家治理体系和治理能力现代化”的战略高度，赋予其“国家治理的基础和重要支柱”的特殊定位。自此，财政概念发生了深刻变化，由经济范畴扩展至国家治理范畴，涵盖经济建设、政治建设、文化建设、社会建设、生态文明建设的各方面。这便意味着现代财政要充分发挥其统筹和引领作用，承担起在推进国家治理体系和治理能力现代化进程中的新使命。因此，财政的职能定位也已提升到优化资源配置、维护市场统一、促进社会公平和实现国家长治久安的高度。

［资料链接 2－4］

新冠疫情阴霾下财政护航保“六稳”

新冠肺炎疫情对中国经济社会发展造成了极大冲击，致使2020年第一季度经济和社会指标出现较大幅度的下滑。在此形势下，财政作为国家治理的基础和重要支柱，为“稳就业”“稳金融”“稳外贸”“稳外资”“稳投资”“稳预期”提供了坚实的财力保障和制度支撑，推动实现经济稳定增长、决战决胜脱贫攻坚任务以及中长期经济社会发展目标。

（一）推进全面有序复工复产“稳就业”

受疫情影响，大量企业停工停产。相较于国有企业和大企业，中小企业是吸纳就业的主力军，且受疫情冲击更大。因此，救活和保住中小企业，使其可以顺利复产而不破产，成为劳动力可以顺利复工而不失业的关键。为此，中央及各地方政府都将利用财政政策保住中小企业复工复产，作为稳就业的主要手段。中央政府推出了阶段性减免增值税和企业社会保险费等政策措施。据税务总局初步估计，仅阶段性减免社保费政策就可降低企业负担5000亿元以上。地方层面，北京、上海、浙江、广东、江苏等省份相继颁布企业稳岗举措，因地制宜地设计了灵活的财税政策。例如，广东省提出，分类精准给予企业吸纳就业专项补贴、减免租金、减免税费、减免保险费等帮扶措施。

（二）有效防范化解重大风险“稳金融”

财政政策因其具有针对性更强、实施机制更直接的特点，在稳金融、防风险中发挥着重要作用。2020年2月7日，财政部联合发展改革委、工业和信息化部、人民银行、审计署印发通知，推出多项举措，包括部署专项再贷款支持疫情防控，继续加大对小微、民营企业和制造业等重点领域的金融支持，增加信用贷款和中长期贷款，降低综合融资成本，以及采取多项便利措施支持金融机构疫情防控期间发行金融债券以及资产支持证券、短期融资券等，显著降低了企业实际融资成本，促使企业更有动力和资金扩大产能，保障供应。

（三）优化产业链布局“稳外贸”

疫情冲击正在加剧国家间的结构性洗牌，全球供应链呈现本地化、区域化、分散化趋势。因此，“稳外贸”的长期着力点是我国优化产业链布局，财政补贴和关税政策将起到重要作用。一方面，降低对中间品和重要物资的进口税费，保障进口畅通。2020年4月15日，财政部联合多部门出台税收优惠政策，暂免征收加工贸易企业内销税款缓税利息。另一方面，加大出口商品的退税力度，促进货物出口。3月17日，财政部、国家税务总局发布《关于提高部分产品出口退税率的公告》，自当月20日起提高1400多项产品的出口退税率。3月3日，国务院常务会议决定暂时免收进出口货物港口建设费，将货物港务费、港口设施保安费等政府定价收费标准降低20%，取消非油轮货船强制应急响应服务及收费。上海、福建、山东、陕西、江苏等地都出台了专门的稳外贸政策，利用财政手段支持企业进口《鼓励进口技术和产品目录(2016年版)》中的产品以及其他重要物资。例如，山东规定对于医用防护用品、消毒用品、检测试剂、医疗器械等防疫物资的进口给予贴息支持。

（四）减税降费改善营商环境“稳外资”

随着全球广泛的停产停工，甚至供应链的局部中断，新冠肺炎疫情对全球外商直接投资

(FDI)造成了严重的负面冲击。我国政府为吸引外资以及保障在华外企的稳定经营,出台了大量涉税措施。2020年3月19日,海关总署公布50条"任务清单",要求全面保障外贸产业链、供应链畅通,支持企业复工复产,同时强调要全程简化通关手续、降低通关成本。4月1日,商务部印发《关于应对疫情进一步改革开放做好稳资工作的通知》,从5个方面提出24条具体举措和工作要求。

(五)加快推进新基建"稳投资"

投资作为"三驾马车"之一,对经济社会稳定发展的作用不言而喻。而且,投资向来是财政政策发挥作用的主要途径。我国将新基建作为新的投资领域,聚焦关键领域、关键环节和关键主体积极布局,着重加大基本公共服务供给,提升产业链关键环节竞争力。2020年2月以来,中央多次重要会议研究部署5G、智能制造、物联网、清洁能源、医疗健康等领域的基础设施建设,即所谓"新基建"。4月20日,国家发展改革委首次明确新基建的范围:一是信息基础设施,如以5G、物联网、工业互联网为代表的通信网络基础设施等;二是融合基础设施,如智能交通基础设施、智慧能源基础设施等;三是创新基础设施,如重大科技基础设施、产业技术创新基础设施等。我国发行特别国债、扩大赤字率、增加地方专项债规模、提高资金使用效率等财政措施,对这些重点领域的投资起到重要的支撑作用,也为吸引民间投资起到杠杆作用。

(六)坚定信心"稳预期"

坚强有力的财政政策的实施,可释放积极明确的信号,减少经济社会运行的不确定性,引导预期,稳定预期。中央和各地出台了"积极的财政政策要更加积极有为"新定调,并提出"发行特别国债、扩大赤字率、增加地方专项债规模、提高资金使用效率"等较大规模的财政刺激方案,有关部门还在研究"消费券"等非常规措施。例如,2020年3月3日国务院常务会议决定阶段性提高地方财政留用比例,3月1日至6月底在已核定的各省份当年留用比例基础上统一提高5个百分点,新增留用约1100亿元资金,全部留给县级使用。这些强有力的财政手段,对稳定企业和个人预期起到了托底作用。居民和各类市场主体看到了政府的能力、决心和信心,了解了中国经济的韧性和基本面的稳定性,也切实感受到了财政托底对自身状况的改善,提高了对我国未来经济社会发展的信心。

资料来源:闫坤,刘诚.新冠疫情阴霾下财政护航保"六稳"[J].地方财政研究,2020(4):4-10.

[资料涉及的理论要点]

财政是国家治理的基础和重要支柱。

[资料分析与讨论思路]

(1)依据资料背景阐述财政政策如何与货币政策协同发挥"稳金融"的作用。

(2)试析财政在保"六稳"过程中应该注意的风险。

本章小结

1.当今世界任何国家的经济都是一种由市场配置资源和由政府配置资源形成的混合经济,只是市场和政府配置资源所占的份额不同而已。在混合经济体制下,经济的运行不能完全依靠市场机制的自发作用,客观上就需要政府的干预和调控,即通过发挥政府在资源配置中的作用来弥补市场缺陷,克服市场失灵,促进社会经济的协调运行。

2.市场失灵是指完全依靠市场机制的作用无法达到资源配置的帕累托最优和社会福利的最佳状态。市场失灵主要表现在公共产品供给、外部效应、垄断、信息的不充分、市场的不完全、偏好的不合理、分配的不公平等方面。政府干预并非是万能的，也存在失灵的可能。

3. 随着社会经济的不断发展，政府职能也在不断转变。现代混合经济中的政府职能概括起来便是弥补市场缺陷，承担私人部门经济办不了、办不好、不愿办的事。科学地定位政府职能是推进国家治理体系和治理能力现代化的关键。财政作为国家治理的基础和重要支柱，财政收支与国家治理现代化紧密联系、相伴而生、相辅相成、互为条件。

4. 财政职能是财政客观固有的、内在的功能，是财政与国家或经济相联系而表现出来的本质作用。政府经济职能决定了财政必须具有资源配置、公平分配、经济稳定三项基本职能。与此同时，由于国家治理所涉及的要素和领域空前复杂和宽广，这也决定了财政要将职能延伸至经济、政治、文化、社会、生态文明的所有领域，覆盖国家治理的全过程。

5. 西方国家在确定财政职能时，既始终强调财政是经济发展的客观反映，同时，又十分注重发挥财政的宏观调节作用。我国在不同的历史时期和经济发展的不同阶段，财政职能的重点和主要内容都有很大差别。在推进国家治理现代化时期，财政职能已由经济范畴扩展至国家治理范畴，涵盖经济建设、政治建设、文化建设、社会建设、生态文明建设的各方面。

关键概念

市场失灵　政府失效　资源配置职能　收入分配职能　稳定经济职能

思考分析

1. 根据市场与政府职能关系的理论，分析政府在市场经济中的地位与作用。
2. 根据财政职能与政府职能的相关理论，分析财政供给机制与实现政府职能的关系。
3. 结合国家治理理论，说明财政何以成为国家治理的基础和重要支柱。
4. 根据财政职能的相关理论，分析财政如何发挥稳定经济的作用。

第三章　财政学基础理论

本章主要从政治经济学理论、福利经济学理论和外部性理论三方面阐述财政存在的必要性。本章学习要求：①理解马克思社会扣除理论的科学内涵；②理解中国特色社会主义市场经济体制对财政行为的现实要求；③理解福利经济学第一定理中的资源配置与帕累托效率标准、第二定理中效率与公平的关系，理解两个定理的政策启示；④理解外部性与资源配置效率之间的关系和应对外部性问题的公共政策手段。

第一节　政治经济学理论

一、社会扣除理论

社会扣除理论是马克思和恩格斯在《哥达纲领批判》中提出的重要理论，认为在对劳动所得的社会总产品进行个人分配之前，必须补偿在再生产过程中产生的实物和价值的消耗以及满足社会公共消费的需要，因而要按照一定的顺序进行与社会经济和国家发展水平相适应的扣除，包括针对生产资料的第一次扣除和针对个人消费资料的第二次扣除。《哥达纲领批判》中关于劳动所得分配问题的分析所提及的社会扣除理论，成了社会主义国家财政活动的重要理论基础。马克思关于社会扣除的分析，始于对《哥达纲领》"劳动是一切财富和一切文化的源泉，而因为有益的劳动只有在社会中和通过社会才是可能的，所以劳动所得应当不折不扣和按照平等的权利属于社会一切成员"这一论断的批判。马克思首先指出，劳动不是一切财富的源泉，"劳动只有作为社会的劳动，或者说，只有在社会中和通过社会，才能成为财富和文化的源泉"。建构在这样的逻辑基础之上，马克思进一步指出《哥达纲领》中的"劳动所得"本身就是一个模糊的概念："什么是'劳动所得'呢？是劳动的产品呢，还是产品的价值？如果是后者，那么，是产品的总价值呢，或者只是劳动新加在消耗掉生产资料的价值上的那部分价值？"[①]劳动所得界定不清楚，"不折不扣"就无从谈起。马克思指出，可以将"劳动所得"这个用语首先理解为劳动的产品，那么在集体的、生产资料公有制的社会里，集体的劳动所得就是社会总产品。要实现社会总产品在个体生产者之间的分配，首先要进行六项扣除，分别是针对社会生产资料的三项扣除和针对个人消费资料的三项扣除。

① 马克思.哥达纲领批判[M].中共中央马克思恩格斯列宁斯大林著作编译局，编译.北京：人民出版社，2015:8.

（一）针对社会生产资料的三项扣除

针对社会生产资料的三项扣除也被称为“第一次扣除”，马克思指出，第一次扣除是必要的，至于扣除的数量应该根据现有的物资和力量来确定，部分地应当根据概率计算来确定，但是这些扣除不能仅仅利用公平原则来计算。这三项扣除分别是“补偿消耗掉的生产资料的部分”“用于扩大生产的追加部分”“用来应付不幸事故、自然灾害等的后备基金或者保险基金”。

“补偿消耗掉的生产资料的部分”是首先需要从社会总产品中进行扣除的部分。生产资料是社会生产的基础，虽然马克思所设想的是建立一个生产资料共有的社会，但是生产资料消耗与所有制性质没有必然联系，资本主义社会生产和社会主义社会生产都会导致生产资料的消耗。因此，为了保证生产的延续性，社会需要首先从社会总产品中扣除用以补偿在生产过程中消耗掉的生产资料价值。在资本主义国家里，由于生产资料私有制，完成这一扣除的是资本家，扣除的目的也是获取更多的剩余价值，从而获得更多的利润。而在社会主义国家里，生产资料是公有制，补偿消耗掉生产资料的扣除就需要由政府来完成，而且政府扣除的目的不是获得自身的“利润”，而是不断地提升社会生产力的发展。因此，为了保障社会生产水平，针对生产资料消费的补偿是首位的而且是必不可少的。

“用于扩大生产的追加部分”是第二位需要进行扣除的内容。经济社会的不断发展、社会生产力的不断进步，建立在不断地扩大再生产过程中。资本主义私有制正是因为其不断扩大再生产的行为，才使得资本主义社会生产力得到了空前的发展。马克思在《共产党宣言》中指出：“资产阶级在它不到一百年的阶级统治中所创造的生产力，比过去一切世代创造的全部生产力还要多，还要大。”唯物史观认为，产品的生产、交换和消费活动是一切社会制度的基础。只有社会生产力不断进步发展，才能为社会保障和社会福利提供必要的物质基础，马克思认为，要想不断提高全社会的福利水平，就必须稳步推进经济社会发展水平，也就是稳步提升社会生产力水平。因此，对于社会主义国家而言，在补偿消耗掉生产资料的基础上，必须要扣除保障和发展社会生产的必要劳动产品，这也是社会扣除最基本的作用之一。在进行进一步分配之前，必须满足再生产的需要。

“用来应付不幸事故、自然灾害等的后备基金或者保险基金”顾名思义是应对突发的灾难性事件的。众所周知，不幸事故和自然灾害对劳动力及其家庭造成的伤害，远远不是劳动力自身所能够抵抗解决的。例如我国汶川地震之后的灾后重建，如果仅仅单纯依靠受灾群众自身，地震重建几乎完全无从谈起，必须依靠国家帮助。而政府为了应对和预防不幸事故、自然灾害的发生，就必须从社会总产品中进行一定的扣除。马克思指出，这一扣除的比例应该以社会生产资料数量和生产力水平决定，部分地根据“概率论”决定。这一部分的扣除充分体现了马克思对于建立全国性质的保险基金的重视。事实上，从资本主义国家社会保障体系发展历程中，我们就能感受到这种社会扣除的存在。例如，德国在1883年就颁布了《疾病社会保险法》，这是世界上第一部社会保险法。截至20世纪初，丹麦、瑞典、奥地利等国家也相继实行完善社会保险制度。

（二）针对个人消费资料的三项扣除

针对个人消费资料的三项扣除也被称为“第二次扣除”，马克思指出，这三项扣除分别是“同生产没有（直接）关系的一般管理费用”“用来满足共同需要的部分”“为丧失劳动能力的人等设立的基金”。不难看出，这三项扣除的最终目的都是用于个人的消费，这与“第一次扣除”具有显著区别。

“同生产没有(直接)关系的一般管理费用”一般是指国家或者政府部门在进行社会管理职能时所需要进行的支出，例如党政机关公务员的工资、国家和政府部门运作所需要的办公经费等。从这类费用的支出部门和支出目的中不难发现，这部分扣除是十分必要的。因为这类扣除是国家和政府进行经济社会调控管理最根本的物质基础。在社会主义国家中，政府扮演着统筹社会生产、制订生产计划、实施宏观经济调控、主导社会分配的重要作用，代表广大人民的根本利益，为了实现社会主义国家和政府的职能，必须从社会总产品中扣除这一部分以维持国家和政府基本运转。但是，对于这一部分费用，马克思在《哥达纲领批判》中明确指出，这一部分一开始就会极为显著地缩减，并且随着新社会的发展而日益减少。因为在马克思的设想下，随着公有制社会的不断发展完善，劳动力个体的劳动行为不再仅仅是为了交换自己的产品，产品中蕴含的劳动也不仅仅体现个体劳动、反映产品的个体价值，而是作为社会总劳动，以社会总产品的形式体现。此时，人们进行劳动的目的就不再是解决生计，而是出于对劳动本身的现实需要。由于国家进行社会管理的目的是实现有序的社会生产，此时人们都会自觉地参与社会生产，国家就没有必要再进行过多的管理，政府此时就会开始减少工作人员，从而节约更多的资源用于第一次扣除以及满足社会成员其他的共同消费需要。因此一般管理费用就会逐步缩减。

扣除了一般管理费用之后，还需要对“用来满足共同需要的部分”进行扣除。所谓共同需要，就是全体社会成员生存发展过程中都需要公平满足的事务，也就是西方经济学家近百年之后提出的“公共品”，例如基础教育、基本医疗、基本社会保障、公共安全、基本就业服务等。同一般管理费用不同，马克思分析指出随着新社会的不断发展进步，社会成员的共同需要将会在数量上不断增长、种类上不断丰富，共同需要的内涵也会不断提升。现代社会的社会福利体系建设，从本质上来讲就是在满足社会成员日益增长丰富的共同需要。社会主义社会和共产主义社会的最终目标都是实现人的全面自由发展，而满足共同需要的社会扣除正是以此为最终目标，伴随着人民群众在社会化生产过程中对于共同需要在数量上的增长和种类上的丰富，社会扣除也会随之发生变化。

“为丧失劳动能力的人等设立的基金”是一类特殊的但是非常必要的扣除。同满足共同需要的部分不同，这一部分的扣除并不要求丧失劳动能力的人贡献扣除所需的社会产品。这是一种纯粹的国家和政府的救济行为。这是马克思所构想的充分体现社会主义和共产主义优势、实现公平正义的方式。这部分扣除不是针对所有社会成员的，而是针对特定的社会弱势群体、失去劳动能力的私人劳动者。这一项扣除的设定充分体现了马克思对《哥达纲领》中“劳动所得应当不折不扣和按照平等的权利属于社会一切成员”的批判，因为这项扣除针对的社会成员就是不参与劳动的。在集体所有制的社会中，生产资料属于全体社会成员，但是社会生产者并不是所有的社会成员。社会保障体系的确定应当根据生产资料所有者的范畴而不是生产者的范畴。因此，即便是无法劳动的人群，也应当享受对应的社会福利，这才是社会公平的体现。马克思正是站在这样的高度上，提出了社会主义国家的社会福利应当遵循的原则。新中国成立以来我国社会保障制度的变迁，就充分体现了马克思的思想。新中国成立初期为了解决极端贫困和丧失劳动力人群的生存问题，我国设立了“五保户”制度，全面解决这部分人民群众后顾之忧，在发展的过程中，又构建了最低生活保障体系、社会救济体系等一系列制度政策。这些都体现了马克思这一类扣除的思想。

系统分析社会扣除理论,不难发现,社会扣除由“为再生产进行的扣除”和“社会福利扣除”两部分组成,并且社会福利性质的扣除具有极其重要的地位,即便是保障再生产的扣除中,也包括“国家保险”性质的扣除。这都体现了马克思对于社会主义社会中福利发展和制度建设的充分重视。特别是社会福利应当以保障生产资料所有者——全体社会成员为目标,最终实现社会中每一名成员的自由发展。马克思曾经指出:“从一个处于私人地位的生产者身上扣除的一切,又会直接或者间接地来为处于社会成员地位的这个生产者谋福利。”所以,社会扣除看似是从劳动者创造的社会产品中“无偿”地获取了一部分,但是在社会主义社会中,这种获取绝不是对于劳动者创造的剩余价值的剥削,而是为了更好地实现社会生产的不断扩大、经济社会的进步发展、构建保障全体社会成员的社会福利体系,最终实现社会公平发展而设立的,这部分来自劳动者的扣除,最终都将以其他形式重新回到社会成员手中。这正是社会主义国家财政行为的逻辑,因此马克思主义的社会扣除理论是社会主义国家财政学重要的理论基础。

二、社会主义市场经济理论

早在2001年,习近平担任福建省省长期间,就曾经撰文指出:“中国是一个社会主义国家,我们正在建立和发展的市场经济是社会主义的市场经济。社会主义市场经济与资本主义市场经济有着本质上的区别,这就是社会主义市场经济是社会主义基本制度与市场经济管理体制的有机结合,是用市场经济这一手段来发展社会主义的基本制度,也即在两者的关系中社会主义是基础、是根本,因此社会主义市场经济与资本主义市场经济的本质区别,就在于社会基本制度的不同。”①因此,社会主义市场经济理论也是社会主义国家财政学的基础理论之一。财政学要在中国特色的市场经济理论框架下,探究政府与市场关系的边界,界定财政职能活动的范围。

(一)社会主义市场经济思想的萌芽

社会主义市场经济思想萌芽于20世纪70年代末期。社会主义市场经济理论是在反思社会主义的计划经济理论过程中以及党领导经济工作的不断实践中,经历实践→认识并形成理论→再实践→再认识并不断完善理论这样的螺旋式上升阶段所形成的。计划经济具有封闭僵化的特点,突出表现为政企不分,即企业生产不是由市场决定,而是上级政府“下命令”的形式;分配领域采取“一大二公”平均主义,导致人民群众参与社会生产的积极性和创造性受到严重抑制。这些计划经济的弊端导致新中国经济在较长的时间里缺乏持续的动力机制。

1978年,党的十一届三中全会召开并确立了“对内改革、对外开放”的方针,对于压抑已久的中国经济而言,亟待能够体现重视商品生产、体现价值规律和市场作用的新经济体制替代计划经济体制。1979年4月,第二次全国经济理论讨论会就价值规律问题进行讨论。与会人员提出了许多极具深远影响的理论观点,其中包括“肯定社会主义经济是商品经济或者市场经济,肯定社会主义经济中市场调节的作用”,可谓是最早的社会主义市场经济思想。同年11月,邓小平在会见外宾时指出:“说市场经济只存在于资本主义社会,只有资本主义的市场经济,这肯定是不正确的。社会主义为什么不可以搞市场经济,这个不能说是资本主义。我们是

---

① 习近平.创立一门社会主义的发展经济学[J].福建论坛,2001(9):4-9.

计划经济为主，也结合市场经济，但这是社会主义的市场经济。”[①]1982 年 9 月，党的十二大召开，提出了“我国在公有制基础上实行计划经济……贯彻计划经济为主、市场调节为辅的原则……”[②]自此，我国开始了计划经济向市场经济转变、开启了社会主义市场经济体制建设的序章。农业领域的联产承包责任制改革、城市国有企业改革和企业承包制的不断推进，对于指导国民经济发展的经济理论提出了现实的要求。如何重新认识社会主义和商品经济之间的关系，成为当时国民经济理论急需解决的问题。为此，党的十二届三中全会通过《关于经济体制改革的决定》，指出“改革计划体制，首先要突破计划经济同商品经济对立起来的传统观念，明确认识社会主义计划经济必须自觉依据和运用价值规律，是在公有制基础上的有计划的商品经济”。这一决定冲破了长期以来社会主义不能发展商品经济的思想桎梏，明确了公有制和商品经济的有机统一，为发展社会主义商品经济提供了重要理论支撑，明确了发展目标。

(二)社会主义市场经济理论的形成

随着商品经济的蓬勃发展，“计划为主、市场为辅”的方针，成了制约经济发展的思想因素。为了突破这种思想对经济发展造成的束缚，1987 年 10 月，党的十三大报告中指出“必须以公有制为主体，充分发展有计划的商品经济”[③]，指出商品经济的充分发展是社会经济发展不可逾越的阶段，是实现社会主义现代化必不可少的基本条件。党的十三大正式确立了“社会主义有计划商品经济体制”这一改革目标，并且指出这一体制在运行过程中应当坚持计划和市场内在统一、计划和市场都应当在经济运行各方面发挥作用。针对当时关于商品经济就是资本主义的片面认识，报告中明确指出“社会主义商品经济同资本主义商品经济的本质区别，在于所有制基础不同……社会主义商品经济的发展离不开市场的发育和完善，利用市场调节决不等于搞资本主义。”[④]但是，除了“所有制基础不同”，商品经济在两种社会制度中的运行机制是完全相同的。计划经济和市场经济不是区别社会主义还是资本主义的手段。十三大报告的这一设想，突破了马克思主义原有的观念，从中国实际出发，从事实层面明确了中国特色社会主义市场经济的基本要素，为后续中国特色社会主义市场经济理论的形成扫清了各种障碍。

虽然党的十三大之后关于社会主义市场经济的讨论一度活跃，但是由于种种原因，一直到 1992 年邓小平“南方谈话”之后，理论界才开始对社会主义市场经济进行深入研究。在“南方谈话”中，面对错综复杂的国际国内环境和改革开放的严峻形势，邓小平以伟大政治家的高瞻远瞩和非凡胆略，肯定了十一届三中全会制定的基本路线，强力回击了当时对改革开放和发展社会主义市场经济存在的质疑。他指出：“计划多一点还是市场多一点，不是社会主义和资本主义的本质区别。计划经济不等于社会主义，资本主义也有计划；市场经济不等于资本主义，社会主义也有市场。计划和市场都是经济手段。社会主义的本质，是解放生产力，发展生产力，消灭剥削，消除两极分化，最终达到共同富裕。”[⑤]也是在这一重要论述的基础上，当年年底召开的党的十四大明确指出，“我国经济体制改革的目标是建立社会主义市场经济体制，以利于进一步解放和发展生产力。”[⑥]所有制和分配制度方面，提出在坚持公有制为主体、其他经济

① 邓小平. 邓小平文选：二卷[M]. 北京：人民出版社，1994：236.

② 胡耀邦在中国共产党第十二次全国代表大会上的报告[R/OL]. 中国共产党历次全国代表大会数据库.

③ 赵紫阳在中国共产党第十三次全国代表大会上的报告[R/OL]. 中国共产党历次全国代表大会数据库.

④ 同上.

⑤ 邓小平. 在武昌、深圳、珠海、上海等地的谈话要点[N]. 人民日报，1993 - 11 - 06.

⑥ 江泽民在中国共产党第十四次全国代表大会上的报告[R/OL]. 中国共产党历次全国代表大会数据库.

成分为补充的所有制和按劳分配为主体、多种分配方式为补充的分配制度。在经济活动的过程中，保证“市场在社会主义国家宏观调控下对资源配置起基础性作用”。通过国家的宏观调控弥补和修正市场存在的缺陷，凸显社会主义经济制度的优势。之后的十四届三中全会通过《中共中央关于建立社会主义市场经济体制若干问题的决定》进一步明确社会主义市场经济体制改革的主要内容。这一系列的改革举措充分反映了社会主义市场经济思想和理论，是新中国经济思想和经济理论的崭新起点。

(三)新时代社会主义市场经济理论的发展

社会主义进入新时代以来，国民经济全面进入新常态，以习近平同志为核心的党中央形成了以新发展理念为指导、以供给侧结构性改革为主线的政策框架，贯彻稳中求进工作总基调，以壮大实体经济为核心、以建设现代化经济体系为目标，引领我国经济持续健康发展。在这一过程中，中国特色社会主义市场经济理论也不断健全完善。党的十八届三中全会通过的《中共中央关于全面深化改革若干重大问题的决定》中明确指出：“经济体制改革是全面深化改革的重点，核心是处理好政府和市场的关系，使市场在资源配置中起决定性作用和更好发挥政府作用。”而作为国家治理的基础和重要支柱，科学的财税体制是推进经济体制改革的重要制度保障。十九届四中全会通过的《中共中央关于坚持和完善中国特色社会主义制度、推进国家治理体系和治理能力现代化若干重大问题的规定》中明确指出“坚持公有制为主体、多种所有制经济共同发展，按劳分配为主体、多种分配方式并存，社会主义市场经济体制等社会主义基本经济制度”，随着我国国民经济的高质量发展，社会主义市场经济体系和经济理论也在不断地丰富完善。

第二节　福利经济学理论

一、福利经济学的起源与发展

如果说马克思主义的社会产品扣除理论从社会经济发展视角说明了财政存在的必要性及其活动边界，福利经济学则是在一定的社会价值判断标准下，研究整个经济的资源配置与个人福利的关系，从而诠释政府干预与市场机制的关系以及财政活动的范围。

福利经济学是现代西方经济理论中重要的经济理论之一，是研究社会经济福利的一种规范经济学，最早起源于英国经济学家霍布森，他主张通过政府干预提高社会福利，提出了要以“社会福利”作为经济学的研究中心，认为福利经济是经济学的研究方向。但是，他只对福利经济进行了探讨却没有建立福利经济学的体系。最先将福利理论详细阐发并写成系统著作的是英国经济学家庇古。他在 1920 年出版了《福利经济学》著作。庇古建立了一个完整的福利经济学的理论体系，对福利概念及其政策应用做了系统的论述，使福利经济学成为经济学的一个分支。庇古认为，个人的福利可以用效用来表示，整个社会的福利应该是所有个人效用的简单加总。在此基础上，国民收入越高，社会福利越大；国民收入越平均，社会福利越大。

福利经济学的思想基础来源于资源的有效配置和社会福利这两方面的内容。资源有效配置来自一个完全竞争的、一般均衡的市场体系；在这个体系当中，一切商品的价格等于其边际成本；一切生产要素的价格等于其边际产品价值；在这个体系当中，当每一个生产者出自自利动机追求利润最大化时,当每一个消费者出自自利动机追求效用最大化时,整个经济将是有效的,或达到不能使任何人变得更好而不使另一些人变得更坏的最优状态,即帕累托最优状态。庇古基于社会福利最大化的考虑,主张国家干预收入分配,扩大政府的作用。庇古的经济思想在很大程度上受英国改良主义经济学家霍布森提出的最大社会福利思想的影响。他提出了国家全面干预经济的"国家社会主义"思想,认为不管是分配还是生产都在政府干预的范围之内,主张通过税赋、建立公用事业等手段实现最大的社会福利。

现代西方经济学家对庇古的福利经济学提出了挑战。20世纪30年代,西方一些经济学家谴责庇古将价值判断引入经济学,从而使经济学从实证科学变成伦理科学;也反对庇古关于"效用可计量性"和"效用在人与人之间的可比较性"这两个基本命题,反对庇古的收入均等化的政策主张。由于旧福利经济学所存在的问题,以无差异曲线分析法为基本分析手段、以序数效用论为理论基础、以帕累托最优化原理为理论出发点的新福利经济学便取代了旧福利经济学。然而,新福利经济学存在着不可克服的缺陷,即在缺乏其他信息的情况下,只使用序数效用进行社会排序是不可能的。后来新福利经济学受到了阿罗不可能定理所带来的严重质疑,阿玛蒂亚·森的研究也表明,新福利经济学取代旧福利经济学需要重新认识和评价。

[资料链接3-1]

阿马蒂亚·森:1998年诺贝尔经济学奖获得者

阿马蒂亚·森(Amartya Sen,1933—),1998年诺贝尔经济学获得者,对福利经济学几个重大问题做出了贡献,包括社会选择理论、对福利和贫穷标准的定义、对匮乏的研究等做出精辟论述,被称为关注底层人的经济学家。瑞典皇家科学院将1998年度诺贝尔经济学奖授予了阿马蒂亚·森,以表彰他"在福利经济学的基础研究课题上做出数项关键性的贡献,举凡公共选择的一般理论、福利与贫穷指标的定义,到对饥荒的实证研究皆属其贡献范围"。

传统福利经济学理论认为,个人与社会的福利水平可以通过一揽子生产和消费的商品量来衡量。阿玛蒂亚·森却认为,人们之所以拥有商品,主要是把商品看作具备一定特性并能够满足人们需要的东西,而并不只是为拥有一定的物品而去拥有商品。人们拥有或消费商品所得到的满足感、成就感,不仅依赖于商品本身的特性,而且依赖于消费者本身及其所处的环境的特性。他进一步指出,人类的福利不能只是依据其终极状况来判断,其选择过程以及选择的自由度也与福利紧密相关。因此,不能仅仅依据生产和消费的商品量来衡量个人与社会的福利水平,还必须依据道德和政治等多方面因素来评价福利水平及其变化。

为此,阿玛蒂亚·森提出了能力中心观,以此取代幸福的效用观。他认为个人幸福是他所能做的各种事情即能力的函数,个人某些方面的能力对于个人获得效用水平是重要的,是个人价值的源泉。个人的其他能力,比如识字能力等,虽然与个人的效用不直接相关,但也同样是衡量个人幸福的重要因素。据此,阿玛蒂亚·森引入了含义更加广泛的"功用"概念,把人应当享有的权利及其所能得到的作用作为衡量幸福和快乐的标准,以取代正统经济学中的效用概念,为规范经济学提供了更为丰富的信息基础,也为社会福利水平的测度提供了更为满意的方法。

资料来源:吴峰.阿玛蒂亚·森经济理论述评[D].长春:吉林大学,2011.

二、福利经济学的特点

（一）福利经济学以规范研究为核心

福利经济学属于规范经济学的范畴，主要特点之一是强调道德判断或价值判断，它要判明经济行为的是非善恶，应该如何和不应该如何，它要在历来所标榜的实证或纯粹的经济学之外，另立一种政策性或规范性的经济学，以适应政府制定政策的需要。它是从微观经济主体（单个消费者、生产者和产品市场）的行为及其相互联系的角度出发，考察一个社会全体成员的经济福利问题，即在一定的社会价值判断标准下，研究整个经济资源配置和福利的关系。特别是市场经济体系的资源配置和福利的关系，以及与此有关的政策问题。福利经济学对经济体系的运行进行评价，以期改善社会福利的经济系统，它通常被看作是规范经济学的典型代表。

（二）福利经济学以边际效用论为基础建立福利概念

福利经济学是根据功利主义道德学说和边际效用价值学说而发展起来的。边际效用价值是以个人对于商品的主观感受和评价来说明商品价值和决定价格的。以后的经济学家又在这个基础上进一步加以发挥，得出了一些“最大原则”。他们认为，在完全竞争价格制度下，消费者按照自己的收入和偏好，安排各项支出，将得到最大的效用；生产者（厂商）按照一定的产品和成本项目的价格，安排生产，将生产出最大的产量。完全竞争价格制度不但是实现最大效用的前提，并且是生产活动的指示器。即厂商生产什么，生产多少，都是按照消费者的偏好和自由选择的指示（市场价格的指示）来进行的。

三、福利经济学的基本定理

帕累托效率指的是任何政策的改变都不可能在不使任何人的境况变坏的情况下使某个人的境况变好。这一概念常常被作为评价资源配置合意性的标准。如果资源的重新配置不使任何其他人状况更坏而至少使一个人状态更好的变化，被称为帕累托改进。在帕累托效率的基础上，发展出了福利经济学的第一定理和第二定理。

（一）福利经济学第一定理

福利经济学第一定理考虑的是资源有效配置的问题，说明完全竞争市场和帕累托最优之间的关系。在某些条件下，竞争市场机制会产生帕累托效率，如果企业都追求利润，每个个人都追求自己的效用最大化，市场自然就可以达到一个社会最优的资源配置。福利经济学第一定理的实现条件如下：①完全竞争；②没有外部性；③没有交易成本；④完全信息；⑤不存在规模经济。在完全竞争条件下，市场竞争能够通过价格有效率地协调经济活动，从而配置有限的稀缺资源。即一组竞争市场所达到的均衡分配必定是帕累托有效配置。

福利经济学第一定理的政策启示：第一定理不仅说明了完全竞争市场经济的优越性，而且也反映了福利经济学理论的应用领域和方向。根据福利经济学第一定理，自由竞争的市场经济体制是最有效率的，因为资源配置可以通过价格信号进行灵活调节，并且市场决策由市场主体自主自发进行，具有时效性、目的性、相关性等特征。而计划经济体制由于缺乏灵活性和自发性，其资源配置是低效、僵化的。政府为了实现公平而干预市场定价有可能导致市场低效率。

(二)福利经济学第二定理

福利经济学第一定理主要阐述的是资源配置效率的问题，第二定理则是在效率的基础上添加了公平的要素。第二定理主要是讲公平和效率问题可以分开考虑。分配是指初始禀赋即起点分配；有效率是通过市场机制支持，主要是利用价格竞争实现。要实现竞争均衡，就需要重新分配初始禀赋（即起点公平）和通过价格竞争（完善的市场机制）这两点实现。如果对初始禀赋课税，是不影响其分配状况的，但对选择课税（即在价格竞争中课税），则扭曲完全竞争的价格机制，出让禀赋时税负不同，消费者的选择就会发生改变，因而不能实现竞争均衡。第二定理认为在一定的条件下，每一种具有帕累托效率的资源配置均能达到竞争均衡。它表明公平与效率是可以分开来考虑的，任何帕累托有效率配置都能得到市场机制的支持；任何我们所希望的社会资源配置都可以通过给定一定的收入分配结构和所有权结构并通过市场达到。

福利经济学第二定理的政策启示：社会通过适当地安排初始资源禀赋，然后让人们彼此自由地交易，就可以实现帕累托效率，实际上阐述的是公平与效率之间的关系。同时，福利经济学第二定理表明，公平与效率可以分开来考虑，任何帕累托效率都能得到市场机制的支持。这样，价格在市场机制中就起到了两种作用：一是配置作用，表明商品的稀缺性；二是分配作用，表明不同的交易者能够购买的各种商品的数量。两者的差别在于：福利经济学第二定理证明政府可以通过改变人们的初始资源禀赋促进公平，而不是什么都做不了。比如政府可以对农民进行直接补贴，改变初始资源禀赋，而不是最低限价，干预市场经济运行。

第三节　外部性理论

一、外部性的定义

外部性（externalities，又译为外溢性、外在性），按照布坎南和斯塔布尔宾 1962 年的定义，只要某一个人的效用函数（某一厂商的生产函数）所包含的变量是在另一个人（或厂商）的控制下，即有外部性。一个外部性存在指个体 A 的效用不仅是被其所直接控制的活动的函数，而且也受到了其他活动的影响，也就是说 A 也处于其他个体 B 的控制之下。布坎南和斯塔布尔宾对此“活动”的定义包括“任何可以计量的人类行为，如吃面包、喝牛奶，向空中喷洒、洒水在公路上，以及救济穷人等”，再如省际高速公路就具有一定程度的外部性。外部性的本质在于出现边际私人成本和边际社会成本、边际私人收益和边际社会收益的不对称，分为正的和负的外部效应问题。

正外部性又称为外部经济，或正的外部效应。负外部性又称为外部不经济，或负的外部效应。正外部性又可以分为生产上的正外部性和消费上的正外部性。负外部性也可以进行同样的分类。关于外部性的具体含义及举例如表 3－1 所示。

表 3-1 外部性分类

正负	生产	消费
正外部性	生产：一个养蜂者接近苹果园，他的养蜂活动会给苹果园主人带来好处 消费：由于技术进步，厂商可以以更低的价格提供质量更好的产品，给消费者带来实惠	生产：消费者偏好的改变增加对某些厂商产品的更多需求 消费：你的邻居在听优美的音乐，这也可以给你带来快乐
负外部性	生产：河流上游的造纸厂排放的污水影响到下游的养鱼业 消费：发电厂的生产污染空气，影响周围居民呼吸新鲜空气	生产：消费者偏好的改变减少对某些厂商产品的需求 消费：如果你的邻居在深夜纵情歌舞，在没有隔音的情况下，就会给你带来噪音

外部性和公共产品具有共同的特性：共同消费及非排他性的特征。它们之间的区别只是程度问题而不是类别问题。从一定意义上说，公共产品可以被看作是外部性的一种特例。纠正外部性和提供公共产品同样存在着信息难题。

正外部性，在性质上完全具有与公共产品一样的特征。因此，外部性问题同样适用以下的萨缪尔森条件

$$MPC_A = MPB_A + \sum_{i=1}^{n} MEB_i$$

式中：MPC_A指 A 在进行一项经济行为时所支付的边际成本；MPB_A指 A 从中所获得的边际私人收益(marginal private benefits)；MEB_i是指该经济行为产生的正外部性给其他人 i 带来的边际外部收益。上式的右方被称为边际社会收益(marginal social benefits，MSB)，而 A 所获得的边际收益被称为边际私人收益。

对于负外部性或外部不经济，上式中的 MEB_i就变为边际外部成本 MEC_i。这样，负外部性的萨缪尔森条件就为

$$MPC_A + \sum_{i=1}^{n} MEC_i = MPB_A$$

等式的左边通常被称为 A 的边际社会成本(marginal social cost，MSC)。可见，当出现外部不经济时，一项经济行为所产生的边际社会成本大于私人实际承担的边际成本。

[资料链接 3-2]

广西龙江河镉污染事件

2012 年 1 月 15 日，龙江河宜州市(现为宜州区)怀远镇河段水质出现异常，河池市环保局在调查中发现龙江河拉浪电站坝首前 200 米处，镉含量超《地表水环境质量标准》Ⅲ类标准约 80 倍。因担心饮用水源遭到污染，处于下游的柳州市市民出现恐慌性屯水购水，超市内瓶装水被市民抢购。

2012 年 1 月 25 日从广西河池市应急处置中心获悉，广西龙江河镉污染事故已锁定两个违法排污嫌疑对象，分别是广西金河矿业股份有限公司和金城江鸿泉立德粉厂。2012 年 1 月 31 日记者从广西龙江河突发环境事件应急指挥部了解到，据参与事故处置的专家估算，此次

镉污染事件镉泄漏量约20吨。专家称，由于泄露量之大在国内历次重金属环境污染事件中都是罕见的，此次污染事件波及河段将达到约300公里。广西龙江河突发环境事件应急指挥部专家组组长、原环境保护部华南环境科学研究所副所长许振成说："所谓波及，就是事发地往下游，一直到能监测到水体镉浓度明显上升但不超标的水域。"按照现行的处置方式和处置效果，此次污染会波及柳江柳州市区下游的红花水电站以下的水域，但红花水电站以下的水域镉浓度不会超标，也不会对柳江下游的黔江、浔江、西江造成影响。

资料来源：张志国.广东龙江河镉污染给我们带来怎样的警示[J].绿色中国，2012(3)：8－9.

[资料涉及的理论要点]

环境问题的外部性。

[资料分析与讨论思路]

(1)污染问题具有外部性。

(2)污染治理的必要性。

(3)污染问题如何治理？

二、外部性与资源配置效率

外部性会如何导致市场体系中的资源配置问题？完全竞争性市场使得价格等于卖者承担的边际成本以及买者享受的边际收益。当存在外部性时，作为市场参与者决策基础的边际成本或边际收益偏离了实际的边际社会成本或收益。比如，在负外部性情况下，产品或劳务的价格并不反映生产这一产品或劳务所需资源的全部边际社会成本。例如，在造纸的过程中，每一单位的纸都会产生除卖者和买者之外的第三方成本。污染减少了其他使用者从河流、湖泊和小溪中获得的收益。具体来说，由于造纸产生的工业污染使得渔民的捕鱼量下降，同时也减少了在湖泊和河流中娱乐的人们从游泳、泛舟以及其他活动中所获得的收益。下面就以造纸过程中的污染来说明外部性问题。

在完全的竞争条件下，造纸业的需求曲线 D 衡量卖者从每一吨纸中获得的边际收益，也就是边际社会收益。供给曲线 S 为每额外生产一单位纸的边际成本，但在生产者看来，边际成本曲线并不包含生产新增的一单位纸张所引起的全部成本。为了分析的方便，我们假设生产一吨纸的边际外部成本为一常数，100元。

生产者在生产时并没有考虑每吨纸100元的边际外部成本。其决策的依据只是生产纸张的边际私人成本。为了得到边际社会成本，必须将产出的边际外部成本与边际私人成本相加，得

$$\mathrm{MPC}+\mathrm{MEC}=\mathrm{MSC}$$

存在负外部性时，一种产品的边际私人成本小于它的边际社会成本。图3－1中边际私人成本曲线与边际社会成本曲线之间的距离就是10元，与产量无关。如果要与产量有关，边际社会成本曲线与边际私人成本曲线之间的距离将随年产出的增加而提高。

由图3－1可知，均衡价格和产量在 A 点，在该点，产量为300万吨，价格为每吨100元。然而，A 点并不是整个社会的效率均衡点，效率要求在做出一种产品的生产决策时，应以全部的边际社会成本为标准。因此，有效率的均衡水平将会在 B 点。在 B，满足

$$\mathrm{MSC}=\mathrm{MPC}+\mathrm{MEC}=\mathrm{MSB}$$

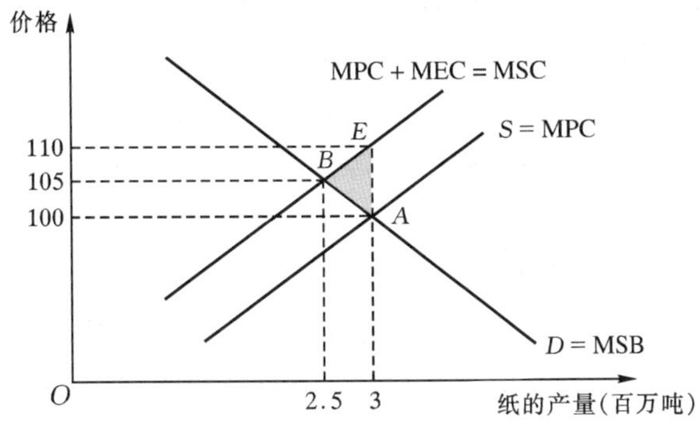

图 3－1　市场均衡、负外部性与效率

因此，A 点对应的 300 万的均衡产量是无效率的。由于生产纸张的边际社会成本超过了它的边际社会收益，相对于有效率的数量而言，过多的纸张(300 万吨)将会在竞争市场上销售。这时，如果年产量降到 250 万吨，将会得到一个与三角形 BEA 面积(阴影部分)相等的社会净收益的增加，其价格必须上升到 105 元，促使消费者消费纸张的数量将减少。

外部性的问题如果不能得到妥善的解决，特别是环境污染等负外部性问题，抑或是公共资源的使用过程中，如果行为主体未能就其污染或者使用公共资源本身承担相应的成本，最终就会导致"公地悲剧"现象发生。1968 年，美国著名生态经济学家加勒特·哈丁在《科学》杂志上首次提出了"公地悲剧"的概念，他发现在一些地区没有明晰私人产权的公共牧场中，牧羊人可以自由使用牧场的草地资源。但是由于草地恢复需要一段时间，决定了放牧资源是日趋紧张的，每个公共牧场也有其最大的放牧承载量。一旦超过这个承载量，草地资源就会受到不可逆转的破坏。哈丁此时指出，如果放牧人都按照个人利益最大化进行放牧，相信公地资源是可以自由使用的，那么最后的结果就是所有放牧人都会最大限度地使用公共牧场，直到牧场资源完全枯竭。这就是"公地悲剧"。现实中，我们也能从很多"灾难"中，找到"公地悲剧"的影子，例如 20 世纪 70 年代非洲萨赫勒地区国家的大面积饥荒、第三世界国家的木柴能源危机、酸雨问题，甚至是在日常生活中见到的公共健身设施使用和维护问题等。"公地悲剧"充分证明了，在一个区域中，如果存在所有人都依赖的公共资源，而这种资源的使用成本承担又是不明晰的，就一定会导致无节制的使用，最终损害所有人的利益。而本质上，这种资源使用的成本承担不明晰，就是外部性的典型体现。

三、外部性的公共对策方案

外部性的存在使得竞争性均衡并不能导致帕累托最优，必须寻找解决外部性的最有效方法，充分发挥正外部性，克服负外部性对经济效率的损失，以实现外部性的内在化。总结起来，主要有以下几种对策：

(一)行政矫正方案——命令与控制规则

命令与控制规则是由政府通过法律建立的规则体系。以造纸厂的污染为例，该体系要求所有的废物排放应符合严格的排放标准，并采用特定的污染控制设备。换句话说，在这一体系下，政府不仅告诉排放者能够排放多少废物，而且告诉他们必须采用何种技术来减少排放。严格的命令与控制规则阻碍了污染控制的个人创新，并且带来了不可能有效执行的管理成本，因为需要充分的信息找出最优的方法来对付已经存在的多种多样的环境污染。此外，私人企业并没有足够的激励去遵守这些命令，因为关于企业是否违反该体系的要求的监督非常困难。当一家企业因为超标而面临惩罚时，它通常并不承认自己的行为，而更多的情况是，证明一个企业违反标准的证据往往很少。实践的复杂性降低了命令与控制规则解决外部性的效率。

（二）政府矫正方案——“庇古税”

“庇古税”是英国经济学家庇古最早提出的。它是根据污染所造成的危害对排污者征税，用税收来弥补私人成本和社会成本之间的差距的一种纠正负外部性的方法和机制。其特点是对排污者征税而不是对受害者进行补偿，即遵循“污染者付费”原则。今天，庇古税也被称为“排放费”或“排污收费”。图 3－2 为庇古税示意图。在图 3－2 中，假定每单位产量的边际外部成本为 10 元，矫正性税收使边际私人成本增加了相当于边际外部成本的数量，使纸张的生产达到了有效率的产量。结果，供给曲线向左上方移动，均衡点移到 B 点，均衡价格为每吨 105 元，产量为 250 万吨。同时，在均衡点 B 上，有面积为 $FBCM$（阴影部分）的共 2500 万元的税收收入，由于税后产量下降，造纸的污染成本下降了。

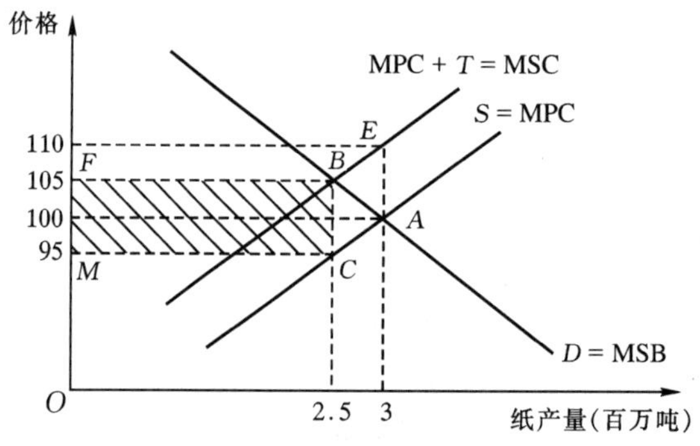

图 3－2　矫正性税收

可以预见，庇古税并不能使河流中的排污量降为零。它只是通过提高使用河流的成本来反映污染对其他河流使用者所造成的边际损害。如果其他处理排污物方法的成本是给定的（包括排污物的再回收、排污物处理前的净化、减少产量或退出行业等），那么征税确实会减少排污量。排污量的实际减少量取决于相对于税收而言，其他处理方法的可获得性及其成本，还有庇古税对造纸业盈利率的影响。总之，庇古税在带来纸张价格上涨的同时，会引起收入转移，这种转移是从纸张的生产者和消费者向本应享用河流提供的娱乐服务的人们的转移，也是向那些如果降低税收收入用于减税或增加政府服务则他们可以从中获得收益的人们的转移。然而，庇古税在现实应用上仍然存在困难，比如，缺乏确定最优税率所必需的信息。政府缺乏污染排放的边际外部成本、厂商的边际控制成本或边际私人净效益曲线的相关信息以及应该由谁来付税的问题。再比如，税收转嫁不明晰，因为对排污厂商课税，会通过产品成本继而通过产品的价格最后转嫁给消费者，而排污者与消费者对税收的分担比例又取决于该产品的需求曲线和供给曲线的相对斜率。

(三)市场矫正方案——科斯定理

科斯认为在存在外部效应的场合:①假定在交易过程中不存在交易成本,只要产权是明确界定的,则不论产权在谁一方,交易双方的自愿交易都可以使资源获得同样的有效配置。②若交易费用大于零,则不同的产权界定会造成不同的资源配置结果。第一个结论被人们称为科斯第一定理,而后一个结论被人们称为科斯第二定理。

假定一个房间中只有两个人——吸烟者和不吸烟者。传统的理论认为,当吸烟者在公共场所吸烟的时候,他们便对更喜欢无烟环境的不吸烟者强加了外部成本。人们自然会将吸烟者看作是引起一种错误行为的加害者,而不吸烟者就是应当获得补偿的受害者。然而,经济效率的概念并不对效用不同分配的优劣进行说明,即所有的外部性在其想象方面都是相互道德的,而不是仅仅具有从加害者到受害者的单项影响。当吸烟者吐出烟雾的时候,他们确实给不吸烟者强加了一种成本,但不吸烟者对房间无烟的要求也确实对吸烟者强加了成本,即吸烟者无法通过吸烟提高自己的效用。为了效率上的分析,我们不对吸烟的这种行为做道德上的判断。科斯定理要回答的问题就是吸烟的效率数量是多少,它是如何产生的。我们假设吸烟者打算吸烟,并愿意为此支付 5 元,不吸烟者希望房间保持无烟状态,并愿意为此支付 10 元。在既定的支付意愿下,由于不吸烟者对清洁空气的支付意愿大于吸烟者对吸烟的支付意愿,所以房间应当保持无烟状态。对于房间中的空气而言,保持无烟状态具有最高价值的用途,因而不允许吸烟者吸烟是富有效率的结果。这一结果如何实现呢? 显然,如果不吸烟者获得了产权,房间将不存在吸烟现象,这是有效率的结果。但如果吸烟者获得了产权呢?

科斯认为,如果交易成本较低,同时产权又是可交易的,那么房间仍可以保持无烟状态。其中的原因就是不吸烟者愿意支付 10 元钱来保持房间中的空气清洁,他可以通过收买吸烟者使其不吸烟。例如,如果不吸烟者为了使吸烟者不吸烟而向其支付 6 元,吸烟者就会接受(就是说,卖掉他吸烟的权利)。从吸烟者的角度来看,拒绝获得这 6 元相当于为吸烟支付了 6 元,而这超出了吸烟者的支付意愿。

现实中,在一家禁止吸烟的餐厅中如果吸烟者对吸烟比不吸烟者对空气清洁具有更高的支付意愿,那么他们为什么不就吸烟或不吸烟进行交易呢? 原因可能如下:第一,正如科斯所注意到的,道德观念使得人们并不能对吸烟这样的一些事情进行讨价还价。第二,产权已经由政府(当然也包括习俗)赋予了不吸烟者,吸烟者已经没有了可交易的权利。第三,在吸烟或不吸烟的交易成本并不为零的现实下,餐厅的人讨价还价所带来的收益并不可能很大,而且这一交易成本还会随着就餐人数的增加而提高。

科斯定理指出,当交换资源使用权的交易成本很低并且当事人数量很少时,政府除制定产权之外无须再做其他事情。因此,负外部性其实就是对使用某种资源权利的争夺,当事双方为了各自的利益对某些资源的使用有着相互冲突的要求,外部性对当事双方而言是相互的,没有必要指出谁是对的,谁是错的,也就是说,通过科斯定理解决某些负外部性问题时,不涉及价值观问题。

科斯定理的一个广泛应用就是建立可转让的污染许可权。污染权是允许每年向大气或水中排放一定数量废弃物的可转让的许可权。管理部门将发行一定量的此类许可权并监督企业以确保只有那些获得许可权的企业才能排放废物,这些许可权可以在市场上出手。凡购买了污染权的企业可以自由地将它们出卖给其他企业。相对于行政命令和矫正性税收而言,污染许可的一个优点是管理部门可以通过发行固定数量的许可权来严格控制排污量。

[资料链接 3-3]

科斯定理与外部性

科斯定理是经济学家科斯提出通过产权制度的调整，将商品有害的外部性市场化和内部化。例如，一条河的上游和下游各有一个企业，上游企业有排污权，下游企业有河水不被污染权利，下游企业要想使河水不受污染就必须与上游企业协商并要求支付费用，以得到清洁的水，这样上下游企业进行谈判，上游企业要想排污将给予下游企业一定的赔偿，上游企业会在花钱治污与赔偿之间进行选择。总之，只要产权界定清晰并可转让，那么市场交易和谈判就可以解决负外部性问题，私人边际成本与社会边际成本就会趋于一致。除明确产权外，还有使有害的外部性内部化办法。按照科斯定理，通过产权调整使有害的外部性内部化，将这两个企业合并成一家，合并为一家以后，必然减少上游对下游的污染，因为是一个企业，有着共同的利益得失，上游企业对下游企业的污染会减少到最小限度，即上游生产的边际效益等于下游生产的边际成本。

还比如，一个湖泊里的鱼的数量是有限的，大家都来捕鱼，鱼越捕越少。对这种情况有什么解决办法？湖泊里捕鱼太多会使鱼的数量越来越少，这就是有害的外部性。解决这个问题可用明确产权的办法，即由某一个企业或个人来承包这个湖泊的捕鱼作业；也可用征税的办法，即对捕鱼者征税，并把税收用于投放鱼苗；还可以用法律手段明确规定休渔期禁止捕捞的时间。

资料来源：高鸿业.西方经济学[M].3版.北京：中国人民大学出版社，2004.

[资料涉及的理论要点]

(1)外部性对市场机制的影响。

(2)外部性内部化的方法。

[资料分析与讨论思路]

(1)外部性是如何体现出市场失灵的？

(2)产权制度解决外部性的作用机制。

本章小结

1.社会扣除理论是马克思和恩格斯在《哥达纲领批判》中提出的重要理论，其核心是社会总产品分配应当遵循一定原则以及顺序。马恩将社会总产品进行了两类扣除，分别是针对社会生产资料的三项扣除以及针对个人消费资料的三项扣除，这六项扣除是为了实现社会再生产、不断发展生产力以及改善人民群众生活水平所进行的必要扣除。两类扣除及其理论分析阐明了财政分配存在必要性。

2.社会主义市场经济理论是中国改革开放以来，从自身经济发展的实践出发，提出的中国特色社会主义市场经济思想，主要包括所有制理论、分配理论、经济体制改革理论等。社会主义市场经济是我国财政活动和财政理论研究的现实基础。社会主义市场经济理论是中国特色的财政学的理论基础。

3.福利经济学是研究社会经济福利的一种规范经济学，讨论在一定社会价值判断标准下经济的资源配置和个人福利之间的关系。福利经济学的基本定理包括福利经济学第一定理和第二定理。其中，第一定理聚焦帕累托有效与帕累托改进的问题，第二定理则聚焦效率和公平的问题，认为公平和效率可以分开考虑，政府可以通过改变资源初始禀赋提升经济公平。

4. 外部性理论聚焦微观经济个体行为对其他经济个体的影响，以及由此产生的成本收益不对等的问题。外部性可以分为正外部性和负外部性，两种外部性都会对资源配置效率产生影响。外部性是政府财政行为所要解决的重要问题之一。解决外部性问题的主要方式包括命令与控制规则等行政矫正方案、庇古税等经济手段以及明晰产权等市场矫正方案。

关键概念

社会扣除理论　社会主义市场经济理论　福利经济学理论　外部性理论

思考分析

1. 马克思在《哥达纲领批判》中提到了六种必要的扣除，请你结合现实的政府活动，分析六种必要扣除的具体形式。

2. 根据福利经济学第二定理，政府可以通过哪些具体方式促进经济活动中公平的实现？

3. 请你从身边分别寻找一个正外部性和负外部性的现实案例，分析外部性对于效率的影响，同时提出可以解决这些外部性问题的政策方案。

第四章　公共产品理论

政府通过公共支出提供公共产品和服务，实现优化资源配置的目标。本章着重介绍公共产品理论，从公共产品和服务供给的角度阐明财政存在的理由。本章学习要求：①掌握公共产品的性质、分类与供给方式；②思考如何将公共产品理论运用到制定财政政策和实际供给公共产品与服务的过程中。

第一节　公共产品特征与分类

一、公共产品的特征

公共产品(public goods)的定义最早由萨缪尔森于1954年提出，是与私人物品相对应的一个概念①。按照他的定义，纯粹的公共产品是指"每个人对这种产品的消费不会导致他人对该产品消费的减少"，即纯公共产品在增加消费者时边际成本为零。用公式表示为：

(1)公共品。

$$x_{n+j} = x_{n+j}^{i}$$

公式说明：①任何一个消费者 i 都可以支配公共产品的总量 x_{n+j}；②公共产品在个人之间是不可分的。

(2)私人品。

$$x_j = \sum_{i=1}^{n} x_j^{i}$$

公式说明：①商品 x_j 的总量等于每一个消费者对这种商品和服务的消费(拥有)数量之和；②私人品在个人之间是可分的。

公共产品亦可称为公共品，其特征如下：

1. 非竞争性(non-rivalness)

公共品的非竞争性是指某人对公共品的消费并不妨碍他人对该公共品的消费，也就是说，公共品在增加一个消费者时，其边际成本为零。具有消费非竞争性产品的例子是：提供安全保障所需的国防，卫星电视节目，不拥挤的桥梁，非满载的公共汽车。

2. 非排他性(non-excludability)

只要有人提供了公共品，则不管提供者是否愿意，在该公共品的有效覆盖范围之内，任何

① SAMUELSON P A. The Pure Theory of Public Expenditure[J]. Review of Economics and Statistics, 1954, 36(4): 387－389.

人都能消费该产品。这种性质需要从技术上理解。首先,当一种产品从技术上无法排除他人消费时,就意味着所有的消费者都可以免费地并且不受限制地进行该产品的消费。例如,防洪堤坝,只要防洪堤坝一经修建,就会保证该地区所有成员的正常生活和工作,要排除某一社会成员不受防洪堤坝的保护,从技术上来说是不可能的。其次,当一种产品从技术上来说排除他人消费是可能的,但是这种排除需要的成本非常高,以至于变得经济不可行,不值得排他。这时,这种产品具有非排他性。

公共产品的非竞争性和非排他性特征源于公共产品消费的不可分割性,然而,正是这种不可分割性导致了现实中的"搭便车(free riding)"存在。搭便车者是指那些消费公共产品未付费的人,搭便车意味着即使对于某些社会稀缺资源而言公共产品可能具有最高价值的用途,但私人部门仍然没有多少甚至几乎没有商业上的动机来提供公共产品。

二、公共产品的分类

(一)纯公共品和混合品

由于在实际生活中,同时具有非竞争性和非排他性的纯公共品比较少见,所以按照公共品的特征分类,可将公共品分为纯公共品、混合品和纯私人品。同时具有非竞争性和非排他性的产品是纯公共品。同时具有竞争性和排他性的是纯私人品。介于两者中间的是混合品。

日常生活中纯私人品比较多见,每个人都有很多纯私人品,但纯公共品比较少见,如国防、社会治安、政治制度、公开知识(如网上公开课)等;比较常见的是混合品,如优质教育、有线电视、网络电视、高速公路、公立医院服务。根据排他性和竞争性特征进行划分,混合品主要有排他性混合品和竞争性混合品、拥挤性混合品和俱乐部混合品。

1. 排他性混合品

排他性混合品是指在消费上具有非竞争性且在技术上可以实现排他性的公共品。如有线电视和5G网络,当它们的线路铺装和基站建立后,多一个用户使用不会增加额外成本,但如果某用户不付费,其享受的有线电视和5G服务将停止,因此说它们具有排他性。

2. 竞争性混合品

竞争性混合品是指在消费上具有竞争性且非排他性的公共品,也称共有资源。如公共湖泊里的鱼虽然每个人都可以去钓,即不具有排他性,但却具有很强的竞争性,某人多捕一条鱼则其他人必然少捕一条鱼。公共资源是有限的,即总量是固定的,意味着当一部分人或群体消费公共品时,其他人或群体消费公共品的数量必然减少。

3. 拥挤性混合品

拥挤性混合品是指同时具有拥挤性和非排他性的混合品,如拥挤的城市道路、拥挤的三甲医院、高速公路、优质教育等。该类产品在使用人数少时是非竞争性的,当人数超过一定约束(拥挤约束)后就会出现部分的竞争性,尽管公共品数量不变,但质量却随着使用人数的增加而下降。

4. 俱乐部混合品

俱乐部混合品是指可以通过价格排他的方式控制使用人数的拥挤性混合品,如公共游泳池、高尔夫球场。布坎南首次提出俱乐部混合品,认为该类公共品可以供大家使用,但使用者必须通过支付一定的金额才能使用此混合品。

综上,商品分类见表4-1。

表 4-1 商品的分类

维度	非排他性	排他性
非竞争性	纯公共品(国防、规章制度、社会安全、公开知识)	排他性混合品(有线/网络电视)
拥挤性	拥挤性混合品(拥挤的城市道路、三甲医院)	俱乐部混合品(游泳池、高尔夫球场)
竞争性	竞争性混合品(共有草原、公共湖泊的鱼)	纯私人品(苹果、雪糕)

(二)区域性公共品

按照公共品所属区域可将公共品分为国际性公共品、全国性公共品和区域性公共品、地方性公共品。国际公共品通常指由国际组织供给,能使不同地区的许多国家的人口乃至世界所有人口受益的公共品。在一个国家范围内,每一个人消费而不会引起额外边际成本的非竞争性产品(比如国防),被称为全国性公共品(national public goods)。然而,现实中,地方性公共品(local public goods)更普遍,这些公产品一般只能由居住在某一有限地理区域的消费者享用。比如,电视信号就是地方性公共品,消费者必须居住在与电视台一定距离的范围内以接收信号。这类公共品的受益通常不会扩散到这个国家的其他地区,因而它通常由地方政府来提供。

生活中还存在一些同时介于全国性和地方性之间的区域性公共品。比如省际高速公路,它不仅使居住在这些省内的居民受益,而且会给居住在全国任何地方的通过这条高速公路的居民带来利益,在这种情况下,地方性公共品所产生的收益就可能溢出至本地区政府的管辖边界(税收管辖权)之外。再比如,城市中用于降低犯罪的较大规模警力部署就可能会使市郊的人们也受益。类似这样的影响被称为"管辖权外溢"(jurisdictional spillovers)。然而,地方政府不能要求居住在本地区以外的消费了具有溢出收益性质的公共品的居民纳税。结果是提供了具有管辖权外溢性质的地方性公共产品的地方政府,在某种程度上相当于提供了使他人受益的公共产品。如此一来,地方政府在提供具有管辖权外溢性质的公共产品时造成了搭便车行为的激励。为避免这种情况,就需要较高级次的政府(比如中央政府)介入其中或者地方政府之间签订合作协议以提高这类产品供给的效率。

[资料链接 4-1]

谁来为新鲜空气买单?

2013 年 1 月 12 日 23 时,北京西直门北、南三环等监测点 PM2.5 实时浓度突破每立方米 900 微克。这样的天气里,人们一下子想起 2012 年 8 月,陈光标推出的好人牌空气——一种售价 4 至 5 元的新鲜空气罐头——也许可以派上用场了,"空气都会从一些未受污染的地区提取,有些来自革命老区,有些来自少数民族地区,例如香格里拉等。"陈光标介绍。只是人们仍难在便利店里觅其踪迹。

有人说"新鲜空气无疑是一个公共产品,应该由政府买单"。一个隐藏在空气罐头和空气净化器产业背后的问题是,空气首先是一个基本公共品,且政府必须保证这个基本公共品的质量。其次才是用商业来满足消费者的更高消费需求。

美国在 1970 年制定了《清洁空气法》。这被称为美国有史以来最严格的空气污染物排放法律。在严法治下,1970—2004 年,美国的 GDP 上升 187%,汽车行驶里程数增加 171%,能源消耗增加 47%,但《清洁空气法》中所列的 6 项主要污染物的总排放量却下降了 54%。空气能不能成为商品？“从理论上讲，马克思主义认为空气里不包含人类劳动，所以不能成为商品，现代经济理论认为空气没有稀缺性，也不能成为商品。但像现在污染这么严重，新鲜空气没准儿还真就有了稀缺性”，中国社科院经济研究所研究员赵农说。

资料来源：王峰.空气能不能商品化：新鲜空气应由政府埋单[EB/OL].(2013-01-15)[2014-12-01].http://finance.sina.com.cn/china/20130115/091914288892.shtml.

[资料涉及的理论要点]

公共产品的分类、提供与生产。

[资料分析与讨论思路]

(1)空气的公共产品属性。

(2)不同种类的公共产品提供与生产方式不同。

(3)空气可以或不可以买卖的理由。

(三)制度性公共品

制度性公共品是由政府公共部门供给、具有非排他性和非竞争性，旨在保障社会进步和经济发展的，可用语言、文字、符号予以描述的，以规范性成文形式呈现的正式约束①。

作为一种特殊的公共品，其与传统公共品在表现形式、消费过程、对社会发展的影响、供给成本等属性特征、职能上有很大差异，具体包括以下五点：

(1)形式抽象且单一。传统公共品多为实际产品和公共服务，表现形式丰富多样，如公共绿地、公共交通等。而制度性公共品则是以语言文字、符号呈现的规范性成文，表现形式抽象，难以形成直观感受。

(2)消费和效用获取的特殊性。传统公共品消费属于主动消费，公众可以通过乘坐公共汽车、使用公共健身器材等主动行为获得直接效用，也可以选择放弃消费权利，不会有国家强制力要求民众必须消费。而制度性公共品则呈现主动消费和被动消费双重性、直接效用与间接效用双重性。主动消费指公众利用法律法规行使权利实现自身利益，从而获得直接效用。被动消费则包括两层含义：一是指通过他人遵守相关法律法规，不侵犯自身权利实现消费行为；二是指对于规定义务内容的制度性公共品，公众必须无条件消费。如法律法规中的义务性内容，公共部门一旦提供，国家强制力要求必须消费，公众必须履行义务。这也决定了制度性公共品“双非性”的特殊性。传统公共品的“双非性”体现在公众主动消费公共品时，不应存在“竞争”和“排他”行为；而制度性公共品的“非竞争性”和“非排他性”不但体现在“主动消费”，还体现在“被动消费”中，即公众如果不遵守法律法规时，强制性不应存在“竞争”和“排他”的行为。

(3)制度性公共品属于更高层次的公共品，对经济发展和社会进步的影响更大。由于制度性公共品是一种具有公共品性质的博弈规则，为社会运转提供最基本的规则保障，对于公众行为和社会发展路径具有一定的强制引导作用。传统公共品由于其实物性和区域性特征，公共品缺失可能影响的只是某一小部分群体的利益，例如某公共小区缺乏运动器械，仅仅是该小区居民的利益受到损害。而由于制度性公共品消费的“强制义务性”，不当的制度公共品供给，无论是缺失还是过度，将会给公民日常生活造成严重影响，妨害社会的正常运转。

---

① 宋丽颖，刘源.制度性公共品概念、特征及其政策含义：基于理论与实践的双重思考[J].财政研究，2014(3)：12-15.

(4)制度性公共品供给的"时滞性"更加明显。无论是传统公共品还是制度性公共品,其供给过程都具有一定的时滞性。而后者的时滞性更加明显,这是由制度性公共品制定过程中的参与群体、对社会的影响程度和所处的层次决定的。以公共运动器械和法律为例,公共运动器械的供给,从需求产生到完成供给,需要的时间相对较为短暂,如果出现了供需错配的情况,纠正公共产品供给行为相对较为容易。但是制度性公共品则不同,我国的立法机关为全国人民代表大会,任何法律的制定和修改必须严格按照相关程序进行,供给时间漫长,时滞性相较传统公共产品更为明显。

(5)制度性公共产品难以定价,供给制度性公共品所需资金来源和数量亦难以确定。公共产品的定价问题和供给所需资金数量直接决定了社会民众的税费负担,按照边际学派的观点,如果不能对公共品进行定价,最优供给问题则无从谈起。传统性公共品的成本多是可计算的,由此所需资金量、所需课税量也是可以准确得到的。制度性公共品则不同,我们可以很容易地算出一部公交车、一条公路的价格,但不可能算出一部法律的"价格"。由此,相较于传统公共品,制度性公共品的最优供给问题要更为复杂。

[资料链接 4-2]

"一带一路"作为最受欢迎公共产品

当今世界面临百年未有之大变局,国际局势复杂多变。在此情势下,"一带一路"——这一源于中国、属于世界的伟大倡议,从理念转化为行动,从愿景转变为现实,推动形成中国与世界联动发展的新格局,成为中国提供的最受欢迎的全球公共产品。

"一带一路"作为复杂的系统工程,不仅可以为世界提供设施联通、资金融通、贸易畅通等器物层面的硬贡献,还可提供理念和制度等非器物层面的软贡献。"一带一路"能够向世界提供公共产品不是口号,而是在稳健扎实的工作基础上为各国提供的真实存在且可靠的公共品,如基础设施、人员交流和规章制度的互联互通。

一是基础设施建设初步成型。中国利用自身资金、技术、经验优势,与沿线国家合作,共同建设基础设施,为"一带一路"沿线发展中国家更新相对滞后的基础设施,满足当地经济发展的需要,促进经济可持续发展。在交通设施方面,泛亚洲铁路网络雏形初现,中国—老挝铁路全线开工,印尼雅加达—万隆高铁已进入全面实施阶段,中国—泰国铁路蓄势待发。跨境铁路贯通欧亚大陆,义新欧、渝新欧、汉新欧等班列满载货物,飞驰在欧亚大陆上,进一步增进了欧亚两大洲的经贸关系。在港口建设方面,巴基斯坦瓜达尔港建设进展顺利,斯里兰卡的汉班托塔港、希腊的比雷埃夫斯港建设运营稳步向前。此外,电力设施、石油天然气开发、管道建设等相关大型建设项目也已进入积极推进阶段。这些拔地而起的现代化杰作,构成了"一带一路"基础设施建设互联互通的壮丽画卷。

二是建设民心相通工程,推动沿线国家人员往来活跃频繁。以良好的交通基础设施为物质保障,以国家间签证便利化为政策保障,以旅游、互派留学生、科技合作、文化交流、民间组织交流等为载体依托,"一带一路"为沿线国家的人员往来提供了便利。以留学为例,自"一带一路"倡议提出以来,沿线国家来华留学的学生数量明显增加。印度、巴基斯坦和哈萨克斯坦来华留学生增长幅度超过 10%。生源排名前 15 名的来源国中,泰国、印尼、老挝、马来西亚等十个国家均位于"一带一路"沿线。

三是通过发展战略对接和自贸区建设推动规章制度互通。截至 2017 年 4 月,已有 40 多个国家和国际组织与中国签署共建"一带一路"政府间合作协议,极大地推动了"一带一路"沿线国家之间的战略对接。在自贸区建设上，考虑到“一带一路”沿线国家和地区发展水平参差不齐，很难用一个标准、一个规则来建立自由贸易区网络，因此依据开放、包容、共享、均衡的原则，打造多层次、多类型、灵活多样的自由贸易区。在“一带一路”框架下，中国推动上合组织自贸区建设、中国—海合会自贸区进程、中国—中东欧多边自由贸易区谈判，还与沿线其他国家完成或正在进行双边自贸区谈判。以自贸区建设为抓手，加快中国与沿线国家以及沿线国家之间在贸易投资、市场准入、海关监管等方面的制度与机制对接，提升“一带一路”沿线地区贸易投资自由化、便利化水平。需要指出的是，规章制度的联通并不是追求趋同，而是将不同规则打通，产生协同效应。众多国际智库纷纷发表研究报告，积极评价“一带一路”建设的成果及前景，高度称赞“一带一路”倡议对地区发展及全球治理的意义与影响。

四是新型国际金融机构的成立。中国利用强大的外汇储备，有能力为沿线国家基础设施建设提供力所能及的资金支持，并设计融资机制和平台，以疏通融资渠道。丝路基金和亚洲基础设施投资银行(下称亚投行)就是中国向国际社会提供的公共金融产品。

丝路基金是中国为推进“一带一路”建设专门设立的中长期开发投资机构，是中国践行“一带一路”的实际行动。2015 年 4 月，丝路基金与三峡集团、巴基斯坦私营电力和基础设施委员会签署合作备忘录，参与投资卡洛特水电站项目，启动首单对外投资。随后，丝路基金又出资 20 亿美元与哈萨克斯坦出口投资署设立中哈产能合作基金；与俄罗斯诺瓦泰克公司交换了购买俄罗斯马尔液化天然气一体化项目部分股权的框架协议；与沙特国际电力和水务公司签署共同投资开发阿联酋、埃及电站的谅解备忘录，开启了在中东投资合作的第一单；联合葛洲坝集团等中方投资者，与塞尔维亚政府签署关于联合开发塞尔维亚能源项目的谅解备忘录。

亚投行作为政府间亚洲区域多边开发机构，主要用于促进亚洲区域的互联互通和经济一体化发展，重点支持领域包括基础设施建设、跨境互联互通等。自正式启动至 2017 年 1 月，亚投行累计发放 17.3 亿美元的贷款，以支持巴基斯坦、孟加拉国、塔吉克斯坦、印尼、缅甸、阿塞拜疆和阿曼等七个国家的九个基础设施项目。

资料来源：郑东超，张权.“一带一路”为世界提供四大公共产品[J]. 当代世界，2017(5)：40－43.

第二节　公共产品提供、生产与定价

一、公共提供

公共供给包括公共提供与生产，都是政府介入的经济活动，活动主体可以是同一个主体，也可以是不同的主体。提供本质上是指为消费某种商品而承担费用的行为。公共提供和私人提供的区别只是承担费用的主体不同。而生产的本质是投入到产出的过程，也就是将生产要素、原材料等投入品转化为产品的过程。公共生产和私人生产的区别只是投入到产出的过程是在公共部门发生还是在私人部门发生。所以，公共提供强调资金安排，公共生产强调技术生产。公共提供的产品未必是公共生产的，而公共生产的产品也未必是公共提供的。

无论是公共产品还是私人品，都有可能采取公共提供或私人提供的方式，也都有可能采取公共生产或私人生产的方式。表 4－2 给出了 8 种可能的生产和提供的组合方式，可见公共生产和公共提供两者之间形成了多种组合，如有些公共品是公共提供、公共生产，如法律制度，以及政府机关、国防等部门提供的服务及他们从国有企业购置的设备等；有一些公共品是公共提供、私人生产，如政府从私人企业采购设备，私人企业承包政府的道路、桥梁等建设工程；有一些私人提供的公共品，如收费公园、收费博物馆等；还有一些由私人提供和生产且政府补贴的公共品，如小区物业服务，包括绿化和治安等。当然，不同的生产和提供方式下，也可以产生私人品。

表 4－2 提供与生产的组合

	公共提供	私人提供
公共生产	公共产品：法律制度	公共产品：收费公园
	私人品：公立医院的公费医疗	私人品：水、电
私人生产	公共产品：道路、桥梁	公共产品：小区物业服务（绿化、治安）
	私人品：私立医院的公费医疗	私人品：苹果、冰激凌

公共提供是指政府通过税收等方式筹集资金用于弥补产品的生产成本，免费为公众提供产品的经济行为。公共提供是政府作为产品或服务的购买者，而私人提供是私人直接作为某种商品的购买者。公共品的非排他性和非竞争性，导致了公众“免费搭车”现象，完全按个人意愿提供公共品无法得到有效的结果，并且在规模经济上缺乏效率。

由谁来提供公共产品，是需要讨论的问题。首先，对于纯公共品来讲，或不具备排他性的拥挤性公共品，搭便车问题的普遍存在使得私人提供数量不足，因此采取公共提供是个合适的选择，比如国防、法律制度、城市里的拥挤道路。但是公共提供也未必能够实现有效率的结果。其次，对于能够实现排他性的公共品，因为这里不存在搭便车的问题，实际上可以考虑采取私人提供的方式，比如高速公路、有线电视。英国科学家科斯给出在英国历史上曾经由私人提供灯塔这样的公共品的案例，其关键在于灯塔经营者通过某种方式使得灯塔具备一定程度的排他性。

有些时候，能够实现排他的公共品，甚至是私人品，也可能采取公共提供的方式。这是因为，社会公众往往会形成关于某种商品无差别地提供给所有人的共识，导致政府会对这类公共品或私人品采取公共提供的方式，比如医疗服务是一种典型的私人品，但在很多国家都采取公费医疗的方式。

二、公共生产

公共生产是指由政府出资（即由预算拨款）兴办的所有权归政府所有的工商企业和单位生产公共品的行为。政府是公共品或服务生产的直接参与者。广义的公共生产部门，既包括生产有形产品和提供服务的工商企业，也包括提供无形产品和服务的学校、医院、文艺团体，以及政府机关、公安、司法、国防和准国家机关的事业单位等部门。狭义公共生产部门就是指我国的国有企业。

决定某种商品是否适合公共生产，主要有三个基本特点：①商品具有明显的公益目标，通过公共生产可以促进目标的实现，而私人生产是以利润最大化为目标；②商品以最低成本生产，若某商品的公共生产的成本低于私人生产，那么此商品适合公共生产；③商品具有自然垄断特征，如供水、供电和铁路等具有垄断性质的服务都是通过公共企业生产供给。

除上述讨论的单独公共提供或公共生产之外，经济中还存在着大量混合提供或混合生产的情形。所谓混合提供，是指对某种商品的消费由公共部门和私人部门共同出资的现象，比如高等教育，学生通常需要自己支付一定的学费，但是这些学费不足以补偿一个大学生的生均成本，还需要政府进行大量教育补贴才能维持学校的运行，从而高等教育实际上就采取了混合提供的形式。而混合生产则是指某种商品的生产由公共部门和私人部门合作进行的形式，这种公私合作的生产方式在一些大型基础设施的生产过程中经常出现。

三、公共定价

（一）公共定价的概念和范围

公共定价是指公共生产的企业或部门提供准公共品——“市场性物品”——所涉及的价格问题。政府通过公共定价政策，不仅可以提高整个社会资源的配置效率，而且可以使这些物品和服务得到最有效的使用，提高政府支出的效益。

从定价政策来看，公共定价实际上包括两个方面：一方面是纯公共定价，即政府直接制定公共企业（如通信、能源和交通等公用事业以及煤、石油、原子能、钢铁等基本品行业）的产品和服务价格，适用于自然垄断行业；二是管制定价或价格管制，即政府规定私人企业生产经营的准公共品的价格，适用于竞争性的管制行业（如金融、农业、教育和保健等行业）。

无论是纯公共定价还是管制定价，都涉及两个方面，即定价水平和定价体系。①定价水平是指政府提供每一单位公共品的定价是多少。在管制行业里，定价水平依据正常成本加合理报酬得到的总成本计算。因此，研究定价水平实际上是研究如何确定总成本。②定价体系是指把费用结构（固定费用和可变费用的比率）和需求结构（家庭用、企业用和产业用，以及少量需求和大量需求等不同种类的需求，高峰负荷和非高峰负荷等不同负荷的需求）考虑进来的各种定价组合。

（二）公共定价的原则

由于公共品的提供目的不同，供应种类繁多，运营和管理等方面的要求差异较大，所以公共定价的原则随着公共品的差异会有不同。总体来讲，公共定价的原则包括零价格原则、损益平衡原则、受益原则和供需均衡原则四大原则。

1. 零价格原则

零价格原则主要用于那些政府免费提供的典型公共品，如国防、外交、司法、公安、行政管理、生态环境保护等，提供这些公共品是政府的责任，除了按国家税法规定纳税以保证其全额费用外，政府提供这些公共产品时不应再额外收费，只能实行零价格，免费使用。

2. 损益平衡原则

损益平衡原则是指保证公共品的供给者恰好收回且能够补偿成本，不亏损也不盈利，即按平均成本定价。此原则主要用于邮电、铁路等前期投资成本较高后期几乎没有成本的公共品，其平均成本和边际成本之间相差一倍多，同时消费群体巨大，涉及面广，按照边际成本定价，经营必然亏损，而长期亏损必然导致数量少、质量低、服务差，最终既无经济效益也无社会效益。所以按平均成本定价虽不能资源配置最优，但至少达到次优。

3.受益原则

受益原则主要用于市内公共汽车、地铁、自来水、民用煤气、民用电等公共品。当某项公共品给消费者带来可以用货币度量的具体受益且收费标准不超过受益量时，产品的定价才合理。偏离受益原则的公共品定价相当于对消费者额外征税。目前大多体现受益原则的公共品定价偏低，收费不足以弥补成本，如自来水的定价。

4.供需均衡原则

供需均衡原则主要用于某些不可储存的产品和劳务，如电力、电话和运输服务等，按供需均衡原则可以促进形成合理的消费结构。由于在供给此类公共品时，需求可能存在旺时和淡时，可采取高峰负荷定价法，在高峰负荷时采用高价，在低谷负荷时采用低价，从而缓解其供求紧张的矛盾。例如，对收费公路采用供需均衡定价，有助于缓解公路拥堵，提高车辆通行率和安全度。

（三）公共定价的作用

公共定价的作用主要体现在实现政府宏观经济社会政策目标、提高资源配置效率和稳定市场物价三方面。

在政府财力状况一定时，政府宏观经济社会政策目标决定了政府的定价方式。例如，对那些与广大普通居民生活关系密切、使用范围广的基础设施服务，按边际成本定价，亏损由政府财政补贴，有利于体现社会公平；对具有拥挤成本或资源稀缺，需要抑制消费，防止浪费的公共物品，可按二部定价法、高峰负荷定价法来定价，提高资源配置效率。

在垄断性的服务供给时，公共定价可以在一定程度上提高资源配置效率。对具有自然垄断性质的基础设施服务，实行政府经营、公共定价，或者授权私人经营，政府实行价格管制，同垄断经营相比，可增加市场有效供给，提高资源配置效率，更好地满足社会公共需要。在垄断经营条件下，垄断企业凭借其垄断地位，其生产的数量远远低于资源有效利用时的数量，不能满足社会公共需要，价格高于资源有效利用时的价格，企业可获得垄断利润，达到利润最大化的目的，但消费者的利益受到损失，社会资源配置效率下降。

对于与民众经济社会关系密切的公共设施，公共定价可以促进市场物价的稳定。如各种大型公共服务设施或自然垄断性产业，具有规模效益递增的特点，但存在投资额大、资金周转时间长、见效慢、技术要求高、管理难度大的缺点，通过公共定价有利于稳定价格、保证其收益、抑制盲目投资和恶性竞争，造成供过于求，引起价格下跌，形成社会资源浪费，也有利于防范投入大幅下降，市场供给不足，不能满足社会公共需要，引起价格上涨。

（四）公共定价方式

资源配置是否有效取决于市场上的产品价格是否合理，而价格的合理与否又要进一步受到市场竞争条件的制约。

在市场存在垄断的情况下，产品的价格将高于产品的边际成本，通过公共定价纠正此市场缺陷是重点。总体来讲，在理论上主要有三种定价方式，即边际成本定价法、平均成本定价法和垄断定价法。边际成本定价法是最优的定价方式，平均成本定价法是次优的，而垄断定价法是最次的定价政策。由于边际成本定价方式会使企业出现亏损，政府很可能从实际出发，选择以边际成本定价为基础的其他定价方式。但在实际中，主要采用二部定价法、高峰负荷定价法和价格听证三种方式。

1.边际成本定价法

根据微观经济理论，为了在资源配置中实现帕累托效率，价格必须以边际成本方式确定。边际成本定价法是在市场需求曲线和厂商边际成本曲线给定的条件下，由两条曲线的交点来确定产品价格的方法。在竞争市场上，长期来看，两条曲线形成的均衡价格也等于厂商的最低平均成本。这样，边际成本定价一方面保证了厂商获得最大收益，另一方面又保证了消费者能够获得低价，从而获得最大效用。所以，在竞争市场上，边际成本定价是符合帕累托最优条件的一种定价方法。但是，在自然垄断行业，由于厂商在平均成本递减的规模经济阶段进行生产，因此，当政府按边际成本定价时，会给生产商带来亏损。

2.平均成本定价法

从效率最大化的理论角度来看，边际成本定价是最理想的定价方式，但它会使成本递减行业的企业产生亏损。政府可以在保持企业收支平衡的情况下，采取尽可能使经济福利最大化的定价方式，即平均成本定价。在成本递减行业，当企业负有收支平衡的任务时，公共定价或价格管制要略高于边际成本定价。

3.垄断定价法

在自然垄断行业，如果允许垄断企业可以自行定价，那么企业会以追求利润最大化为目标，形成垄断定价。垄断企业按照垄断定价所确定的价格比按照边际成本定价和平均成本定价所确定的价格都高。

4.二部定价法

二部定价是由两种要素构成的定价体系：一是与使用量无关的按月或按年支付的“基本费”，二是按使用量支付的“从量费”。如电话费既有按月固定收取的月租费，还有按通话次数多少、时间长短和距离远近等从量计算的话费。因此，二部定价是定额定价和从量定价二者合一的定价体系，也是反映成本结构的定价体系。二部定价法实际上是平均成本定价法的一种转换形式，它以经营单位的财务收支平衡为条件谋求资源配置与经济福利的优化。通常二部定价中的定额费，与供给单位的固定成本耗费相对应，而从量费则与变动成本耗费相对应，两项相加能使供给单位的全部成本获得补偿。二部定价法能够让使用者负担自然垄断行业中边际成本定价造成的亏损，而且使边际成本定价条件下的众多使用者更多地使用服务。这也正是二部定价法的目的。所以现在几乎所有受管制的行业(特别是电力、城市煤气、自来水、电话等自然垄断行业)都普遍采用这种定价方法。

5.高峰负荷定价法

有一部分公共设施在使用时间上是不均衡的，存在集中使用的高峰期，在此期间，存在资源配置的拥挤成本问题，而其他时间设施可能不完全充分利用。高峰负荷定价法就是根据不同时段的消费需求确定不同的价格，以调节和平衡不同时段的供需。通常在消费的高峰期适用较高的价格，以抑制需求；在低谷期适用较低的价格，以鼓励消费。高峰负荷定价法可以适当调节特定消费需求在不同时段之间的分布，解决消费拥挤或资源闲置问题。这种定价方法在电力、电信、交通等行业较为常用。根据不同行业的特点，收费价格调整的周期可以按季节、月份乃至时辰划分。

6.价格听证

价格听证通常由政府的价格管理部门主持，供给方、专家和消费者代表参与，论证定价水平的合理性，并将有关信息公之于众，广泛征求各方意见，在此基础上，由政府主管部门做出定价决策。价格听证是消除公共定价过程中信息不对称、协调供需双方利益的有效手段，也是让社会公众参与公共决策的重要形式。价格听证一般按以下程序进行：首先，由供给方提出定价或价格调整方案，方案应说明定价依据或价格调整理由，包括供给成本水平及成本构成情况、经营收入状况、事业发展需要等；其次，政府组织专家小组或专家委员会，对价格方案进行分析、论证，并向社会发布有关信息，广泛征求意见；再次，举行价格听证会，由供给方、专家和消费者代表表达各自的意见，进行沟通和协调；最后，在充分掌握各方面信息的基础上，政府做出定价决策，并公之于众。

［资料链接 4－3］

价格听证会不能走过场

2015 年 9 月，兰州市举行的“建立居民生活用气阶梯价格制度听证会”引发了公众的质疑。对此，听证会的组织者兰州市物价局负责人回应称，听证会进行了 1 小时 20 分钟，符合程序规定，不存在“快闪”问题。但仍然有许多人表达了质疑，除了担心冬季采暖费用会大幅增加外，许多群众认为他们的意见未能得到充分表达和回应。比如，听证会消费者代表的产生，并没有采取“自愿报名、随机选取”的方式；而部分消费者代表并未参加当天的听证会，参与者也只有寥寥数语。许多人认为，不仅代表的产生有刻意指定嫌疑，许多代表似乎也没能充分履职。

其实，公众对听证会“逢听必疑”不是一个新话题。事实上，在价格调整的过程中，听证会只是一个听取民意的环节，本身无法决定价格的升降。但是，由于这些年来“逢听必涨”已成惯例，且听证会后关于价格调整政府又做了哪些工作，民众知之甚少，因此，听证会往往就成了调价的“罪魁祸首”，原本应该是听取民意的听证会反而透支了政府的公信力。由于对听证会“逢听必疑”，一些民众甚至认为这种走过场的听证会应该取消。

为此，一些学者认为，要解决目前听证会制度的尴尬处境，必须要完善相关制度，在“充分对等”的基础上让民意得到充分表达。北京大学宪法与行政法研究中心主任姜明安教授认为，定价听证活动的机制还应该更加完善。比如，《政府制定价格听证办法》规定了听证参加人的比例、构成，也原则性地规定了消费者代表的产生方式，但产生过程的规定并不够明确和细致。同时，物价部门是定价者，也是价格法规定的听证人。运动员做了裁判员，公众必然怀疑定价听证是“认认真真走过场”。相关专家建议，应当细化完善定价听证的程序，通过直播等方式，让公众可以实时掌握听证动态，特别应当增加利益相关各方辩论的环节。只有互相辩驳质疑，才能对科学决策更有助益。

群众“逢听必疑”的一大原因，就是无法掌握听证参加人的意见是否被决策部门认真采纳。对此有关法规已经做出规定，要求定价机关对听证参加人的意见是否采纳及其理由进行公示，但在现实中却打了折扣。甘肃政法大学副教授徐爱水认为，在我国目前的价格听证制度中，“案卷排他性原则”至今未确立，导致听证会笔录所记载意见尚未取得对最终听证结果的决定性法律效力，相关代表的意见在价格主管部门决策中影响十分有限。但无论如何，要避免听证会不再“合规地”走过场，只依赖完善机制是不够的，更重要的是相关部门要把价格调整背后的群众利益真真切切放在心上。

资料来源：屠国玺，白丽萍，张钦. 听证会不能“合规地”走过场[EB/OL].（2015－09－01）[2020－10－20]. http://www.xinhuanet.com/politics/2015－09/01/c_1116437451.htm.

第三节 公共产品供需均衡

一、公共需求

(一)公共需求及特征

1. 公共需求的内涵

公共需求是特定地域范围内众多组织和个人作为整体所构成的大致相同的利益需要。公共需求可从五个方面解释:①从公共需求的产生地来看,它源于一定地域范围,这种地域范围可大可小,小到一个社区和一个城市,大到一个国家甚至更广的地域,都会产生相应范围的公共需求。②从公共需求的主体来看,它并不是单个组织或个人需求的简单加总,而是由众多组织和个人作为一个整体而形成的,不难看出,这一整体是相对完整的、不可分割的。③公共需求,具有公共性,是公共或集体利益的一种表现形式,而且这种利益在众多组织和社会成员个人之间是大致相同或者相似的。④公共需求并不是一种抽象、深不可测的需求,而是客观存在、实实在在的需求。⑤公共需求是一种有别于一般需求的特殊需求,公共需求的满足能否如同私人需求那样单纯地依赖于市场机制的作用得以解决,抑或必须寻求其他特殊的途径加以解决,将在后面分析公共需求的表达机制和公共选择理论时进行深入探讨。

2. 公共需求的特征

公共需求的特征表现如下:

(1)受益的外在性。对于公共需求来说,一个人的需求得到满足的同时,其他人也可以从中受益。换句话说,公共需求的满足不具有排斥性,即一个人对公共需求的满足并不会同时排斥他人对这种需求的满足。

(2)公共需求的整体性。这种整体性决定着在一定范围之内,个人无法单独地获得这种需求的满足,即对公共需求的满足是同步的、共同的,正所谓"一荣俱荣"①。

(3)公共(集体)决策性。这意味着,公共需求的满足,难以像私人需求那样通过市场供求关系和价格机制的引导得以实现,而主要依靠公共(集体)决策的方式加以解决。这种公共(集体)决策性亦称集中性,它表明公共需求不能由单个或某一些社会成员通过分散的活动来得以满足,而只能通过一定范围内的集中决策和执行才有助于达到既定的目标。

(二)公共需求的表达

从经济学意义上讲,公共需求的主体是具有理性的,是效用最大化和利益最大化的追逐者。公共需求本身外在性、整体性和集中性的特点决定着人们甚至在无须正常、真实地表露其消费偏好的情形之下,也可能通过免费搭车的方式,在一定程度上获得其对公共需求的满足。显然,在公共需求领域,市场机制的调节难以有效地发挥其资源配置作用,价格信号也难以引导人们传递和显示其对公共产品的真实偏好。

公共选择理论为公共需求偏好表达方式提供了一种理论上的解释。公共选择是对非市场决策的经济研究,也可以说是经济学在政治学中的应用,它运用经济学的理论来研究非市场决

① 杨灿明,李景友.公共部门经济学[M].北京:经济科学出版社,2003.

策，分析政府如何依据集体行动和政治程序来决定如何提供公共产品、如何满足公共需求的决策机制。公共选择理论认为，政治机制（尤其是投票机制）是消费者向政策制定者披露和表达其公共需求偏好的一种方式。在一定条件下，通过这种方式，可以有助于获得最优品质和最优数量的公共产品，并且相应地获得对公共需求的满足。

二、供需均衡模型

（一）市场局部均衡模型

公共产品的需求和供给如图 4－1 所示。个人 A 对公共产品的需求曲线为 D_A，B 对公共产品的需求曲线是 D_B。萨缪尔森称这种需求线为“虚假的需求线”，因为在现实生活中，个人并不会真实地表示他对一定数量的公共产品愿意支付多少价格。但是，为了分析的方便，我们需要使用这种“虚假的”需求曲线。公共产品一旦提供后，对任何人都是同样适用的，全体个人对一定数量的公共产品所愿意支付的价格（税收）是根据个人不同的需求曲线分担，因此，总需求曲线为 $D=D_A+D_B$。需求曲线 DD 与公共产品的供给曲线 SS 相交于一点，并决定了公共产品提供的均衡价格 P 和数量 Q。在公共产品需求和供给中，每个人都是数量的接受者，而不是价格的接受者。这样，A 和 B 所消费的公共产品的数量都是 Q，但 A 所支付的价格是 P_A，B 支付的价格是 P_B，且 $P=P_A+P_B$。对于公共产品的价格（税收）而言，它仍然等于边际成本，但这个边际成本是 A 和 B 所支付的价格（税收）之和，即

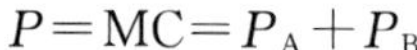

$$P=\mathrm{MC}=P_A+P_B$$

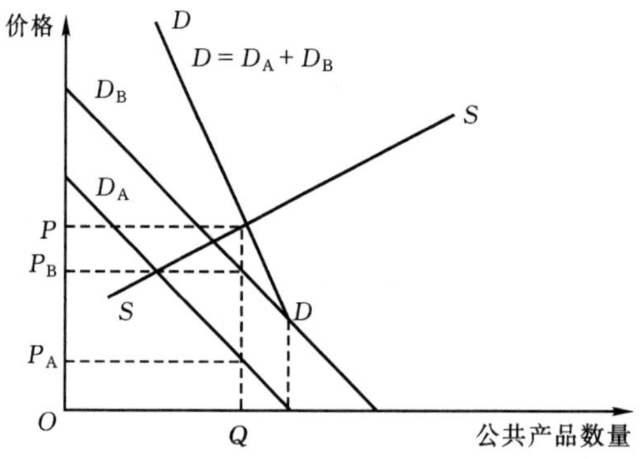

图 4－1 公共产品的需求与供给

私人产品和公共产品的市场需求曲线的差别主要体现在，私人产品的市场需求曲线是个人需求曲线的横向相加，而公共产品的市场需求曲线是个人需求曲线的纵向相加。之所以出现这种差异，是因为在私人产品市场上，每个个人都是产品的价格接受者，他能调整的只是消费该私人产品的数量；而在公共产品场合，由于公共产品的非竞争性和非排他性特征，每个个人面临的是相同数量的公共产品，但他们为这些同样数量的公共产品却支付不同的价格。

（二）林达尔均衡模型

林达尔均衡模型不同于前面关于公共产品提供的局部均衡模型，它同时考虑了政治因素。同时，林达尔均衡模型是规范性的，它试图找出民主社会中公共产品产出的合理水平，以及在不同的人之间分摊公共产品的成本即税收负担的原则和决策章程。

林达尔均衡模型描述的是公共产品提供的虚拟均衡过程。该模型基于税收的受益原则。假设有两个消费者 A 和 B,也可以把他们视为代表具有共同偏好的两组选民的两个利益集团或两个政党。问题是要找出保证一组均衡税收和公共产品产出所需的条件,并考察该均衡状态的性质,即单一性和稳定性。林达尔模型还假定 A 和 B 具有相同的政治权力,在选定一种预算(一定规模的公共支出、公共产品和税收的特定组合)时采用相同的决策原则,这就可以满足前一个假定,即每一个政党都同意这个预算。该模型还需要有一个拍卖者,假定这个拍卖者报出不同的税收份额和预算规模(支出),经过某一拍卖程序,就可得出一个均衡结果。该模型还假定每个人都是真实地报告了各自的偏好。

如图 4－2 所示,横轴是公共产品 G 的数量,纵轴 h 代表消费者 A 承担的提供公共产品总成本的份额。如果 A 的税收份额为 h,那么 B 的份额为 $1-h$。为便于分析,我们把税收份额视为税收价格。横轴 G 代表所提供的公共产品数量或公共支出量。曲线 AA 和 BB 分别代表个人 A 和 B 对公共产品的需求。曲线 AA 的原点是 O_A,BB 的原点是 O_B。

每个消费者所具有的对公共产品 G 和私人产品 X 的效用函数为

$$U_A=U_A(X_A,G)$$
$$U_B=U_B(X_B,G)$$

式中:X_A和 X_B分别为 A 和 B 所消费的私人产品向量;G 为所消费的公共产品的向量 ***A*** 和 ***B*** 都力图在各自的预算约束下最大化自己的效用:

$$\boldsymbol{p}X_A+hG\leqslant Y_A$$
$$\boldsymbol{p}X_B+(1-h)G\leqslant Y_B$$

式中:Y_A和 Y_B分别指个人 A 和 B 的收入;$\boldsymbol{p}$ 是私人产品的价格向量。

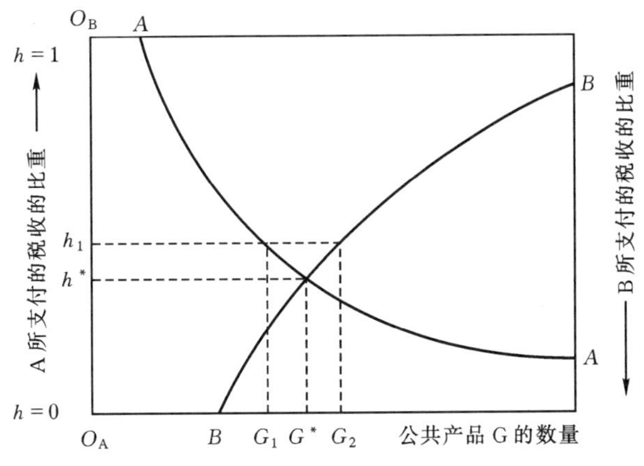

图 4－2　林达尔均衡模型

现在改变 h 并保持其他变量不变,就可得出 A 的需求曲线;同理可得 B 的需求曲线。图 4－2中的曲线 AA 和 BB 既定,接下来就可以建立起 A 的均衡税收份额(h^*)和均衡产出水平(G^*)。任选一个税收份额 h_1,A 愿意得到 G_1 水平的公共产品,B 愿意得到 G_2。这时,二者之间存在分歧。结果是权力更大的一方取胜,这是所有双边垄断状况下的正常结果。因此,最后结果是不确定的,它取决于双方的相对权力。要克服这种不确定性,威克塞尔和林达尔假定双方力量均衡,为此 A 和 B 提出了另一种税收份额,并通过重新比较确定 G 的产出。这种拍卖过程将持续下去，直到税收份额为 h^* 为止。在点 h^* 处，A 和 B 一致同意公共产品的产出水平为 G^*，且 A 支付税收份额 h^*，B 支付 $1-h^*$。h^* 和 G^* 的组合被称为林达尔均衡，相应的税收价格就是林达尔价格。

一致通过的这个结果是一种纳什均衡。它意味着任何个人或一组人，如果改变配置都将使处境变坏。因此，林达尔均衡实现时达到帕累托最优结果。关于林达尔均衡的帕累托最优状态由约翰森证明，并给出了林达尔均衡的福利意义。

林达尔从两个阶段来考察预算过程。第一阶段，是根据特定社会的公平标准对全社会的福利分配进行调节。在形成了公正的福利分配之后，下一步便是找出合理的公共支出和税收份额。这一结果在民主国家中采用一致同意规则就可以得到，据此只有得到 100% 的选票通过税收和公共支出议案时才会被接受。任何人对任一组可能导致其处境恶化的提议都拥有否决权。

公共品供给方和需求方是公共品市场的参与者，供需均衡指的公共品供给和公共品需求之间达到均衡价格和均衡产量所需的供给需求条件。若分析单一公共品的供需均衡就是局部市场均衡。若分析的是两个或多个公共品的供需均衡就是林达尔均衡。除了供需均衡会影响公共品供给外，所处政治社会经济环境也会影响，所以政治集体决策下的公共选择机制为公共品供给提供了不同的视角。

三、公共选择机制

（一）公共选择理论

公共选择理论的代表人詹姆斯·布坎南是公共选择研究领域著述最多、影响最大的学者，因为他在公共选择理论研究方面的杰出贡献而于 1986 年获得诺贝尔经济学奖①。肯尼思·阿罗是美国著名数理经济学家、美国斯坦福大学教授，1972 年因其在一般均衡理论和社会福利经济学方面的杰出贡献，荣获诺贝尔经济学奖。阿罗的《社会选择和个人价值》以数理逻辑推理为工具令人信服地论证了在公认的理性条件下，从个人偏好次序推导出社会偏好次序是不可能的，即著名的"阿罗不可能性定理"②。

公共选择理论以新古典经济学的基本假设（尤其是理性人假设）、原理和方法作为分析工具，来研究政治市场上的主体（选民、利益集团、政党官员和政治家等）行为和政治市场的运行。公共选择理论试图把人的行为纳入一个统一的分析框架和理论模式，用经济学的方法和基本假设来统一分析人的行为的两个方面。公共选择理论认为，人类社会由两个市场组成：一个是经济市场，另一个是政治市场。

公共选择理论着眼于分析经济市场与政治市场的不足，试图使经济和政治理论相互弥补。其核心理论观点是，国家的决策过程与经济市场类似，是由供求双方相互决定的过程。人类社会分成两个市场：一个是经济市场，另一个是政治市场。在经济市场上活动的主体是消费者（需求者）和厂商（供给者），他们之间交易的对象是私人物品；在政治市场上活动的主体是选民、利益集团、政治家和官员。选民和利益集团是政治市场上的需求者，相当于经济市场的消

① BUCHANAN J M, TOLLISON R D. Theory of Public Choice: Political Applications of Economic[M]. Mickigan: University of Michigan Press, 1972.

② 阿罗. 社会选择与个人价值[M]. 陈志武，崔之元，译. 成都：四川人民出版社，1987.

费者，他们手中的选票相当于经济市场中消费者手中的货币；政治家是政治市场上的供给者，用对大多数人有利的政策换取尽可能多的选票。他们之间交易的对象是公共产品。在经济市场上，人们通过货币选票来选择能给他带来最大满足的私人产品，在政治市场上，人们通过民主选票来选择能给他带来最大利益的公共物品、政治家、政策法案和法律制度。

公共选择理论作为公共产品供给的理论基础主要在于通过政治制度来提供公共产品，要求对公共产品的数量以及筹资方式达成共识。公共支出的决策过程就是一个公共选择过程。公共选择是指通过许多人根据已确立的规则在政治上的相互作用所做出的选择。公共支出制度的选择相当于直接民主制和代议制下某个公共议案的决策，具体的公共支出项目也是如此。因此，公共支出与公共选择关系非常密切，公共选择就是将公共产品的提供从理论变为现实的一个过程。

（二）政治市场各主体行为分析

政治市场主体包括公众、特殊利益集团、政治家和政党与官僚等，其在民主政治活动中的行为各有不同。

1. 公众行为

理性选民通过投票选举能给自己带来最大预期效用的候选人。当然，不是每个选民都会主动参加投票的，这取决于预期效用收益是否大于潜在的投票成本。假定某选民偏爱的候选人获胜的概率为 p，选民为其偏爱的候选人投票可能得到的收益为 B，选民参加投票的成本（包括收集信息所花费的时间、精力、金钱以及参加投票所带来的其他损失）为 C，则该选民投票的预期收益为 p^{B}。只有当 $p^{B-C}>0$ 时，该选民才会受激励去投票。有些选民就认为参加投票有助于实践自己的公民意识，并会因此而产生自豪感、心情愉悦等属于个人心理上的收益（假定为 D）。因此，当 $p^{B+D-C}>0$，选民就会参加投票。对于成本 C，为了投票，你必须了解议案和候选人，这对于不同的人来说，所要耗费的成本，自然会有很大的不同。有时候，天气状况，比如投票时的刮风下雨也会对投票成本产生影响。

在民主社会中，没有人对投票人投票进行强迫。选民的行为完全取决于成本与收益的比较。有时候，选民要完全了解备选方案的情况，要花很多成本。因此，他们会选择不去了解项目的状况。为什么选民不对每年花费他们亿万金钱的政府行为更为关心呢？大多数时候，选民在决定选择哪个选民代表上所花费的精力还没有花费在买菜上的精力多。投票者总是认为，个人对于投票结果的影响小到可以忽略，同时为了了解所投票表决的事项对他们会产生什么影响而必须承担一些费用。这样，投票者做出不去投票的行为就是理性忽视（rationally ignorant）。投票所获得的收益相对于费用而言时非常低的，投票者考虑到去投票所要花费的成本（实践成本和不便利），在选举日放弃投票就是投票者理性冷漠（rational voter apathy）。

2. 政治家行为

在间接民主制下，选民们必须选出代表，代表们代表选民进行集体决策。这些代表就是政治家。传统政治理论假定，政治家代表着公众的利益，为公共利益服务。但公共选择理论却认为，这不是政治家的行为模式，政治家和消费者、生产者具有同样的行为动机，也是理性的经济人。政治家将道德标准置于选举之上的情况并不多见，其行为目标是保证当选，追求选票的最大化。

在代议制下，政治家和选民也是一种交易关系。政治家提供符合选民偏好的政策方案，选民或利益集团则提供选票或基金。因此，政治家为赢得选票而制定政策，而不是为制定政策而赢得选票。由于中间投票人定理的存在,政治家总是力图了解中间投票人的偏好,以赢得中间投票人的支持,这样他们当选的机会才会提高。

(1)特殊利益集团行为。特殊利益集团是在某一方面具有共同利益的个人或组织形成的集团。个人在复杂的公共选择过程中的力量显得微不足道,不能有效地增进其利益。出于自身利益最大化的动机,那些具有共同利益基础或共同目标的人们便组织起来,以依靠集体的力量来影响公共选择的结果,实现个人利益的最大化。因此,利益集团一经形成,便会依据集团自身利益做出效用最大化的选择。

奥尔森在《集体行动的逻辑》中详细地分析了特殊利益集团是如何进行集体选择的。奥尔森首先从集团与集体利益入手,认为具有相同利益的个人所形成的集团,不一定都有进一步扩大这种集团利益的倾向。事实上,除非一个集团中人数很少,或者除非存在强制或其他某些特殊手段以使个人按照他们的共同利益行事,有理性的、寻求自我利益的个人不会采取行动以实现他们共同的或集团的利益。个人对集团状况改善所付出的成本,与他所获得的那份集团收益份额可能极不相称。集团收益的公共性,导致集团中的每一个人都能同样地受益,而不论他是否付出了代价。也就是说,在这里"搭便车"问题也出现了。集团越大,分享收益的人越多,为实现集体利益而进行活动的个人分享的份额就越少。因此,作为理性的个人,不一定会为集团的共同利益采取行动或较多的行动。在奥尔森看来,利益集团可以分为两种:一种是排他性的(exclusive),即市场集团,另一种是相容性的(inclusive),是非市场集团。利益主体在追求前者时是相互排斥的,而在追逐后者时则是相互包容的。事实上,同一个企业或个人组成的集团在一种情况下是排外的集团,而在另一种情况下是相容的集团。一个产业中的企业在通过限制产量提高产业产品价格时是一个排他的集团,但当他们寻求税收、关税或其他任何政策变化时,他们就可能是相容的集团。相容性集团在集体行动中仍会有"搭便车"问题,这就需要通过"选择性激励(selective incentives)"来解决,即对集团成员区别对待,按照对集团利益的贡献,实行奖惩分明的制度。能够充分实施"选择性激励"的集团,行动效率较高。由此可见,集团规模的大小不是集团力量大小的充分条件。一个实行了有效的"选择性激励"的小集团,可能比无法推行"选择性激励"、"搭便车"问题严重的大集团更有力量。发达国家农民人数较少,发展中国家农民人数较多,而前者却比后者更容易地从政府那里获得了补贴。

(2)官僚机构。官僚机构通常指政府机构和政府官员,是对政治家所选定的政策予以执行和实施的群体,也可以看作是政治家的代表。曾在里根政府担任过经济顾问委员会成员的威廉姆·A.尼斯坎南将政府机关的司局定义为由政府的拨款或者补助提供资金支持而不是由销售商品所获得的收入提供资金支持的非营利组织。在西方社会中,官僚是维持公共部门稳定运转的重要力量,追求预算最大化,而不是利润最大化。

官僚机构通常通过两种方式实现预算规模最大化。第一,他们努力使政府当局确信,公共产出水平需要加以提高。第二,他们还可以通过使用缺乏效率的生产技术来生产既定产量的公共品,从而增加生产所需要的投入品,即成本无效率现象。是什么原因导致了官僚机构的成本无效率现象产生呢?首先,由于政府的目标并不是追求利润最大化,机构的管理者就没有降低公共品生产和运营成本的动机。即使管理机构的管理者能够以较少的成本提供同样水平的产出,他们也不可能这么做。他们不愿意通过使成本变得更有效率而节约资金,因为如果这样他们不得不面临部门规模缩小、预算减少的后果。实际上,根据一般的预算法则,如果政府部门在财政年度结束时未能将预算分配的资金全部花费掉的话，他们将失去这部分预算资金。其次，成本无效率在于政府通常是公共产品提供的垄断者。作为垄断者，官僚机构并不担心会因为成本太高，赞助者(即资金的提供机构)转向其他供给者而失去赞助者，因为赞助者并没有其他供给者可以选择。最后，在许多情况下，政府产出难以测定，官僚机构管理者的业绩是根据他们是否遵守了所有的规则、是否实施了正确的程序，而不是依据他们是否给纳税人带来了收益的提高进行评估的。同时，政府雇员是有任期的，不能无缘无故地被免职。因此，官僚们更担心的是职权范围内的方向错误而不是成本节约。

(3)专家或公共知识分子。在各国经常可以看到一些决策咨询机构，如美国的国民经济研究局。还有一些国际组织内设的研究机构，像国际货币基金组织和世界银行内设的研究局。我国决策咨询的主要力量是官办的决策咨询机构，官办的决策咨询机构包括纯行政型决策咨询机构(如国务院发展研究中心)和半行政型决策咨询机构(如国务院各部委下设的研究院)。我国半官方的决策咨询机构主要分为两类：一类是如社科院、各专业研究会、学会以及其他社会团体所属的政策研究机构；另一类是如高等院校、党校、行政学院系统下设的有关所、系、中心等。此外，我国还有如北京国际城市发展研究院等民间决策咨询机构①。这些机构都在不同程度上为政府决策提供依据和咨询，在这些机构中，研究人员的研究成果或个人观点对政府决策会产生很大影响。专家学者通过不断呼吁将自己的思想渗透进政府决策过程，在某种程度上对政府决策产生影响。一个典型案例就是美国里根总统时期，总统经济顾问拉弗曾将自己的减税思想渗透到政府的决策中，并直接推动了里根总统在美国实现大面积的减税计划。

(4)媒体影响。对公共决策能产生较大影响或直接起决定性作用的还有各类媒体及其产生的社会舆论力量。例如 2009 年 8 月，我国政府制定了严惩酒后驾车行为的相关政策。这一政策的出台直接得益于各地新闻媒体报道的令人震惊的多起酒后驾车事故，正是这些媒体的报道，才使这一问题的严重性浮出水面，从而引起了决策者注意。类似的案例还有很多，从这些案例中，我们可以感受到媒体对公共政策的影响力。

随着互联网时代的到来，我国政府积极推进新媒体问政平台的建设，公众获得了更多的知情权和发言权，使得民意可以更顺畅地表达，大部分公众通过交流讨论达成一致意见后，迅速形成强大的舆论压力与民意压力，政府不得不做出正面回应，满足民众的要求，制定或修改相关的公共决策。新媒体的崛起扩大了所有公民参与公共决策的机会、推动了政府运行的透明化②。

前述分析可知，公共决策过程是复杂的，许多问题对我们普通大众来说还不太容易理解。通过前面的讨论，可以了解财政收支活动的内在原因，但随着对公共决策过程理解的不断加深，通过何种机制来确保公共利益，尤其杜绝官僚、特殊利益集团对公众利益的侵蚀等一系列问题，还有待进一步探讨。

另外，尽管公共决策可能存在许多不尽如人意之处，可能被某些利益集团所操作，但正如哈维罗森在其《财政学》中所说，这并不意味着政府作为一个机构是坏的。问题的关键是，我们如何改进公共决策机制，使政府活动尽可能对公众利益做出反应。

---

① 蒋福容.我国公共决策中的专家参与问题及对策研究[D].青岛：中国海洋大学，2009.

② 李占乐，杨昊天.新媒体对公民参与公共决策的积极影响[J].决策探索(下)，2020(1)：7－8.

［资料链接 4－4］

西安电视问政——用锐度换温度

自 2016 年第一期《问政时刻》播出以来，火药味十足的“电视问政”，成为西安街头巷尾的热议话题。媒体评价：“电视问政”问出了政府的诚信、干部的作风、媒体的责任。电视问政掀起了一场风暴。观众网友围观、参与越来越火，如坐针毡、汗流浃背的相关领导不得不谦恭受考，媒体参与力度不减，观察员和现场观众提问越来越辛辣。而如何让舆论监督不“放空炮”？媒体与政府部门正不断探索。一方面，问政结束后，有关部门对群众现场提出的问题建立台账，做到责任有人认、问题有人领，并按照问题的严重程度和紧急程度进行分类跟踪督办，整改一件销号一件；另一方面，对整改措施不落实、解决问题不到位、服务承诺不兑现、干部群众不满意的相关部门和人员追究责任，为其戴上“紧箍”。整改不到位不收兵、承诺事项不兑现不罢休。目前，电视问政已建立纪委追责、督查室督查、媒体监督的立体式跟踪整治效果的模式。此外，栏目组不定期会对被问政过的单位进行第二轮、第三轮“回头望”，促进相关单位建立长效机制。

西安交通大学教授周方认为，“问政并不单是曝光问题，更在于推动问题解决，打造公众参与政务监督的互动平台”。电视问政，不仅要让领导干部脑门冒汗，还要让他们一门心思为群众解决实际问题。对此，西安市委市政府态度鲜明：问政要问责、动员更“动人”。

从“集体下岗”到约谈负责人，电视问政开播至今，曝光具体问题近 300 个，向两办督查室移交问题线索 672 条；问责干部 915 人次，涉及人员 677 名。其中，党纪处分 67 人、行政处分 108 人、组织处理 262 人、其他问责形式处理 477 人。1 个基层党组织、12 个基层单位受到通报批评，10 个基层单位、32 个基层党组织向上级部门或党委做出书面检查，力度空前。

不少部门负责人表示，《问政时刻》有助于职能部门听民声、解难题，促进了机关作风转变和行政效能提升。没有被问政的部门，也主动查找问题积极整改，对西安深化行政效能革命、建立长效机制非常有益。针对电视问政曝光问题尤其是干部作风方面的问题实施的整顿教育及问责处理，能让他们更加敬畏工作职责、更加敬畏制度规矩、更加珍惜工作岗位，增强“店小二”和“五星级服务”的为民服务意识。

西安电视问政节目在社会上产生深刻影响力，提升了群众对党委政府的信任与拥护，在凝共识、聚人心、创大业方面发挥了非常好的舆论引导作用，也让服务型政府建设向前迈进了一大步。

资料来源：王乐文，龚仕建．西安电视问政：用锐度换温度[N]．人民日报，2018－04－24(18).

（三）公共选择规则

1．投票规则

公共选择机制中的公共品供给大都需要通过投票来进行，通常所用的投票规则主要包括一致同意规则和多数同意规则。

所谓一致同意规则（unanimity decision-making rule），是指一项集体行动方案，只有在所有参与者都同意，或者至少没有任何一个人反对的前提下，才能实现的一种表决方式。此时，每一个参与者都对将要达成的集体决策享有否决权。只有在一致同意的前提下，集体行动（公共选择）才能进行。当然，一般说来，“同意”包括不反对/弃权。

由于社会成员之间的价值判断和效用函数的差异，达成一致同意需要进行反复的磋商和谈判，这会产生很大的决策成本。参与集体决策的成员越多，决策成本越高，谈判的时间越长，达成一致同意的可能性就越小。当集体决策的成本很高时，社会就会因集体决策效率低下而遭受福利损失。因此，当一致同意规则导致集体决策成本过高时，人们会寻找降低决策成本的其他规则。显然，将同意的百分比由100%降为三分之二进行集体决策是可行的，也就是多数同意投票规则。

多数同意规则(majority voting rules)，是指一项集体行动方案，至少有超过半数的人支持或认可(即同意或者不反对)才能实施。集体行动的多数人同意，可以是1/2以上同意，也可以是2/3以上或其他比例同意就可以通过。多数同意又可以分为简单多数和绝对多数。就一种方案表决而言，简单多数是指赞成和不反对的人数超过一半，绝对多数可以是2/3，也可以是3/4、4/5、5/6。在对多个方案选择一个的表决中，简单多数可以是其中得到支持最多的方案，它甚至不一定得到超过一半的票数。

根据多数投票规则，有时会出现投票悖论(voting paradox)即多数票规则下存在的导致议案相互循环、最终结果不存在的现象。这种现象有时也被称为“周期多数现象”或“投票悖论现象”。投票悖论的出现，引发了人们对民主制度的有效性产生怀疑，从而引发了相关的研究。有一种方法是每个选民通过直接对备选方案进行打分(满分为100分)进行偏好的显示，哪个备选方案得到的分数最高，就获胜。这种打分的方法大大降低了投票悖论出现的概率，然而，它并不能完全消除投票悖论。据此，阿罗提出了著名的阿罗不可能定理(Arrow's impossible theorem)，即在民主社会中，是否存在一种投票程序，它所产生的结果不受投票程序的影响，同时又尊重每一个选民的偏好，能将所有个人的偏好转换为一种社会偏好，并做出前后一致的决策呢？阿罗不可能定理表明这是不可能的。

2. 寻租规则

寻租活动是指寻求人为短缺资源的租金，也就是人类社会中非生产性的追求经济利益的活动，或者说是指那种维护既得利益集团的利益而进行再分配的非生产性活动。寻租活动可以采取合法的形式，也可以采取非法的形式。合法的寻租活动如企业向政府争取优惠待遇，利用特殊政策维护本身的独立垄断地位；非法的寻租活动如行贿、走私、贩毒。现代社会中最多见的寻租活动是利用行政法律的手段来阻碍生产要素在不同产业之间自由流动、自由竞争，以维护和获取既得利益。寻租活动会使政府决策和运作受利益集团或个人所摆布。

最常见的寻租活动有：其一，政府特许权。对某类商品发放的特别生产许可权或特别销售许可权，获得许可的单位或个人能够凭借其垄断地位寻到额外收益。其二，政府的关税与进出口配额。政府的关税政策主要是为了保护民族工业的发展，但当国内市场被少数几家企业垄断时，这些企业可能就没有很强的激励去改进技术，提高产品质量，从而使关税政策成为寻租活动的保护伞。当某些产品在国内十分畅销，而一些关键的部件或原材料需要进口，得到进口配额许可的厂家就有机会获得高利，从而引起寻租活动。其三，政府订货。政府订货并不是每个厂商都能得到的，而且，所承包工程和产品的质量同时又是由政府工作人员负责验收的，当双方形成某种合谋时，厂商就有机会通过虚报成本或降低工程与产品质量等来寻求租金。

[资料链接4-5]

奥巴马整顿华盛顿K大街

美国“京城”华盛顿的街道，南北走向按数字排列，东西走向按英文字母排列。而其中的K大街，就是著名的“说客街”，也就是美国各个“驻京办”的所在地。“说客”是指非政府人员在议员会议厅外的前廊上，说服议员们接受某种要求和愿望，并将该议题提到议会上通过。

美国制定法律管理华盛顿K大街

美国有对说客的管理制度。要在华盛顿当说客，首先必须向联邦政府登记注册后才能经营。注册内容包括客户名称、所游说项目、合同规定、薪酬条件等。而游说公司必须遵守法律，要依法每半年公布一次工作报告，说明曾在哪些议题上进行了游说活动，游说的对象，收费数量、所用经费开支。如果这些赢利比例太大，很快就会受到司法部门的注意和审查。而且美国法律也明文规定，说客请议会成员和政府官员的吃饭费用每次不能超过50美元，送礼也是50美元上限，邀请议员及其助理出去打高尔夫球的门票不能超过99美元。

为背后利益集团带来高额回报

无论在华盛顿开设华盛顿K大街，还是雇佣临时说客，其费用都是相当可观的。比如2005年，美国通用电气公司用在游说国会上的经费高达24亿美元，此后两年有所下降，2009年再次攀升为21亿美元。美国的大公司愿意付出如此高昂的游说费用，实际上物有所值。据《华盛顿邮报》2009年4月的一份报告指出，仅2004年美国国会通过的一项免税法案，就为投资进行游说的公司带来了22000%的回报率。

华盛顿K大街主人被查办

2006年1月，有“超级说客”之称的杰克·阿布拉莫夫在法庭上认罪，承认他犯有共谋、欺诈和逃税三项重罪，曾为美国西部印第安人游说开办赌场，获取了数额巨大的政治捐款，他用这些金钱招待一些议员在高档餐厅挥霍，并向他们提供豪华高尔夫球游乐、体育比赛门票等。而免税赌场开办后，印第安人为了保持该地区的垄断地位，继续长期向阿布拉莫夫提供经费，根据美国政府的起诉文件，阿布拉莫夫收取的游说费不下8000万美元。根据美国司法部调查，共有20多名议员与阿布拉莫夫有牵连。阿布拉莫夫被判处了5年零10个月监禁。

奥巴马整顿K大街恐怕要奏效

奥巴马一上任就签署了一项名为“行政部门人员操守承诺”的行政法令。法令规定，禁止行政部门工作人员接受注册说客的礼物；曾担任说客的人必须离开说客集团两年后，才能进入政府工作；在政府工作的人员，在离职后两年内不得为其在政府工作有关私人企业进行游说。然而奥巴马宣布新规定之后，美国共和党全国委员会立即指责其政府带头违规。

实际上，游说文化依然盘根错节，深深嵌入美国的政治肌体。即使国会参众两院和驴象两党在过去几十年中不断推出各种针对院外活动的改革议案，K大街仍繁荣依旧。法理难胜人情，这也是美国政治背后的逻辑。

资料来源：温玉顺.探底美国“驻京办”奥巴马整顿华盛顿K街[EB/OL].(2010-02-11)[2014-11-20].https://news.ifeng.com/world/201002/0211_16_1545034.shtml.

[资料涉及的理论要点]

(1)利益集团与寻租。

(2)政府规制与民主监督。

[资料分析与讨论思路]

(1)“驻京办”存在的原因——利益集团寻租行为。

(2)消除“驻京办”的途径——政府规制与民主监督。

四、公共品供给的财政决策机制

公共选择学说丰富了公共财政理论，也扩展了人们进行公共财政研究的视野，但公共选择方式并非无懈可击。政治程序和投票机制产生功效是有前提条件的，问题的关键是人们能否在政治程序中真实地表露和传递其意愿。而且，公共需求的满足程度还要视公共部门实施政策结果的有效程度进行评估①。因此，公共品供给的财政决策机制尤为重要。

财政决策机制是国家为了有效处理财政事务，尤其是公共品供给过程中，对决策权力进行分配，并确定决策程序、规则、方式的根本制度。财政决策机制不是自然生成的，而是人们设计的产物，但这种设计受到一定历史条件下的政治、经济、社会、文化等诸多因素影响和制约。人们设计不同的财政决策机制，其目的是使决策活动更加规范，决策成本更加低廉，决策方案更加可行，决策效果更加满意，能够公平高效地为人们提供公共品。由于财政决策是通过政治程序做出的，因此财政决策机制取决于政治决策体制。

公共品供给的财政决策机制是基于公共选择理论，通过相应制度来提供公共产品，要求对公共产品的数量以及筹资方式达成共识。公共品供给的财政决策机制就是公共支出的决策过程。由于西方国家和我国的政治体制不同，公共品供给的财政决策机制有很大差异。

（一）西方国家公共品供给的财政决策实践

西方发达国家由于公共政策领域的民主化程度较高，凡是重大的公共决策，在实施之前必须在公共领域内，由公民按照理性精神予以讨论，通过不同意见的对话，最后达成妥协和共识。具体到公共财政方面，不少西方国家已经在推行“参与式”财政，即公民个人和不同群体、不同利益的代表直接参与地方和社区公共财政的开支和投资决策的一种财政资源分配方式。它包括公众直接参与财政预算的制定，决定财政开支和投资的方向、目标及其优先顺序，规定政府和官员的责任，监督财政开支过程及其效益等所有环节。西方国家的“参与式”财政决策机制呈现出四个特点：第一，参与性。“参与式”财政决策不仅保障不同利益的代表对财政事务决策的参与权，而且确保公民及其代表参与的经常性和持续性。在实践中，各种层次和类型的公民会议、专题讨论及全体大会贯穿整个预算的始终，这些会议均对所有公民公开，任何有兴趣的人员皆可参加会议的讨论。尤其是由公民代表组成的“参与财政委员会”，作为常设性机构直接参与决策的各个环节。第二，公开性。不仅将全部财政收入、支出及其细目公之于众，也将税收的来源、税种、税率、纳税对象以及政府的财政状况、困难、需求和投资设想都向全体民众公开，财政投资项目及政府集团购买等实行公开招标，政府各部门及负责人的责任和目标也要对外公开。这些做法不仅维护了公众的知情权，也便于公民参与公共事务，并加强对政府及官员行为的监督。第三，合作性。财政预算决策是政府与民众密切合作、共同协商的产物。从政府的角度看，政府依法拥有财政预算的法定决策权，可以提出预算草案及投资设想。但是，任何决策必须在广泛听取民众意见的基础上制定；从民众的角度看，民众只是预算的参与者、建言者和监督者，并不是最后的决策者。最终的决策还需交议会讨论、修改和批准并获得政府的认可。第四，制度化。不仅对政府、议会及相关部门的权责有明确的法律规定，而且对公民参与的程序和方式、公民及不同利益群体代表选举的“参与财政委员会”的工作内容和方式、政府

① 孙开. 公共支出管理[M]. 大连：东北财经大学出版社，2009.

与民众的协商会议的召开、政府与民众的联系机制、协商方式等，都有比较完备的规定。西方国家财政决策机制有以下几种：

1.议会制预算决议制

议会制预算决议制是采取共同讨论商议、三权分立互相制衡的决策模式。最高决策者都是集体。

(1)总统-国会预算决议制。总统-国会预算决议制的代表性国家有美国、芬兰、法国、墨西哥、阿根廷等国家，以美国为最典型国家。其主要特点是：第一，总统既是国家元首，又是政府首脑，是强有力的直接决策者；第二，总统与议会分别由选民选出，各自对选民负责；第三，政府由总统组织，政府成员不能兼任国会议员，不得参与议会议案表决；第四，议会有权弹劾总统，但总统无权解散议会；第五，议会通过的公共政策方案要经总统批准才能有效，总统对议会通过的公共政策方案有否决权；第六，总统的某些决策权受议会制约。下面我们以美国为代表阐述总统-国会预算决议制的大体情况。

美国在司法、立法和行政三部门形成的三权分立的政治体系下，逐渐形成了行政部门主要负责预算的编制与执行、立法部门负责预算审批和监督的预算模式。美国公共品决策权力集中在总统与国会，具体权力集中在总统管理与预算办公室和国会预算委员会。

从总统管理与预算办公室的预算决策过程来看，公共品供给的决策机制具有精英决策特征。部门的预算份额主要由管理与预算办公室的预算审查员、计划部工作人员和副部长、其他高层职业官员、正副主任和总统等政治和技术精英逐层分别决定。它并不是由总统一人以专制的方式决定，也不是由公众集体投票决定，而是由政治上值得信赖、技术上过硬的专家来代替民众进行供给决策。但是此财政决策机制的有效性取决于总统任命、参议院批准且由官员招募聘任的精英是否能够很好地代表民众偏好。

从国会决策者的来源看，国会的预算委员会的决策机制具有民主式精英决策特征。尽管立法机构在预算审批过程中，议员之间、各委员会之间、参众两院与行政机构之间、国会与行政首脑之间等要进行无数次磋商，最终才能形成政治精英们互相妥协且达成一致的结果，完成公共品支出决策。但是相对于政府部门的工作人员都是总统任命或者招募的，国会的参议院和众议院的议员都是由选区民众选出来的，其在公共品支出立法上的投票选择必定在一定程度上代表选民偏好，从而能够体现精英式民主的特征。

(2)内阁-议会预算决议制。内阁-议会预算决议制的代表性国家有英国、德国、意大利、日本、澳大利亚、奥地利、比利时、加拿大、丹麦、新西兰、以色列等国家，以英国为最典型国家。其主要特点包括六点：第一，国家行政权属于内阁，国家元首(君主)是虚设的；第二，议会是国家的最高权力中心，内阁由议会产生，对议会负责，受议会监督；第三，国家元首颁布的法令必须经内阁总理签署才行；第四，内阁所做的重大决策必须取得议会多数支持；第五，议会可以对内阁提出不信任案，内阁也可以要求国家元首解散议会；第六，内阁总理为议会多数党领袖，内阁由多数党组建。下面以英国为代表阐述内阁-议会预算决议制的大体情况。

英国是资产阶级议会制君主立宪政体国家，实行中央集权的单一制国家结构形式和“三权分立”的政治体制。英国国王是世袭的国家元首、法院的首领、武装部队的总司令和英国国教的世俗领袖。议会是英国最高立法机构，由国王、上院(贵族院)和下院(平民院)组成。英国的政府内阁和议会是具体管理国家事务活动的主体，国王只是象征性地对供给决策做最后的签署。预算草案一般由政府提出，交下院审议，上院通过，最后成为正式的预算法案。在英国的预算决策中，内阁和财政部发挥着主导作用，内阁主要作为最高行政机关，负责对预算的指导方针和目标进行审查，财政部是负责具体管理预算事务的部门，对于供给决策主要是一种战略性控制，各部门在预算中占重要地位。预算的审批权在议会。

同时，每年冬季初预算后的公开讨论，给公众和社会舆论直接参与国家预算决策的机会，能更多吸纳民意，提供符合民众需求的公共品和服务，从而体现民主决策思想。

(3)委员会-议会预算决议制。委员会-议会预算决议制的代表性国家为瑞士联邦。其主要特点如下：第一，议会是最高权力机关，不仅具有立法权，而且具有行政权；第二，委员会领导日常行政事务，但委员会只是议会的一个执行机关，委员会成员可以为议会的最后决策提供咨询；第三，委员会不能解散议会，议会也不能解散委员会；第四，委员会所做的决策，需经委员会集体讨论通过；第五，委员会主席或副主席的权限与委员会其他成员是一致的；第六，委员会委员的选任不受党派关系的约束。

联邦议会为瑞士联邦的最高权力及最高立法机构，与作为最高行政机构的联邦委员会和作为最高司法机构的联邦法院三权分立，相互制约。联邦议会由具有同等权力的国民院(议会下院)和联邦院(议会上院)组成。只有两院取得一致，法律或决议才能生效。瑞士的财政年度为自然年度，即每年 1 月 1 日至 12 月 31 日为一个财政年度。瑞士联邦宪法规定，联邦、各州和市镇分别制定各自的预算。其中联邦财政收支约占全国的 37%，各州约占 50%，市镇约占 32%。由于瑞士未加入欧盟，同时本国有较严格的财政规则，使得其经济发展得以独善其身，基本能达到财政收支平衡。

国民院财政委员会分成 8 个预算小组，联邦院财政委员会分成 4 个预算小组。预算小组在审查预算时要听取政府有关部门的说明，征求党派其他议员、有关社会团体和专家的意见。然后，财政委员会对各预算审查小组的审查报告及修改意见进行集中审议，形成统一的审查报告和修改意见，提交议会全体会议。瑞士联邦财政监察局直接对议会负责，派出机构和人员负责监督和审计联邦财政收支，监察各部门的支出和实施财政预算情况，并向议会提交有关情况的报告和研究成果。

2.参与式预算

参与式预算首先源于巴西的实践，20 世纪 80 年代后期以来，拉美地区的左翼政党为了扩大公民权、追求社会公正和推动政府管理体制改革，实施了参与式预算。随后逐步传播到拉丁美洲、亚洲、欧洲等许多国家。参与式预算主要致力于让公民在公共建设项目中，通过年度公众会议的组织，参与当地政府决策、行使预算项目的优先权。从目标上来看，参与式预算的目的大体包括：①促进行政机构的合理发展；②通过改善政策和资源分配，实现社会公正；③提升民众的理性和参与能力；④使地方政府能成熟地协调当地的复杂性，也是对市场经济的失灵重新调整。

以德国的埃姆斯代滕市为例说明参与式预算的具体情况。从 2001 年起，埃姆斯代滕市的行政当局定期举行公民会议，由 100 名公民组成，这些成员是通过抽签决定的。在每次会议上，参与者可以获得关于税收和管理支出的信息，并对增税或削减开支提出建议，但行政当局有权选择接受或不接受提议。在预算报告阶段，行政当局必须就其政策进行解释，市议会中所有出席的政党必须做出评论或批评。该市政府在所有的区建立了网络中心，随后在 2003 年该市建立了网络中心，在网上发起关于预算的讨论。首先是对所有问题进行公开讨论，接着是就主要和公众最关心的问题进行再讨论(如能源节省、削减人员、投资、税收等)。讨论过程由专业的主持人主持，讨论也包括在网上同市长和负责财政的议员对话。

3. 民主投票选举制

在西方的政治体制下，公共品的供给可由全体居民投票决定。对于地方政府而言，很多公共设施的供给情况需要由地区居民的投票来决定。公共品供给的规模决定了财政支出的规模，并进一步决定了财政收入的规模。所以居民在考虑公共品的供给规模时，还需考虑他们为此公共品支付的费用(即缴纳的税收)。但由于需求的多样性，民主投票产生的公共品供给并不能使所有人都达到最优，只能使中间人达到最优。所以需求的多样性越高，由小政府供给公共品越合理；而规模经济越大，外部性的影响范围越大，由大政府提供越合理。由于西方国家迁徙成本较低，所以大多数国家基于用脚投票的理论，西方国家往往保留较多的地方政府，来满足多层次需求的公共品供给。

4. 非营利组织供给模式

20 世纪 90 年代以来西方的非营利组织飞速发展，使得全球公民社团兴起。公共服务的供给决策不再仅仅局限于政府或市场的双边徘徊，而是部分转向了非营利组织，可以弥补市场和政府的双重失灵，充当政府供给到市场供给的过渡阶段。西方国家成为慈善大国得益于公民慈善意识的普遍化。西方国家民众慈善意识形成的主要原因，既有坚实的民主政治基础、激励慈善捐助的法律制度、深厚的慈善文化底蕴和传承、对慈善行为的正确传导等政治、文化环境因素，又有发达的市场经济和庞大的中产阶层等经济环境因素。英国、法国、德国和美国等慈善捐赠总量占国内生产总值的 2%左右。

以美国为例阐述说明。美国从 2010 到 2020 年，慈善组织的数量翻倍，其中 2019 年全年慈善资金历史最高，为 44964 亿美元。个人仍旧是美国慈善捐赠的主要来源，2019 年占到了总慈善捐赠的 69%。平均而言，美国家庭用于慈善捐赠的支出占税后收入的比例从 1995 年的 1.7%增加到 2019 年的 4.3%。2019 年慈善捐赠的资金主要用于供给的公共品是宗教、教育、人道服务、基金会、健康、公共社会福利、国际事务、艺术文化服务、环境或动物服务、个人援助等，其中宗教组织的资金最多，占到了 1400 亿美元，其次是教育占到了 600 多亿美元。教育、公共社会福利、艺术文化服务和环境或动物服务的资金量在 2019 年实现翻倍。美国能够实现慈善组织的蓬勃发展，主要取决于其自身的慈善捐赠机制，具体包括政府激励与自愿捐赠相结合的集资机制，如政府优厚的税收优惠政策和自愿捐赠所获得的无形资产或品牌效应；职业化和市场化的企业管理模式，如建立董事会、总裁和高度职业化的经理管理团队；社会监督和行为自律为主导、政府监督为辅的监管体制，如慈善机构的行业评级机制和民间的专业评估机构等。

5. 政府与社会资本合作

20 世纪 70 年代，西方发达国家为了纾解财政支出压力，将政府与社会资本合作(public-private partnership，PPP)推上历史舞台。随后 20 世纪 80 年代，还进行了"重塑政府"的新公共管理运动，意在公共服务供给领域引入市场竞争，逐步取消政府的垄断地位，让私人部门参与公共服务供给，借助私人部门的创新意识和先进管理技术，提高公共服务供给的质量与效率。其理论前提是企业比政府的运行效率高和私人部门比公共部门具有更大的创新动力和先进的管理经验。其最早由英国保守党财政大臣于 1992 年提出创立，但实际大规模使用 PPP 模式要到 1997 年。随后在 2002 年左右，PPP 模式的资金已达到 37 亿英镑。但其不同于非营利组织模式，其是公共部门与私人部门以伙伴关系充分合作的模式。其本质是公共部门根据社会对公共产品的需求，提出建设项目，通过招投标确立私人部门合作伙伴，建立契约约束机制，私人部门负责项目的设计、建设、运营和维修等公共服务的生产环节，公共部门或政府向私人部门付费从而补偿私人部门的成本。它属于西方公共部门私有化改革的延续。

（二）我国公共品供给的财政决策机制

我国目前采用的财政决策机制是人民代表大会制的财政决策机制，主要特征是共同讨论商议的民主集中制。我国宪法规定："中华人民共和国的一切权力属于人民。人民行使国家权力的机关是全国人民代表大会和地方各级人民代表大会。"人民代表大会是最高决策机构，我国国家预算的最终决策权、税收制度决策权等重大财政决策权力都属于人民代表大会。人民代表大会制的财政决策机制可以有效地避免一般代议民主制的一些局限性，更真实地反映广大人民群众的利益和要求，并减少因议而不决、长期讨价还价产生的过高决策成本。我国公共品供给的财政决策实践主要表现为全国人民代表大会审批预算制、对口支援制度、参与式预算制度、"一事一议"制度等。

1. 全国人民代表大会审批预算制

人民代表大会审批预算制的主要特点是：第一，各级人民代表委员会由民主选举产生；第二，各级人大及其常委会集体行使权力，按照民主集中制的原则行使职权；第三，议行合一，行政机关、法院和检察院都由各级人大选举产生，并受其监督，对其负责，属于代议制民主决策的范围；第四，中国共产党在人民代表大会中的领导作用，其中重大问题由党提出建议，由人民代表大会讨论决定，同时党向行政机构推荐干部，由人民代表大会表决；第五，人民代表大会制与民主政治协商会议相结合，发挥民主党派参政议政的作用；第六，少数民族聚居的地方实行区域自治，香港、澳门实行高度自治。

公共财政是满足社会公共需要的政府收支活动，是提供公共品的民主法治的财政。公共财政离不开财政预算制度，同样也离不开全国人民代表大会进行预算的审批。财政预算就是以立法形式批准的年度财政收支计划。人民选出代表自己意志的代表组成最高权力机构即立法机构，立法机构通过批准财政预算来决定提供公共品的类型和数量，政府按照立法机构的决定提供公共品。这样，有限的财政资金如何分配，是由代表人民的立法机构决定的，而不是由政府决定的。政府对财政资金的运用要受立法机构制定的制度约束并受立法机构监督，违背预算属于违法行为，从而在制度上保证了财政支出主要用于提供公共品。在这种制度下，财政资金的挥霍浪费必定难以出现。

立法机构通过财政预算来对行政机构的财政活动实行约束和限制，立法机构拥有财政活动的最后决定权，而立法机构由社会公民选举产生，是公共利益的代表。所以，财政收支由社会公众代表决定，财政活动的全过程都依法进行，财政计划和执行结果要向社会公开，只有做到这些才能实现民主财政、法治财政、阳光财政，最终体现公共财政的根本特征。但公共选择理论认为，政府官员也是追求自身利益的"经济人"，各部门在编制预算时尽可能地扩大行政经费，是一种经济理性的选择，所以需要不断完善人大审批制度。

2. 参与式预算制——基层预算决策机制

参与式预算是公民直接参与基层预算决策过程，决定部分或全部公共资源配置结果的预算管理模式，包括公民个人、不同群体和不同利益集团代表公民直接参与财政预算的制定，决定财政开支和投资的方向、目标及其优先顺序，规定政府和官员的责任，监督财政开支过程及其效益等不同环节。参与式预算目前已经在浙江温岭、江苏无锡、黑龙江哈尔滨等地开展改革试点。参与式预算可以将弱势群体等边缘化的人群吸纳到公共品供给的决策中，通过公平配置资源和监督政府支出，促进积极公民权的实现，消除社会排斥，实现社会公正。参与式预算的实施，提高了我国公共品决策机制的科学性和民主性。但是也存在一些问题，如参与式预算如何与部门预算融合，参与式预算的参与公民素质如何，参与式预算缺乏制度化的约束机制等问题。

3.对口支援制度——应急公共品的联合提供机制

对口支援制度作为我国应急公共品的联合提供机制，为我国处理诸如非典、汶川大地震、新冠疫情等应急性事件起到了非常重要的作用。在汶川地震的抗震救灾过程，在中央政府的倡导下，形成了“一省帮一重灾县”的原则，灾区基本公共生活品和基础设施的提供、医疗与防疫、城乡基础设施建设等，进行跨区域的资源对口支援灾区的方式，向灾区投入人力、物力、财力、智力等因素，加快灾后恢复重建。对口支援制度，等同于引入政府间的竞争机制，有助于加快灾后重建步伐。地方政府间的竞争一方面缓解了中央政府的压力，一方面又加快了应急性公共品的提供。

[资料链接 4-6]

对口支援，下好全国一盘棋

针对湖北省医疗资源紧张和病人住院需求大的情况，国家卫健委统筹安排 19 个省份对口支援湖北省除武汉市外的 16 个市州及县级市。这一重要举措，体现出中央政府对湖北省加强新冠肺炎患者救治工作的全力支持，展示出维护好人民群众生命安全和身体健康的坚定决心，彰显了社会主义集中力量办大事的制度优势。建立对口支援机制，划定“责任田”，对口提供援助，缓解了湖北医疗资源紧缺的局面，凝聚战胜疫情的强大合力。

疫情防控要坚持全国一盘棋。建立对口支援机制，正是在党中央统一指挥、统一协调、统一调度下，坚持全国一盘棋的细化措施。这次疫情防控阻击战打响以来，全国各地组建的医疗队迅速集合出发，仅支援武汉的医护人员就有上万人；在武汉火神山医院、雷神山医院的施工任务中，来自全国各地的建设力量、建设物资迅速汇聚；军队保证医疗物资和人员有效投送，抽调大量医护人员奔赴抗疫前线……正是因为坚持全国一盘棋，我们迅速调动了各方资源，把集中力量办大事的制度优势充分发挥出来，为战胜疫情奠定了坚实基础。正如世界卫生组织总干事谭德塞所赞叹的，“中方行动速度之快、规模之大，世所罕见”。

对口支援机制，在我国并不陌生。在 2008 年汶川地震后，北京、广东、山东、浙江等 18 个省市迅速行动，支援四川灾区，短短几年时间，帮助当地干部群众重建家园。在脱贫攻坚过程中，东西部扶贫协作给予贫困地区人力物力财力上的支持，各级机关、企事业单位的对口帮扶、倾心援助，书写下“最成功的脱贫故事”。事实证明，重大任务面前，对口支援机制是行得通的，也是有实效的。在这一机制下，举全国之力攻坚克难，放眼全球没有其他哪个国家能够做到。集中力量办大事，正是我们国家制度和国家治理体系的显著优势，也是我们打赢疫情防控阻击战的重要法宝。

对口支援机制的建立，为受援地区解了燃眉之急、点燃了希望之灯。对于援助省份来说，在把本地区疫情防控工作做好、做扎实的同时，必须以更大力度、投入更多人力物力财力支援湖北抗疫。当时形势下，对任何一个省份来说都不是一件轻松的事情。各地区努力派出医疗队、捐赠物资，体现了“一方有难、八方支援”的守望相助精神。把这种精神进一步转化为落实对口支援要求的行动，不讲价钱、全力以赴，迅速出台援助方案、迅速动员力量、迅速投入防疫战场，检验着各地区各部门的政治站位和大局意识。

对口支援机制公布之后，网友在社交媒体上纷纷留下暖心话语，为制度优势点赞，为疫情防控加油。疫情发生以来，广大党员、干部、群众积极响应党中央号召，坚定信心、顾全大局、自觉行动、顽强斗争，以行动践行了“人心齐，泰山移”的哲理。

资料来源：桂从路.对口支援，下好全国一盘棋[N].人民日报，2020-02-14(5).

4.政府与社会资本合作提供公共品的机制

政府与社会资本合作(PPP)是政府提供公共基础设施的一种项目运作模式，具体是指政府公共部门与私人部门合作过程中，让私人部门所掌握的资源参与提供公共品和服务，从而实现政府公共部门的职能的同时也为私人部门带来利益。

我国自2014年进入PPP发展的加速期后，目前已经发展成为全球规模最大的PPP市场。PPP模式相对于政府财政而言，实现两大职能置换——时间置换功能和价值置换功能。其中，时间置换功能，指的是原来只有依靠财政资金到位才能开建的项目，现可通过PPP模式在财政资金尚未到位的情况下就可建设，将建设时间提前；价值置换功能，就是原来必须由财政出资的项目，现在可以通过PPP模式下的项目现金流来实现项目的成本弥补，而不需要财政出资或形成政府债务。PPP模式对于解决城镇化过程中基础设施等公共品提供问题以及经济稳增长具有重要意义。但是这种融资方式是否能够真正解决公共品供给问题，需要看其财政能否实现价值置换，项目是否具有现金流，不会形成政府债务。

5.“一事一议”制的农村公共品供给模式

“一事一议”旨在通过村民自愿、民主决策的形式筹资筹劳供给农村公共品，它逐渐成为当前兴办农村公共事业的主要模式。同时，中央政府也提供了一事一议的奖补制度，但其资金的可得性必然受到主要利益相关者的影响。在“一事一议”制度中，主要利益相关者为村民、村“两委”和政府。村民是该制度的直接参与者和直接受益者，政府作为“一事一议”制度的提出者和推动者，其目标提供公共品。“一事一议”作为典型的集体行动行为，也就难免面临奥尔森的集体行动困境。“一事一议”制度是村民自主筹资的一种主要模式，但并不是唯一模式，也不适合所有村级公共品。“一事一议”运行机制的前提条件是：农村“熟人社会”的假定以及村民选举的真实偏好表达。经验研究表明，“一事一议”制度对于生产性村级公共投资效用不明显，而对于生活性村级公共投资的效用却很显著。生产性的村级公共品可以由政府或其他投资主体提供，以满足农业基本生产所需；生活性的村级公共品，由于各地差异性较大，应该通过“一事一议”制度表达村民的偏好。

[资料链接4-7]

“一事一议”如何“议”起来

“一事一议”财政奖补是以村民民主决策、自愿出资出劳为前提，政府适当奖励补助，共同建设村级公益项目的一项惠农政策。自2008年以来，中央财政逐年增加“一事一议”财政奖补资金规模，奖补额从最初的2.5亿元增加到2015年的218亿元。“一事一议”是个好制度，但要真正落到现实中，就有众多难题：

一是事难议。大量农民外出务工，不少地方想召集村民代表开个会，往往很难凑齐人。二是议难决。好不容易坐到了一块，议事又时常扯皮，因为在一些公益项目中获益程度有差异，难以形成比较一致的意见，导致反复议事而迟迟没有结果。三是决难行。一些项目即便经过了村民表决也经常出现“谁同意谁掏腰包”的情况，有的农民甚至签字后也不交款，经常出现“一户不交，其他农户也跟着拒交”的情况。有时村干部顶着压力把决议坚持执行下来，等到公益项目竣工，经常不是背负沉重的债务，就是惹来一身是非。

如何让“一事一议”真正发挥作用？笔者以为，一要合理确定议题。要改变为争项目而报项目，为争项目而跑项目，不管合适不合适，争到项目拿到资金就算赢的思维定式，加强项目统筹规划，把群众需求最迫切、反映最强烈、受益最直接的项目列为“一事一议”的重点。二要合理选择议事时机。多数外出务工村民回家过年时是议事的好机会，各村在提前拟定筹资筹劳方案的基础上选择春节集中议事。对于少数外出务工村民需要参与议事的，可以委托书形式委托他人进行表决。三要合理确定议事范围。对于整村难议成的项目，在不影响整体利益的前提下，可在受益的村民小组或受益农户中进行，也可以采取从资金小的项目、容易议的入手等灵活多样的方法。四要合理确定筹资比例。改变按人头数量筹资的方式，确定按承包土地面积计算，使农民群众更易接受。对于不符合减免政策又不出资出劳的，则通过村规民约等方式敦促、约束。同时，在公益项目实施中应重视提高农民的参与度，充分体现农民的监督责任。可以考虑在项目实施中成立村民监督小组，对项目实施全程参与、实时监督，以激发农民的责任心和参与感。

资料来源：杨明生.“一事一议”如何“议”起来[N].人民日报，2016-06-22(20).

公共品的不同属性和特征，以及所产生的不同受益范围，很大程度上影响着财政体制的设置和运行。从公共品的范围来区分，就是国际公共品、全国性公共品、区域性公共品、地方性公共品。国际组织供给国际公共品，中央政府供给全国性公共品和区域性公共品，地方政府负责提供地方性公共品。公共品供给意味着与责任主体相对应的财权财力。但有些公共品具有外溢性，以及不同地区间经济社会发展水平不同，无法具体区分是中央还是地方供给，就需要中央政府的政府间转移支付制度以及地方政府间横向转移支付制度进行协调。

本章小结

1. 公共产品是指每个人对这种产品的消费不会导致他人对该产品消费的减少的公共产品，具有非竞争性和非排他性的特征。根据此特征可以把公共品分为排他性混合品和竞争性混合品、拥挤性混合品和俱乐部混合品。按照公共品所属区域可将公共品分为国际性公共品、全国性公共品和区域性公共品、地方性公共品。按照公共品的制度特性可以分为制度性公共品和非制度性公共品。

2. 公共提供与公共生产的主要区别在于公共提供强调资金安排，公共生产强调生产部门。公共提供是指政府通过税收等方式筹集资金和经费用于弥补产品的生产成本，免费为公众提供公共品的经济行为。公共生产是指由政府出资(即由预算拨款)兴办的所有权归政府所有的工商企业和单位生产公共品的行为。

3. 公共定价是指公共生产的企业或部门提供准公共品所涉及的价格问题。公共定价的原则包括零价格原则、损益平衡原则、受益原则和供需均衡原则四大原则。公共定价的作用主要体现在实现政府宏观经济社会政策目标、提高资源配置效率和稳定市场物价三方面。

4. 公共选择理论以新古典经济学的基本假设(经济人理性)、原理和方法作为分析工具，研究政治市场上主体(选民、利益集团、政党官员和政治家等)的行为和政治市场的运行机制。现代政治制度下，公共选择采取多数人同意投票规则，结果反映了中间投票人的偏好，如果存在多峰偏好，则会出现投票悖论。要理解代议制民主制度下的政府行为，必须分析选民、政治家、利益集团、官僚等参与公共决策的各方之间的行为关系。

5. 公共品供需均衡指的公共品供给和公共品需求之间达到均衡价格和均衡产量所需的供给需求条件。若分析单一公共品的供需均衡就是局部市场均衡，若分析的是多个公共品的供需均衡就是林达尔均衡。除了供需均衡会影响公共品供给外，所处政治社会经济环境也会影响，所以政治集体决策下的公共选择机制为公共品供给提供了不同的视角。

关键概念

公共产品　公共提供　公共生产　公共定价　供需均衡　林达尔均衡　公共选择机制

思考分析

1. 根据公共品理论，结合本章资料链接 4-1，试分析新鲜空气的公共品属性，以及同类公共品的提供者和生产者的差异。

2. 根据公共品理论，结合资料链接 4-2，试分析国际公共品的特征，以及同类公共品应该由谁供给和如何供给。

3. 根据公共选择理论，结合资料链接 4-4、4-5，分析媒体问政、利益集团寻租的必要性。

4. 根据公共品理论，结合资料链接 4-6、4-7，分析我国公共品的供给方式，同时相比西方国家公共品供给的优势在哪里。

5. 根据教材中的公共品供给的财政决策内容，联系实际分析财政决策中需要考虑的因素有哪些。

第五章　财政支出概论

本章主要研究和阐述财政支出的基本理论，包括财政支出的分类、规模和结构以及财政支出的效益分析等。本章学习要求：①掌握财政支出的含义、分类方法；②了解我国财政支出的规模变化特征，掌握财政支出规模和支出结构的分析方法；③掌握财政支出效益评价的思路与方法。

第一节　财政支出分类与作用机制

一、财政支出的概念与分类

财政支出也称公共支出或政府支出，是指政府在履行其职能、提供公共服务过程中所发生的具有非偿还性的人力、物力和财力耗费，反映一定时期内政府活动的成本。财政支出的数额、范围实际反映的是政府介入社会经济生活的深度和广度。随着社会经济的发展，财政支出的数量不断增加，财政支出的种类也越来越复杂，为了正确安排、合理分配和有效使用财政资金，有必要根据不同的标准和需要对财政支出进行科学的分类。

(一)按经济性质分类

财政支出可分为购买性支出和转移性支出。购买性支出是指政府用于购买商品、劳务和公共工程方面的支出。它是社会总购买力的组成部分。我国的财政支出具体内容还可以分为：购买劳务的支出，如公务员的工资、福利费、汽车修理费、修缮费、邮政、电信支出等；购买物品的支出，如购买公共设备、汽车等固定资产的支出；购买公共工程的支出，如桥梁、道路、水库建设支出和资本性投资支出等。转移性支出是指不用于购买商品和劳务，而是政府按分配政策，单方面地、无偿地直接拨付给单位和个人，由其自行使用、形成社会购买力的支出。转移性支出的基本形式是各项政府补助，如社会保障支出、政府的价格补贴支出等，政府的公债利息支出也属于转移性支出。

区分购买性支出与转移性支出，对市场经济来说，具有相当重要的经济意义。购买性支出所起的作用是，通过支出使政府掌握的资金与微观经济主体提供的商品和服务相交换。在安排购买性支出时，政府必须遵循等价交换的原则，因此，购买性支出体现出财政活动对政府形成较强的效益约束。转移性支出则是通过支出过程，将财力从政府转移到领受者手中，支出结果是资金所有权即购买力的转移，对收入分配有直接影响，但对社会生产和就业以及社会总供需状况的影响，则是间接的，是通过资金接受者的行为来实现的。因此，这种分类对研究财政收支与市场的关系具有重要意义。

（二）按政府职能分类

依据国家职能分类，财政支出分为经济建设费支出、社会文教费支出、国防费支出、行政管理费支出和其他支出五类。这是一种通用的国际分类方法，这种分类法中每一项支出还包括具体的分类，如经济建设支出包括基本建设拨款，支援农、工、商、交通等部门事业支出，国家物资储备支出等。这种分类由于将政府的职能与其支出状况联系起来，因而能全面了解政府职能的现实情况。

（三）按具体用途分类

按财政支出的具体用途分类，便于安排各项支出，及时组织资金供应，也便于对各种资金进行管理和监督。我国财政部门在编制每年的收支预算时，就是以财政支出的具体用途作为其支出类级科目的划分标准，以便于财政支出的支付。

我国财政支出按用途划分的具体科目主要有基本建设支出、简易建筑费、地质勘探费、科技三项费用、流动资金支出、支援农业生产支出、农业综合开发支出、城市维护费、价格补贴支出、科教文卫事业支出、公交流通等部门事业费支出、农林水利气象部门事业费支出、抚恤和社会福利支出、救济费支出、国防支出、行政管理费支出等。

（四）其他分类

财政支出还可以进行其他分类。按预算的级次分类，政府预算可分为中央预算和地方预算，相应地，可以把财政支出分为中央财政支出和地方财政支出；按财政支出的目的性分类，财政支出可以分为预防性支出和创造性支出。预防性支出是指用于维持社会秩序和保卫国家安全的支出，主要包括国防、司法、公安与政府行政部门的支出。创造性支出是指用于改善人民生活、发展经济的支出，主要包括经济、文教、卫生和社会福利等项支出。

按政府对财政支出的控制能力分类，财政支出可以分为可控制性支出和不可控制性支出。可控制性支出是指不受法律和契约的约束，可由政府部门根据每个预算年度的需要分别决定或加以增减的支出，即弹性较大的支出。不可控制性支出是指根据现行法律、法规必须进行的支出，即刚性很强的支出，主要包括失业救济、债务利息支出、对地方政府的补贴等项支出。

按财政支出的受益范围分类，财政支出可以分为一般利益支出和特殊利益支出。一般利益支出是指全体社会成员均可享受其所提供利益的支出，主要包括国防支出、司法支出、行政管理支出等项支出。特殊利益支出是指对社会中某些特定居民或企业给予特殊利益的支出，主要包括教育支出、医疗卫生支出、企业补贴支出、债务利息支出等项支出。

［资料链接 5－1］

国际货币基金组织对政府支出进行的分类

按国际货币基金组织最新政府财政统计标准，政府支出按功能分类主要包括：

（1）一般公共服务。其包括行政和立法机关、金融和财政事务、对外事务，对外经济援助，一般服务，基础研究，一般公共服务“研究和发展”，未另分类的一般公共服务，公共债务操作，各级政府间的一般公共服务等。

（2）国防。其包括军事防御、民防、对外军事援助、国防“研究和发展”、未另分类的国防等。

（3）公共秩序和安全。其包括警察服务、消防服务、法庭、监狱、公共秩序和安全“研究和发展”、未另分类的公共秩序和安全等。

（4）经济事务。其包括一般经济、商业和劳工事务，农业、林业、渔业和狩猎业，燃料和能源,采矿业、制造业和建筑业,运输,通信,其他行业,经济事务"研究和发展",未另分类的经济事务等。

(5)环境保护。其包括废物管理、废水管理、减轻污染、保护生物多样性和自然景观、环境保护"研究和发展"、未另分类的环境保护等。

(6)住房和社会福利设施。其包括住房开发、社区发展、供水、街道照明、住房和社会福利设施"研究和发展"、未另分类的住房和社会福利设施等。

(7)医疗保障。其包括医疗产品、器械和设备,门诊服务,医院服务,公共医疗保障服务,医疗保障"研究和发展",未另分类的医疗保障等。

(8)娱乐、文化和宗教。其包括娱乐和体育服务,文化服务,广播和出版服务,宗教和其他社区服务,娱乐、文化和宗教"研究和发展",未另分类的娱乐、文化和宗教等。

(9)教育。其包括学前和初等教育、中等教育、中等教育后的非高等教育、高等教育、无法定级的教育、教育的辅助服务、教育"研究和发展"、未另分类的教育等。

(10)社会保护。其包括伤病和残疾、老龄、遗属、家庭和儿童、失业、住房、未另分类的社会排斥、社会保护"研究和发展"、未另分类的社会保护等。

按照国际货币基金组织政府财政统计分类标准,政府支出按经济性质分类主要包括:

(1)雇员补偿。其包括工资和薪金(分为现金形式的工资和薪金、实物形式的工资和薪金)和社会缴款(分为实际的社会缴款和估算的社会缴款)。

(2)商品和服务的使用。

(3)固定资产的消耗。

(4)利息。其包括向非居民支付的、向除广义政府外的居民支付的和向其他广义政府单位支付的。

(5)补贴。其包括向公共公司提供的(分为向金融公共公司提供的和向非金融公共公司提供的)和向私人企业提供的(分为向金融私人企业提供的和向非金融私人企业提供的)。

(6)赠与。其包括向外国政府提供的(分为经常性和资本性两种)、向国际组织提供的(分为经常性和资本性两种)和向其他广义政府单位提供的(分为经常性和资本性两种)。

(7)社会福利。其包括社会保障福利(分为现金形式的社会保障福利和实物形式的社会保障福利)、社会救济福利(分为现金形式的社会救济福利和实物形式的社会救济福利)、雇主社会福利(分为现金形式的雇主社会福利和实物形式的雇主社会福利)。

(8)其他开支。其包括除利息外的财产开支和其他杂项开支(分为经常性和资本性)。

资料来源:国际货币基金组织《政府财政统计年鉴》。

总之,从不同角度对财政支出进行科学分析,不仅具有理论意义,而且具有现实经济意义。通过不同分类,经过综合分析,可以全面、准确地处理财政支出中的各种矛盾,掌握财政资金的支出规律,提高财政资金的使用效率,使政府的各项支出都能发挥出最大效用。

二、财政支出对经济增长的作用机制

财政支出是影响经济增长的诸多因素中的一个重要因素。财政支出通过影响劳动生产率和有效劳动供给、资本生产率和有效资本供给,从而影响经济增长。

(一)财政支出影响劳动生产率和有效劳动供给

政府用于教育和公众健康的支出影响劳动生产率和有效劳动供给。相较而言,受到良好教育和身体健康的工人比那些未受教育、病弱的工人生产率更高；受到良好教育和身体健康的工人更容易获得从事某一特定工作的人力资本；在企业经历技术变革或做出其他调整时，受到良好教育和身体健康的工人能更快地适应这种变革和调整。除了教育以外，政府在健康和营养方面的支出能够增加有效劳动供给。在健康和营养方面的支出不仅能减少疾病和旷工（会增加有效劳动供给），而且也能提高劳动力接受教育和学习新技术的能力。

劳动力教育水平的提高能带来长期的产出增长，政府在这一方面可以做许多工作。第一，个人可能很难为其教育融资，在这种不完善的信贷市场上，政府对教育的支出是保证私人获得教育的渠道之一。第二，教育作为一种特殊商品，其生产和使用存在外部效应和规模效应。入学人数和已受教育的人数越多，教育的社会效应增加，成本下降。第三，就在职学习和职业培训而言，企业获得的收益可能无法抵补其投资在培训工人方面的成本，因为他们无法保证其雇员在完成培训后一直留在该企业里，而不跳槽到其他提供更高薪水的公司。在这种情况下，政府融资对于实施这一类培训项目而言是必要的。

（二）财政支出影响资本生产率和有效资本供给

资本生产率的提高不仅通过直接增加现存资本的产出量来增加产出，而且能通过鼓励额外投资来提高产出。政府对研发和基础设施项目的支出能够在不影响资本存量的情况下提高有效资本供给和资本生产效率。这主要体现在以下几方面。

（1）政府资本性支出的作用。理论上讲，经济中私人企业和个人在做投资决策时，遵循投资的边际收益等于边际成本的原则。对于一些生产性投资（投资的社会收益超过其成本），从私人企业角度看这些投资可能无利可图。政府与私人部门不同，有权力通过税收要求受益者进行支付。此外，也有一些投资，虽然有利可图，但私人企业难以承担。如果政府投资的公共品能永久性地提高私人资本的生产率，那么政府在物质资本方面的投资对产出的长期增长率就会产生积极的影响。

（2）维持社会和政治稳定的支出作用。转移支付、国防和公共秩序方面的支出，具有促进经济增长的效应，包括对残疾人的转移支付、对国防和公共秩序的支出以及行政服务支出等。在一个个人财产没有安全保障的经济中，交易成本会相当高，大量支出可能用于非生产性的行为。在这样的环境中，由于投资收益面临不确定性风险而使投资受到抑制。尤其是对于工厂和设备的投资将由于政治和社会不稳定而受到抑制，导致实际发生的投资可能倾向于短期性，而那些潜在的长期生产性投资将难以产生。保持社会和政治稳定的支出可以提高资本存量的生产率和增加有效资本供给。此外，国防支出对政治稳定性发挥着不可估量的作用，对经济增长发挥着间接影响。

（3）研究与开发支出的作用。在经济下行压力增大、人口红利逐渐下降的新经济阶段，创新驱动发展是谋求经济结构性转型、推动经济高质量发展的关键。自党的十八大首次提出创新驱动发展战略以来，技术创新就成为经济社会发展中的热点领域。党的十九大报告进一步强调："创新是引领发展的第一动力，是建设现代化经济体系的战略支撑。"然而，创新具有明显外部性特征，市场自主的校正力量有其明显边界约束；同时，技术创新作为一种高风险、高投入的活动，在无形之中为企业研发积极性提升设置了天花板，为政府机构介入与调控提供了理论依据和现实需要。政府机构在驱动企业技术创新上有多重手段，主要包括补贴、税收优惠、产业政策等方式，其中财政科技支出是最直接的政府财政调控手段。一方面，政府可以通过直接的科技投入作用于企业内部，直接促进企业技术创新水平提高；另一方面，财政科技支出在基础性和前沿性研究上的投入可以产生正外部性，降低企业研发风险并发挥杠杆作用，引导企业加大研发投入力度，从而促进企业技术创新水平提高。

第二节 财政支出规模

一、财政支出规模理论

近几个世纪以来，世界各国的财政支出比率呈上升趋势，面对财政支出不断增长的趋势，西方经济学家从经济、政治、社会以及个人心理等多个角度探讨决定财政支出增长的原因，从而形成了财政支出规模理论。

（一）政府活动扩张论

政府活动扩张论也称为“瓦格纳法则”。19世纪80年代，德国经济学家阿道夫·瓦格纳考察了英、美、法、德、日等国的工业化状况之后，认为一国工业化经济的发展与本国财政支出之间存在着一种函数关系：随着现代工业社会的发展，“对社会进步的政治压力”增大以及在工业经营方面因“社会考虑”而要求增加政府支出，后人称之为“瓦格纳法则”。瓦格纳法则可以表述为：随着人均国内生产总值(GDP)的提高，财政支出占GDP的比率相应提高。

瓦格纳认为财政支出比率上升趋势的最基本的原因是工业化：工业化引发政府活动扩张，财政支出比率随之提高。首先，市场失灵和外部性的存在需要政府的活动增加。瓦格纳认识到，随着经济的工业化，不断扩张的市场与这些市场中的行为主体之间的关系更加复杂化，这需要建立司法体系和管理制度，以规范行为主体的社会经济活动。其次，政府对经济活动的干预以及从事的生产性活动，也会随着经济的工业化而不断扩大。因为随着工业化经济的发展，不完全竞争市场结构更加突出，市场机制不可能完全有效地配置整个社会资源，需要政府对资源进行再配置，实现资源配置的高效率。再次，城市化以及高居住密度会导致外部性和拥挤现象，这些都需要政府出面进行干预和管制。最后，教育、娱乐、文化、保健以及福利服务的需求收入弹性较大，要求政府在这些方面增加支出。这就是说，随着人均收入的增加，人们对上述服务的需求增加得更快，政府要为此增加支出。

（二）梯度渐进增长论

梯度渐进增长论也称为“内外因素论”。英国经济学家皮库克和威斯曼认为在正常年份财政支出呈现一种渐进的上升趋势，但当社会经历“激变”时(如战争、经济大萧条或其他严重灾害)，财政支出会急剧上涨；当这种“激变”时期过后，财政支出增长水平将下降，但不会低于原来的趋势水平。他们的理论实质上阐明了财政支出增长的两类原因：内在因素和外在因素，前者指GDP增加—国民收入增加—税收增加—政府支出增加这一内因作用，后者指财政支出增长超过GDP增长的外因作用。财政支出主要通过三种效应来表现，即替代效应、检查效应和集中效应。

第一，替代效应。替代效应就是指在危机时期，公共支出会替代部分私人支出。危机时期过去后，公共支出并不会退回到原先的水平，而是以更高的新的起点开始逐渐增长。因为此时国家又面临诸如战后抚恤、灾后重建等许多待解决的问题，需维持较高的支出水平来渡过难关，同时，与居民觉悟水平有关的“可容忍的税收负担额”比过去有了明显的增加。

第二，检查效应。社会动荡的出现往往暴露了社会上存在着的许多问题，使政府和居民都认识到了自己对社会所负有的共同责任，这样，政府就需要增加公共支出以解决过去所忽视的重要问题。如水灾、旱灾过后，经过分析检讨，政府与公众都认识到事前预防比事后救治更重要，因此投资兴建水库、灌渠及进行水土治理与水土保持等。

第三，集中效应。在社会动荡的非常时期中，中央政府往往会集中较多的财力以应付猛增的支出需要。如果平时废除或削减地方的财政权限，肯定会遇到很大的阻力，而在非常时期就是可行的。中央政府职能的显著扩大增加了公共支出的规模，并伴随着替代效应和检查效应而产生了集中效应。

(三)发展阶段增长论

马斯格雷夫和罗斯托两位经济学家根据经济发展阶段与财政支出增长的关系，来解释财政支出增长的原因，特别是马斯格雷夫对不同发展阶段各类财政支出的增长变化作了详尽的描述。他把整个财政支出划分为军用支出和民用支出，而民用支出按其经济性质又进一步划分为公共积累支出、公共消费支出和转移支出；同时将经济发展划分为三个阶段，即初期阶段、中期阶段和成熟阶段，并认为在不同的发展阶段，民用支出中的这三类支出的增长情况各异。

在经济发展的初期，公共积累支出应占较高的比重。交通、通信、水利等基础设施具有极大的外部性，但往往由于其投入资本大、周期长、收益小，私人部门不愿或不能投资，而这些基础设施的建设不仅影响整个国民经济的发展，而且也影响着私人部门生产性投资的效益。因此，政府必须加大对基础设施的投资力度，为经济的发展创造良好的投资环境，克服可能出现的基础设施“瓶颈”效应。此外，在经济发展的早期，私人资本积累有限，也要求政府提供一些具有内在效益的资本品，所以这一阶段公共资本的作用很大。在经济发展的中期，私人部门的资本积累已较为雄厚，各项基础设施建设也已基本完成，政府投资只是私人投资的补充。因此，公共积累支出的增长率会暂时放慢，在社会总积累支出中的比重也会有所下降。当经济进入成熟期，政府投资的增长率又有可能回升。这是因为随着人均收入进一步增长，人们对生活的质量提出了更高的要求，需要更新基础设施。因此，这一阶段对私人消费品的补偿性投资将处于显著地位，从而使公共积累支出又出现较高的增长率。

公共消费支出的增长率取决于人们对公共消费品需求的收入弹性，从整个经济发展阶段来讲，这一弹性一般大于1。在经济发展的早期阶段，人们主要是满足基本需要，如衣、食等的消费，因而对公共消费支出要求不高；随着人均收入的增加，基本需要支出的比例将减少，对提高生活层次的消费支出将增加，资源被更多地满足第二需要，如教育、卫生、安全等需要公共产品作补充的私人消费支出，特别是成人玩具的出现(如私人拥有的飞机、汽车、摩托艇等耐用娱乐奢侈品)，不仅需要政府提供各种公共设施与之相配套，而且政府的各种管理费也会增加。此外，随着人们对生活环境质量要求的提高，政府的有关管理机构(如治安、环保等)不断膨胀，这些都将导致公共消费支出比重的不断提高。

至于转移支出占GDP比重的变化，马斯格雷夫认为取决于经济发展各阶段政府的再分配目标。如果政府旨在减少收入分配中的不公平，那么，随着人均收入的增加，转移支出的绝对额会上升，但其占GDP的比例不会有多大变化。如果政府的目标是确保人们的最低生活水平，转移支出占GDP的比例会随着GDP的增长而降低。但是，罗斯托认为，一旦经济发展进入成熟期，公共支出的主要目标将由提供社会基础设施转向提供教育、卫生和福利等方面的服务。此时，用于社会保障和收入再分配方面的转移支出规模将会超过其他公共支出，而且占GDP的比重会有较大幅度的提高。

(四)官僚行为增长论

官僚行为增长理论从制度角度揭示了财政支出规模与官僚行为的关系。官僚是指负责执行通过政治制度做出的集体选择的代理人集团,或更明确地说是指政府负责提供服务的部门。相对于个人是以追求自身利益为最大目标,尼斯坎南认为,官僚与其他所有人一样,都是效用最大化者。利用管理者效用函数方法提出,官僚的效用函数变量包括他的薪金、为他工作的职员人数及其薪金、他的公共声誉、他的额外收入以及他的权力或地位、装修考究的办公室、现代化的公共设施、公费活动等。为了效用最大化,官僚竭力追求机构最大化,机构规模越大,官僚们的权力越大。这是因为,对官僚们来说类似私人企业家所拥有的增加收入的机会是很小的,因此他们更关心的是所得到的额外津贴、权力和荣誉等,而所有这些目标都是与官僚的预算规模正相关的。因此,效用最大化和预算最大化的官僚在预算决策过程中绝不是一个中性代理人。

官僚以机构规模最大化作为目标,导致财政支出规模不断扩大,甚至会超过公共产品最优产出水平所需的支出规模。由于“信息不对称”和“监管成本高”,拨款部门很难控制官僚机构行为。因此官僚通常以两种方式扩大其预算规模。第一,千方百计让政府相信他们确定的支出水平是必要的。第二,利用低效率的生产技术来增加生产既定的产出量所必需的投入量(增加预算、附加福利、工作保障,减少工作负荷),这时的效率损失不是源于官僚服务的过度提供,而是由投入的滥用所致。由此可见,官僚行为从投入和产出两个方面迫使财政支出不断增长。

上述四种理论从不同的视角阐述了财政支出呈增长趋势的原因,但每一种理论的出发点和研究方法各不相同。从经验观察来看,影响财政支出规模及其增长趋势的因素不外乎有以下三大方面:第一,经济性因素,例如,马斯格雷夫和罗斯托的“发展阶段论”的分析,就具体说明了经济不同发展阶段对财政支出规模的影响。第二,政治性因素,主要是政局是否稳定,皮库克和威斯曼对此略加分析,指出了一国政局不稳、出现内乱或外部冲突等突发事件时,财政支出规模必然会超常规扩大。除此之外,还包括政体结构是否具有行政效率,若一国的行政机构臃肿、人浮于事、效率低下,经费开支必然会增加。第三,社会性因素,诸如人口统计特征、文化背景等因素,比如一些国家出现的老龄化趋势,必然会对养老等支出提出更高的要求,从而影响财政支出规模及其发展趋势。

[资料链接 5-2]

西方学者关于“财政支出增长论”的解释

几十年来,很多经济学家都对此进行了深入的研究,并得出了许多非常有价值的见解。瓦格纳认为,导致公共支出规模不断扩大的主要因素可归结为政治因素和经济因素。在深入研究了19世纪欧美主要资本主义国家的经济发展状况后,他以为,随着工业化的逐步发展,扩张中的市场与市场参与者之间的关系会变得愈加复杂,为保护自身的利益不受侵犯,社会公众必然会要求政府制定并建立司法组织以执行各种法律来保护商业贸易和合同契约。

工业化的发展同时也加速了城市化的进程,于是诸如“拥挤”等一些外部性问题就随之产生,社会公众同样需要政府出面进行管理和调节。这就使得越来越多的经济资源被集中在政府手中,政府的职能范围在公众的推动下不断扩大,公共支出的规模相应地也就会出现持续增长。

皮库克和威斯曼认为,影响公共支出规模变动的因素可分为内在的和外在的两种类型,主要是外在因素造成公共支出增长速度快于GDP增长速度。他们将自己的分析建立在这样一种假设前提之上:政府喜欢多支出,公民不愿意多缴税。因此,当政府在决定预算支出的规模时,应当密切注意公民关于赋税承受能力的反应,公民所能容忍的税收水平是政府公共支出的约束条件。

马斯格雷夫和罗斯托认为,在经济增长和经济发展的早期阶段,公共投资会在社会总投资中占据较高的份额,这是因为在早期阶段,需要公共部门提供社会基础设施,这些投资对于促进经济起飞和推动经济向中期阶段发展具有重要的作用。在经济增长的中期阶段,私人投资的份额会上升,公共投资的份额会下降。在经济发展的成熟阶段,公共支出的结构将从基础设施之外转移到增加对教育、医疗和福利服务方面的支出,将会占据GDP的较大份额。

塔洛克、诺斯和沃里斯认为,利益集团对政府支出的增长有显著的影响。政府规模增长同私人部门中白领和管理阶层的就业增长是同步的。随着市场经济的深化发展,市场机制中的交易费用出现了显著的增加,专业化的组织与领导日益成为企业成败的关键,私人部门会自觉地将越来越多的专业化人员纳入自身的体制运行中。出于对自身利益最大化的维护和追求,他们将会通过各种方式向政府施加压力,既要求政府进行再分配,又要求政府降低交易费用,提高效率,由此就造成了政府开支的不断增长。

公共选择学派的著名领军人物布坎南,除支持利益集团推动公共支出增长的观点外,还吸收了一部分"财政幻觉假说"的观点。他认为,在普维亚尼模型中,统治阶级总是试图创造乐观的幻觉,让纳税人感到支出较少而收益较多,这或许是以前的统治阶级的特点;现代的统治集团与以前大不相同,他们不仅会创造乐观的幻觉,还会创造悲观的幻觉,这些幻觉会使纳税人觉得所承受的负担比实际的负担要轻,使受益人觉得提供给他们的公共物品和服务的价值比实际价值要大。

对上述各家的观点进行简单的比较后便会发现,现实生活总是比假设的情况要复杂些。比如说,经济发展的过程中往往包含着技术进步的动因,在技术进步的推动下,很多原先必然导致公共支出增长的因素或许将不再发挥效用。在扬弃西方学者特别是马斯格雷夫的某些思想成分的基础上,"瓦格纳法则"所揭示的随着人均收入的提高公共支出的相对规模也随之提高的现象,只适用于特定的经济发展阶段,而并不是伴随整个经济的发展过程。

二、我国财政支出规模分析

(一)财政支出规模分析指标

财政支出规模的度量通常采用两大指标:绝对指标和相对指标。绝对指标是指财政支出的绝对数量;相对指标是指财政支出与相关经济变量的比例,如财政支出/GDP、财政支出/GNP、财政支出/国民收入的比重等。

绝对指标比较直观,而且它是计算相对指标的基础。但由于它不能反映财政支出与国民经济其他变量之间的变动关系,因此通常更注重相对指标,如财政支出占GDP之比,也可称为财政依存度,反映财政在资源配置中的能力。财政支出依存度虽然能够反映当年财政支出占GDP的比重,但无法体现财政支出的动态变化。财政支出增长率、财政支出增长弹性系数是反映财政支出发展变化的指标。

财政支出增长率(增长速度)体现了当年财政支出比上年财政支出的增长情况。财政支出增长率>0,则表明当年财政支出规模高于上年财政支出规模(如2019年财政支出增长率为8.13%);财政支出增长率<0,表明当年财政支出低于上年财政支出规模(如1981年财政支出

增长率为－7.36％)。

财政支出增长弹性系数体现了财政支出增长速度与GDP增长速度的关系。弹性系数>1,表示财政支出增长速度快于GDP增长速度;弹性系数<1,表示财政支出增长速度低于GDP增长速度。随着GDP绝对值的逐年增长,财政支出规模也会逐渐增加。瓦格纳法则认为财政支出会随着GDP的提高而增加,但财政支出增长弹性系数不能过高。过高的弹性系数可能导致公共财政支出挤占私人投资,过低的弹性系数可能意味着由财政支出提供的公共物品和公共服务难以满足社会公众的需求。

(二)改革开放以来我国财政支出的规模变化情况

1978年改革开放以来,我国经济运行方式发生了重大转变,由过去长期实行的计划经济模式向市场经济模式转变。在这一经济转型的过程中,随着市场化倾向的提高和国家调控范围的变化,财政态势与运行机制也在发生着深刻的变化。40多年来,我国的财政支出占国民生产总值的比重在波动中总体呈下降趋势,近年逐步回升又趋于平稳的状态(见表5－1)。

表5－1　1979—2019年中国GDP及财政支出

年份	GDP/亿元	财政支出/亿元	财政支出占GDP的比重/％	财政支出增长率/％	财政支出增长弹性系数
1978	3645.217474	1122.09	30.78	—	—
1979	4062.579191	1281.79	31.55	14.23	1.24
1980	4545.623973	1228.83	27.03	－4.13	－0.35
1981	4891.561062	1138.41	23.27	－7.36	－0.97
1982	5323.350965	1229.98	23.11	8.04	0.911
1983	5962.651568	1409.52	23.64	14.60	1.22
1984	7208.051718	1701.02	23.60	20.68	0.99
1985	9016.036581	2004.25	22.23	17.83	0.71
1986	10275.17922	2204.91	21.46	10.01	0.72
1987	12058.61513	2262.18	18.76	2.60	0.15
1988	15042.82301	2491.21	16.56	10.12	0.41
1989	16992.31911	2823.78	16.62	13.35	1.03
1990	18667.82238	3083.59	16.52	9.20	0.93
1991	21781.49941	3386.62	15.55	9.83	0.59
1992	26923.47645	3742.2	13.90	10.50	0.44
1993	35333.92471	4642.3	13.14	24.05	0.77
1994	48197.85644	5792.62	12.02	24.78	0.68
1995	60793.72921	6823.72	11.22	17.80	0.68
1996	71176.59165	7937.55	11.15	16.32	0.96

续表

年份	GDP/亿元	财政支出/亿元	财政支出占 GDP 的比重/%	财政支出增长率/%	财政支出增长弹性系数
1997	78973.035	9233.56	11.69	16.33	1.49
1998	84402.27977	10798.18	12.79	16.94	2.46
1999	89677.05475	13187.67	14.71	22.13	3.54
2000	99214.55431	15886.5	16.01	20.46	1.92
2001	109655.1706	18902.58	17.24	18.99	1.80
2002	120332.6893	22053.15	18.33	16.67	1.71
2003	135822.7561	24649.95	18.15	11.78	0.91
2004	159878.3379	28486.89	17.82	15.57	0.88
2005	184937.369	33930.28	18.35	19.11	1.22
2006	216314.4259	40422.73	18.69	19.13	1.13
2007	265810.3058	49781.35	18.73	23.15	1.01
2008	314045.4271	62592.66	19.93	25.74	1.42
2009	340902.8126	76299.93	22.38	21.90	2.56
2010	401512.7952	89874.16	22.38	17.79	1.00
2011	472881.5578	109247.79	23.10	21.56	1.21
2012	538580	125952.97	23.39	15.29	1.10
2013	592963.2	140212.1	23.65	11.32	1.12
2014	643563.1	151785.56	23.59	8.25	0.97
2015	688858.2	175877.77	25.53	15.87	2.26
2016	746395.1	187755.21	25.15	6.75	0.81
2017	832035.9	203085.49	24.41	8.17	0.71
2018	919281.1	220904.13	24.03	8.77	0.84
2019	990865.1	238874.02	24.11	8.13	1.04

资料来源：GDP、财政支出来自国家数据网(http://data.stats.gov.cn)。

从改革开放到 20 世纪末，财政支出绝对数快速增长，财政支出占国内生产总值的比重逐年下降。这说明我国在经济快速发展的同时，政府控制的财政资源却相对减少。分析原因，首先是政策性调整方面的因素。经济体制改革要求放权让利，即政企分开，从而减轻财政负担。同时，我国对农村实行优惠税收的政策，对企业实行鼓励多种成分的发展、减轻税收负担的政策。从计划到市场的改革，本身就是政府支出内在减少趋势的反映。其次是管理体制上的因素。预算管理上相当一部分财政资金以预算外形式管理分配，而我国财政支出概念一般只反映预算内支出。

从财政支出发展变化指标来看，财政支出增长率大都大于 0，财政支出增长弹性系数大都在1上下浮动。改革开放初期(1981—1990年),财政支出增长率均值为9.90%,增长弹性系数均值为0.61;21世纪前10年(2001—2010年),财政支出增长率均值为18.98%,增长弹性系数均值为1.36。“十二五”期间(2011—2015年),财政支出增长率均值为14.46%,增长弹性系数均值为1.33。2016—2019年,财政支出增长率均在10%以内,而增长弹性系数最高值为1.04。2019年,我国经济总量接近100万亿元,人均GDP突破1万美元,我国经济社会已经进入高质量发展阶段。随着我国财政支出规模的不断增长,公共基础设施建设不断完善,财政支出增长率与财政支出增长弹性系数应该逐渐回归到适合的区间。

第三节　财政支出结构

一、财政支出结构的概念及影响因素

(一)财政支出结构的概念

财政支出结构指各项财政支出占财政总支出的比例关系。财政支出是公共财政的重要内容之一,财政支出的结构反映了政府介入经济生活和社会生活的规模和深度,也反映了财政在经济和社会生活中的地位和作用。财政支出结构研究的是在一定的经济体制和财政体制下,在财政资金分配过程中,财政支出的构成要素之间相互联系、相互作用的内在关系和空间表现。对财政支出结构内涵的理解,应从质和量上进行考察,至少应把握以下几个方面:

首先,财政支出结构是财政支出质的规定性与量的规定性的统一体。质的规定性反映了支出结构的基本特征,而量的规定性则决定着支出构成要素间的比例关系。具体一点来说,财政支出结构是指财政支出分配中各个部门、各个地区、各种项目和社会再生产各个方面的构成及其相互联系、相互制约的关系。

其次,财政支出结构是稳定性与变动性的统一。在一定的时间段内,财政支出结构具有相对稳定性,即各构成要素的相互制约力作用处于平衡状态。同时,财政支出结构处于不断的变化之中,有时变动较缓,呈现相对稳定状态,有时变动速度快,变动幅度大,呈现变动性。

最后,财政支出结构是横向多样性和纵向多层次性的统一。就横向系统而言是指构成支出各要素之间的并列关系,每项支出相对于其他支出是平等和并列的;纵向多层次性是指从纵向将支出结构划分为具有有机联系的若干层次。如我国财政支出结构按照职能结构划分可分为行政支出、国防支出、科教文卫支出、经济建设支出等,而根据政府级次划分则为中央、省、市、县、乡五级支出。

(二)财政支出结构的影响因素

财政支出作为政府实现其职能的基本经济手段,它体现着政府的意志和政策,但财政支出总量及其各项支出的数量,对于政府来说不是任意而为,而是受到各项客观因素制约的。

1.政府职能

财政支出结构与政府职能有着直接的关系,即财政支出结构在根本上取决于政府职能范围。如何正确界定政府的职能,是研究财政支出结构的一个重要理论前提。对此有以下两点需要阐明:第一,随着人类社会的演进和生产力发展水平的提高,政府职能出现了明显的发展变化趋势,其基本特征是政府职能作用有不断拓宽的趋势,其中政府的政治职能处于相对稳定的状态，而政府的经济职能、公共职能不断上升；第二，中国是发展中国家，又以公有制为主体，面临着实现工农业现代化与城市化、市场化战略目标的艰巨任务，政府宏观经济调控的职能与一般西方国家相比更加显得突出和重要。由于我国正处于经济体制转轨过程中，政府的职能既存在"越位"的情况，管了许多不该管的事，同时也存在"缺位"的情况，有不少该管而没有管好的事。财政支出是实现政府职能的手段，财政支出结构调整必须服从于政府职能的发展变化趋势。

2.经济发展水平

按照马斯格雷夫和罗斯托提出的经济发展阶段论，来解释公共支出增长以及公共支出结构变化的原因。在早期阶段，推动公共支出增长的主要因素是政府投资性支出的增加，投资的重点是基础设施，比如改善交通系统、卫生系统、法律建设等方面的支出。这是因为在早期阶段，政府对基础设施的投资是为私人资本的投入改善投资环境的，只有搞好基础设施建设，才能引导大量私人资本的投入。在经济发展的中期阶段，一方面政府投资依然会继续增加，另一方面公众也要求政府在教育卫生、安全等方面增加支出。因此，在经济发展的中期阶段，公共支出会进一步增加。在经济发展的成熟阶段，人们的收入水平有了很大的提高，对消费需求也提出了更高的要求。政府的任务就是针对公众更高的消费需求，相应地提高在教育、卫生、福利、环保等方面的支出。因此，在经济发展的成熟阶段，公共支出仍呈增长态势，只是支出的重点发生了明显的变化，即由以基础建设投资为主转为以人力资源支出和转移性支出为主了。从国际经验看，在不同国家，由于经济发展状况不同，财政支出结构也有差异，这突出表现在财政投资方面。从工业化国家情况看，其经济发达，市场机制完善，社会筹资能力强，由此决定政府投资主要定位在弥补市场缺陷、提供公共产品，具体投资范围限于基础设施、储备战略性物资以及补充或增加特定主体的资本等。因此，工业化国家的政府投资比重也相对较低。在发展中国家，政府部门作为一个投资者，比工业化国家政府发挥着更大的作用。这是因为，在发展中国家基础设施的建设需要比工业化国家的投资更多，而基础设施的建设一般来说周期长、耗资多、收益低，非政府部门既无力量也不愿进行投资，因此只能由政府担当起这方面投资主体的任务。此外，发展中国家大多处于经济起飞阶段，国民经济的一些重要领域和产业需要政府投资兴建或扶持，这也决定了发展中国家的政府投资职能更强一些，投资范围更宽一些。

3.财政收入总量

财政收入总量制约着财政支出总量，财政支出结构很大程度上受到财政收入总量的影响。其一般规律是：当财政收入较低时，财政支出中用于维持国家秩序的比例就高，用于经济社会管理职能方面的支出比例就低。随着财政收入的不断提高，用于国家政府基本需要的支出比例会下降，用于经济社会管理职能方面的支出将会增加。从西方国家的财政实践看，正是由于财政收入总量的不断增加，财政支出结构出现了新的变化。随着经济发展和财力规模的不断扩大，社会保障、社会福利等社会性支出在财政支出中的比例越来越大。"瓦格纳法则"详细地阐述了这一现象，即"随着人均收入的提高，社会公共需要的规模也随之增长，财政支出必然以比生产增长更快的速度增长"。之后，经济学家进一步用计量方法检验了这一假说的有效性。我国目前处于经济高速发展阶段，财政支出总额逐年增加，这要求我国必须根据财政支出总量变化而相应调整和优化财政支出结构。

4.制度变迁

制度变迁大致上可以分为诱致性变迁与强制性变迁两种方式。诱致性变迁是"由个人或一群人，在响应获利机会时自发倡导、组织和实行"，而强制性变迁则"由政府命令和法律引入和实行”。中国在破除计划体制的同时，市场体制并没有完全建立起来，计划和市场都不完全。在这种情况下，为了保障资源配置的效率，需要政府以制度创新衔接不完全的计划和不完全的市场。因此，中国的市场化制度变迁具有明显的政府主导特征。这种强制性渐进式的制度变迁，在既有制度上进行的利益调整使得政府除了要维持原有的支出项目外，还要增加支持经济体制顺利转轨的一些必要支出(如各种补贴)。随着制度变迁的推动及完成，政府的财政支出结构也相应地发生着变动。

二、我国财政支出结构分析

改革开放以来，中国在财政支出领域中发生了两个方面的重大变化：在财政支出占 GDP 比重迅速下降的同时，财政支出结构也经历了一个急剧的演变过程。中国的财政支出结构的演变与世界范围内的支出结构变化总趋势基本是一致的：经济性支出比重逐渐下降，社会服务性支出比重逐渐上升。表 5－2 中我国各时期各项财政出占比情况反映了我国财政支出结构变化情况。

表 5－2 我国各时期各项财政支出的比重 单位：%

年份或时期	经济建设费	社会文教费	国防费	行政管理费	其他支出
“四五”时期	57.71	10.88	19.15	5.02	7.24
“五五”时期	59.90	14.40	16.43	5.30	3.97
“六五”时期	56.08	19.74	11.94	7.85	4.38
“七五”时期	48.42	23.15	9.10	11.82	7.51
“八五”时期	41.52	25.65	9.52	13.76	9.55
“九五”时期	38.34	27.18	8.33	15.66	10.49
1996	40.74	26.21	9.07	14.93	9.04
1997	39.50	26.74	8.80	14.72	10.24
1998	38.71	27.14	8.66	14.82	10.68
1999	38.38	27.59	8.16	15.32	10.54
2000	36.18	27.60	7.60	17.42	11.19
“十五”时期	29.14	26.60	7.60	19.01	17.65
2001	34.24	27.58	7.63	18.58	11.97
2002	30.26	26.87	7.74	18.60	16.53
2003	28.04	26.24	7.74	19.03	18.94
2004	27.85	26.29	7.72	19.38	18.75
2005	27.46	26.39	7.29	19.19	19.67
“十一五”时期	—	—	—	—	—
2006	26.56	26.83	7.37	18.73	20.51

续表

年份	一般公共服务	国防	教育	科学技术	社会保障和就业	医疗卫生	环境保护	交通运输	城乡社区事务	其他支出
2007	17.10	7.14	14.31	3.58	10.94	4.00	2.00	3.85	6.52	30.56
2008	15.65	6.68	14.39	3.40	10.87	4.40	2.28	3.76	6.72	31.84
2009	12.01	6.49	13.68	3.60	9.97	5.23	2.53	6.09	6.69	33.70
2010	10.39	5.93	13.96	3.62	10.16	5.35	2.72	6.11	6.66	35.11
2011	10.06	5.52	15.10	3.50	10.17	5.89	2.42	6.86	6.98	33.51
2012	10.08	5.31	16.87	3.54	9.99	5.75	2.35	6.51	7.21	32.39
2013	9.81	5.29	15.69	3.63	10.33	5.91	2.45	6.67	7.96	32.27
2014	8.74	5.46	15.18	3.50	10.52	6.70	2.51	6.85	8.54	31.99
2015	7.70	5.17	14.94	3.33	10.81	6.80	2.73	7.03	9.03	32.46
2016	7.88	5.20	14.95	3.50	11.50	7.01	2.52	5.59	9.80	32.05
2017	8.13	5.14	14.85	3.58	12.12	7.12	2.77	5.26	10.14	30.92
2018	8.32	5.11	14.56	3.77	12.23	7.07	2.85	5.11	10.02	30.97
2019	8.66	5.07	14.62	3.99	12.38	7.03	3.12	4.78	10.75	29.60

资料来源：国家数据网（http://data.stats.gov.cn），百分比根据相关数据计算得出。

注：2007年起实施《政府收支分类科目》，本表所列财政支出项目按照支出功能分类科目重新设置。

按财政支出的功能性质分类计算，对比经济建设费与社会文教费，“五五”时期至“十五”时期，前者由59.90%下降到29.10%，后者由14.40%上升到26.60%。“十一五”时期、“十二五”时期财政收入的较快增长为优化财政支出结构提供了较大的空间，财政支出结构发生了明显变化。

党的十八大以来，一般公共服务支出占财政支出和GDP的比重总体上来看是逐渐降低并趋于平稳的（从2012年的10.08%下降到2019年的8.66%）。党的十八大以来，政府大力削减“三公经费”和行政开支，机构改革取得了比较明显的成果。2012年12月4日，十八届中共中央政治局审议通过《十八届中央政治局关于改进工作作风、密切联系群众的八项规定》，开启了中国共产党激浊扬清的作风之变。改革开放以来，中国已进行了8次国务院政府机构改革（分别发生在1982年、1988年、1993年、1998年、2003年、2008年、2013年、2018年），力图降低行政成本，提高行政效率。2018年3月13日，国务院机构改革方案公布，根据该方案，改革后，国务院正部级机构减少8个，副部级机构减少7个，除国务院办公厅外，国务院设置组成部门26个。

从表5-2可以看出，2019年教育、科学、卫生支出等民生性支出合计占全部公共财政支出的比重达25.64%。这说明，我国由过去的生产型财政已转向保障民生性支出、满足社会公共需要型财政。按照新的财政支出的功能性质分类计算可绘制我国财政支出结构变化趋势图，见图5-1。进入社会主义新时代，我国的发展方式已经由高速发展转向高质量发展。高质量发展是创新驱动型经济的增长方式，是创新、高效、节能、环保、高附加值的增长方式，它以智慧经济为主导、以高附加值为核心、由质量主导数量。按财政部提供的数据，2019年1—12月，科学技术支出达8322亿元，增长了14.5%，节能环保支出达6353亿元，增长了13%，农林

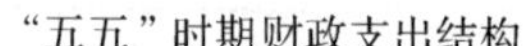

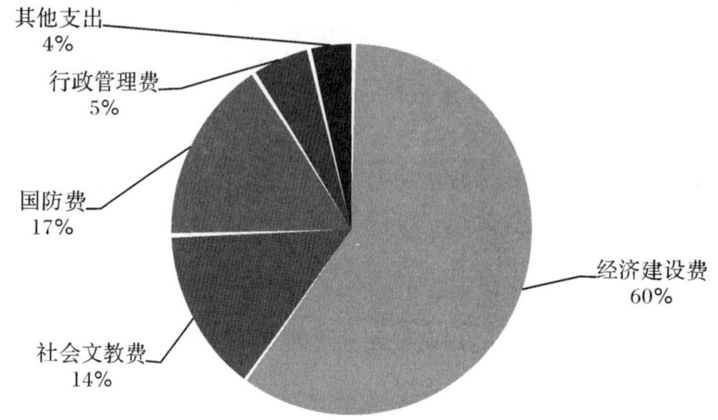

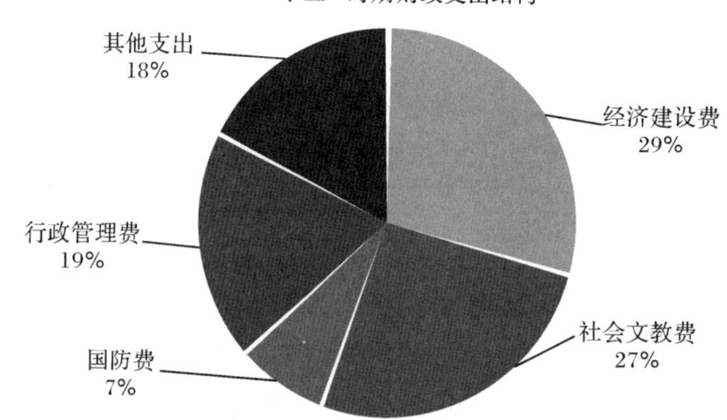

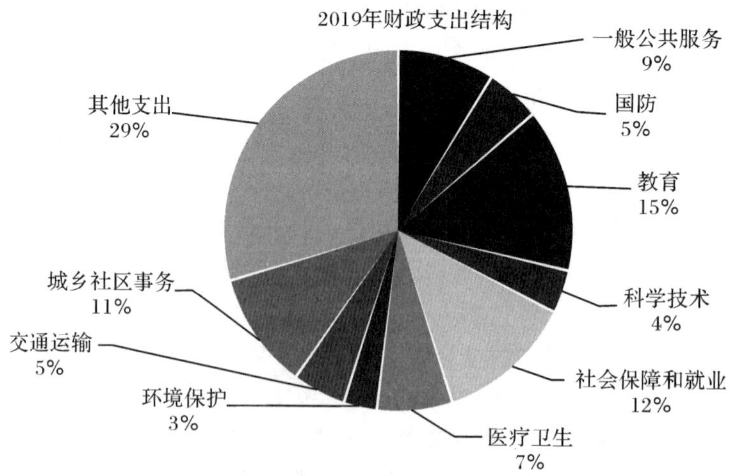

图 5-1 我国财政支出结构变化趋势图

资料来源:国家数据网(http://data.stats.gov.cn)。

水支出达20786亿元,增长了9.9%,表明国家财政对转向高质量发展的大力支持和保障,国家财政开始向高质量发展型财政转换。

[资料链接5-3]

疫情防控和复工复产的财政支出政策与措施

面对新冠肺炎疫情的严重冲击,国家坚持把人民生命安全和身体健康放在第一位,加大宏观政策应对力度。围绕减轻患者救治费用负担、提高疫情防治人员待遇、保障疫情防控物资供应、加快疫苗和药物研发、推动企业复工复产等,出台一系列财税支持政策。

(一)防控经费保障有力,确保疫情防控及时有效

一是疫情防控资金和政策保障有力。会同相关部门出台关于患者救治费用补助、一线医务人员和防疫工作者临时性工作补助、调整卫生防疫津贴标准等一系列政策措施。加大国库库款调度力度,保障基层防控和“三保”支出需要,确保人民群众不因担心费用问题而不敢就诊,确保各地不因资金问题而影响医疗救治和疫情防控。此外,要求各级财政部门做好疫情防控经费保障工作,加大工作力度,切实做到政策落实到位、工作部署到位、预算安排到位、资金拨付到位、监督管理到位。截至2020年6月底,各级财政共安排疫情防控资金1756亿元。

二是公共卫生体系建设进一步加强。坚决落实常态化疫情防控要求,加大财政投入力度,推动完善公共卫生体系和重大疫情防控救治体系,建立健全应急物资保障体系,着力提升重大突发公共卫生事件的应急处置和救治能力。

三是疫情防控科研攻关得到全力支持。支持启动新冠肺炎疫情防控科研攻关应急项目,围绕临床救治和药物、疫苗研发等五大方向,动员全社会优势力量开展疫情防控科研攻关。支持中科院组织开展新冠肺炎疫情防控科研攻关。支持建设国家人类疾病动物模型资源库,更好地支撑新冠肺炎疫情防控科研攻关工作。

(二)精准支持复工复产,稳岗保供效果明显

一是减税降费力度进一步加大。及时出台阶段性、有针对性的减税降费政策,包括对增值税小规模纳税人减免增值税、对防疫补助收入免征个人所得税等税费支持措施和一系列社保缴费减免政策,较大幅度减轻企业负担。

二是为疫情防控重点保障企业专项贷款提供贴息支持。截至2020年6月底,中央财政拨付财政贴息资金29.37亿元,涉及企业6606家、优惠贷款2396亿元,企业实际平均融资成本为1.23%。同时,明确对收储企业用于紧缺医疗物资周转储备的银行贷款享受贴息政策,助力企业稳产保供。

三是对疫情防控重点医疗物资实行政府兜底采购收储。充分发挥中央政府储备作用,对疫情防控期间企业多生产的重点医疗防护物资,全部由政府兜底采购收储,鼓励企业保质保量增加紧缺重点医疗物资生产供应,公共卫生应急物资保障能力进一步提升。

四是聚力支持促进就业。放宽中小微企业享受失业保险稳岗返还政策的条件及返还比例,鼓励地方采取缓缴社保费等方式,有针对性地支持开展援企稳岗、扩大就业工作。

五是支持稳住外资外贸基本盘。出台提高产品出口退税率政策,支持做好应对疫情稳外贸稳外资工作,支持企业开拓多元市场,稳住产业链、供应链,促进外贸健康发展。

六是支持启动“科技助力经济2020”重点专项,实施一批覆盖国民经济主要行业的技术创新项目,助力企业复工复产。

资料来源:财政部调研小组.2020年上半年中国财政政策执行情况报告[J].中国财政,2020(17):4-17.

第四节 财政支出效益

财政支出效益是财政支出数量与财政支出活动结果之间的效益关系。财政支出过程就是政府将通过财政收入集中到手的资源进行分配使用的过程。资源的有限性要求研究财政支出效益问题，目的在于通过对财政资金合理配置和使用，更好地履行政府职能，最大限度地满足各种社会公共需要。所以，财政支出效益不仅是财政支出的核心问题，还是衡量财政支出规模和结构是否合理的一个标准。

一、财政支出效益的含义

（一）财政支出效益的内涵

效益是指人们在有目的的实践活动中"所费"和"所得"的对比关系。所谓提高经济效益，就是"少花钱、多办事、办好事"。对于微观经济主体来说，提高经济效益有着十分明确且易于把握的标准，花了一笔钱，赚回了更多的钱，这项活动便是有效益的。从原则上说，财政支出效益与微观经济主体的支出效益是一样的，但是，由于政府处于宏观调控主体地位，支出项目在性质上也千差万别，因此它同微观经济主体支出的效益又存在重大差别。首先，两者计算的所费与所得的范围不同。微观经济主体只需分析发生在自身范围内直接的和有形的所费与所得，政府则不仅要分析直接的和有形的所费与所得，还需分析长期的、间接的和无形的所费与所得。其次，两者的选优标准不同，微观经济主体的目标一般是追求利润，绝不可能选择赔钱的方案；政府追求的则是整个社会效益最大化，为达此目标，局部的亏损是可能的，也是必要的。所以，在提高财政支出使用效益的过程中，政府需要处理极为复杂的问题。

（二）财政支出效益的外延

财政支出效益的范围包括以下三个层次的内容。

1. 内源性效益

内源性效益是指财政支出本身所产生的效益，包括直接效益和间接效益。内源性效益又可分为三个方面：财政支出总量效益，财政支出结构效益，财政支出项目效益。

2. 财政支出的部门绩效评价

部门绩效是指使用财政支出的公共部门财政年度内的工作绩效。它包含两层含义：一是部门在财政资源的配置上是否合理并得以优化，财政资源使用是否得到相应的产出或成果，这也是对部门资源配置的总体状况进行评价；二是部门本身的工作绩效评价。

3. 财政支出单位评价

对单位绩效进行评价着重于以下几个方面：一是预算及相关决策的执行情况；二是单位的资金管理机制是否完备；三是资金使用的最终效益；四是要对同类型项目进行历史的、区域性的比较。

二、财政支出效益评价方法

在衡量财政支出效益时，一方面对支出费用不仅要看直接费用，还要看间接费用，另一方面，在效益上不但要看到它的直接效益，还要看到它的间接效益。这就决定了财政支出的效益无法用一种方法来评价和分析。下面分别介绍几种财政支出效益的分析方法。

(一)成本-效益分析法

所谓成本-效益分析法，就是针对政府确定的项目目标，提出若干建设方案，详列各种方案的所有潜在成本和效益，并把它们转换成货币单位，通过比较分析，确定该项目或方案是否可行。成本-效益分析在许多国家的中央政府、各级地方政府以及世界银行等国际组织得到广泛应用。

成本-效益分析一般分为六个基本步骤：①确定政府项目要实现的目标；②列举成本和效益；③测算成本和效益；④测算贴现成本和效益；⑤选择决策标准；⑥选定项目。

以防洪工程为例进行简要分析：表 5－3 集中反映了一个公共防洪工程的建设所要考虑的全部成本与效益。从中可以明确，作为一项公共工程的抉择，较私人投资项目而言，必须从社会和全局的角度来考虑。政府投资某项公共工程不仅耗资巨大，而且在对所涉及的成本和效益进行可行性研究方面也有相当高的要求。假定政府对所有成本与效益的分析都可以通过一定的货币量来反映，那么，在许多情况下，政府通常会将一个项目所产生的良好的、间接的、中间的、最终的、外在的社会经济效益作为项目抉择的主要依据，而项目内在的、直接有形的成本与收益并不是决定政府投资的主要因素。但是，在成本-效益分析中，如果对一个项目而言可以有几种设计方案，并且能将各方案的成本与效益折算为现值进行比较，则这时那些既能实现政府预期社会经济目标又能直接计算现值的投资方案应当成为政府项目抉择的依据。

表 5－3　某防洪工程不同类型的成本和收益

成本与收益的类型			成本	收益
实质的	直接的	有形的	人力、财力、物力、管理维修费用	农产品增产、水力发电
		无形的	田野的损失	美化环境、增进健康
	间接的	有形的	水的转向所造成的损失	减少土壤侵蚀，促进养鱼业的发展
		无形的	野生资源的破坏	保护了农业生产
	中间的		建设、管理和维护旅游设施以及建设农具厂投入的人力、物力	增加了本地区的旅游收入，增加了农具厂的收入
	最终的		建设、管理和维护该工程所投入的人力和物力，田野的损失	控制洪水，便利灌溉发电，减少土地侵蚀农产品增产
	内在的		建设、管理和维护该工程所消耗的人力和物力	对本地区提供的直接福利(包括以上全部)
	外在的		下游地区对该工程建设的支持	帮助下游地区控制了洪水
金融的	金融的		因地价和农具厂职工工资的提高而使工程造价提高	土地所有者增加了收入，农具厂职工工资得以提高

资料来源：魏杰，于同申. 现代财政制度通论[M]. 北京：高等教育出版社，2010.

王国清，程谦. 财政学重难点案例综合练习解析[M]. 成都：西南财经大学出版社，2003.

以城际公路扩建为例进一步解析成本-效益分析法：假设在两城市之间有一条二车道公路，公路决策部门面临如下问题：公路设施是否需要扩建？如需要扩建，应该扩建到四车道，还是六车道？要回答这些问题，需要对不同公路扩建方案进行成本-收益分析。

为了评估公路扩建后的收益，需要估计两地间的交通需求。需求是单程平均成本的函数。单程平均成本包括燃油、折旧、车辆保养以及运程时间。公路扩建后造成两地间旅行速度加快，这将降低现有道路使用者的成本并鼓励新用户使用该道路。因此，公路扩建后的收益应为现行行驶成本的降低及新增交通需求量带来的净收益之和。

项目成本包括道路扩建的基建成本以及道路扩建后在使用期内的维护成本。其他外部成本，例如毁坏野外风景或由于道路交通量增加导致的污染物的增加也应作为一种实际成本计入其中，但是对这些外部成本，本书在这里忽略。

1. 收益衡量

在公路扩建前的二车道下，首先考虑运输的时间成本。假定该公路的平均行程是 30 分钟，每小时的时间代价为 4 元，则一趟运输的时间代价是 2 元，如表 5－4 的第 2 行所示。当然，估计单次运程的时间代价并不是简单的事情。单次运程的时间估计（这里是 30 分钟）取决于道路类型、交通情况（高峰时段和低谷时段），时间的机会代价（这里是 4 元）随运输旅客的类型而变，这里用司机的工资率来衡量。因此，估计每趟运程的时间成本是一项复杂的工作。其次，单次运程的其他成本，包括燃油、折旧、车辆保养等，这些费用因公路类型和车辆类型不同而不同。这里假设这些费用平均为每千米 0.15 元，长度为 11.7 千米，则每趟运程的其他成本为 1.75 元（11.7×0.15）。每趟时间成本与其他成本合计即是每趟运程的可变成本，为 3.75元。

表 5－4　公路扩建的成本与收益

行数	项目		单位	二车道	四车道	六车道
1	收益	单次运程时间	分	30	18	16
2		运程的时间成本（4 元/小时）	元	2.0	1.2	1.07
3		单次运程的其他成本 （燃油、折旧、车辆保养）	元	1.75	1.90	1.95
4		每年运程数	百万趟	1	1.5	1.6
5		每趟成本节约	元	—	0.65	0.08
6		原有行程的成本节约收益	万元	—	65	12
7		新增行程的净收益	万元	—	16.25	0.4
8		每年道路扩建的收益	万元	—	81.25	12.4
9		使用期内的现值（8%，25 年）	万元	—	867.3438	132.37
10	成本	基建成本	万元	—	400	200
11		年维修成本	元	50000	60000	68000
12		维修成本增加	元	—	10000	8000
13		维修成本增加的现值（8%，25 年）	元	—	106750	85400
14		总成本现值（第 10 行＋第 13 行）	万元	—	410.675	208.54
15	成本-收益	净现值（第 9 行－第 14 行）	万元	—	456.6688	－76.17
16		收益/成本比（第 9 行/第 14 行）		—	2.11	0.63
17		内部收益率	%	—	20	3

资料来源：钟晓敏. 财政学[M]. 3 版. 北京：高等教育出版社，2020：199.

假定每年运输趟数为 100 万趟，则每年可变成本为 375 万元。原来的基建投资因为是沉淀成本，这里不再考虑。

公路扩建到四车道之后，增加基建投资 400 万元，行程时间由原来 30 分钟缩至 18 分钟，时间成本降至 1.2 元，但其他成本增至 1.90 元（由于高速行驶油耗增加），每趟可变成本净节约 0.65 元（3.75－1.2－1.9）。公路扩建到四车道后，运程趟数增至 150 万趟，可变成本合计为 465 万元。原有趟数成本节约 65 万元，行程 50 万趟，假设以节约成本 0.325 元计算，则为 16.25 万元（0.325×50）。于是，总收益或年总成本节约 81.25 万元（65＋16.25）。因为收益发生在将来，必须贴现。假设公路的受益期为 25 年，贴现率为 8%，则贴现值为 867.3438 万元。这是公路扩展到四车道后的收益现值。

公路由四车道扩展到六车道后，需增加投资 200 万元，运程时间缩短至 16 分钟，时间成本降至 1.07 元，运输趟数增至 160 万趟，根据上述计算方法，得到公路扩展到六车道后的收益现值为 132.37 万元。

2. 成本衡量

公路扩建的成本主要有基建成本和维修成本。四车道的基建成本为 400 万元，六车道的基建成本为 200 万元，这些费用是工程开始就支付的，所以无须贴现。维修成本与运输数量、运输类型和维修工料等因素有关，假设公路由二车道扩展到四车道后的年维修费用增加 1 万元，从四车道增至六车道的年维修费用增加 0.8 万元。维修费用流可按 25 年 8%贴现率求得现值，见表 5-4 第 13 行。

扩展成四车道的维修成本现值为

$$\frac{1}{(1+8\%)^1}+\frac{1}{(1+8\%)^2}+\cdots+\frac{1}{(1+8\%)^{25}}=10.675（万元）$$

扩展成六车道的维修成本现值为

$$\frac{0.8}{(1+8\%)^1}+\frac{0.8}{(1+8\%)^2}+\cdots+\frac{0.8}{(1+8\%)^{25}}=8.54（万元）$$

因此，扩建成四车道的成本现值为 410.675 万元（400＋10.675），扩建成六车道的成本现值为 208.54 万元（200＋8.54）。

3. 成本收益比较

计算出总收益现值和总成本现值，就可以比较，公路从二车道扩展到四车道，收益超过成本，净收益 456.6688 万元，收益与成本比为 2.11，内部收益率为 20%；而公路从四车道扩展到六车道的成本超过收益 76.17 万元，收益与成本比只有 0.63，内部收益率降至 3%。显然在忽略其他成本的情况下，扩展到四车道是有利的，而扩展到六车道是不合算的。

（二）最低费用选择法

由于相当多的财政支出的成本与效益都难以准确衡量，有的甚至根本无法衡量，不能运用成本-效益分析法，因此就要使用其他的方法进行比较和分析。

最低费用选择法的主要特点是，不用货币单位来计量备选的财政支出项目的社会效益，而只计算每项备选项目的有形成本，并以成本最低为择优的标准。运用最低费用选择法的步骤大体如下：首先，根据政府确定的目标，提出多种备选方案。其次，以货币单位为统一尺度，分别计算出各备选方案的各种有形费用并予以加总。在计算费用的过程中，如果遇到需要多年安排支出的项目，也要用贴现法折算出现值，以保证备选方案的可比性。最后，按照费用的高低排出顺序，以供决策者选择。在目标既定的情况下，费用最低的备选方案为最优方案。

最低费用选择法多被用于军事、政治、文化、卫生等财政支出项目上。运用此方法确定最佳支出方案，难点不在技术，而在于被选方案的确定。因为，所有备选方案应能无差别地实现同一个既定目标，据此再选择费用最低的方案，但要做到这一点比较困难。

（三）公共定价法

市场经济中，价格机制是实现最优资源配置的主要机制。由于政府也提供大量的满足社会公共需要的"市场型物品"，这些物品就同样面临着价格确定的问题。这就是所谓的公共定价。通过公共定价，可以纠正市场失灵，提高资源配置效率，也可以实现某些重要微观市场的稳定，还可以改进收入分配，而且可以使这些物品得到最有效的使用，提高财政支出的效益。

从定价政策来看，公共定价包括两个方面：一是纯公共定价，即政府直接制定自然垄断行业的价格；二是管制定价，即政府规定竞争性管制行业的价格。

纯公共定价涉及两个方面：定价水平和定价体系。①定价水平，是指政府提供每一单位"公共物品"的定价是多少。在管制行业，定价水平依据正常成本加合理报酬得到的总成本计算，因此确定定价水平实质上是研究如何确定总成本。②定价体系，是指把费用结构（固定费用和可变费用的比率）和需求结构（家庭用、企业用和产业用，以及少量需求和大量需求等不同种类的需求，高峰负荷和非高峰负荷等不同负荷的需求）考虑进来的各种定价组合。

管制定价即价格管制。在某些竞争性的行业（农业、金融业、教育、保健等）中，出于维护微观市场稳定的目的，需要对某些产品或服务进行价格管制。以农产品的保护价为例，可以防止价格和产量的长期大幅度波动，使供求实现平衡。制定保护价时可能的三种情况是：①保护价恰好是农产品的长期均衡价格，会使资源有效配置，对收入分配的影响中性。②保护价低于长期均衡价格，会导致农产品供给不足，限量供应，从而损害效率；而且保护价低还直接导致农民收入降低，扩大与高收入者的收入差距，不利于社会公平的实现。③保护价高于长期均衡价格，虽然有利于提高农民的收入水平，有利于社会公平原则，但是会导致长期生产过剩，政府持续收购而加重财政负担，造成资源不能有效配置。

三、我国财政支出绩效评价

全面实施预算绩效管理是推进国家治理体系和治理能力现代化的内在要求，是深化财税体制改革、建立现代财政制度的重要内容，是优化财政资源配置、提升公共服务质量的关键举措。当前，我国经济已由高速增长阶段转向高质量发展阶段，正处在转变发展方式、优化经济结构、转换增长动力的攻关期，建设现代化经济体系是跨越关口的迫切要求和我国发展的战略目标。发挥好财政职能作用，必须按照全面深化改革的要求，加快建立现代财政制度，建立全面规范透明、标准科学、约束有力的预算制度，以全面实施预算绩效管理为关键点和突破口，解决好绩效管理中存在的突出问题，推动财政资金聚力增效，提高公共服务供给质量，增强政府公信力和执行力。

2019 年 12 月，中央经济工作会议将财政工作的定位从"加力提效"聚焦为"提质增效"，全国财政工作会议提出"财政政策新内涵"，强调在结构调整中更加突出政策的"提质"要求和"增效"导向，体现内涵式发展理念。2020 年 5 月，十九届人大三次会议通过的国务院政府工作报告中，进一步重申上述理念和要求。换言之，长期以来单纯靠扩大财政支出规模来实现政策目标的惯性导向难以为继，"注重绩效，通过全面实施预算绩效管理，提高资金使用效益"是实现可持续、高质量发展的必由之路，也是化解现实矛盾、缓解财政运行“紧平衡”压力的现实抉择。

财政支出绩效评价无论针对中央财政整体支出、地方政府财政整体支出，还是项目性支出，从涉及的不同责任主体的角色定位来看，均可细分为宏观、中观、微观三个层次。一般而言，宏观为决策层，中观对应于监管层，微观为资金使用层。评价体系的一级指标（支出决策、过程监管、目标实现和社会满意）一定程度上体现这种结构层次。

一是决策层。决策层也可称为宏观绩效，居于评价体系的顶层，对应于财政支出的决策绩效。决策具有相对性，即使是基层政府或部门项目性的财政支出，也存在系统内部的宏观决策，对应于“支出决策”维度。以教育精准扶贫专项资金绩效评价为例，此项资金涉及各级政府，针对中央财政支出，宏观评价指向专项资金设立决策的必要性与可行性，凸现政策绩效；针对地方政府财政支出，宏观评价指向次级决策，即专项资金规划、统筹、分配决策的科学民主性，尽管执行、监督、管理是地方政府或部门的主责，但不排斥与政府层级相对应的决策职能。决策绩效评价有别于目标评价、财政督察、绩效审计等其他监督方式，是财政支出绩效评价的特征及价值所在。

二是监管层。中观层面的资金监管主要针对资金流动的路径和重要节点，对应于“过程监管”维度，并以监管的有效性为衡量标准。科层体制中，不同层级政府及部门行使不同的职责，扮演不同的角色。政府管理活动强调过程衔接及有效控制，针对财政支出，机构、人员及制度是体现过程控制的主要元素。以省级财政教育经费支出为例，市、县、镇级政府及部门可视为中观层，对资金分配、发放和效果负有监管责任，其中教育部门主要负责“业务”内容，财政部门主要负责“财务”内容，两个部门起着承上（上级政府及部门）启下（教育机构）作用。此外，发改、规划、编制人事等部门亦直接或间接对经费负有监管责任。

三是使用层。微观层面上，资金使用层针对资金使用机构，对应于使用绩效。财政支出使用有着严格制度规则，使用绩效评价的重点指向是检验资金使用的合法合规性，同时也关注基层目标的完成程度。在支出绩效评价体系中，使用绩效并不对应特定的结构维度，但主要体现于“目标实现”与“社会满意”两项一级指标中。从我国的评价实践来看，自 2003 年以来，财政支出绩效评价呈现“使用绩效评价”和“项目绩效评价”两个特点，某种意义上也被视为目标性评价的翻版，将绩效评价审计化，服务于自上而下的组织管理。

本章小结

1. 财政支出也称公共支出或政府支出，是指政府在履行其职能、提供公共服务过程中所发生的具有非偿还性的人力、物力和财力耗费，反映一定时期内政府活动的成本。

2. 财政支出分类的目的是全面、准确地处理财政支出中的各种矛盾，掌握财政资金使用规律，合理安排支出项目，以使政府各项支出发挥出最大效用。按支出的经济性质可将财政支出分为购买性支出和转移性支出，依据国家职能分为经济建设费支出、社会文教费支出、国防费支出、行政管理费支出和其他支出五类。财政支出还可以根据分析需要进行其他分类。

3. 财政支出规模理论是西方经济学家从经济、政治、社会以及个人心理等多种角度阐释财政支出增长的原因，主要有“瓦格纳法则”即政府活动扩张论、皮库克和威斯曼的梯度渐进增长论即“内外因素论”、马斯格雷夫和罗斯托的经济发展阶段增长论。

4. 我国财政支出规模随着市场化倾向的提高和国家调控范围而变化，财政态势与运行机制也在发生着深刻的变化。与世界其他国家相反，近 20 年来，我国财政支出规模快速增长，财政支出占国民生产总值的比重在波动中呈逐步下降的趋势，究其原因主要是体制改革与政策性调整方面的因素影响。

5. 财政支出结构指各项财政支出占财政总支出的比例关系，反映政府介入经济生活和社会生活的规模和深度，也反映公共财政在经济和社会生活中的地位和作用。财政支出结构研究的是在一定的经济体制和财政体制下，在财政资金分配过程中，财政支出的构成要素之间相互联系、相互作用的内在关系和空间表现。对财政支出结构内涵的理解，应从质和量上进行考察。影响财政支出结构的因素主要是政府职能、经济发展水平、财政支出总量和制度变迁等。

6. 财政支出过程就是政府将通过财政收入集中到手的资源进行分配使用的过程。资源的有限性要求研究财政支出效益问题，财政支出效益不仅是财政支出的核心问题，还是衡量财政支出规模和结构是否合理的一个标准。本章从财政支出效益与规模的关系，考察了财政支出的适度规模，从财政支出效益与结构的关系，考察了财政支出结构的优化。目的在于通过对财政资金合理配置和使用，更好地履行政府职能，最大限度地满足各种社会公共需要。

关键概念

财政支出分类　财政支出规模　财政支出结构　财政支出作用　瓦格纳法则
内外因素论　经济增长阶段论　成本-效益分析法

思考分析

1. 根据财政支出规模理论，分析我国财政支出规模快速扩张的多重原因。

2. 根据财政统计数据描绘分析我国财政支出结构变化的特征。

3. 根据“成本-效益”分析的原理，列举一项公共工程“成本-效益”分析项目案例，并写出分析报告。

第六章　主要财政支出项目

本章主要研究和阐述财政购买性支出和财政转移性支出项目的作用机理及其项目内容。本章学习要求：①了解财政购买性支出所包含的社会消费性支出和政府投资性支出、财政转移性支出中社会保障支出和财政补贴支出的作用机理；②掌握财政支出的分类以及主要支出项目的含义、规模、制度等内容；③了解各个主要支出项目存在的问题及改革方向。

第一节　财政支出项目的作用机理

一、社会消费性支出的作用机理

社会消费性支出是政府直接在市场上购买并消耗商品和服务所形成的支出，是购买性支出的重要组成部分，是国家执行其政治和社会职能的财力保证。在国家财政支出项目中，属于社会消费性支出的主要有行政管理支出、国防支出、科教文卫支出等方面。社会消费性支出与政府投资性支出同属购买性支出，其最大区别在于前者是非生产性的消耗性支出，并不形成任何资产，后者则是生产性支出，但两者都是社会再生产正常运行所必需的。社会消费性支出满足社会共同需要的本质构成了财政活动存在的客观依据，同时，它还在以下几个方面发挥着重要作用。

（一）刺激产出和劳动力供给增加

政府通过消费性支出将掌握的资金与微观经济主体提供的商品和服务相交换，政府直接以商品和服务购买者身份出现在市场上并遵循等价交换的原则。如图 6－1 政府与家庭、企业

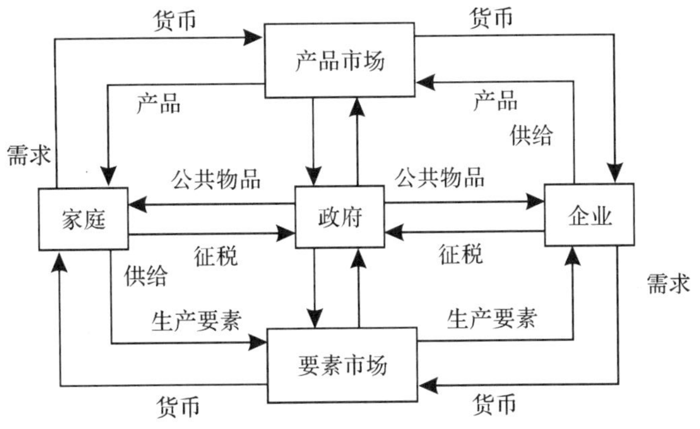

图 6－1　政府与家庭、企业之间的收支循环流程

之间的收支循环流程所示，当政府消费性支出增加时，政府对社会产品的需求增长，导致市场价格水平上升和企业利润率提高；企业因利润率的提高和为适应市场需求而扩大生产规模，所需生产资料和劳动力也会随之增多。所需生产资料的增多，可能刺激生产这类生产资料的企业扩大生产规模；所需劳动力的增多，会促进居民就业，降低失业率。居民提供劳动力获得相对应的报酬，居民收入的增加又会扩张对消费资料的社会需求，进而导致生产消费资料的企业扩大生产规模，在没有政府干预的条件下，市场会自发地进行新一轮的循环。因此，政府的消费性支出对社会的生产和就业有直接影响。

（二）维持宏观经济稳定发展

消费性支出形成了对于市场中商品和服务的需求，可以直接增加商品和服务供应者的收入，作为其结果，个人和企业收入增加将引起储蓄、消费和投资的进一步变化，从而影响经济的产出、物价、就业和国际收支等。凯恩斯学派曾就财政政策对宏观经济的稳定问题有比较全面的论述，他们提出公共支出有一种乘数效应，可以对经济产生“四两拨千斤”的带动作用。在经济不景气时，可以增加公共支出，通过乘数效应带动经济走向繁荣，经济高涨时则反向操作，这样就可以使经济较平稳地运行。

（三）促进资源有效配置

在现代市场经济条件下，资源配置的两种基本方式主要包括市场配置和计划配置方式。实践证明，市场作为社会资源的基本配置方式非常有效，但是市场配置方式和手段不是万能的，单纯的市场调节具有一定缺陷。国民经济的稳定和发展需要通过政府与市场的有效配合来实现，而政府指导社会资源配置的一条可行途径就是实施财政支出政策。政府通过优化财政支出结构来影响社会需求的总量与类别，进而从量和质上影响社会生产的供给，引起生产结构变化，促进资源有效配置。

（四）具有一定的收入分配作用

消费性支出对国民收入的分配有间接影响。当政府增加消费性支出时，政府对社会产品需求的增加，使得企业生产规模增长，从而使国民收入增加，即企业收入和家庭收入的总量均会增加。但是，在新增国民收入中，由利润占有的和由工资占有的部分并非均等，因而在国民收入初次分配中，利润和工资各自所占份额将发生变化。此外，各种经济活动受政府消费性支出变动影响的程度不尽相同，不同的部门和企业，以及在不同的部门和企业中就业的劳动者之间所增加的收入也不尽一致，这些因素都可能导致国民收入分配结构发生变化。

二、政府投资性支出的作用机理

（一）政府投资与经济发展

投资是经济主体为了获取预期的收益，投入一定数量的货币而不断转化为资产的经济活动。凯恩斯从投资刺激需求角度出发，提出投资不仅是经济增长的推动力，而且对经济增长具有乘数作用。投资乘数是指每增加 1 元投资所引起的收入增长的倍数。乘数与边际消费倾向同方向变化，边际消费倾向越大，乘数就越大；乘数与边际储蓄倾向反方向变化。同时，凯恩斯还提出加速原理，加速系数是表示收入或消费变动对投资的影响程度的系数。因为增加投资要有资金来源，而当前的国民收入是储蓄加上消费，所以投资来源受国民收入增长的限制，即受储蓄的限制。投资等于储蓄，储蓄增长就会加速投资。

政府投资是指在中国境内使用预算安排的资金进行固定资产投资建设活动，包括新建、扩建、改建、技术改造等，政府投资资金应当投向市场不能有效配置资源的社会公益服务、公共基础设施、农业农村、生态环境保护、重大科技进步、社会管理、国家安全等公共领域的项目，以非经营性项目为主①。

政府投资能够促进经济增长，增强政府的宏观调控能力。在一国的科技水平和拥有资源量既定的情况下，经济增长率的高低在相当程度上取决于投资总量的大小及其增长率。政府投资作为社会总投资的一个重要组成部分，其与经济总量增长的关系是一种相互促进、相互制约的关系。在社会主义市场经济体制下，政府投资的宏观调控主要通过间接和直接两种方式进行。其一，间接调控，通过产业政策的引导作用，发挥政府投资的导向作用，并通过税收、财政补贴等，来影响非政府投资的投资条件进而制约其投资的方向、规模与结构。其二，直接调控，根据宏观经济政策目标，结合非政府投资的状态，安排政府自身投资的方向、规模与结构，从而使全社会的投资达到优化配置状态，促进经济全面协调、健康可持续的发展。

政府投资能够优化资源配置，推动国民经济持续协调发展，合理的政府投资有助于改善地区间经济结构和产业结构。一般来说，政府通常按照拟定的区域经济发展目标和产业结构调整目标，利用政府投资性支出的特殊地位，调节投资方向，加强国民经济建设。例如长江经济带、粤港澳大湾区、京津冀一体化、扶植战略性新兴产业等。同时，这种投资方向的调节还会引导非政府投资的方向，从而带动全社会投资资源的优化配置。

此外，经济的发展能够影响政府投资的方向。根据“马斯格雷夫经济支出增长理论”，在经济发展的不同时期，财政投资的重点和方向是不同的。随着我国经济的不断发展，人均收入的快速增长，人民对于美好生活向往的需求日益增加和更加重视医疗卫生、居住环境等因素，引导着政府转变投资方向和更好地服务大众。同时，经济的高质量发展也伴随着人工智能、大数据、5G 等新一轮产业革命的到来，新的经济驱动力推动政府转变投资思维，引导产业发展，提前布局产业投资，为推动经济增长注入持久活力。

现阶段，我国经济发展的基本特征就是由高速增长阶段转向高质量发展阶段。实现高质量发展，是保持经济社会持续健康发展的必然要求，是适应我国社会主要矛盾变化和全面建设社会主义现代化国家的必然要求。政府投资可以弥补民间投资的不足，引导产业发展，补足社会短板，进而优化资源配置，促进经济增长。

（二）政府投资与私人投资的关系

政府投资是以政府为投资主体的投资行为，以追求社会利益最大化为目标。私人投资则是追求自身利益最大化。政府主要投资于公共产品以及一些外部性较大的产品。而私人资金往往投资于周期短、具有私人物品属性的产品与服务。但是若政府投资过多，会使利率上升，反而抑制投资，对私人资本产生“挤出效应”。图 6－2 中纵轴代表私人投资 K_G，横轴代表公共投资 K_L，I_1、I_2、I_3 为等产量线，L 形的等产量线表明，要达到一定的产出量，公共投资与私人投资之间需要保持合适的比例。例如，私人投资和公共投资分别为 K_{G1} 和 K_{L1} 时产出量达到 Q_1，私人投资和公共投资分别为 K_{G2} 和 K_{L2} 时产出量达到 Q_2，私人投资和公共投资分别为 K_{G3} 和 K_{L3} 时产出量达到 Q_3。产出量要获得进一步的增长需要私人投资和公共投资的同时增加，如

① 选自《政府投资条例》，2019 年 7 月 1 日起施行。

果私人投资增加到 K_{G2}，而公共投资没有增加，则产出组合点为 C，这时，产出量不可能达到 Q_2，同时，如果私人投资不变，而公共投资增加至 K_{L2}，则投资组合点为 A，这时产出量也不可能达到 Q_2，只有当私人投资增加到 K_{G2} 的同时，公共投资增加到 K_{L2}，产量才会达到 Q_2，即公共投资和私人投资必须保持一定的配比关系，产量才会达到理想的水平①。

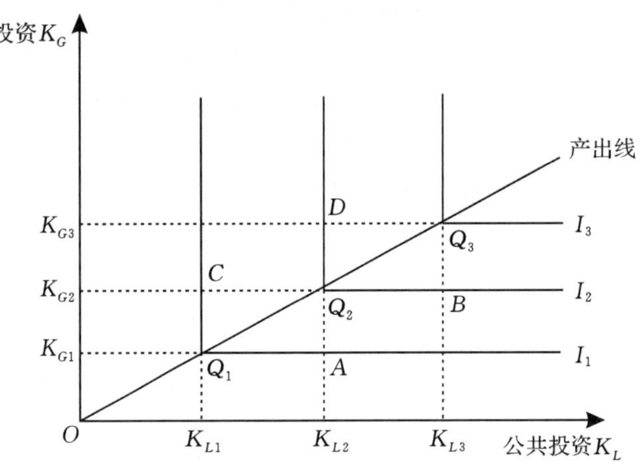

图 6－2 政府投资与私人投资

三、社会保障支出的作用机理

社会保障支出是指国家向丧失劳动能力、失去就业机会或遭遇其他变故而面临经济压力的个体提供的保障其基本生活需要的支出。该类支出主要包括社会保险、社会救助、社会优抚和社会福利四大方面，其中，以社会保险的体量最为庞大。本节选用社会保险中最具有代表性的养老保险和医疗保险详细阐述社会保障支出的作用机理。

（一）社会养老保险的作用机理

1. 社会养老保险对储蓄的作用机理

社会养老保险对储蓄的影响途径主要有以下三个方面。首先是财产替代效应，由于养老保险的存在，投保者对于晚年生活会有较为良好的预期，因而青壮年时期的储蓄欲望会相应地降低。另外，养老保险的重要筹资渠道——社会保险税会直接减少职工的收入，使其储蓄能力降低，从而导致储蓄率进一步降低。其次是退休效应，因为社会养老保险制度会吸引参保者提前退休，所以参保个体需要在相对缩短的工作生涯中增加储蓄，从而满足退休以后养老金的支取。最后是遗产效应，目前我国实行的是社会统筹与个人账户相结合的制度，参保人子女的部分收入会以养老金的形式转移到参保人手中，这样一来，老年人可能会增加储蓄，设法为子女留下更多的财产，一定程度上抵消社会养老保险对其子女收入的负面影响。另外，养老金代为履行了子女的部分赡养义务，使得他们的可支配收入相应增多，变相鼓励其进行投资。

上述的三种效应对于储蓄既有正面影响也有负面影响，但依靠目前的理论和经验分析尚不能得出定论，所以说社会养老保险对于储蓄的影响仍需要更进一步的研究论证。

---

① 刘怡. 财政学[M]. 3 版. 北京：北京大学出版社，2016.

2. 社会养老保险对劳动供给的作用机理

社会养老保险对劳动供给的影响与养老保险的筹资模式密切相关。如果采用现收现付制，职工当下的缴费数额并不与未来可享受的养老金待遇直接挂钩，这个时候社会养老保险的缴费程度就会对当期的劳动供给产生更加直接的影响；如果采用的是完全基金制，参保者在投保期间缴纳的数额越大，在日后享受的养老金待遇也就越高，养老保险对劳动供给的影响程度也就越低。因此，只要合理利用社保缴费和养老金待遇之间的关系，那么就可以弱化养老保险对劳动供给的不利影响。

3. 社会养老保险对收入再分配的作用机理

社会养老保险金的提存和发放，其本质是社会财富的一种再分配，这种分配主要有三种形式。首先是个人收入的再分配，劳动者工作期间的收入在退休后才进行支取，退休金表现为劳动者在不同生命周期的一种积累，体现了收入在人生不同阶段的再分配。在完全基金制中，个人收入的再分配效应表现得尤为明显，在现收现付制中则表现得比较间接。其次是代际的收入再分配，在现收现付制中，退休人员的养老金由同时期的适龄工作者来承担，而适龄工作者未来的养老金则需由下一代进行承担，这就体现了代际的收入再分配。最后是同代间的收入再分配，社会养老保险通过资金的筹集和待遇的给付，把一部分高收入群体的收入转移到了一部分经济困难的社会成员手中，部分弥补了市场在收入分配上的缺陷，进而实现公平分配的目的。

(二)基本医疗保险的作用机理

基本医疗保险制度是对社会成员因疾病造成的经济困难及其医疗费用给予必要的补偿，以维护劳动者应享有的疾病预防和治疗权利的一项社会保险制度。一方面，政府参与提供医疗保险有助于帮助人们减少突如其来的、不确定的医疗支出。另一方面，投保人有可能因参保而减少个人规避和防范风险的动力，从而导致发病概率提高，医疗服务消费过多。这就是存在于医疗保险制度中的道德风险问题，如图 6－3 所示。

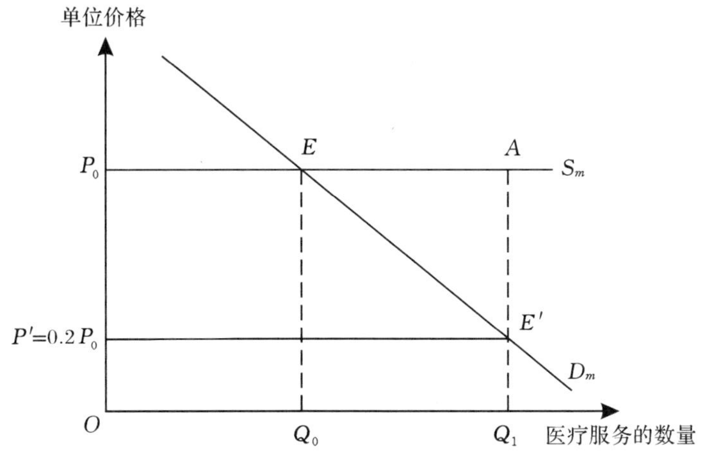

图 6－3　医疗保险引致的效率损失

在没有保险的情况下，市场对于医疗服务的需求曲线为 D_m，为了方便理解，我们假设提供医疗服务的边际成本为一常数 P_0，那么，医疗服务市场的供给曲线即为过 P_0 的一条与横轴平行的直线 S_m。在政府不提供医疗保险的时候，市场上医疗服务的供给曲线与需求曲线相交于

点 E，此时医疗服务的均衡价格和数量分别为 P_0 和 Q_0，医疗市场上的总支出为医疗服务单位价格和数量的乘积，也即图上的矩形 OP_0EQ_0。接下来我们探讨引入医疗保险之后的情况，假设 80％的医疗费由保险承担，那么患者只需支付剩余的 20％即可享受相同的医疗服务，也就是说引入医疗保险之后医疗服务的单位价格 P' 只有原来 P_0 的 2/10。在这个较低的价格之下，医疗服务的需求量增加到了 Q_1，患者需要支付的医疗服务支出为矩形 $OP'E'Q_1$，政府提供医疗保险的支出为矩形 $P'P_0AE'$。由此可以看出，政府提供医疗保险的结果是整个市场的医疗服务支出由原来的 OP_0EQ_0 增加为 OP_0AQ_1，增加的支出为矩形 Q_0EAQ_1。

从患者的角度来看，政府提供医疗保险服务之后，他们获得的收益为 $Q_0EE'Q_1$，这也就意味着医疗保险的引入导致了整个市场的效率损失，损失的部分可以用三角形 EAE' 的面积来表示。

四、财政补贴支出的作用机理

财政补贴是通过影响相对价格，进而改变资源配置结构，调节社会总供给与总需求的无偿支出。财政补贴的两个基本形式是明补与暗补。所谓明补又叫现金补贴，就是政府以现金形式直接将补贴给予最终受补贴者，在不改变商品价格的条件下，通过改变消费者的预算收入而影响消费者的决策。所谓暗补又叫价格补贴，就是政府将补贴给予向最终消费者提供公共产品或服务的经营者，从而降低公共产品或服务的价格，提高最终消费者的福利水平。

明补的直接效应就是增加了受补贴者的收入，提高了受补贴者的效用水平。在图 6－4 中，消费者消费两种商品，X 轴为补贴商品，Y 轴为普通商品。明补前，消费者的预算线为 AB，与无差异曲线 U_1 相切于点 C，此时消费者消费的 X 商品的数量为 X_1，消费的 Y 商品的数量为 Y_1；明补后，消费者的预算线的斜率不变，但由于获得了政府补助收入上升，产生了收入效应，使预算线向外平移到 $A'B'$，并与无差异曲线 U_2 相切于点 C'，此时消费者消费的 X 商品的数量为 X_2，消费的 Y 商品的数量为 Y_2，购买的两类商品比例没变但是数量更多了。

暗补的直接效应就是降低了公共产品或服务的价格，提高了人民的福利水平。在图 6－5 中，消费者消费两种商品，X 轴为补贴商品，Y 轴为普通商品。暗补前，消费者的预算线为 AB，与无差异曲线 U_1 相切于点 D，此时消费者消费的 X 商品的数量为 X_1，消费的 Y 商品的数量为 Y_1；暗补后，补贴使得 X 商品价格降低，消费者的预算线发生旋转，斜率改变，同时产生收入效应和替代效应，预算线变为 AB'，与无差异曲线 U_2 相切于点 D'，此时消费者更倾向于增加购买补贴商品 X 而减少普通商品 Y 的消费。不过 Y 商品的消费数量也有可能会增加，这

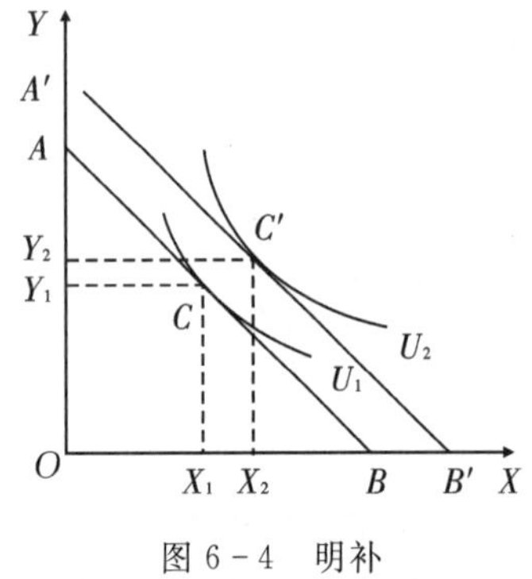

图 6－4 明补

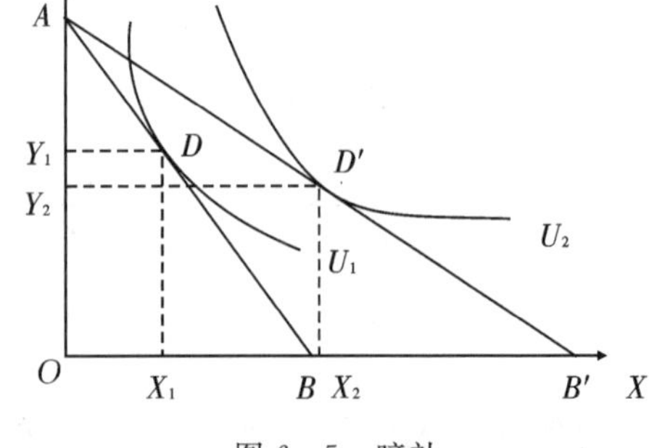

图 6－5 暗补

主要取决于收入效应和替代效应的大小关系。

与暗补相比，明补不改变商品之间的相对价格，只产生收入效应，而暗补却在增强消费者购买力的同时，改变了商品之间的相对价格，产生收入效应和替代效应，带来了效率损失。尽管明补比暗补更有效率，但明补是对所有商品的补贴，难以通过对特定商品的补贴以实现对低收入人群的关注。而暗补却有明补所没有的这一优越性，它可以帮助政府实现特定的救助目标。因此，在制定补贴方案的时候，要做全面系统的对比研究，在从不同的角度认真权衡各方面利弊的基础上，合理选择补贴方式。

第二节　财政购买性支出主要项目

一、购买性支出项目概览

(一)购买性支出的规模

购买性支出的规模和结构规定着政府活动的范围和方向，反映着政府提供公共产品、履行公共服务职能的有效性。我国政府所承担的资源配置职能范围较广、比例较大，使得购买性支出占一般预算支出的比重长期较大。从动态角度看，如表 6－1 所示，从 2007 年政府收支分类改革以来至“十三五”期间，中国财政购买性支出的比重呈现缓慢下降的趋势，购买性支出的规模在不断上升，转移性支出的比重则缓慢上升，二者的差距有所缩小。购买性支出占 GDP 的比重在不断上升，体现着经济的不断快速发展，收入水平的提高，政府为满足公民对于公共服务的需求，购买性支出的规模也在不断增长。“瓦格纳法则”阐述了 GDP 与公共支出之间的关系，当国民收入增长时，财政支出会以更大的比例增长。随着人均收入水平的提高，政府财政支出占国民收入的比重也将会提高。

表 6－1　2007—2018 年我国购买性支出的规模变化

年份	购买性支出/亿元	较上年增速/%	占财政支出比重/%	占 GDP 比重/%
2007	34625.14	49.85	69.55	12.82
2008	42884.48	23.85	68.51	13.43
2009	52120.22	21.54	68.31	14.95
2010	58069.46	11.41	64.61	14.09
2011	68351.73	17.71	62.57	14.01
2012	81828.65	19.72	64.97	15.19
2013	90731.88	10.88	64.71	15.30
2014	99335.45	9.48	65.44	15.44
2015	110979.49	11.72	63.10	16.11
2016	124152.47	11.87	66.12	16.63
2017	135348.06	9.02	66.65	16.27
2018	144525.02	6.78	65.42	15.72

数据来源：中国统计年鉴 2008—2019 年，http://www.stats.gov.cn/tjsj/ndsj/。购买性支出由投资性支出(全社会固定资产投资中国家预算内资金)、国防支出、行政支出、教育支出、医疗卫生支出、科学技术支出组成，其中政府投资性支出除了预算内资金，还包括发行国家债券、贷款等方式进行的政府投资性支出。

(二)购买性支出的结构

从结构上看,购买性支出可以分为社会消费性支出和投资性支出两类。这两种支出都是社会再生产正常运行所必需的支出。二者的主要区别在于,社会消费性支出是维护政府机构正常运转和政府提供公共服务所需的支出,不会形成社会资产;投资性支出主要用于基础设施、农业、高技术高风险产业的建设发展,最终会形成社会资产。如图 6-6 所示,从我国购买性支出结构变化来看,消费性支出的整体走势与购买性支出高度相似。消费性支出占一般公共预算支出的比重在 2007—2009 年间有明显下降,2009 年至"十三五"期间波动趋缓,到 2018 年消费性支出的比重为 47.87%。投资性支出占一般公共预算支出的比重在 2007 年为 11.77%,此后有所上涨,2008 年受全球金融危机的影响,我国采取了积极的财政政策,因而投资性支出的比重出现较大的增长,到 2009 年上升到 16.63%,尽管在 2010 年与 2011 年投资性支出的比重出现下降,但近年来我国提出的一系列重大工程项目,例如"一带一路""粤港澳大湾区""京津冀一体化"等,使得政府投资性支出的比重上升到 20%左右。

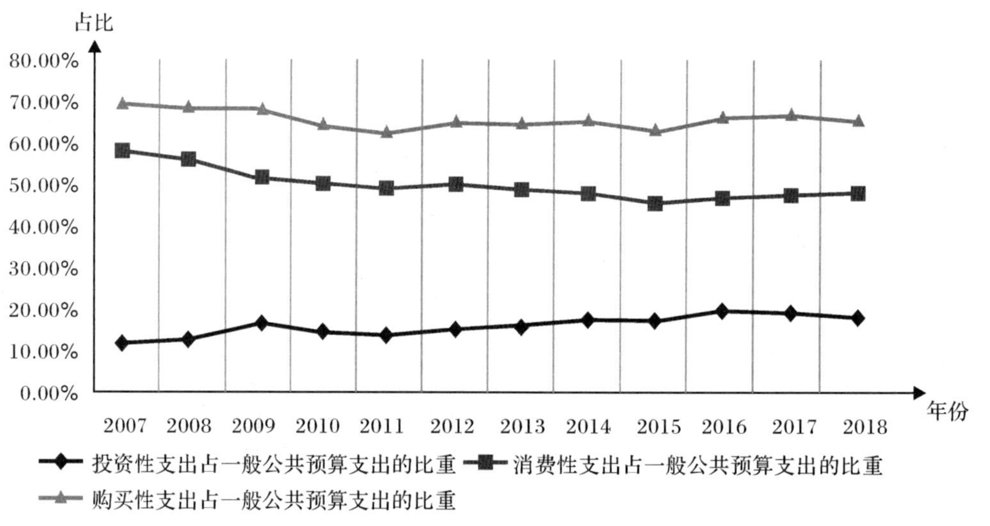

图 6-6 2007—2018 年购买性支出结构的变动趋势

数据来源:中国统计年鉴 2008—2019 年。购买性支出由投资性支出、国防支出、行政支出、教育支出、医疗卫生支出、科学技术支出组成。

二、社会消费性支出项目

我国社会消费性支出主要包括国防支出、教育支出、行政管理支出、科技与卫生支出等项目。近年来,我国消费性支出始终保持着稳步增长的态势(见图 6-7),从 2007 年到 2018 年,支出绝对规模增长了约 2.7 倍,在保证国家主权及领土完整、维护国内政局稳定、促进社会科教文卫等各项事业的健康发展方面发挥了巨大作用。

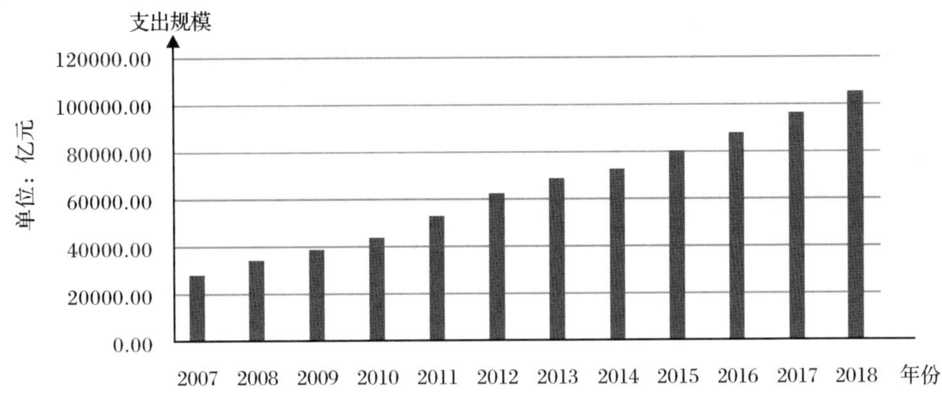

图 6-7　2007—2018 年我国社会消费性支出规模变化

数据来源：中国统计年鉴 2008—2019 年。图中社会消费性支出数额由国防支出、财政教育支出、行政管理支出、财政科技与卫生支出四项主要支出项目数额计算所得。

(一)国防支出

国防支出即国家防卫支出，是指国家用于国防建设、国防科技事业、军队正规化建设和民兵建设、各军兵种和后备部队的经常性开支、专项军事工程以及战时的作战经费等方面的军事支出，具有纯公共品的非排他性和非竞争性特点，在各国财政支出中占据着相当重要的地位。根据《2020 年政府收支分类科目》，国防支出下设现役部队、国防科研事业、专项工程、国防动员和其他国防支出五款支出。

国防支出的规模与结构集中反映了一个国家的国防战略和国防政策，它实际上是一个国家国防战略的数字化。中国奉行防御性的国防政策，无论从国防预算占国内生产总值、国家财政支出的比重看，还是从人均数额看，我国的国防投入水平都低于世界主要国家。中国国防开支的多少最终取决于维护国家主权、安全、发展利益的需要，取决于应对现实和未来军事威胁的需要。表 6-2 列示了 2007 年至 2018 年中国国防支出、较上年增速及其占财政支出和 GDP 比重。近年来，我国的国防支出绝对额保持了稳步增长，但是国防费占国家财政支出比重有所下降，2018 年我国国防费支出 11280.46 亿元，占财政支出比重 5.11%。

表 6-2　中国国防支出、较上年增速及其占财政支出和 GDP 的比重

项目年份	国防支出/亿元	较上年增速/%	占财政支出比重/%	占 GDP 比重/%
2007	3554.91	—	7.14	1.32
2008	4178.76	17.55	6.68	1.31
2009	4951.10	18.48	6.49	1.42
2010	5333.37	7.72	5.93	1.29
2011	6027.91	13.02	5.52	1.24
2012	6691.92	11.01	5.32	1.24
2013	7410.62	10.74	5.29	1.25

续表

项目年份	国防支出/亿元	较上年增速/%	占财政支出比重/%	占 GDP 比重/%
2014	8289.50	11.86	5.46	1.29
2015	9087.84	9.63	5.17	1.32
2016	9765.80	7.46	5.20	1.31
2017	10432.37	6.83	5.14	1.25
2018	11280.46	8.13	5.11	1.23

数据来源:①国防支出与财政支出数据来源于中国统计年鉴 2008—2019 年;

②国内生产总值(GDP)数据取自国家统计局—数据查询—年度数据—国内生产总值。

从实践看,中国国防费开支的方向具有社会建设性和历史补偿性,且完全服从于国家防御性战略的需要。改革开放 40 年的前半程,军队长期过紧日子,导致军人待遇和福利保障长期处于低水平,装备水平落后、战略训练水平低,与其他国家特别是军事大国相比,历史拖欠较多。自 2012 年以来增长的国防费,主要用于适应国家经济社会发展,相应提高官兵生活福利待遇和改善工作、训练条件;更新老旧装备,稳步提升防御性武器装备的现代化水平;保障深化国防和军队改革、保障实战化训练和部队完成多样化军事任务。

从结构上看,我国国防支出项目按用途划分主要包括人员生活费、训练维持费和装备费,其构成基本各占三分之一(见表 6-3)。人员生活费用于军官、文职干部、士兵和聘用的非现役人员以及军队供养的离退休干部的工资、津贴、伙食、被装、保险、福利、抚恤等。训练维持费用于部队训练、院校教育、工程设施建设维护以及其他日常消耗性支出。装备费则用于武器装备的研究、试验、采购、维修、运输、储存等。

表 6-3　部分年度国防费构成

项目年份	人员生活费/%	训练维持费/%	装备费/%
2010	34.9	31.9	33.2
2011	34.3	31.5	34.2
2012	29.2	34.8	36.0
2013	27.0	36.4	36.6
2014	28.6	32.3	39.1
2015	31.0	28.8	40.2
2016	31.3	27.4	41.3
2017	30.8	28.1	41.1

数据来源:国务院新闻办公室 2019 年 7 月 24 日发表的《新时代的中国国防》白皮书。

[资料链接 6-1]

国防费的国际比较

在2017年国防费位居世界前列的国家中，中国国防费无论是占国内生产总值和国家财政支出的比重，还是国民人均和军人人均数额，都处于较低水平。

中国已成为世界第二大经济体。国防费规模相应居于世界第二位，是由中国的国防需求、经济体量、防御性国防政策所决定的。从开支总量看，2017年中国国防费不到美国的四分之一。

从国防费占国内生产总值比重看，2012年至2017年，中国国防费占国内生产总值平均比重约为1.3%，美国约为3.5%、俄罗斯约为4.4%、印度约为2.5%、英国约为2.0%、法国约为2.3%、日本约为1.0%、德国约为1.2%。中国国防费占国内生产总值的平均比重在国防费位居世界前列的国家中排在第六位，是联合国安理会常任理事国中最低的。

从国防费占财政支出比重看，2012年至2017年，中国国防费占财政支出平均比重约为5.3%，美国约为9.8%、俄罗斯约为12.4%、印度约为9.1%、英国约为4.8%、法国约为4.0%、日本约为2.5%、德国约为2.8%。中国国防费占财政支出的平均比重排在第四位。

从人均国防费水平看，2017年中国国民人均国防费为750元人民币，约相当于美国的5%、俄罗斯的25%、印度的231%、英国的13%、法国的16%、日本的29%、德国的20%。中国军人人均国防费为52.16万元人民币，约相当于美国的15%、俄罗斯的119%、印度的166%、英国的27%、法国的38%、日本的35%、德国的30%。中国国民人均国防费排在第七位，军人人均国防费排在第六位。

总体上看，中国国防费是公开透明的，开支水平是合理适度的，与世界主要国家相比，国防费占国内生产总值和财政支出的比重、人均国防费偏低。中国是世界上唯一尚未实现完全统一的大国，是世界上周边安全形势最复杂的国家之一，维护国家主权、领土完整、海洋权益等面临严峻挑战。中国日益走近世界舞台中央，国际社会对中国军队提供国际公共安全产品的期待不断增大。中国军队处于向信息化转型阶段，顺应世界新军事革命发展趋势、推进中国特色军事变革的任务艰巨繁重。中国国防开支与维护国家主权、安全、发展利益的保障需求相比，与履行大国国际责任义务的保障需求相比，与自身建设发展的保障需求相比，还有较大差距。中国国防开支将与国家经济发展水平相协调，继续保持适度稳定增长。

资料来源：国务院新闻办公室2019年7月24日发表的《新时代的中国国防》白皮书。

（二）教育支出

财政教育支出，是指政府用于维持和发展各类教育事业方面的财政支出。按现行统计体系，国家财政性教育经费包括公共财政预算内教育经费、政府性基金预算安排的教育经费和企业办学、校办产业等其他财政性教育经费。在《2020年政府收支分类科目》中，教育支出具体分为教育管理事务、普通教育、职业教育、成人教育、广播电视教育、留学教育、特殊教育、进修及培训、教育费附加安排的支出和其他教育支出十项内容。

教育服务具有一定私人产品特性，受教育者可以增加知识，提高自己的能力，获得更多的收入和晋升机会。但是教育，尤其是基础性教育，却一直是各国财政支出中的重要方面。为什么政府要介入教育供求的调节之中？具体原因主要有以下几方面。

首先，教育具有正的外部效应。在现代社会，教育是一种人力资本投资行为。人们投资于教育，不仅可以提高其人力资本的未来生产率，而且会使整个社会因受教育者文化程度的提高而受益。因此，教育如果完全由市场来提供，那么这种外在的收益不可能由兴办教育的私人主体获得，因而他们提供的教育数量会低于社会的期望水平，造成教育供求失衡，市场对此无能为力。一般来说，受教育越多越有利于整个民族素质的提高和国民经济的发展，因此，教育不仅是有利于个人的支出项目，也是有利于国家和社会的支出项目，所以这种支出必须由政府参与。不过，由于不同层次的教育呈现不同的特点，政府对各级教育的干预程度应存在差别（见图 6-8）。初等教育是外部收益更为明显的教育，政府需在初等教育中承担更多的责任。

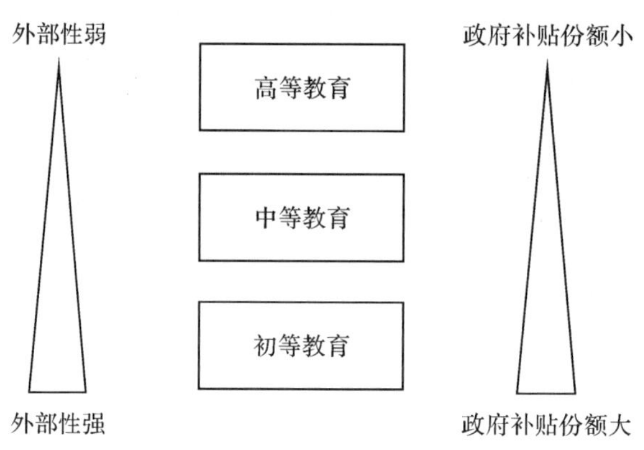

图 6-8　不同层级教育产品的外部性

其次，政府干预教育有利于机会公平，缩小收入分配差距。一方面，对不同收入水平的家庭来说，教育的投入，不仅存在不同的直接成本，而且还存在不同的机会成本，低收入家庭往往比高收入家庭有更高的机会成本，这就使得处于不同收入水平家庭的子女在教育市场中会得到不同的教育服务；另一方面教育又影响一个人未来的收入水平，这会使收入分配差距产生累积效应。因此，政府对教育的资助有助于在一定程度上促进机会的平等，从而缩小收入分配差距。

再次，由于信息的不充分，市场无法使教育供求达到均衡。充分信息是市场得以发挥作用的基本条件之一。信息的不对称使得消费者很容易做出错误的购买决策，这就对生产者产生误导，结果造成资源配置的无效率。在教育市场上，信息不完全的情况同样存在。由于个人对接受教育能否获得收益以及收益的大小不了解，就会做出错误的教育选择。例如，由于对教育的无知，父母很可能不让子女接受他应当享有的教育；与此相反，对教育的收益率估计过高，会导致人们不切实际地增加对教育的需求。因而，市场仅仅依靠学费、教育预期报酬等信号调节教育供求，有时不能奏效。此时，政府介入教育供求的调节也就成为必然。

最后，教育中存在规模经济，教育机构作为教育机会的提供者，也有一个规模适度的问题。比如，人口稀疏的农村或边远山区学校的规模一般都比较小，教育的供给成本比较高，如果没有政府对教育的补贴，教育中规模经济的存在可能导致这些地区学校教育供给的不足。教育中规模经济可能导致的另一个问题是低效率。教育市场中一些规模较大的学校会以较低的供给成本把其他的学校排挤出去，形成垄断局面。在垄断教育市场中，处于垄断地位的教育供给者会提供给需求者价高质次的教育，从而造成教育资源的低效率配置。显然，政府应当采取措施防止垄断的产生，以免损害教育的长远发展。

我国是发展中国家，人口众多，社会各项事业发展对财政资金的需求量很大。为了解决教育资金投入不足的问题，1993 年我国颁布了《中国教育改革和发展纲要》，提出在 2000 年前逐步将国家财政性教育经费提高到占 GDP 的 4%，达到发展中国家 20 世纪 80 年代的平均水平这一目标。遗憾的是，在 20 世纪结束前，这一发展目标未能实现。1998 年之后，随着我国公共财政框架的逐步建立，教育成为财政的重点保障领域，农村义务教育经费保障机制改革等一大批具有重要意义的教育财政制度纷纷出台，我国对教育的战略地位认识逐步提高。近年来，我国财政教育投入一直保持稳定增长，2012 年，我国实现了财政性教育经费支出占 GDP 比重达 4%的目标，从那时起，连续七年保持在这一水平之上，中国正式步入“后 4%时代”。表 6-4 列示了 2007—2018 年我国财政教育支出、较上年增长率及其占财政支出、GDP 的比重。随着中国教育改革的不断深入，教育经费投入机制的核心问题也由“促增长”转变为“稳增长、调结构、促改革”。2017 年《国家教育事业发展“十三五”规划》明确提出，中国教育发展已进入提高质量、优化结构、促进公平的新阶段。

表 6-4　中国国家财政教育支出、较上年增速及其占财政支出和 GDP 的比重

项目年份	财政教育支出/亿元	较上年增长率/%	占财政支出比重/%	占 GDP 比重/%
2007	8280.21	—	16.63	3.07
2008	10449.63	26.20	16.69	3.27
2009	12231.09	17.05	16.03	3.51
2010	14670.07	19.94	16.32	3.56
2011	18586.70	26.70	17.01	3.81
2012	23147.57	24.54	18.38	4.30
2013	24488.22	5.79	17.47	4.13
2014	26420.58	7.89	17.41	4.11
2015	29221.45	10.60	16.61	4.24
2016	31396.25	7.44	16.72	4.21
2017	34207.75	8.95	16.84	4.11
2018	36995.80	8.15	16.75	4.02

数据来源：国家统计局—数据查询—年度数据—国家财政性教育经费. https://data.stats.gov.cn/.

教育支出已经成为公共财政的一大支出。国家不断加大财政教育投入，全国教育经费快速增长，财政性教育经费居主导地位，我国教育总体发展水平进入世界中上行列。但是在肯定中国教育经费投入支持教育事业发展取得巨大成绩的同时，也要看到中国教育经费投入仍旧不足的现实。2018 年中国教育经费财政投入占 GDP 的比例为 4.02%，这一比例不仅低于 2015 年 OECD 国家 5%的平均值，也低于 2015 年世界 112 个国家 4.7%的平均水平①，中国公共财政教育经费投入水平在国际上来说依然偏低。因此，要进一步加大财政性教育经费投入，完善教育经费投入稳定增长机制，同时还要与教育事业改革发展结合起来，优化支出结构，健全多元筹资机制，充分调动社会力量兴办教育的积极性，促进教育生态多样化，形成各具特色和活跃开放的现代教育投资市场。

① 钟晓敏. 财政学[M]. 3 版. 北京：高等教育出版社，2020.

(三)行政管理支出

行政管理支出是指财政用于国家权力机关、行政管理机关、司法检察机关和外事机构行使其职能所需要的费用支出,是维持国家政权存在、保障各级国家管理机构正常运转必需的费用,是政府服务社会的基础。行政管理属于纯公共品范畴,满足公共产品的非排他性和非竞争性,行政支出是一种非生产性的社会消费性支出。

2007 年我国全面实施政府收支分类改革,在收支分类范围、分类体系的构成和具体科目设置办法上进行了较大的调整,建立了新的政府支出功能分类体系。此次改革取消了“行政管理费”科目,现行我国行政管理支出可分解为一般公共服务、公共安全和外交支出三类(三类支出所含具体项目见表 6-5)。一般公共服务支出主要用于保障机关事业单位正常运转,支持各机关单位履行职能,保障各机关部门的项目支出需要等。公共安全支出主要包括公安、国家安全、检察院、法院、司法、监狱、劳教和缉私警察支出等。外交支出则指国家外事机构进行外交活动的经费支出。

表 6-5　一般公共服务、公共安全和外交支出科目

一般公共服务 (27 款)	人大事务、政协事务、政府办公厅(室)及相关机构事务、发展与改革事务、统计信息事务、财政事务、税收事务、审计事务、海关事务、人力资源事务、纪检监察事务、商贸事务、知识产权事务、民族事务、港澳台事务、档案事务、民主党派及工商联事务、群众团体事务、党委办公厅(室)及相关机构事务、组织事务、宣传事务、统战事务、对外联络事务、其他共产党事务支出、网信事务、市场监督管理事务、其他一般公共服务支出
外交支出 (9 款)	外交管理事务、驻外机构、对外援助、国际组织、对外合作与交流、对外宣传、边界勘界联检、国际发展合作、其他外交支出
公共安全支出 (11 款)	武装警察部队、公安、国家安全、检察、法院、司法、监狱、强制隔离戒毒、国家保密、缉私警察、其他公共安全支出

资料来源:《财政部关于印发〈2020 年政府收支分类科目〉的通知》(财预〔2019〕142 号)。

如表 6-6 所示,新的支出分类口径实施以来,我国行政管理支出数额逐年上升,2018 年达 32742.53 亿元,占财政支出比重为 14.82%,相比 2007 年下降了约 10 个百分点。在行政管理支出三个类别支出中,一般公共服务支出占比最大(见图 6-9)。

表 6-6　国家行政管理支出、较上年增速及其占财政支出和 GDP 的比重

项目年份	行政管理支出/亿元	较上年增长率/%	占财政支出比重/%	占 GDP 比重/%
2007	12215.68	—	24.54	4.52
2008	14096.40	15.40	22.52	4.42
2009	14159.24	0.45	18.56	4.06
2010	15124.08	6.81	16.83	3.67
2011	17601.63	16.38	16.11	3.61
2012	20145.89	14.45	15.99	3.74
2013	21897.67	8.70	15.62	3.69

续表

项目年份	行政管理支出/亿元	较上年增长率/%	占财政支出比重/%	占 GDP 比重/%
2014	21986.27	0.40	14.49	3.42
2015	23408.07	6.47	13.31	3.40
2016	26304.48	12.37	14.01	3.52
2017	29493.38	12.12	14.52	3.54
2018	32742.53	11.02	14.82	3.56

数据来源:中国统计年鉴 2008—2019 年。2007 年及以后行政管理支出数据根据统计年鉴中一般公共服务支出、外交支出和公共安全支出计算所得。

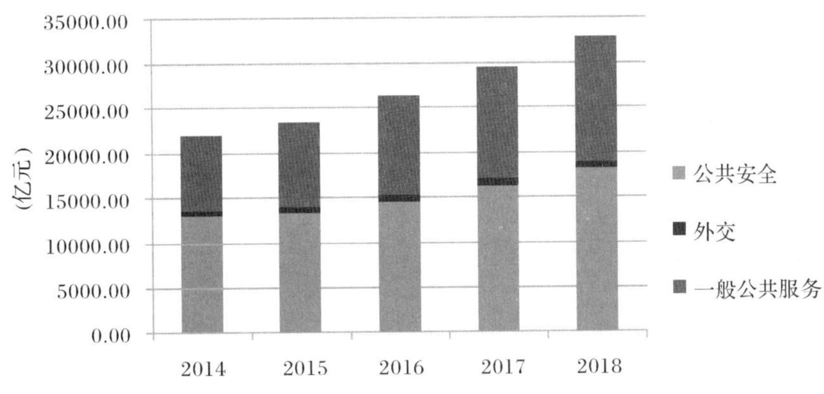

图 6-9　2014—2018 年我国行政管理支出构成

数据来源:中国统计年鉴 2015—2019 年。

行政管理支出的规模由多种因素共同作用形成,并且具有历史延续性。直接影响因素主要有经济总体增长水平、财政收支规模、政府职能及其相应的行政组织规模、政府治理结构、财政预算体制、行政效率以及行政管理费本身的使用效率等。改革开放以来,我国行政管理支出绝对规模与相对规模的扩大,其中有正常因素,也有非正常因素。正常情况下,随着社会经济的发展,包括公、检、法在内的公共事务日益增多,行政管理支出的增长有其一定的必然性。但是我国也长时间存在机构臃肿、人员庞杂和"四风"等问题。社会主义市场经济改革的目标之一,就是要转变政府职能,削减政府机构,提高行政效率。近年来,国家加强了行政经费的管理尤其是加大整顿"三公"经费的力度。围绕降低行政成本这一目标,各级财政部门做了大量工作,通过深化财政管理制度改革、严控人员经费支出、加强公务用车、公务接待和因公出国管理等举措,行政经费支出优化已取得明显成效。

(四)科技与卫生支出

1. 科技支出

科技支出是指财政在科学技术研究方面的专项支出,是财政支出的重要组成部分。根据《2020 年政府收支分类科目》,科学技术支出包括科学技术管理事务、基础研究、应用研究、技术研究与开发、科技条件与服务、社会科学、科学技术普及、科技交流与合作、科技重大项目和其他科学技术支出十项内容。

科技是国家发展之利器，但是科研支出具有风险高、投资规模大、回报周期长的特性，所以仅依靠市场力量无法对企业产生有效激励，政府的介入则有利于降低企业投资成本，分担投资风险。“十二五”时期以来特别是党的十八大以来，党中央、国务院高度重视科技创新，明确把提高自主创新能力摆在突出地位，并做出深入实施创新驱动发展战略的重大决策部署，持续加大对科技的投入。我国已成为具有重要影响力的科技大国，科技创新能力持续提升，战略性高技术不断突破，取得了一系列重大创新成果。

表6－7展示了2007—2018年我国财政科技支出金额、增速及其占财政支出和GDP的比重。在这十多年间我国财政科技支出绝对数额逐年增长，但科研经费占财政支出的比重却没有明显的提高，2007年这一比重为3.58%，2018年为3.77%。

表6－7　国家财政科技支出、较上年增速及其占财政支出和GDP的比重

项目年份	财政科技支出/亿元	较上年增长率/%	占财政支出比重/%	占GDP比重/%
2007	1783.04	—	3.58	0.66
2008	2129.21	19.41	3.40	0.67
2009	2744.52	28.90	3.60	0.79
2010	3250.18	18.42	3.62	0.79
2011	3828.02	17.78	3.50	0.78
2012	4452.63	16.32	3.54	0.83
2013	5084.30	14.19	3.63	0.86
2014	5314.45	4.53	3.50	0.83
2015	5862.57	10.31	3.33	0.85
2016	6563.96	11.96	3.50	0.88
2017	7266.98	10.71	3.58	0.87
2018	8326.65	14.58	3.77	0.91

数据来源：中国统计年鉴2008—2019年。

当然，财政拨款只是财政科技投入的一条渠道，财政还通过科技三项费用、税收优惠和财政补贴等多种渠道带动和鼓励民间科技的投入，采取相应的政策激励广大企业扩大自主积累、增加科研费用，推动企业成为技术创新的主体等一系列措施使得我国企业投入主体地位日益稳固。根据2018年全国科技经费投入统计公报，我国研究与试验发展（R&D）投入的三大主体，企业、政府所属研究机构和高等学校的R&D经费支出所占比重分别为77.4%、13.7%和7.4%。我国已经形成多元化、多渠道、以企业为主体的科技经费投入格局，高新技术企业税收减免和研发费用加计扣除等创新支持政策的带动和放大效应也正在凸显。

但是，我国与世界发达国家的水平相比还有较大差距。2017年美国研究与开发（R&D）支出为5432亿美元，占其DGP的2.79%；日本R&D支出占其GDP的3.21%；德国研发支出与GDP的比重为3.04%①。高水平的R&D投入强度是这些国家具有较高创新能力的重

① 资料来源：中国科技统计年鉴2019。

要保障。与进入创新型国家行列和建设世界科技强国的要求相比，我国科技创新也还存在一些薄弱环节和深层次问题，主要表现为：科技基础仍然薄弱、关键领域核心技术受制于人的局面没有从根本上改变，许多产业仍处于全球价值链的中低端，制约创新发展的思想观念和深层次体制机制障碍依然存在，高层次领军人才的缺乏，等等，所以继续提高科技投入水平、深化科技体制改革依然是各级政府的共同选择。

2. 卫生支出

政府卫生支出是指各级政府财政支出中用于公共卫生服务、医疗服务两个方面的全部资金投入。公共卫生服务是为社会公众的卫生服务，如卫生防疫、传染病防护、职业病研究等，是具有很大外部效应的纯公共产品，其利益是社会公众可以无差别享受到的；而医疗服务是指一般性的疾病治疗和享受性的保健服务，由于接受服务的对象是具体的个人，具有排他性，其利益体现为私人化，因此，医疗服务具有私人产品的性质，可以通过市场来交换。在《2020 年政府收支分类科目》中，"卫生健康支出"类别下主要包括卫生健康管理事务、公立医院、基层医疗卫生机构、公共卫生、中医药、计划生育事务、行政事业单位医疗、财政对基本医疗保险基金的补助、医疗救助、优抚对象医疗、医疗保障管理事务、老龄卫生健康事务和其他卫生健康支出等内容。

改革开放以来，我国在公共卫生的各个方面均取得了巨大的成就，卫生总费用和政府卫生支出都呈现出逐渐增长的趋势。表 6－8 反映了 2007—2018 年政府卫生支出、较上年增速及其占财政支出、GDP 和卫生总费用的比重，2007 年政府卫生支出占 GDP 比重为 0.96%，2018 年已增长为 1.78%。政府卫生支出占财政支出和卫生总费用的比重也明显增大，说明政府加大了对卫生事业的投入力度，这些变化主要是由于卫生投入体制的变迁以及国情所决定的。但是卫生总费用由政府卫生支出、社会卫生支出和个人卫生支出三部分组成。2018 年我国政府卫生支出占卫生总费用的比重为 27.74%，仍是三者中占比较低的部分，社会和个人仍然承担了相对较大的份额。医疗卫生属于公共品中的准公共品，其特点是存在明显的效益外溢性，因此从理论上讲，政府还需随着社会经济发展不断加大医疗卫生支出力度，建立稳定长效的政府卫生投入机制。

表 6－8　政府卫生支出、较上年增速及其占财政支出、GDP 和卫生总费用的比重

项目年份	政府卫生支出/亿元	较上年增长率/%	占财政支出比重/%	占 GDP 比重/%	占卫生总费用比重/%
2007	2581.58	—	5.19	0.96	22.31
2008	3593.94	39.21	5.74	1.13	24.73
2009	4816.26	34.01	6.31	1.38	27.46
2010	5732.49	19.02	6.38	1.39	28.69
2011	7464.18	30.21	6.83	1.53	30.66
2012	8431.98	12.97	6.69	1.57	29.99
2013	9545.81	13.21	6.81	1.61	30.14
2014	10579.23	10.83	6.97	1.64	29.96

续表

项目年份	政府卫生支出/亿元	较上年增长率/%	占财政支出比重/%	占GDP比重/%	占卫生总费用比重/%
2015	12475.28	17.92	7.09	1.81	30.45
2016	13910.31	11.50	7.41	1.86	30.01
2017	15205.87	9.31	7.49	1.83	28.91
2018	16399.13	7.85	7.42	1.78	27.74

数据来源：政府卫生支出与卫生总费用数据取自中国统计年鉴2019年。

《2010中国卫生统计年鉴》将卫生事业费、中医事业费、食品药品监督管理费、医学科研经费、预算内基本建设经费以及政府其他部门卫生经费等项目统一合并为医疗卫生服务支出项；医疗保障支出项主要反映城镇居民基本医疗保险、城镇职工基本医疗保险和新型农村合作医疗保险支出；此外还有行政管理事务支出项和人口与计划生育事务支出项目。图6-10展示了2000—2018年间我国政府卫生支出中这四个功能项支出的比例变化。在这近二十年间，政府卫生支出结构比例主要体现在医疗卫生服务和医疗保障支出的相互调整上，这两者比重出现较大幅度变化的原因是，政府推动医疗改革加大了医疗保障支出，城镇职工基本医疗保险、新型农村合作医疗保险制度和城镇居民基本医疗等保险制度相继建立和全面施行。以卫生事业费为核心的医疗卫生服务支出反映了政府直接配置医疗资源的经济手段，是行政力量主导下的资源配置，而医疗保障支出则主要通过患者实现需求与供给的市场选择，是由市场进行资源匹配。政府改变以前主要向医疗供给方提供资金的模式，转而向需求市场投入资源，表明医疗卫生领域经费投入已全面进入医保化阶段①。

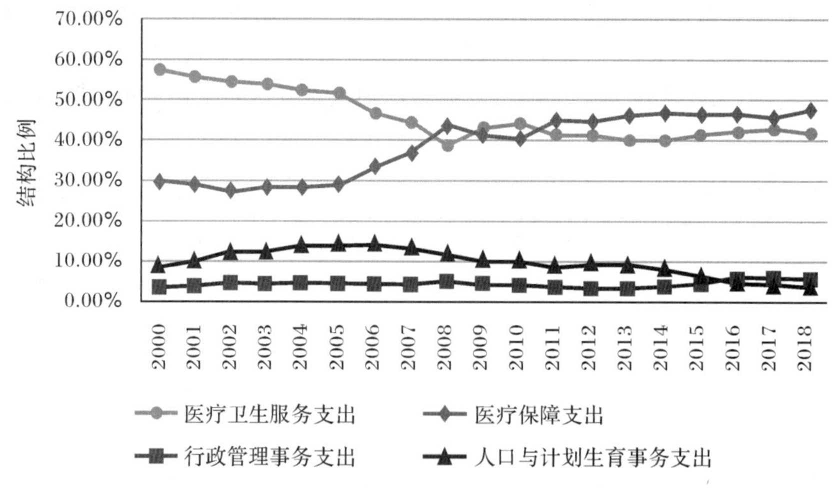

图6-10　2000—2018年政府卫生支出结构比例

数据来源：中国卫生健康统计年鉴2019年。

① 徐世黔，张嘉斌．预算偏好下的政府卫生支出结构变迁[J]．中国卫生经济，2016，35(1)：50-52.

(五)其他支出

除了以上国防支出、教育支出、行政管理支出、科技与卫生支出外，社会消费性支出还包括：

(1)文化旅游体育与传媒支出。按《2020 年政府收支分类科目》，其包括文化和旅游、文物、体育、新闻出版电影、广播电视以及其他文化旅游体育与传媒支出。

(2)农林水支出。按《2020 年政府收支分类科目》，其包括农业农村、林业和草原、水利、扶贫、农村综合改革、普惠金融发展支出、目标价格补贴以及其他农林水支出。

三、政府投资性支出项目

(一)政府投资支出概述

私人投资以私人为主体，政府投资则以政府为主体。与财政消费性支出不同，政府投资支出最终会形成收益。正是因为这一特征，财政投资所需资金不仅采取国家无偿拨款的形式，而且更多地通过负债融资的形式获取投资所需要的资金，比如发行国家债券，向政策性银行进行贷款等。2007 年以前，我国以"经济建设费"作为对政府投资支出的衡量，主要包括财政预决算支出统计中的基本建设支出、企业挖潜改造资金、科技三项费用、支援农村生产支出、国家物资储备支出、城市维护费、地质勘探费、支援经济不发达地区发展资金、商业部门简易建设支出等项目。2007 年政府收支分类改革以后，由于统计口径的改变，政府投资支出分布于按功能性质分别统计的各类财政支出中，如节能环保支出项下的天然林保护工程建设、退耕还林工程建设、信息化建设、农村电网建设；城乡社区支出项下的小城镇基础设施建设；农林水支出项下的农村道路建设、水利工程建设、南水北调工程建设、农村基础设施建设；交通运输支出项下的公路新建、公路改建、公路养护、铁路路网建设、机场建设等。此外，还有一部分政府投资支出被计入政府性基金预算和国有资本经营预算①。

(二)政府投资的决策标准

政府投资性支出的资金主要来自全社会固定资产投资中国家预算内资金②，国家预算包括一般预算、政府性基金预算、国有资本经营预算和社保基金预算。各类预算中用于固定资产投资的资金全部作为国家预算资金填报，其中一般预算中用于固定资产投资的部分包括基建投资、车购税、灾后恢复重建基金和其他财政投资。如图 6-11 所示③，我国政府投资性支出在逐年增长。受 2008 年金融危机的影响，我国 2009 年投资性支出规模有较大的增长，通过投资来拉动经济社会的发展。近年来，随着我国经济进入新常态，更加注重经济持续健康协调的发展，以及面对着日益复杂的国际经济环境，政府投资性支出规模不断增长，引导产业升级，提升竞争力，促进区域协调发展，更好地推动我国经济的高质量发展。与此同时，政府部门为追求短期的政绩目标，重形象而轻效益，存在一些盲目投资、过度投资的问题，造成财政资金和社会资源的浪费，使得政府投资的资金难以科学高效地发挥作用。

---

① 刘怡. 财政学[M]. 3 版. 北京：北京大学出版社，2016.

② 政府投资性支出资金来源不仅包括预算内资金，还包括发行国债等方式筹集的资金。

③ 统计数据为全社会固定资产投资中国家预算内资金，政府投资性支出还包括政府发行的国债、地方政府专项债券等。

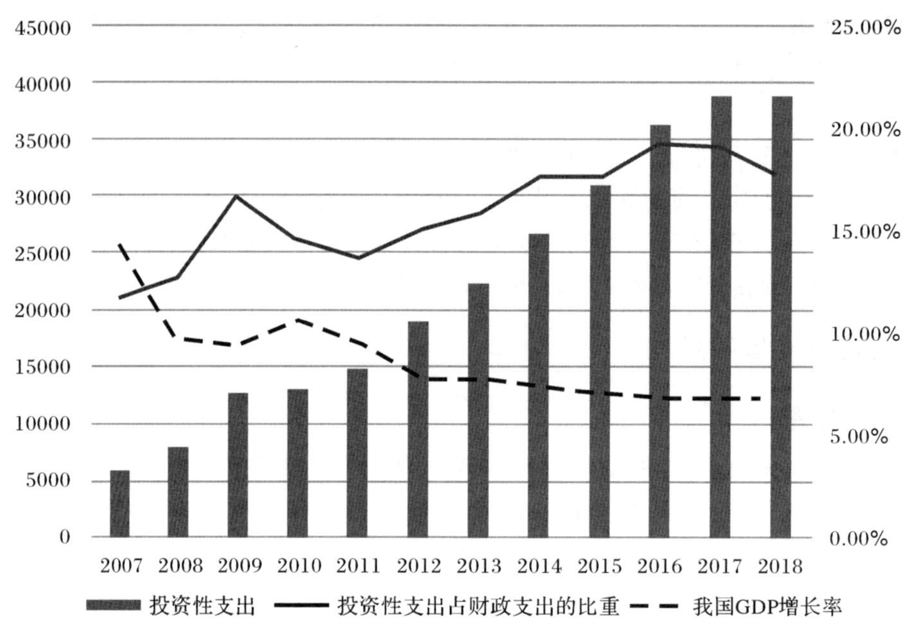

图 6-11 2007—2018 年我国投资性支出变动趋势(单位:亿元)

数据来源:中国统计年鉴 2008—2019 年。

我国是一个财政经济实力并不雄厚的发展中国家,强化政府投资的决策标准,合理有效地利用政府投资的资金,可以最大化地发挥政府投资的作用。政府可以从经济效益和社会成本的角度来评估和安排投资,遵循科学决策、规范管理、注重绩效、公开透明的原则,最大化地发挥政府投资对经济社会发展的作用。

政府投资的决策标准可以从三个层面来阐述:一是资本-产出比率最小化标准,是一国为获得单位产出所需要投入的资本量。较低的资本-产出比率意味着可以用较少的资本获得较大的产出。政府在确定投资项目时,应当选择单位资本投入产出最大的投资项目。由于资源是有限和相对短缺的,无论是私人投资还是政府投资,都要参考这个准则,特别是发展中国家更是如此。一国在一定时期内的储蓄率是既定的,而资本-产出比率是可变的,在投资过程中,只要遵循资本-产出最小化标准,就可以将有限的资源产出最大化,从而达到经济增长的目标。二是资本-劳动比率最大化标准,是指用资本总量除以劳动总量得到的平均每个工人拥有的资本量。这一标准是指政府投资应当选择一些边际人均投资额最大化的投资项目。资本-劳动比率越高,说明资本技术构成越高,经济增长越快。因此,这种标准是强调政府应着重于资本密集型项目。三是就业创造标准。这一标准是指政府应当选择单位投资额能够提供最大数量就业的项目。这种标准要求政府不仅要考虑财政投资支出的直接就业影响,还要考虑间接就业影响,即财政投资项目带动的其他投资项目所增加的就业机会①。

① 陈共.财政学[M].9 版.北京:中国人民大学出版社,2017.

(三)我国的政府投资制度

我国实行社会主义市场经济体制,市场在资源配置中起决定性作用,但市场也不是万能的,并不起全部作用。正确界定市场经济下财政投资的责任和范围,其实质就是要明确哪些投资事项应该由政府负责,哪些投资事项可以让市场来调节。

2019 年 7 月 1 日《政府投资条例》正式施行,将政府投资纳入法治轨道,既是依法规范政府投资行为的客观需要,也是深入推进依法行政、加快建设法治政府的内在要求。《政府投资条例》明确界定政府投资范围,确保政府投资聚焦重点、精准发力。政府投资范围直接涉及政府和市场关系,在这个问题上必须坚持"有所为有所不为",确保政府投资聚焦重点、精准发力,坚决杜绝低效、浪费现象,并避免与民争利。政府的投资资金应当投向市场不能有效配置资源的社会公益服务、公共基础设施、农业农村、生态环境保护、重大科技进步、社会管理、国家安全等公共领域的项目,以非经营性项目为主。政府投资就其范围来讲主要包括自然垄断行业、基础设施、风险投资以及农业等方面。

(1)自然垄断行业的投资。在铁路、邮政、供水、供电、供气等规模经济显著的行业容易出现自然垄断。垄断企业通过限制产量、提高价格来获取垄断利润的结果,必然导致社会福利受损。为此可以采取管制的方式进行干预,由政府投资国有企业是一种常见的选择。

(2)基础产业投资。基础产业包括基础设施和基础工业。基础设施主要包括交通运输、机场、港口、桥梁、通信、水利、城市等。一些基础产业,如能源、农业和一些重要的基础原材料工业等,这些产业往往处在上游的生产部门,其提供的产品是本部门和其他生产部门所必需的投入品,因而他们的生产波动和价格波动具有较强的连锁效应,从而成为政府投资的主要方向之一。

(3)高风险产业投资。高风险产业投资主要指新技术、新材料、新能源等高科技产业的发展需要进行的投资。技术创新活动具有很高的风险,包括市场风险、资金风险、管理风险等,而市场本身难以为其提供分担风险的有效机制。随着时代的发展与进步,针对新兴产业门类的开发,尤其是高科技、高风险领域的研究开发日益增加,这些开发活动都具有耗资大、耗时长、风险高的特点。私人部门和市场机制往往无能为力、望而却步,从而导致市场资源配置促进高新技术产业的高效发展失灵,导致社会整体效益降低,只能或主要由政府投资来解决。

(4)农业的财政投资。作为基础产业,农业的发展状况对经济社会的稳定具有重要的意义。作为国民经济发展的最基础产业,农业为人类生存和劳动力的再生产提供粮食、农副产品等必需的物质资料。这些产品的有效供给不仅仅是经济可持续发展的基础,也是社会稳定的基础。由于农业受气候等因素的影响而不稳定,因此,许多国家对农业的投资支出都在财政支出中占有重要的位置。

[资料链接 6-2]

我国公共投资的制度变迁

新中国成立初期,我国学习苏联经验,建立了高度集中的投资体制,几乎所有的投资都来自政府，没有政府投资和民间投资的区别。改革开放后，尤其是20世纪90年代以来，多元化投资主体在中国形成，政府认识到企业才是市场的基本投资主体，而政府应逐渐从竞争性行业退出，只从事提供公共物品的投资，我国才有了公共投资的概念。我国公共投资的制度变迁过程，其实是以政府为主体的投资体制逐渐转向公共投资管理体制的过程。

在计划经济条件下，基本建设投资一直采用财政无偿拨款、建设单位无偿使用的方式。1979年中国开始实行“拨改贷”改革试点，1985年“拨改贷”全面实行。由于不是每个项目都有还款能力，1986年起，中国对规定豁免本息的建设项目不再实行财政投资贷款，而恢复拨款，财政在基本建设支出上实行了拨贷并存的资金供应方式。

1988年《关于投资管理体制的近期改革方案》在进一步下放投资决策权、充分发挥市场和竞争机制等方面提出了改革思路。同时，中国对投资管理体制进行了以下两点改革：①建立基本建设基金制。这一基金由能源交通重点建设基金中的中央使用部分、建筑税中的中央使用部分、铁道部包干收入中用于预算内基本建设部分、“拨改贷”收回的本息及财政的定额拨款等组成。②成立国家专业投资公司，用经济办法对投资进行管理。中央一级成立能源、交通、原材料、机电、轻纺、农业和林业等六个国家专业投资公司，负责管理和经营本行业的中央投资的经营性项目。1993年，我国投资体制改革进一步深化，《关于建设社会主义市场经济体制若干问题的决定》确立了我国经济体制向社会主义市场经济体制的转变。在改进投资管理体制方面，把投资项目分为公益性、基础性和竞争性三类。公益性项目由中央和地方政府投资建设；基础性项目以政府投资为主，广泛吸引企业和外资参与投资；竞争性项目由企业投资建设。

2004年国务院发布了《关于投资体制改革的决定》，进一步深化了投资体制改革，并在我国初步形成公共投资管理的理念。2016年中共中央正式公布实施《关于深化投融资体制改革的意见》，明确政府只投向市场不能有效配置资源的社会公益服务、公共基础设施、生态环境保护等公共领域的项目。充分发挥政府投资的引导和放大效应，在公共服务领域采取多种形式扩大公共产品和服务供给，激发民间投资的潜力和活力来不断提高公共投资的效益。

2019年7月1日《政府投资条例》正式施行，政府投资资金应当投向市场不能有效配置资源的公共领域项目，以非经营性项目为主；国家建立政府投资范围定期评估调整机制，不断优化政府投资方向和结构。

资料来源：

张馨，杨志勇．公共经济学[M]．4版．北京：清华大学出版社，2018.

殷强．我国公共投资制度变迁的路径依赖[J]．广东商学院学报，2007(4)：45-48.

吴泓．供给侧视域下公共投资体制的历史嬗变与优化路径[J]．经济与管理，2017(5)：58-62.

(四)政府投资的提供方式

(1)政府筹资建设，或免费提供，或收取使用费。由政府独资建设的项目主要出于三种考虑：一是关系国计民生的重大项目。如京沪高铁、青藏铁路、三峡工程等，这些重大项目事关国家社会经济发展以及人民的当前利益和长远利益,所需资金特别庞大,只能由政府采取多种渠道融资建设。二是反垄断的需要。垄断排斥竞争,垄断利润可能会损害到社会福利,因此政府可以通过对垄断行业严加管理,也可以由政府直接承担投资。三是一些基础设施项目,如城市道路、城市管网等,具有明显的非排他性或很高的排他成本,单项投资不大、数量众多,也适合于作为纯公共产品由政府投资提供。

(2)政府与民间共同投资的提供方式。对于具有一定外部效应、盈利率较低或风险较大的项目,政府可以采取投资参股、优惠贷款、借款担保等方式,与民间共同投资,混合提供。如高速公路、集装箱码头及高新技术产业基础投资等。

(3)政府投资、法人团体经营运作。这一提供方式有两个明显的优点:一是政府拥有最终的决策权,又可以使政府从具体的经营活动中解脱出来;二是法人团体拥有经营自主权,责任明确,有利于提高成本效益的透明度,提高服务质量。如道路、港口以及中小型机场均适合采用这种提供方式。

(4)PPP和BOT投资形式。PPP(public private partnership)即公共部门-私人企业合作模式,是指政府通过契约授予私营公司以一定期限的特许专营权,许可其融资建设和经营特定的公用基础设施,并准许其通过向用户收取费用或出售产品以清偿贷款,回收投资并赚取利润;特许权期限到期时,该基础设施无偿移交给政府。这种模式适用于投资规模较大、市场化程度较高的基础设施。BOT(build-operate-transfer)投资形式,即建设—经营—转让,是指政府授予私营企业以一定期限的特许专营权,许可其融资建设和经营特定的公用基础设施,并准许其通过向用户收取费用或出售产品以清偿贷款,回收投资并赚取利润;特许权期限届满时,该基础设施无偿移交给政府。

第三节 财政转移性支出主要项目

一、转移性支出项目概览

(一)转移性支出的规模

随着社会的不断发展、政府职能的逐渐完善以及贫富差距的逐步扩大,国家整体的财政支出绝对额不断增加,从1978年的1122.09亿元到2019年的238874.02亿元,其规模扩大了百倍不止,与此同时,我国转移性支出的增量也十分可观,从1978年的30.05亿元增长至2019年的92703.49亿元。

通常情况下,一个国家的转移性支出在全部财政支出中所占比例越高,越能说明一个国家注重社会公平、缩小贫富差距、优化资源配置和稳定宏观经济。在改革开放的初期,我国各方面还比较落后,为了更好地发展经济,政府将大量的财政资金投入了国家公共基础设施建设上,因此购买性支出的比例要远高于转移性支出。如图6-12所示,改革开放以后转移性支出占总财政支出的比例仅为2.68%,而后稳步增长,直至1980年到达13.56%。之后由于国家对国有企业的亏损补贴陡然增加,转移性支出占全部财政支出的比例一度飞涨到历史最高值41.89%,转而进入曲折下降期,在1994年下降至22.01%,1998年回升至36.99%,接下来该比重在度过2000年到2014年的平稳期之后开始平稳上升,截至2019年,该比重已经达到了38.81%。

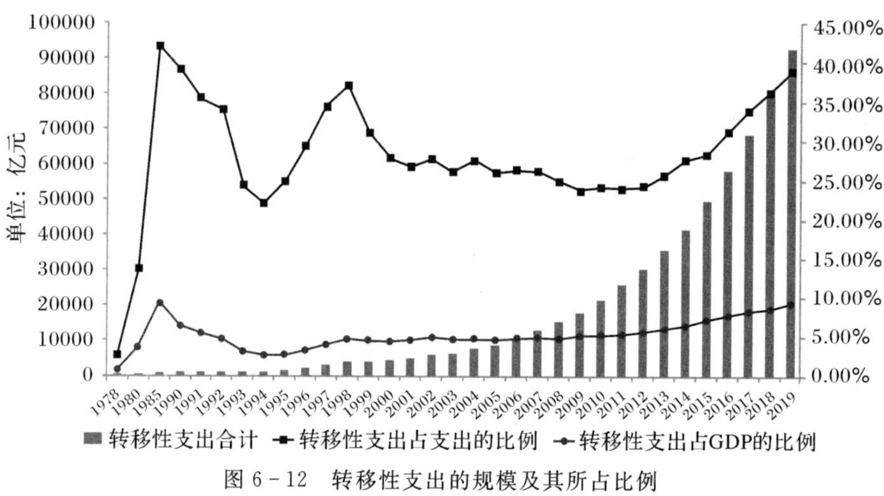

图6-12 转移性支出的规模及其所占比例

资料来源:中国统计年鉴2007—2020年。

注:2007年以前的统计口径中主要包括社会保障支出(其内容主要包括抚恤和社会福利救济费、社会保障补助支出、行政事业单位离退休支出,1996年以前不包括由行政管理费开支的离退休支出)、价格补贴(又叫政策性补贴)、企业亏损补贴、债务支出;2007年之后由于国家进行了收支科目改革,不再披露政策性补贴、企业亏损补贴和债务支出的相关数据,因此2007年以后的转移性支出口径主要包括社会保障支出、政策性补贴和债务支出①,其中2007年以后的政策性补贴②和债务支出③是依据先前数据的年均增长率计算得到的。

从图6-13可知,转移性支出的年增长率在2000—2007年之间波动幅度较大,这一现象一方面反映了国家的财政支出预算制度不够成熟,尚未能形成稳定有效的预算安排;另一方面反映了国家对于转移性支出的合理规模的认识还不到位。随后自2008年至今,除了个别年份的偶然波动之外,我国的财政转移性支出的年平均增长率基本趋于稳定,反映了我国财政制度的逐渐完善。另外值得注意的是,从2011年开始,我国的转移性支出增长率开始略高于财政总支出的增长率,这在一定程度上反映了国家财政支出政策开始更多地向转移性支出倾斜,体现了政府在追求社会公平、缩小贫富差距上所做出的努力。

---

① 因为企业亏损补贴的估值比较困难,并且其在转移性支出中所占比重很小,因此财政补贴支出中只对政策性补贴进行估算。

② 本书以1978年为起始年份,2006年为终止年份来计算年平均增长率,年平均增长率的公式为 $m=n\sqrt{\frac{B}{A}}-1$,其中 B 为终止年份,A 为起始年份,n 为起止年份差。

③ 自2000年起,我国债务支出的统计口径发生了变化——由债务还本付息支出改为债务还本支出,另自2006年起我国实行国债余额管理,不再披露债务还本支出相关的数据。所以为了保证数据的完整性与一致性,本书以2000年为起始年份,2005年为终止年份来计算债务支出的年平均增长率。

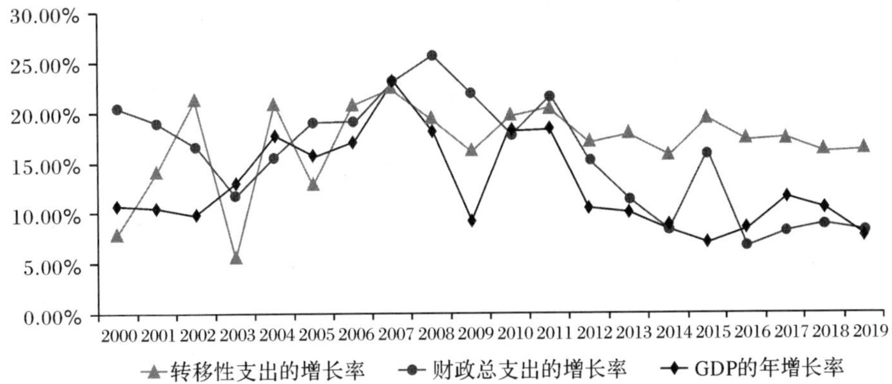

图 6-13 转移性支出、财政支出和国内生产总值的年平均增长率变动情况

资料来源：中国统计年鉴 2007—2020 年。

(二)转移性支出的结构

转移性支出主要包括三个部分：社会保障支出、财政补贴支出以及债务还本付息支出，由于2007 年国家进行了财政收支科目改革，财政补贴支出和债务还本付息支出的相关数据不再进行披露，所以 2007 年至 2019 年的财政补贴支出和债务还本付息支出由年平均增长率估算得出。

我国社会保障支出的总量由 1978 年的 18.91 亿元增长到 2019 年的 29580.37 亿元，由图 6-14 可得，这期间社会保障支出占转移性支出的比重经历了由多到少、由少到多、逐渐稳定这三个阶段，最后在 2019 年时基本维持在 30%左右的水平。这一比例看似可观，但我们不能忽略的是，如果从占财政支出和 GDP 比重的角度来看，2019 年全国的社会保障支出仅占财政总支出的 12.38%，占 GDP 的 2.99%，而同时期，国际上主要的一些发达国家仅社会保险这一项占政府支出的比例就在 50%左右①，社会保障支出占 GDP 的比重也基本都在 26%～35%之间②，所以说我国社会保障支出水平与发达经济体之间还有较大的差距。

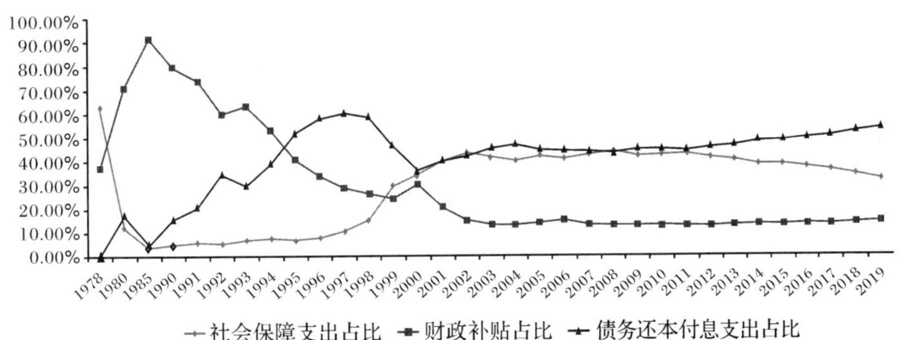

图 6-14 社会保障、财政补贴、债务还本付息支出占转移性支出的比重变动情况

资料来源：《中国财政年鉴(2007)》以及国家统计局相关数据。

① 刘怡. 财政学[M]. 3 版. 北京：北京大学出版社，2016.

② 聂芬. 我国财政转移性支出的结构分析及其对城乡居民收入分配差异的影响[J]. 中国国际财经(中英文)，2016(24)：188-192.

截至2019年,中国的财政补贴也同样经历了三个阶段。20世纪50—60年代为第一个阶段,这一阶段财政补贴的特点为覆盖范围窄、整体总量小,这比较符合当时的经济发展状况。1979—1990年为第二个阶段,这一时期内,国家为了调整商品价格结构和支持农业生产发展,出台了名目众多的财政补贴政策,因而财政补贴的总量也就水涨船高。到1990年,财政补贴支出的总额已经达到了959.68亿元,是1979年财政补贴支出的6.2倍。1990年之后则进入了第三阶段,这一时期内财政补贴的总量不断下降,到2019年财政补贴支出占转移性支出的比重仅为14.05%。

债务支出占转移性支出的比重在1997年以前呈曲折上升,到1997年该比重达到了60.57%,而后转入短暂下降期,到2000年该占比下降至35.76%,这其中的原因一方面可能是社会保障支出和财政补贴支出的快速增长,另一方面则可能是财政支出披露口径的变化。自2000年至今,我国的债务支出总量一直在稳定增加,截至2019年,债务支出占全部转移性支出的比例约为50%。

二、社会保障支出项目

(一)社会保障制度概述

社会保障(social security)是国家为了保持经济发展和社会稳定,通过立法,以国民收入再分配的形式,对社会成员因年老、伤残、疾病而丧失劳动能力或丧失就业机会,或因自然灾害和意外事故等原因面临生活困难时,提供物质帮助和社会服务的制度和事业的总称。

社会保障制度是在工业化时代背景下应运而生的,城市繁多的工厂吸引了大量的劳动力涌入城市,传统家庭经济面临瓦解危机,个体难以从家庭中获取足够的保障。为了维持社会的稳定和经济的发展,客观上要求政府设置一个能够分摊风险、补偿利益、保护社会成员最基本生存权和发展权的社会保障制度。19世纪80年代,德国俾斯麦政府建立了人类历史上第一套现代的社会保障制度。1935年,美国颁布了第一部社会保障法。20世纪早期,英法也相继设立了相似的社会保障法。随后,经济危机的到来迫使各国不得不提升社会保障水平。20世纪下叶,伴随着西方各发达经济体失业人口的增多和人口老龄化,社会保障支出逐步成为这些国家最主要的支出。如表6-9所示,20世纪末期至21世纪初期,西方主要经济体社会保障支出占政府支出的比例最高可达56.9%,最低的也有36.4%,反映了社会保障在维持社会环境稳定、提高政府威信等方面的重要地位。

表6-9 部分国家社会保障支出占政府支出比例 单位:%

国家	1995年	2000年	2005年	2010年	2015年
澳大利亚	36.4	44.6	44	43.6	49
丹麦	43.6	45.1	49.2	50.5	52.9
法国	52	53.6	54.1	54.7	56.2
德国	46.1	56.7	56.8	54.8	56.9
日本	—	—	48.5	53.2	55.8
荷兰	41.8	45.1	47.8	36.9	39.5

续表

国家	1995 年	2000 年	2005 年	2010 年	2015 年
挪威	44.7	48.5	49.3	49	50.6
瑞典	48.1	50.2	52.2	51.7	53.1
英国	43.8	45.3	44.5	47.3	51.2
美国	40.5	42.2	43	45.1	50

资料来源：https://stats.oecd.org/Index.aspx?%20datasetcode%20=%20SOCX_AGG%E3%80%82#.

根据国际劳工组织在1952年制定的《社会保障(最低标准)公约》，社会保障范围应该覆盖疾病、生育、老年、残疾、死亡、失业、工伤、职业病、家庭等九个方面，具体来讲主要包括社会保险、社会救济、社会福利和优抚安置等内容。

1. 社会保险

社会保险是指国家通过立法，由劳动者、劳动者单位或社区(集体)、国家三方共筹资金，在劳动者及其直系亲属遇到年老、失业、患病、工伤、生育、死亡等风险时给予物质帮助，以保障其基本生活的一种社会保障制度。它是公民的基本权利，内容主要包括养老保险、失业保险、医疗保险、工伤保险和生育保险等项目。

社会保险的特征主要有：社会保险的费用缴纳、待遇项目和保险金的给予标准等都由法律、法规统一确定，凡属法律规定范围的成员都必须无条件地参加社会保险并履行缴费义务。无论年龄、收入水平、就业年限和健康状况如何，社会保险对所有成员具有普遍的保障责任。社会保险所提供的保障水平只能以一定时期劳动者的基本生活需要为基准，始终与一定时期经济发展水平高低有关。

(1)养老保险。养老保险是指由国家制定的劳动者在年老失去劳动能力或退出就业领域时，依靠政府和社会提供帮助，以维持基本生活水平的一项制度。1997年7月国务院下发了《关于建立统一的企业基本养老保险制度的决定》，确立了养老保险制度由现收现付制过渡到社会统筹账户和个人账户相结合的养老保险模式，即我们平常所说的“统账结合”制度。该制度由我国首创，它在基本养老保险基金的筹集上采用传统型的基本养老保险费用的筹集模式，即由国家、单位和个人三方共同负担；在基本养老金的计发上采用结构式的计发办法，强调个人账户养老金的激励因素和劳动贡献差别。因此，该制度综合了传统养老保险制度和个人账户模式的优点，既体现了传统社会保险的社会互济、分散风险的特点，又强化了个人的自我保障意识。据统计，截至2019年末，全国参加基本养老保险人数为96754万人，全年基金总收入57026亿元，基金总支出52342亿元；企业职工基本养老保险基金累计结存62873亿元①。

(2)失业保险。失业保险是指由国家制定的劳动者在失业时向其支付失业救济和医疗补助费，以维持基本生活需要的一项制度。1999年国务院正式颁布实施《失业保险条例》，使失

① 中华人民共和国人力资源和社会保障部《2019年度人力资源和社会保障事业发展统计公报》。

业保险制度更加规范和完善。截至2019年底，全国失业保险参保人数20543万人，全年失业保险基金收入1284亿元，基金支出1333亿元，年末失业保险基金累计结存4625亿元①。

(3)医疗保险。医疗保险是指国家通过立法，对劳动者给予假期和收入补偿，提供医疗服务帮助其进行治疗和维持基本生活的一项制度。1998年12月，国务院下发了《关于建立城镇职工基本医疗保险制度的决定》，从而创立了我国现行城镇职工基本养老保险制度；2002年10月，《中共中央、国务院关于进一步加强农村卫生工作的决定》颁布，以大病统筹为主的新型农村合作医疗制度从2003年起在全国部分县(市)试点，到2010年实现基本覆盖全国农村居民；2007年，国务院出台了《关于开展城镇居民基本医疗保险试点的指导意见》，在城镇职工基本医疗保险制度的基础上进一步扩大范围，覆盖全体城镇非从业居民，到2010年在全国全面推开。时至今日，我国的医疗保险制度主要由城镇职工基本医疗保险、新型农村合作医疗制度和城镇居民基本医疗保险制度这三部分组成。另外，2019年3月25日国务院发布《国务院办公厅关于全面推进生育保险和职工基本医疗保险合并实施的意见》，将生育保险和医疗保险进行了合并，不过此次调整只改变了民众的享受渠道和国家的数据披露方式，对两个险种的参保范围、保障项目和支付水平没有实质性的影响。

截至2019年底，全国参加基本医疗保险人数为135407万人，参保率稳定在95%以上。全国基本医保基金(含生育保险)总收入24421亿元，比上年增长10.2%，占当年GDP比重约为2.5%；全国基本医保基金(含生育保险)总支出20854亿元，比上年增长12.2%，占当年GDP比重约为2.1%；全国基本医保基金(含生育保险)累计结存27697亿元，其中基本医保统筹基金(含生育保险)累计结存19270亿元，职工基本医疗保险个人账户累计结存8426亿元②。

(4)工伤保险。工伤保险是指国家制定的劳动者因工作而负伤、致残、死亡时，给劳动者本人及其供养的直系亲属提供物质帮助的一项制度。2004年我国正式颁布实施《工伤保险条例》，实行“无过失补偿”的原则，工伤保险的覆盖范围迅速扩大。截至2019年底，全国参加工伤保险人数为25478万人，全年工伤保险基金收入819亿元，支出817亿元，年末工伤保险基金累计结存1783亿元③。

(5)生育保险。生育保险是指国家制定的专门保护妇女劳动者，对女性职工在生育期间中断劳动或工作时给予帮助的一项制度。1994年12月，劳动部颁布《企业职工生育保险试行办法》，要求城镇企业及其职工都要参加生育保险。截至2018年底，全国参加生育保险人数为20434万人，全年基金总收入781亿元，基金总支出762亿元，年末生育保险基金累计结存余额581亿元④。

2014—2018年我国社会保险的基本情况如图6-15和6-16所示。

---

① 中华人民共和国人力资源和社会保障部《2019年度人力资源和社会保障事业发展统计公报》。

② 中华人民共和国国家医疗保障局《2019年全国医疗保障事业发展统计公报》。

③ 中华人民共和国人力资源和社会保障部《2019年度人力资源和社会保障事业发展统计公报》。

④ 中华人民共和国国家统计局.中国统计年鉴[M].北京:中国统计出版社,2019.

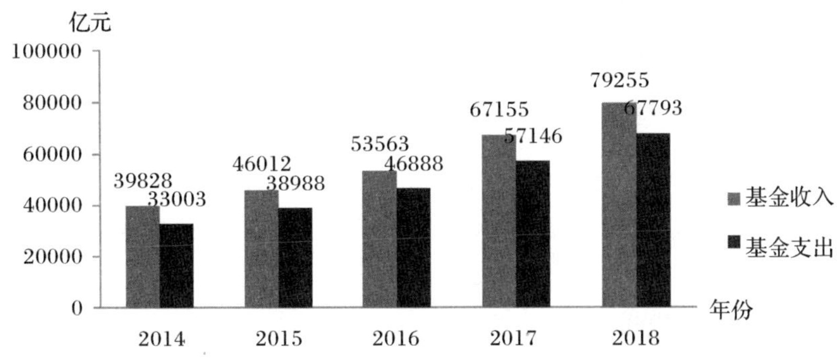

图 6-15　2014—2018 年社会保险基金收支情况(单位:亿元)

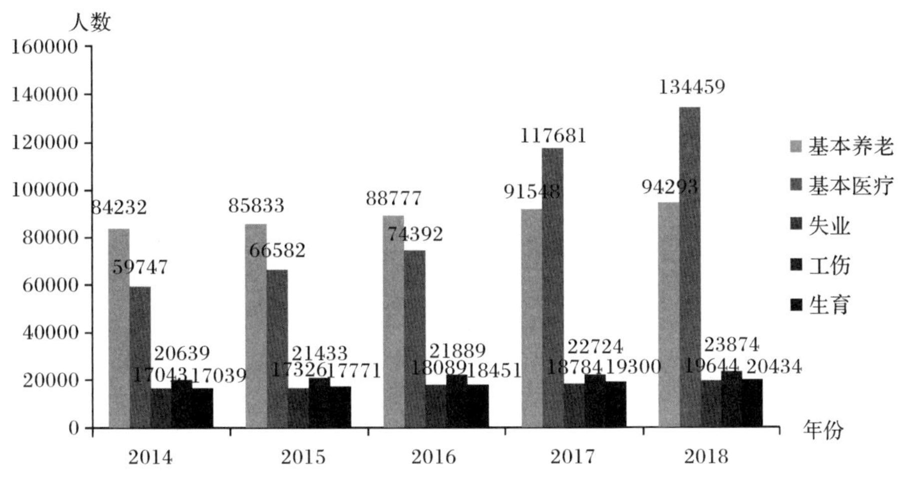

图 6-16　2014—2018 年社会保险参保人数(单位:万人)

资料来源:中国统计年鉴 2015—2019 年。

2. 社会救济

社会救济又称为社会救助,是中国现阶段社会保障制度中具有基础地位的一个子系统,指社会成员因受自然灾害及其他经济、社会原因的影响,在无法维持最低基本生活水平时,由国家和社会按照法定程序和标准给予某种形式的援助的一种社会保障,它对保障公民生存权和维护社会稳定有着积极的作用。

中国社会救助工作主要包括四个方面:一是经常性的社会救助工作,主要包括城乡最低生活保障、农村五保供养、农村特困户生活救助以及城乡医疗救助等专项救助。二是紧急救助制度,主要是指发生自然灾害时对灾民紧急救助和应急救助行动。三是临时性的救助,主要指对低收入人群的救助工作和对城市生活无着的流浪乞讨人员,包括流浪儿童的救助。四是通过支持慈善事业的发展,培育和发展公益性的民间组织,以及倡导开展群众之间经常性的互助互济活动。

3. 社会福利

社会福利有广义和狭义之分。广义的社会福利是指政府为全体社会成员创建有助于提高生活质量的物质和文化环境,提供各种社会性津贴、公共基础设施的社会服务,以不断增进国民整体福利水平，主要包括各种文化教育、公共卫生、公共娱乐、市政建设、家庭补充津贴、教育津贴、住宅津贴等。狭义的社会福利是指政府和社会向老人、儿童、残疾人等社会中特别需要关怀的人群，提供必要的社会援助，以提高他们的生活水准和自理能力。本书所讲的是狭义的社会福利。

4. 优抚安置

优抚安置是指国家和社会按照规定，对法定的优抚安置对象提供确保其一定生活水平的物质照顾和精神抚慰，它是带有褒扬和抚慰性质的社会保障制度。

(二)社会保障制度的模式

迄今为止，世界上已有160多个国家和地区建立了社会保障制度，但是由于世界各国的社会制度、经济实力和文化背景不同，推行社会保险制度时间也有长短，各国社会保障制度在政策取向、实施方式和制度设计等方面存在着许多的差异和共同点。按政府、企业和个人在社会保障制度中的不同责任、财务制度及预算管理形式，可将社会保障制度分为福利型、保险型、国家型、储蓄型四种，如表6-10所示。

表6-10 社会保障制度的模式

类型	代表国家	特点	优点	缺点
福利型	英国、瑞典、法国、丹麦、比利时	保障内容广泛，全民高福利；政府负责，以税收筹集资金，统一缴费，统一给付，统一管理；采取现收现付制	国民生活质量普遍提高，有利于居民收入均等化	随着公共福利不断增长，国家负担越来越重，必然增加税收，导致税负过重、市场效率低下
保险型	美国、德国、日本、奥地利	企业、个人和政府共同负担社会保障资金；强调受保人权利和义务的对等性；保障对象有选择性；强调的是保障而不是高福利	更好地处理了市场效率与社会公平之间的关系	随着社会保障支出范围的扩大和水平的提高，所需资金越来越大，面临资金筹集问题
国家型	波兰、保加利亚、塞尔维亚、匈牙利、朝鲜、古巴	保障费用由国家包办；职工在丧失劳动能力的任何情况下都能享受保障待遇；国家或企业办社会；由各级工会组织代表国家政权机构管理社会保障事宜；保障给付与劳动者的工作年限和工资挂钩	与计划经济体制相适应，有利于保障社会成员的基本生活、防止贫富两极分化等	过分强调公平，国家财政负担过重；企业办社会使企业负担也过重，竞争力下降，劳动力缺乏合理流动；保障对象权利与义务明显脱节，缺乏自我保障意识
储蓄型	新加坡、智利、马来西亚、印度尼西亚	企业和个人的缴费全部计入职工个人账户；个人账户资金进行市场化运作，确保保值增值；采取基金累计制度，个人退休后的社会保障水平取决于其账户的积累额	国家财政负担轻，主要是个人或家庭的自主互济，使劳动者树立自我保障意识，有利于激励劳动者积极工作	缺乏社会公平性和互济性，缺乏社会成员之间的相互调剂，不具有再分配性质，也未发挥收入调节作用

资料来源：刘隽亭，许春淑. 公共财政学概论[M]. 北京：首都经济贸易大学出版社，2012：165-166.

1. 福利型

福利型社会保障制度的代表国家主要有英国、瑞典、法国、丹麦、比利时等。福利型社会保障制度以全民性和普遍性的保障原则为核心，全体居民无论是否有收入以及收入的高低，均可以享受国家的各种福利保障措施，保障的内容十分广泛，全体民众都可享受高层次的福利待遇。该制度的优点是有利于国民生活质量的普遍提高，有利于居民收入的均等化；缺点是随着公共福利的不断增长，国家负担会越来越重，政府不可避免地要增加税收，导致民众税负过重、市场效率降低。

2. 保险型

以德国、美国和中国为代表的保险型社会保障制度，强调个人在社会保障中的作用，要求个人与企业、国家一同承担保障责任，并且不同收入群体之间需要互济，以期实现社会绝大多数个体不贫困、激发市场经济活力的目标。

3. 国家型

国家型社会保障制度是传统的社会主义国家以公有制为基础的社会保障制度，代表国家主要有朝鲜、匈牙利和古巴等，其宗旨是"最充分地满足无劳动能力者的需要，保护劳动者的健康并维持其工作能力"，相关保障费用主要由国家承担。该制度虽然能有效预防贫富两极分化，但国家负担沉重，居民的保障权利与义务严重不对等。

4. 储蓄型

在实行该制度模式的国家中，新加坡最为著名。该模式的特点就是国家强制个人储蓄，设定个人账户（包括普通、保健和特别三个账户）。另外，只有当职工退休、购房、生病等情况发生时，才可以支取相关账户上的资金。社会成员之间不需要互济，不存在财富的再分配，不需要共同承担风险，能够有效激发职工的劳动积极性，可以很好地减轻国家财政负担。

（三）社会保障支出的资金来源与筹资模式

1. 资金来源

目前世界上实行社会保障制度的国家，其资金主要由国家、企业和个人三方负担。首先，政府财政拨款是社会保障资金的主要来源，主要手段是以工薪为基础征收的社会保障税和源于各项税收的财政转移支付。其次，企业按国家规定缴纳社会保障费，是社会保障支出的又一重要来源。个人作为企业的雇用劳动力，为企业创造了相应的效益，企业有义务为其缴纳社会保障费。第三，个人通过缴纳社会保障费负担部分社会保障。这有助于减少个人收入之间的差距，发挥了社会保障的收入调节作用。此外，社会保障资金的投资收入、国有资产的增值和社会募捐等也是社会保障资金的几个来源。

2. 筹资模式

从世界各国社会保障制度的实施情况看，社会保障基金的筹集模式可划分为三类。

（1）现收现付制（pay-as-you-go）。如图 6－17 所示，该模式以近期横向收付平衡原则为指导，它要求先做出一年（至多几年）内某项社会保障措施所需费用的测算，然后按一定比例分摊

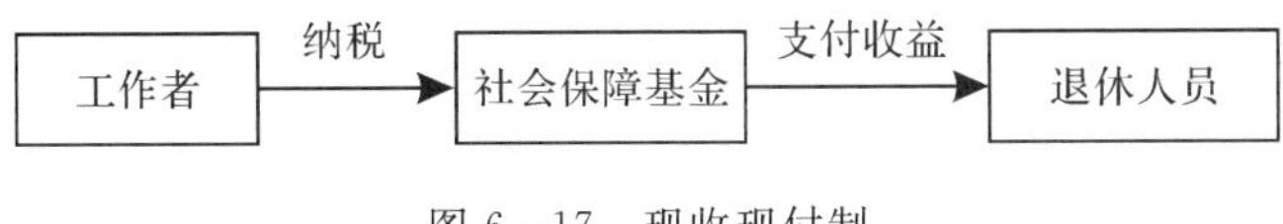

图 6－17　现收现付制

到参加该保障措施的所有单位和个人。其特点是初期费率及花费较低，保险费率随支出需要扩大而提高，需经常进行调整。

现收现付制的优点是操作简单易行，每年可根据费用需求的增长情况及时调整缴费比例，以保持费用收入的平衡，而且还可以有效预防通货膨胀所导致的社会保障基金贬值，减少损失。但是，这一制度每年需重新估算应收保障资金的数额，经常会由于给付金规模的变化而引起保障费率的变动，给征收带来困难。而从长期来看，经济波动和人口老龄化的出现使得保障支出和筹资规模不稳定，青年一代对老年人承担的责任较大，影响经济效率。

(2)完全基金制(fully funded)。如图6-18所示，该模式以远期纵向收付平衡原则为指导，它要求在对未来较长时间宏观预测的基础上，预计保障对象在保障期内所享受保障待遇的总量，据此按照一定的比例将其分摊到整个投保期间，当受益人按约定需要享受保障时，保险金主要来自之前存入政府的管理基金缴款的利息收入。其特点是在初期收费率高、筹资见效快，之后在较长的时间内收费率保持相对稳定，初期形成的储备基金需要通过具有较高回报率的投资予以保值。新加坡、马来西亚等国家所实行的公积金制度属于此类。

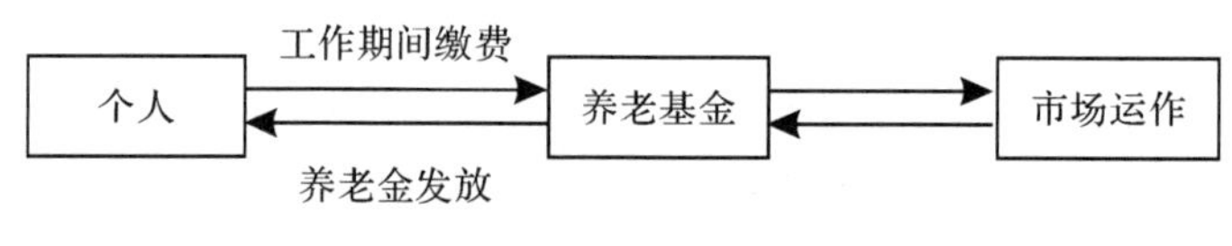

图6-18 完全基金制

完全基金制的最大意义是不受老龄化的影响，但它的缺点也不容忽视。首先，该制度积累的货币基金受货币贬值的影响，储备金只有在保持较低通货膨胀率的情况下才能取得保值增值的效果；其次，完全基金制不具有社会保险的社会互济功能，养老费用未积累够的一部分人最终还要由社会来负担；最后，完全基金制要求初期筹资对象既要负担当前老年人所需社会保障费用，又要再负担他们自己进入老年人行列时所需的社会保障费用，这是企业和个人难以承受的。

(3)部分基金制(partially funded)。部分基金制既具有现收现付制的部分特征又具有完全基金制的部分特征，即在满足现付一定支出需要的前提下，留出一定储备以适应未来的支出需求。该模式吸收了前两者各自的长处，实行“以支定筹、略有积累”的原则，就每一阶段来看实行的是完全基金制，但由于不同阶段的费率会因支付的变化而调整，所以在整个时期来看又具有现收现付的性质。其特点是初期收费率较低，以后逐步提高，并保持相对稳定。我国的养老保险实行的就是社会统筹与个人账户相结合的制度。

该种制度在初期的收费率高于现收现付制，低于完全基金制，相对较稳定，作用力较温和，既易于为筹资对象所接受，又能在一定程度上满足社会保障支出的需要。但部分基金制收费率的确定又有一定的难度，筹集到的资金在满足现实需要之后，究竟留出多少以适应未来需要很难确定。

三、财政补贴支出项目

(一)财政补贴的概念

财政补贴支出与社会保障支出都属于政府转移性支出，支付都是无偿的，对于被补助者来说，都意味着实际收入的增加和经济状况的改善，但这两类转移性支出在与相对价格结构变动的关联上则存在着明显差异。财政补贴支出与商品或劳务的相对价格结构变动存在着直接关联，即要么是财政补贴引起相对价格结构的变动，要么是相对价格结构的变动影响财政补贴；而社会保障支出则与商品或劳务的相对价格结构变动没有这种直接关联，所以财政补贴支出具有社会保障支出所不具有的替代效应，可以突出地改变资源配置结构、供给结构和需求结构。

根据上述分析，从理论研究的角度，可以把财政补贴定义为一种影响相对价格结构，从而可以改变资源配置结构、供给结构和需求结构的政府无偿支出。

(二)财政补贴制度分类

财政补贴可以从不同的角度进行分类，如按照补贴对象来划分，可以分为对企业的补贴和对个人的补贴；按照补贴环节来划分，可以分为生产环节补贴、流通环节补贴、消费环节补贴；按照经济性质来划分，可以分为生产补贴和生活补贴；按照财政补贴的透明度可以分为明补和暗补；按照政策目的来划分，可以分为价格补贴、企业亏损补贴、财政贴息、税式支出等。其中按照政策目的进行划分是比较通用的分类方法，具体内容如下。

价格补贴是指政府为缓解价格矛盾、稳定人民生活，由财政向企业或居民支付的、与人民生活必需品和农业生产资料的市场价格有关的补贴。其实质是对这些消费者或生产经营者的经济利益损失所做的补偿。常见的补贴形式包括农副产品价格补贴、农业生产资料价格补贴、日用工业品价格补贴和工矿产品价格补贴等。

企业亏损补贴是指政府为使国有企业能按政府政策或计划生产经营一些社会需要，但因客观原因导致企业生产经营出现亏损的产品，而拨付给企业的财政补贴。企业亏损补贴按企业的经营性质划分为国内经营企业亏损补贴和外贸企业亏损补贴两类。按规定国家对企业的亏损补贴只包括政策性亏损，但在现实生活中，企业的经营性亏损也得到了国家的财政补贴，这也是我国财政补贴政策亟待改革的地方之一。

财政贴息是指政府财政对使用某些规定用途的银行贷款的企业，就其支付的贷款利息提供的补贴。财政贴息是政府提供的一种较为隐蔽的补贴形式，即政府代企业支付部分或全部贷款利息，其实质是向企业成本价格提供补贴。财政贴息主要有两种方式：一是财政将贴息资金直接拨付给受益企业，二是财政将贴息资金拨付给贷款银行，由贷款银行以政策性优惠利率向企业提供贷款。

税式支出，又叫税收补贴，是国家为了调整产业结构、刺激投资和消费或者支持困难行业发展而提供的各种税收优惠政策，是一种比较特殊的财政补贴。因为税式支出并不会直接增加政府的财政支出，而只是减少政府的财政收入，其实质是政府以各种优惠政策的形式放弃了原本属于国家的那部分税收收入，因而我们将其归结为一种间接性支出。税式支出的形式主要有税收豁免、纳税扣除、税收抵免、优惠税率、亏损结转、退税、延期纳税、加速折旧等。

(三)我国的财政补贴制度

财政补贴是自资本主义制度确立后才出现的，主要内容为政府向企业和个人无偿转让收入，在设立伊始，补贴规模比较小，使用频率也不高。后来随着国家垄断资本主义的发展，资本主义国家的政府逐渐强化了对宏观经济的把控，第二次世界大战以后，包括财政补贴在内的各种宏观调控手段开始被国家自觉地经常性地使用，财政补贴的规模逐渐增大，涉足领域也越来越宽泛。

我国的财政补贴出现于20世纪50年代初期，最早只有棉絮补贴这一项，补贴金额仅有5000万元，即使考虑通货膨胀因素，也仍旧是相当小的一笔支出。到了20世纪60年代国民经济困难时期，相关补贴课目增加到了11种，并且支出的规模一路飙升，截至80年代末已经临近千亿元。1978年财政补贴支出额为135.99亿元，1989年则上升到969.22亿元，是1978年的7倍还要多。而且，在这11年中，有4个年份的财政补贴增长率超过了20%，最高甚至达到了47.94%，远远超过了同时期财政收入的增速。1990年以后，国家开始大力推进经济体制改革，财政补贴增速逐渐放缓，个别年份甚至出现了负增长，这在一定程度上缓解了财政压力。近些年来，从财政补贴占财政支出的比例来看，我国财政补贴基本呈现出"略有波动、缓速下降"的态势。

不过，我国的财政补贴依然存在很多问题，例如种类繁多、规模庞大、项目繁杂，财政补贴支出效率较低；政府财补贴项目缺乏透明化、规范化，政策多向国有企业倾斜，对中小企业的补贴比例过低；企业政策性亏损补贴和经营性亏损性补贴的厘清不到位，阻碍企业改善经营管理和转换经营机制等。因而，调整和改革现行的财政补贴制度，建立与公共财政相适应的财政补贴机制势在必行。

（四）我国财政补贴政策改革和完善

1. 合理确定财政补贴的支出范围，控制规模

财政补贴范围应主要集中在宏观经济效益和社会效益大而自身微观经济效益小的项目和产品，在市场竞争中处于不利地位的农业和经济不发达地区，以及市场风险程度较高的高新技术产业等几个方面。这样不仅可以优化财政补贴的结构，也可以控制财政补贴的总额，有利于提高财政补贴的效益，减轻政府的负担。

2. 调整补贴环节，将财政补贴由流通环节转向生产和消费环节

用对生产和消费环节的补贴取代对流通环节的补贴。一方面，凡以促进生产为目的的财政补贴应直接补给生产者，这样做的好处是既有利于理顺价格，使价格能够传递真实的经济信息，从而正确地引导生产和消费，又能更好地贯彻国家的产业政策，清晰地反映国家在一定时期的经济发展战略。另一方面，凡以保障消费者利益为目的的财政补贴，应直接补到消费者个人，使消费者能直接感受到国家的负担和自己得到的实惠，有利于促进社会的安定。

3. 规范财政补贴制度，取消经营性亏损补贴

经营性亏损补贴的存在有两个原因：一是政府干预过多使得政策性亏损和经营性亏损不分，二是政府为了社会稳定，而给予某些企业经营性亏损补贴。要取消经营性亏损必须从两个方面考虑。首先，明确政府的职能，做到政企分开，减少对企业的干预，使企业的政策性亏损和经营性亏损分开。同时，通过一定的机制尽量减少企业的政策性亏损，从而彻底清除经营性亏损补贴并减少政策性亏损补贴。其次，改革完善社会保障制度。只有实行了完善的覆盖城乡的社会保障制度，地方政府才会让该破产的企业破产，而不必为了社会稳定的后顾之忧来补贴经营性亏损的企业。

本章小结

1. 财政是国家治理的基础和重要支柱，主要体现在政府财政支出的安排会对社会经济生活产生巨大而深远的影响。不同类型的财政支出通过不同的机制作用于社会与经济，社会消费性支出、政府投资性支出、社会保障支出以及财政补贴支出从生产与就业、经济发展、资源配

置、私人投资与储蓄等多个方面给经济社会带来显著的作用与效应。

2. 财政支出分为购买性支出和转移性支出。购买性支出直接表现为购买日常政务活动所需的或用于国家投资、提供公共产品所需的商品和服务的活动，包括了消费性支出和投资性支出；转移性支出是政府按一定方式，把一部分财政资金无偿地、单方面转移给居民和其他受益者的支出，它是国家用来实现公平分配的重要调节手段，是政府的非市场性调节行为，包括了社会保障支出、财政补贴支出以及债务还本付息支出。

3. 社会消费性支出和政府投资性支出都是维持社会再生产正常运行所必需的支出。社会消费性支出是政府直接在市场上购买并消耗商品和服务所形成的支出，包含了国防支出、教育支出、行政管理支出、科技与卫生支出等多个项目。政府投资性支出则主要是用于基础设施、农业、高技术高风险产业的建设发展，与消费性支出不同的是，投资性支出最终会形成社会资产。为了合理有效地利用投资资金，政府应遵循资本-产出比率最小化、资本-劳动比率最大化和就业创造标准进行投资决策，并将资金投向市场不能有效配置资源的公共领域项目。

4. 社会保障支出是转移性支出的重点，它与社会保险制度紧密相连，各国的社会保险制度不同，相应的社会保障支出安排也就存在很大差别。社会保障制度有四种基本模式：福利型、保险型、国家型和储蓄型。社会保障支出的资金主要由国家、企业和个人三方负担，资金筹集存在现收现付制、完全基金制和部分基金制三种基本模式。

5. 财政补贴是一种影响相对价格结构，从而可以改变资源配置结构、供给结构和需求结构的政府无偿支出。近年来我国财政补贴基本呈现出“略有波动、缓速下降”的态势。我国现行财政补贴制度仍存在许多问题，不符合现代财政制度要求，通过调整支出范围、补贴环节和规范制度等措施可进一步改革与完善。

关键概念

购买性支出　消费性支出　投资性支出　转移性支出　社会保障支出　现收现付制　完全基金制　部分基金制　财政补贴支出

思考分析

1. 根据财政购买性支出项目的作用机理，结合国情分析如何发挥其调节宏观经济的作用。

2. 根据财政转移性性支出项目的作用机理结合国情分析评价其调节收入分配的作用效果。

3. 影响国防支出的因素有哪些？如何看待我国国防投入占 GDP 的比重相对偏低的现象？

4. 请结合相关数据资料分析当前我国教育支出和行政管理支出存在的问题及其改革方向。

5. 如何理解社会保障体系？目前我国社会保障制度还存在哪些问题？改革思路是什么？

6. 根据财政补贴的作用机理分析我国财政补贴存在哪些问题，未来的改革方向是什么。

7. 结合新冠病毒疫情，分析加强公共卫生支出的必要性与重点支出方向。

8. 如何看待我国科技投入占 GDP 的比重相对偏低的现象？财政如何支持我国科技发展？

第七章　财政收入概论

本章主要研究和阐述财政收入的含义和分类，以及财政收入的来源结构等内容。本章学习要求：①了解财政收入的含义与分类；②掌握公共收费和非税收入的内涵与外延；③知悉我国财政收入的来源结构，掌握财政收入来源结构的分析方法。

第一节　财政收入的含义与分类

一、财政收入的含义

财政收入也称公共收入或政府收入。在市场经济条件下，财政收入主要表现为由政府掌握和使用的一定量的货币资金；在商品经济不发达的历史时期，财政收入还表现为由政府财政部门掌握使用的一定量的实物。财政收入包含以下三方面的含义。

（一）财政收入是国家筹集的一部分社会产品价值

从物质内容看，财政收入是一部分社会产品，主要是剩余产品价值。这部分产品是国家利用税收、国有资产权益收入等形式参与社会产品的分配和再分配，把分散在各个微观经济主体手中的一部分社会产品筹集起来，由国家集中占有和支配使用。国家集中的这部分社会产品，在不同的历史时期有不同的表现形式，在自然经济条件下，财政收入表现为一定量的实物或劳务，如农业社会的“粟米之征”“徭役之征”等；在商品货币经济条件下，财政收入还表现为国家或政府占有和支配的一定量的货币资金。财政收入货币价值的物质基础是社会剩余价值。

（二）财政收入是国家实现其职能的财力保证

国家为了履行其资源配置、公平收入分配和稳定发展职能，必须掌握一定数量的社会产品和货币资金，财政收入正是国家积累资金的重要手段。在现代市场经济下，国家运用税收、公债等手段调节公共部门和私人部门、公共产品和私人产品之间的资源配置，促进整个社会资源的优化配置和充分利用，调节收入和财富在社会成员之间的分配结构，促进收入公平分配，维护社会的稳定。

（三）财政收入是财政支出的前提

财政活动包括收入和支出两个阶段，这两个阶段相互衔接继起。财政收入是公共经济活动的起点和前提，它的实质是政府将微观经济主体的一部分资源转移到公共部门。财政支出是公共经济活动的终点与归宿，其实质是将政府所占用的社会资源加以使用，向社会提供公共品与公共服务。一般情况下，财政收入的规模决定财政支出的规模，收入多，支出多，反之亦然。只有在发展生产的基础上，积极积累资金，才能为更多的财政支出提供财力保障。

［资料链接 7－1］

中西方有别的政府收入

政府收入是指政府为履行其职能而筹集的一切资金的总和。在市场经济条件下，政府收入是国家通过一定的形式和渠道集中起来的以货币表现的一定量的社会产品价值，它是政府从事一切活动的物质前提。对于多数西方国家，无论政府以哪种形式取得收入，都要纳入预算管理，即国外政府收入也就是指财政收入。

在我国，政府收入有广义和狭义之分。通常所讲的财政收入是指一般公共预算收入，也叫狭义政府收入；广义政府收入是相对较大口径的财政收入，包括以政府为主体取得的所有收入。根据《中华人民共和国预算法》第五条规定，我国的广义政府收入包括一般公共预算收入、政府性基金收入、国有资本经营收入和社会保险基金收入。一般公共预算、政府性基金预算、国有资本经营预算、社会保险基金预算应当保持完整、独立。政府性基金预算、国有资本经营预算、社会保险基金预算应当与一般公共预算相衔接。

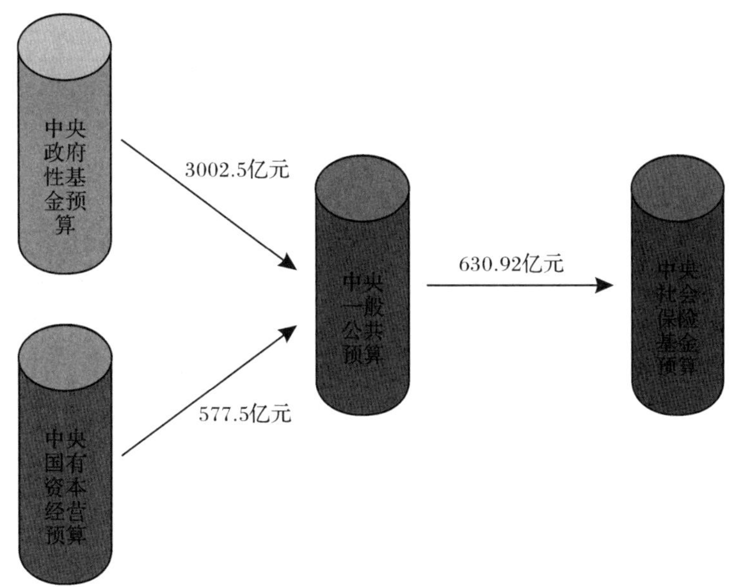

图 7－1　2020 年中央预算“四本预算”之间资金调动示意图

数据来源：财政部网站公布的 2020 年中央预算相关表格。

从中央政府性基金预算调入中央一般公共预算 3002.5 亿元。其中，抗疫特别国债调入中央一般公共预算 3000 亿元用于补助地方疫情防控支出。

从中央国有资本经营预算调入中央一般公共预算 577.5 亿元，调入比例进一步提高到约 35%，主要是为保障落实减税降费后的一般公共预算平衡，加大了资金统筹力度。

中央社会保险基金收入中，财政补贴收入 630.92 亿元。

二、财政收入的分类

财政收入分类是将各类财政收入按其性质进行划分和归类，以便全面、准确、明细地反映财政收入某一具体方面的情况。以形式分类，可以将财政收入分为税收和非税收入。以社会经济成分为标准，可以将财政收入分为国有经济收入、集体经济收入、私营经济收入、个体经济收入、中外合营经济收入、外商独资经济收入等。以产业技术与结构来划分，财政收入可分为来源于第一产业的收入、来源于第二产业的收入，以及来源于除了农业、工业和建筑业以外的第三产业的收入。按照社会产品的价值构成分类，剩余价值（M）是财政收入的主要来源，劳动报酬（V）是财政收入的重要来源，而补偿价值（C）一般不作为财政收入的来源。

目前以财政收入的形式分类的方法是各国普遍的做法。总体来说，世界各国取得财政收入的主要形式基本上是税收，其他形式归为非税收入。至于非税收入的种类和地位，则视各国的政治制度、经济结构以及财政制度的不同而有所不同。以下介绍几种常见财政收入按形式分类的具体情况。

（一）国际货币基金组织的分类

国际货币基金组织在《2001年政府财政统计手册》（*Government Finance Statistics Manual 2001*）中，认为政府收入是指由交易带来的净值的增加部分，不包括出售金融资产，因为它不影响净值。GFSM（2001）将政府收入划分为税收、社会缴款、赠与、其他收入四类，GFSM（2014）沿袭了GFSM（2001）对政府收入的定义和分类，具体情况如下。

1. 税收收入

税收收入包括对所得、利润和资本收益征收的税收，对工资和劳动力征收的税收，对财产征收的税收，对商品和服务征收的税收，对国际贸易和交易征收的税收，其他税收等。

2. 社会缴款

社会缴款包括社会保障缴款和其他社会缴款。其中社会保障缴款又按缴款人细分为雇员缴款、雇主缴款、自营职业者或无业人员缴款、未分类的缴款。

3. 赠与

赠与包括来自外国政府赠与、来自国际组织赠与和来自其他广义政府单位的赠与等。

4. 其他收入

其他收入包括财产收入、出售商品和服务、罚款和罚没收入，以及除赠与外的其他自愿转移、杂项和未列明的收入等。

（二）我国的财政收入分类

根据《2020年政府收支分类科目》，我国财政收入从分类结构上看，财政收入分类科目设类、款、项、目四级，就是按照财政收入的形式划分的，包括：第一类税收收入，第二类非税收入，第三类债务收入，第四类转移性收入。具体情况如下。

1. 税收

税收是国家或政府为了满足社会成员的公共需要，凭借政治权力或公共权力，按照法律规定的标准，强制无偿地取得财政收入的一种形式。在现代社会国家征税涉及社会经济活动的方方面面，与人们的日常生活紧密相连。但税收并非一个现代概念，税收也不是从人类社会以来就有的，而是人类社会发展到一定历史阶段的产物。作为财政收入的主要形式，税收具有强制性、无偿性和固定性三个特征。

根据《2020年政府收支分类科目》对税收的划分，政府税收收入主要包括我国目前现行的18个税种，即：增值税、消费税、企业所得税、个人所得税、资源税、城市维护建设税、房产税、印花税、城镇土地使用税、土地增值税、车船税、船舶吨税、车辆购置税、关税、耕地占用税、契税、烟叶税和环境保护税。另外，还有企业所得税退税，指的是财政部门按照"先征后退"政策审批退库的企业所得税，以及一些其他税收收入，包括税款滞纳金、罚款收入等。

[资料链接7-2]

形形色色的税收

世界各国历史上都出现过形形色色的税收，以下简单介绍几种特殊的税种。

单身税：单身也要交税？是的，在中国人口旺盛的大国不愁没人，可是在一些国家，国家鼓励人口发展，在苏联做单身汉并不容易，凡是20～50岁的男子单身都要缴纳单身税。无独有偶，韩国2015年通过了税改方案，一些单身人士将无法享受一些税款减免的政策，最后导致实际需要缴纳的税款上升。

无子女税：苏联自1987年2月1日起对已婚未育的夫妇征收无子女税，税率为本人月工资的6%。

肥尸税：英国伯明翰市规定死者躺用的棺材宽度为23英寸(58厘米)，超过1英寸得付税7.5英镑。据报道，市政局的挖坟工人不肯替大号棺材挖坑。工党议员为工人说话，便弄出了这条奇特的肥尸税。

乞丐税：法国巴黎的香榭丽大道，名气很大，外地乞丐和流浪汉纷纷涌向这里，使当局感到大煞风景，于是规定，只有缴纳15000法郎税款的乞丐，才能获得准许证在香榭丽大道上活动。

狗税：匈牙利人喜欢养狗，自18世纪以来，一直征收狗税。

洗脸税：这个洗脸税源于土耳其，土耳其2007年开始实施这个税，土耳其人在打开水龙头洗脸的时候要同时缴三种税！首先是"环境清洁税"，它在土耳其老百姓中一直被叫作"垃圾税"；第二种税叫"污水费"，由政府按自来水费50%的标准收取；第三种税是"增值税"，不论是家庭还是写字楼都要支付这个费用，按水费的18%收取。

2.非税收入

非税收入是政府为满足社会公共需要或准公共需要，参与国民收入分配和再分配的一种形式。我国财政部2004年出台了《关于加强政府非税收入管理的通知》(财综〔2004〕53号，以下简称"53号文件")，首次对政府"非税收入"的概念和内容做了较为全面的表述，并对今后一个时期的非税收入管理提出了要求。"53号文件"指出："非税收入是指除税收以外，由各级政府、国家机关、事业单位、代行政府职能的社会团体及其他组织，依法利用政府权力、政府信誉、国家资源、国有资产或提供特定公共服务、准公共服务取得并用于满足社会公共需要或准公共需要的财政资金，是政府财政收入的重要组成部分，是政府参与国民收入分配和再分配的一种形式。"这也是目前为止最为权威的官方定义。

［资料链接 7－3］

我国非税收入的历史

在中国政府的预算体系里，非税收入从 1949 年起就既存在于预算内，也存在于预算外。在预算内表现为除税收之外的其他收入，比如“利改税”之前的企业收入、企业亏损补贴、能源交通重点建设基金收入、基本建设贷款归还收入等十余个项目。在预算外表现为“预算外资金”，包括行政事业性收费、政府性基金、国有企业和主管部门收入等各种收费。预算内和预算外并不是隔绝的。随着政府预算的不断规范化，预算外资金逐步被纳入预算内。比如从 1996 年起，养路费、车辆购置附加费等 13 项基金被纳入预算管理（国发〔1996〕29 号文）。

然而，之前虽然有非税收入，却没有“非税收入”的概念。我国自 1997 年拉开预算收支分类改革和部门预算改革序幕后，预算外资金的逐渐淡出促使非税收入这一概念应运而生。2001 年，非税收入第一次被写入财政部文件。2004 年，财政部在《关于加强政府非税收入管理的通知》（财综〔2004〕53 号）正式明确非税收入的具体内涵，并把非税收入定义为 10 项。《2007 年政府收支分类科目》首次引入 103 类非税收入类级科目，标志着非税收入正式登上我国政府预算体系的舞台。非税收入包含一般公共预算内的所有非税收入，包括政府性基金收入、专项收入、彩票资金收入、行政事业性收费收入、罚没收入、国有资本经营收入、国有资产（资源）有偿使用收入和其他收入共 8 项，一般被看作小口径的非税收入。2011 年，根据财预〔2010〕88 号文的要求，按预算外资金管理的收入被全部纳入预算管理，有些纳入一般公共预算管理，有些纳入政府性基金预算管理，还有些纳入财政专户管理。至此，以“预算外资金”形式存在了半个多世纪的那部分政府收入全部被作为宽口径非税收入纳入预算管理。《政府非税收入管理办法》（财税〔2016〕33 号）又将非税收入项目拓展到 12 项，不变的只是社保基金始终被排斥在非税收入的统计中。在《2020 年政府收支分类科目》对非税收入的划分中，政府非税收入包括的大类有专项收入、行政事业性收费收入、罚没收入、国有资本经营收入、国有资源（资产）有偿使用收入、捐赠收入、政府住房基金收入和其他非税收入等 8 项。发展至今，作为我国财政收入的有机组成部分，非税收入跨越一般公共预算、政府性基金预算和国有资本经营预算三大预算，成为各级政府除税收以外最重要的财政收入来源，特别是在地方财政中占有举足轻重的地位。

资料来源：

傅娟. 非税收入的概念辨析及中美比较的可行性研究[J]. 财贸经济，2019(3)：37－52.

邓秋云. 基于 GFSM(2014)的广义政府非税收入国别(地区)比较[J]. 国际税收，2019(12)：18－23.

根据《2020 年政府收支分类科目》对非税收入的划分，政府非税收入包括八大类：专项收入、行政事业性收费收入、罚没收入、国有资本经营收入、国有资源（资产）有偿使用收入、捐赠收入、政府住房基金收入和其他非税收入等。

（1）专项收入。专项收入是指纳入一般公共预算管理的有专项用途的非税收入。其包括教育费附加收入、三峡库区移民专项收入、地方教育费附加收入、文化事业建设费收入、农田水利建设资金收入、油价调控风险准备金收入等。

（2）行政事业性收费。该项收费是指国家机关、事业单位、代行政府职能的社会团体及其他组织根据法律、行政法规、地方性法规等有关规定，依照国务院规定程序批准，在向公民、法人提供特定服务的过程中，按照成本补偿和非营利原则向特定服务对象收取的费用。其包括公安、司法、外交等部门的行政事业性收费收入，财政、税务、海关等的行政事业性收费收入等。

(3)罚没收入。该项收入是指执法机关依据法律、法规和规章，对公民、法人或者其他组织实施处罚取得的除缉私缉毒以外的罚款、没收款、没收非法财物的变价收入。

(4)国有资本经营收入。国有资本经营收入是指国家以所有者身份从国家出资企业依法取得的国有资本收益，包括国有资本分享的企业税后利润，国有股股利、红利、股息，企业国有产权(股权)出售、拍卖、转让收益和依法由国有资本享有的其他收益。

(5)国有资源(资产)有偿使用收入。该项收入国有资源有偿使用收入是指各级政府及其所属部门根据法律、法规以及国务院和省、自治区、直辖市人民政府及其财政部门的规定，设立和有偿出让土地、海域、矿产、水、森林、旅游、无线电频率以及城市市政公共设施和公共空间等国有有形或无形资源的开发权、使用权、勘查权、开采权、特许经营权、冠名权、广告权等取得的收入。国有资产有偿使用收入是指国家机关、事业单位、代行政府职能的社会团体、党团组织按照国有资产管理规定，对其固定资产和无形资产出租、出售、出让、转让等取得的收入。

(6)捐赠收入。该项收入反映按照财政部《关于加强政府非税收入管理的通知》(财综〔2004〕53号)规定以政府名义接受的捐赠，包括国外捐赠收入和国内捐赠收入。

(7)政府住房基金。该项收入反映按照《住房公积金管理条例》等规定收取的政府住房基金收入。

(8)其他非税收入。该项收入为除上述各项收入以外的其他收入，如基本建设收入、差别电价收入、债务管理收入等。

除此之外，我国的财政收入还包括债务和转移性收入。所谓债务是指国家财政以债务人的身份，按照有借有还的信用原则从国内外取得的借款收入，由三部分组成：一是国内债务收入，主要包括国家每年发行的国债收入和向国家银行借款收入；二是国外债务收入，包括国际金融组织贷款、外国政府贷款和境外发行的主权外币债券等形式；三是国内其他债务收入，主要是财政专项债券以及特种国债。债务收入在弥补财政赤字、调节经济运行等方面发挥着十分重要的作用。债务收入正成为财政收入的一项经常性收入。

所谓转移性收入是指政府间转移支付以及不同性质资金之间的调拨收入。其具体包括返还性收入、财力性转移支付收入、专项转移支付收入、政府性基金转移收入、彩票公益金转移收入、预算外转移收入、单位间转移收入等。

在非税收入中，专项收入、行政事业性收入和罚没收入这三项合起来被称为公共收费。公共收费不仅规模较大，而且在我国非税收入中占有重要的地位，第二节将专门介绍公共收费的相关内容。

第二节 财政收入中的公共收费

一、公共收费的作用与依据

公共收费是公共部门在提供公共服务、公用设施或实施行政管理的过程中，向受益或管理对象所收取的费用。其具体是指国家机关、事业单位、代行政府职能的社会团体及其他组织依据法律法规的规定，在实施社会公共管理以及在向公民、法人提供公共服务的过程中，向特定的管理和服务对象收取的费用。公共收费是国家财政收入的组成部分，同时也是国家干预市场活动、实施国民经济管理的重要手段。

(一)公共收费的作用

1. 筹集财政收入

公共收费是政府筹集财政收入的一种形式,为满足公共需要提供重要的财力来源。由公共收费形成的资金无论是纳入政府预算管理,还是按制度或法律规定由收费部门或单位直接弥补其运行费用,都属于公共财力,对国家的财政状况、资源配置能力产生着重要的影响。特别是对于特定公共事业或公共产业的发展,公共收费往往具有不可替代的作用,如保障高等教育、医疗卫生等公共事业的经费投入等,因为这些事业或产业活动所提供的物品或服务具有混合性公共品特性或自然垄断性,其发展所需要投入的资金量也很大,必须发挥公共收费的筹资作用。

2. 管理社会事务和公共资源

为了维护社会经济活动的正常秩序,国家必须制定、实施各种法律和制度,如为保障消费者利益,有必要对危险物品、药品、食品等的生产、运输、保管、销售等进行严格管理,对产品质量加强监督,对有关经济主体实行发证经营;为保障公民、法人和其他组织的合法利益,必须开展法院审判、行政仲裁等,这些都常伴之以公共收费,包括服务性收费和惩罚性收费。公共资源如森林、草场、水资源、公共河道、矿产资源、土地资源等,是人类社会生产和生活的物质基础与前提条件。制定有关公共资源开发、利用的收费政策,是保障公共产权权益、合理和有效利用公共资源的需要,如通过征收资源使用费或补偿费,有利于相关经济主体在占有、开发或使用公共资源时,正确评价其成本收益,合理利用公共资源,减少浪费。

3. 提高公共产品供给和使用效率

一些国家的实践表明,公共设施完全依赖税收来筹集资金,往往造成公共服务的供应不足和服务质量的低劣。由政府提供的消费具有一定竞争性的混合产品的边际消费成本往往不为零,若完全用免费方式提供,将使得人们对该项公共资源的过度消费,不符合社会福利最大化的原则。实行定价收费,不仅可以减轻政府的财政负担,而且由于资金来源有保障,可以使公共服务的供给不断增加,服务的质量不断提高。同时,通过公共收费方式提供公共服务时,公共服务部门也将受到交费者更为严格的监督与制约,从而促使公共服务部门不断改进公共服务质量。另外,通过适当的收费,有助于消费者正确表达偏好,相关部门可据以决定公共供给的最优水平,并取得较为稳定和可靠的资金来源。

(二)公共收费的依据

1. 政府实现准公共品分配效率最大化

现实生活中,政府提供的大多数产品是介于公共品和私人品之间的准公共品。由于准公共品兼具公共品和私人品二者的特征,无论是采用市场定价还是政府税收方式筹集资金供应,都存在明显缺陷:采用市场定价提供,会使供给量低于社会效率水平,形成短缺;由政府征税免费提供,一方面会侵犯未消费或少消费公共品的成员利益,另一方面会使准公共品偏好显示机制失效,形成过度消费,降低社会经济效益。因此,要实现准公共品的有效供应及配置效率最大化,政府供应必须采用免费供应和收费供应相结合的方式,除采用税收手段外还以公共收费等非税方式加以保障。

2. 政府矫正经济主体的负外部性

就负外部效应而言,政府可以采用明晰产权、内部化、政府规制等多种方法加以消除,但对于产权界定困难、交易成本过大或政府管制执行效率低的情形，则需要政府通过强制权力征税和公共收费等手段加以矫治。即以征税的方式对产生负外部性的经济主体施加影响，使其边际私人成本等同或相当于边际社会成本，以有效抑制负外部性产出或行为，实现社会资源配置的优化。现实中，当征税这种征收方式难以实现时，便采取征收公共收费等形式，促使经济主体自觉抑制负外部性行为。

3. 政府凭借国有资产所有权取得产权收益

国有资产是指属于国家所有的一切财产和财产权利的总称，具体包括经营性国有资产、非经营性国有资产和资源性国有资产。根据我国法律规定，国有资产的所有权属于国家(政府)，国家(政府)依法对国有资产享有占有、使用、收益和处分的权利。因此，无论哪一类国有资产收益，都是国有资产的出资者(所有者)即国家权益的实现，其取得依据都是基于政府对这些国有资产的财产权利，即政府对国有资产或资源的所有权以及对国有企业利润的分配权。

二、公共收费的原则与标准

(一)公共收费的基本原则

1. 非营利性

政府是服务于公共利益的，以收费形式组织收入主要是为了补偿部分公共项目的供给成本，除了一些自然垄断性项目要取得正常收益外，一般收费项目的供给不以营利为目的，特别是对属于混合产品的公共供给，收费只与个人受益部分的供给成本相对应，不能取得全部成本的补偿资金。

2. 效率性

公共收费项目的设置和收费标准的确定应考虑收费成本及相应供给项目的使用效率。一方面，尽可能降低公共收费活动本身的花费成本；另一方面，收费不应影响供给项目的有效利用，不影响公共利益。

3. 受益性

公共收费必须体现负担与受益相对应的原则，即谁受益谁付费，付费者应是直接从公共部门的特定供给中受益的社会成员，非受益者不应负担相应费用。

4. 自愿性

一般来说，社会成员有权根据自己的情况选择是否接受收费性公共项目的服务供给，即使是一些管理性、惩罚性的公共收费，实际上也是以付费者的行为选择为前提的。除非有法律规定，政府不能强制社会成员消费收费性公共服务或设施。

(二)公共收费价格政策

在现实生活中，政府往往根据不同的情况和需要，对需要收费的公共供给项目采取按低于、等于和高于其供给成本水平的标准来选择和确定收费价格，形成不同的收费价格政策。

1. 低价政策

按照低于物品或服务供给的成本耗费水平来确定收费价格，一般适用于混合产品的供给。原则上，所提供的物品或服务的外部收益越大，收费价格就应越低。低价政策可以促使社会成员更多地使用或消费这些物品或服务，使之获取最大的社会效益。例如高等教育收费，卫生防疫收费，博物馆、图书馆收费等，通常采取低价政策，并结合财政拨款，既降低了消费者负担，促进这类资源的充分利用，又保障了这些事业发展的资金需要。

2. 平价政策

按照与物品或服务供给的成本耗费水平大体相当的标准来确定收费价格，一般适用于由自然垄断产业提供的物品或服务及外部收益不大的一般物品或服务。实行平价政策，从消费方面来说，可以使社会成员正确评价这些物品或服务的价值，合理、有效利用这类消费资源；从供给方面来说，有利于相关部门合理筹集资金，既减轻财政负担，又保证相关事业发展的需要。比如城市供水，实行低价政策必然导致供水需求的大量增加和水资源的浪费，且增加财政补贴负担，高价政策又会影响居民的正常生活，两种定价政策均不利于资源合理配置，而平价政策则较为适当。

3. 高价政策

按照高于物品或服务供给的成本耗费水平来确定收费价格，一般适用于国家为对特定的社会经济行为进行管理和控制而实行的收费，如对特定领域的准入性收费，校正外部不经济收费。实行高价政策，一方面可以加强国家对特定社会经济活动的管理和控制，以实现社会利益的最大化；另一方面可以筹集较多的财政资金，用以解决特定的社会经济问题。以对污染排放收费为例，当经济单位超标准排污时，通过高额的收费处罚，不仅使得相应的外部成本能够内部化，增加排污单位的经济负担，起到限制和惩治作用，同时以此取得的资金，可以用于解决环境保护问题。

三、公共收费的类型

(一)按收费的性质划分

1. 规费

规费是国家机构为居民或团体提供特定服务或实施特定行政管理时所收取的手续费或工本费，体现的主要是管理者与被管理者之间的关系。规费的收取是随着公共部门的特别行为或服务而发生的，其取得是基于政府的行为或服务给予特定个人以特别的利益，或者是免除一种禁止，或保证一种既存的权利身份，以及辅助其权利的行使等。规费包括行政规费和司法规费。行政规费是附随于政府部门各种行政活动的收费，名目很多，具体包括护照费、户籍规费、商标登记费、商品检验费、度量衡鉴定费及执照费等。司法规费包括司法方面的审判费、执行费、民事诉讼费、刑事诉讼费、出生登记费、财产转让登记费、遗产管理登记费、继承登记费和结婚登记费等。

2. 使用费

使用费是政府部门向特定公共设施或公共服务的使用或受益者收取的费用。使用费体现的是一种市场交易关系。使用费具体包括水费、电费、煤气费、公立大学学费、公立医院收费、停车费、公园门票等。这些收费可以大致分为直接费、公用事业特种费以及特许费三大类。直接费是对使用公共设施或消费物品和服务的使用者或消费者所收取的费用。公用事业特种费是政府为社会公共目的而新建设施或改良原有设施，根据受益区域内受益者的大小所进行的一种比例征收，它主要用于弥补工程经费。特许费是政府授予某些特定的人以某种特别的权利，而对其征收的一种费用。特许费的征收目的侧重于对某些行为进行规制，如在具备规定的条件下，娱乐场所的开设、公路汽车的行驶等在缴纳特许费以后方可获得公共部门的特别许可。

(二)按收费的实体划分

1. 行政性收费

行政性收费是国家行政机关在履行职能、开展社会经济管理活动时依法收取的费用,其内容主要有管理性收费、惩罚性收费、资源性收费。

2. 事业性收费

事业性收费是国家提供事业服务的部门和单位按规定标准向其服务对象收取的费用,用以弥补其服务的部分或全部成本,如学校、医院、科研单位、文化馆、体育馆、图书馆、剧院、出版社等机构向其服务对象的收费。事业性收费指政府举办的各种事业单位在向社会成员提供各种事业服务时向事业服务的消费者收取的费用,如教育收费、医疗收费、道路桥梁通过费等。

3. 经营性收费

经营性收费是国有经营单位向社会提供私人商品时按市场原则所收取的费用,如交通运输费、房屋租赁费、文化娱乐费等。这些国有经营单位一般实行独立核算,自负盈亏,其经营活动不但要保本,还要有适当收益。

[资料链接 7－4]

别让公路收费成为赚取暴利的"无底洞"

一条来往广州与深圳之间最繁荣的高速路开通 12 年收费 300 亿元;纵贯广州市南北的城市快速路 900 米收费 3 元;一些公路借"还贷收费"为名"超期服役"……收费公路俨然成了印钞机,以牺牲公众利益为代价赚取暴利。透过林林总总的公路收费乱象,折射出公路收费之变势在必行。专家呼吁,政府部门应尽快恢复公路公益性属性,还路于民,别让公路收费成为赚取暴利的"无底洞"。

公路收费之乱近年来为公众所深恶痛绝。记者对公众与媒体反映强烈的广东省公路乱收费现象进行调查梳理发现,大体存在着三种形式。

第一,闷声发财。2010 年,广东格林律师事务所的赵绍华因为在广深高速公路上找不到加油站遭遇抛锚,随后把公路运营方告上了法庭。他认为,广深高速属于不合格商品,应减免收费。就在诉讼期间,赵绍华揭开了这条高速路的另一个更大的秘密——广深高速存在着惊人的暴利。据有关资料显示,广深高速公路初始投资 122.17 亿元,1997 年 7 月正式通车。从 2002 年 7 月 1 日到 2009 年 12 月 31 日,广深高速合计实现 242.48 亿元的路费收入,加上 1997 年到 2002 年每年 15 亿元的保守评估计算,广深高速公路的路费收入已经超过 300 亿元,将近投资的 2 倍。在赚取惊人利润的同时,广深高速可谓是全国最繁荣的高速公路之一,其日车流量达到了当初设计流量的 3 倍。高速路变成拥堵不堪的慢速路,但是收费标准一直没变,还是每公里 0.6 元。

第二,巧设收费。在广州还有一条备受质疑的高价收费路——纵贯广州南北的华南快速一期。据了解,华南快速路一期全长 15.6 公里,1999 年 9 月全线开通。按规定,每公里收费 0.6 元,全程 15.6 公里应收费 10 元。但实际上却被巧设站点高价收费。

记者驾车实际行驶发现,从广州黄埔大道入口到土华站点不足 8 公里,收费竟高达 10 元,平均每公里 1.25 元,是 0.6 元/公里收费标准的 2.08 倍,应交费用 4.8 元与实交费用 10 元相差达 5.2 元。即使认可相邻两站收费 3 元,但相邻两站又收取 8 元～10 元不等,如黄埔大道至土华按相邻两站 3 元计算,应收 6 元,而实收 10 元。更有媒体曝光称,在华快一期的从中山大道到黄埔大道路段，里程表显示，两个收费站之间距离只有900米，收费竟是3元钱，收费标准则应为0.6元。

第三，超期服役。根据《中华人民共和国公路法》及《收费公路管理条例》，经营性公路收费期限，按照收回投资并有合理回报的原则确定，最长不得超过25年。即使是在国家规定的中西部地区，最长也不得超过30年。然而，公路收费乱象中不仅存在收费高，还存在收费时间超长的问题。广东省交通厅、省财政厅等部门前几年就联合发布《公路收费站收费年限公告》，公布了该省76个经营性公路收费站和173个政府还贷公路收费站的收费年限，74个省管非经营性收费站的还贷期限，情况令人担忧：预测还贷期超过30年的有33个。

资料来源：陈冀. 别让公路收费成为赚取暴利的"无底洞"：广东公路乱收费现象调查[EB/OL]. (2011-04-06) [2020-11-20]. http://roll.sohu.com/20110406/n305392716.shtml.

[资料涉及的理论要点]

(1)公共收费的性质与类别。

(2)公共收费的方式与标准。

[资料分析与讨论思路]

广深高速公路收费乱象反映出什么问题？如何解决？

[资料链接7-5]

海南省交通运输厅回应油价上调

据海南省交通运输厅微信公众号消息，针对近日有网络媒体质疑海南上调油价不合理问题，海南省交通运输厅做出回应：油价上调是因恢复因疫情暂停的通行附加费，与国际油价变化无关。

近日，海南省交通运输厅发出通知，决定自2020年5月6日零时起恢复征收机动车辆通行附加费，由于海南实行"一脚油门踩到底"政策，不设卡收费，而是通过汽油通行附加费形式征收，所以该省汽油零售企业汽油销售价格每升上调1.05元。

但通知发出后，有部分群众对海南通行附加费征收政策不太了解，认为当前国际油价暴跌，为何海南油价"不降反升"，对此，海南省交通运输厅相关负责人5月3日专门就此问题做出解释说明。海南车辆通行附加费征收方式有别于其他省份，早在1994年，海南就在全国率先实行了公路规费征收模式改革，将"公路养路费、过桥费、过路费和公路运输管理费"即四费合一为燃油附加费并统一在燃油销售环节价外征收。如今，海南仍是能够实现"一脚油门踩到底"的省份。

2011年1月，《海南经济特区机动车辆通行附加费征收管理条例》(以下简称《条例》)正式实施，规定机动车辆通行附加费属于政府性基金，全额上缴省财政，实行财政预算管理，全部用于海南省的公路建设。

由于海南省不设卡收费，所以依据《条例》，按照购买的汽油的数量和征收标准价外征收汽油机动车辆通行附加费，目前海南省的汽油通行附加费征收标准为1.05元/升。

回应称，为解决新冠肺炎疫情带来的社会经济困难，国家交通运输部曾于2021年2月下发《关于新冠肺炎疫情防控期间免收收费公路车辆通行附加费的通知》(以下简称《通知》)，按《通知》要求，海南省政府决定从2020年2月17日零时起，免征机动车辆通行附加费，相应地将当时油价每升下调了1.05元。

而随着新冠肺炎疫情逐步好转，国家交通运输部已于4月28日下发《关于恢复收费公路收费的通知》，要求全国各地恢复公路收费。

为贯彻落实好党中央国务院关于恢复征收车辆通行附加费的政策要求，结合《条例》，经海南省交通运输厅征求省财政、发改（物价）部门同意，并报海南省政府同意，海南省决定自5月6日零时起恢复征收机动车辆通行附加费。此次提高油价1.05元/升，是按照中央要求恢复征收此前因疫情影响暂停的机动车辆通行附加费，与国际油价变动无关联。

资料来源：海南省交通运输厅回应油价上调：与国际油价变化无关[EB/OL].(2020-05-03)[2020-11-20]. http://k.sina.com.cn/article_1784473157_6a5ce64502001uq2s.html.

[资料涉及的理论要点]

(1)公共收费的性质与类别。

(2)公共收费的方式与标准。

[资料分析与讨论思路]

如何看待海南公路规费征收模式改革？此模式有无推广性？

第三节 财政收入结构

一、财政收入的形式结构

财政收入形式结构是按照财政收入的形式分类，由不同形式的财政收入在财政总收入中所占的比重形成的结构，它往往与一国的政治体制、经济发展所处的阶段等因素有关。对财政收入按照形式结构的纵向时序分析，有利于掌握一国财政收入的构成情况，以及财政收入的主要来源；对财政收入按照形式结构的横向国别分析，有利于把握一国财政收入结构与其他国家的差异，不断优化财政收入结构。

(一)税收收入是财政收入的主要来源

我国在计划经济体制下，以上缴利润为主的企业收入占财政收入的50%以上。改革开放以后，尤其是经过1983年和1984年两步“利改税”之后，税收在财政收入中的重要地位慢慢凸显出来，所占比重逐步提高，直至1994年后的财政体制改革，税收才最终在财政收入中占据主导地位。从表7-1① 可以看出，1990—2005年税收收入占财政收入的比重一直在90%以上，2006年以来该比例有所下降，但是也一直维持在80%以上。

表7-1 我国税收收入占财政收入比重情况

年份	财政收入/亿元	税收收入/亿元	税收收入/财政收入/%	年份	财政收入/亿元	税收收入/亿元	税收收入/财政收入/%
1990	2937.10	2821.86	96.08	2005	31649.29	28778.54	90.93
1991	3149.48	2990.17	94.94	2006	38760.20	34804.35	89.79
1992	3483.37	3296.91	94.65	2007	51321.78	45621.97	88.89
1993	4348.95	4255.30	97.85	2008	61330.35	54223.79	88.41

① 此处财政收入指的是狭义的政府收入，仅包括我国一般预算收入。

续表

年份	财政收入/亿元	税收收入/亿元	税收收入/财政收入/%	年份	财政收入/亿元	税收收入/亿元	税收收入/财政收入/%
1994	5218.10	5126.88	98.25	2009	68518.30	59521.59	86.87
1995	6242.20	6038.04	96.73	2010	83101.51	73210.79	88.10
1996	7407.99	6909.82	93.28	2011	103874.43	89738.39	86.39
1997	8651.14	8234.04	95.18	2012	117253.52	100614.28	85.81
1998	9875.95	9262.80	93.79	2013	129209.64	110530.70	85.54
1999	11444.08	10682.58	93.35	2014	140370.03	119175.31	84.90
2000	13395.23	12581.51	93.93	2015	152269.23	124922.20	82.04
2001	16386.04	15301.38	93.38	2016	159604.97	130360.73	81.68
2002	18903.64	17636.45	93.30	2017	172592.77	144369.87	83.65
2003	21715.25	20017.31	92.18	2018	183359.84	156402.86	85.30
2004	26396.47	24165.68	91.55	2019	190382.23	157992.21	82.99

资料来源：国家统计局网站 http://www.stats.gov.cn/。

图 7－2 展示了我国 2019 年全国财政收入构成情况，可以清楚地看到，税收收入在财政收入中占有绝对的份额。

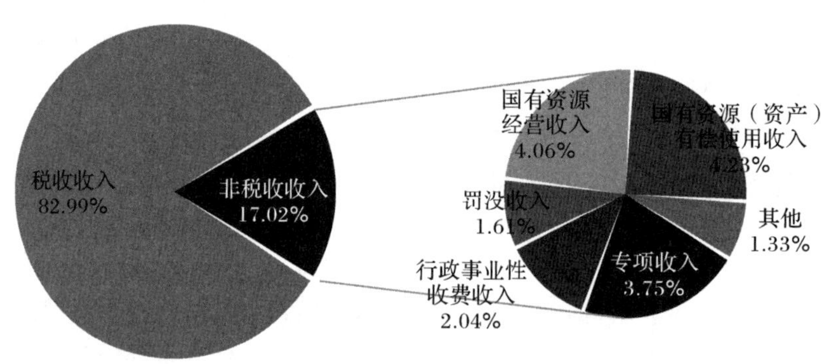

图 7－2　2019 年我国财政收入构成情况

(二)非税收入占有重要地位

值得一提的是以上分析所指的我国财政收入是一般预算收入。若从广义政府收入的角度来看，非税收入在我国政府收入中占有重要的地位，是我国政府收入的重要组成部分。

表 7－2 展示了我国税收收入占广义政府收入的比重情况。此处财政收入指的是我国广义政府收入剔除土地出让金后的数额。我国政府从 2014 年开始，在政府决算中最后一项，明确列示了“广义政府运行”表。该表是按照国际货币基金组织数据公布特殊标准(SDDS)要求发布年度广义政府财政数据，其中也列示了 2013 年我国广义政府收入的情况。按照国际货币基金组织颁布的《政府财政统计手册》的口径，政府财政收入包括税收、社会保障缴款、赠

与和其他收入(其他收入主要指财产收入、出售商品和服务收入、罚金罚款和罚没收入以及其他杂项收入)。据此计算,广义政府收入是指一般公共预算收入、政府性基金收入(不含国有土地使用权出让收入)、国有资本经营收入、社会保险基金收入的合并数据,并剔除了重复计算部分。广义政府收入不包括国有土地使用权出让收入,是因为根据国际货币基金组织《政府财政统计手册》的定义,政府收入是指增加政府权益或净值的交易,国有土地出让行为是一种非生产性资产的交易,结果只是政府土地资产的减少和货币资金的增加,并不带来政府净资产的变化,不增加政府的权益,因而不计作政府收入。相应地,广义政府支出也按上述口径统计。

可以看出,如果以广义政府收入为基础,我国税收收入占比也超过了50%,一直维持在60%左右。可以认为,税收收入同样也是我国广义政府收入的主要来源,但是非税收入的规模也不容小觑,我国非税收入占广义政府收入的比重在逐年上升,2019年非税收入占广义政府收入的比重为41.52%。

表7-2　我国税收收入占财政收入①比重情况

年份	财政收入/亿元	税收收入/亿元	税收收入/财政收入/%
2013	169952	110530.70	65.04
2014	185211	119175.31	64.35
2015	200174	124922.20	62.41
2016	210065	130360.73	62.06
2017	230540	144369.87	62.62
2018	257770	156402.86	60.68
2019	270149	157992.21	58.48

资料来源:根据财政部网站公布的广义政府运行数据整理。

[资料链接7-6]

世界若干国家税收和非税收入在财政收入中所占比重情况

非税收入在财政收入中所占比重,各国由于体制差异有所不同。考虑到指标的可比性,本部分我国财政收入指的是广义政府收入扣除政府土地出让金收入。表7-3列举了2016年世界若干国家非税收入在财政收入中所占比重,其中在发达经济体中非税收入占财政收入比重相对最低和最高的典型国家是日本和挪威,该比例分别为11.14%和28.20%;美国非税收入占财政收入比重为15.48%。在新兴和发展中经济体中非税收入占财政收入比重的两个极值——哥斯达黎加和阿富汗,该比例分别为5.57%和81.10%;中国该比重为15.56%。可以看到无论与发达国家相比还是新兴和发展中经济体相比,我国的非税收入规模相对适中。

① 此处财政收入指的是广义的政府收入,不包括政府土地出让金收入。

表 7-3 2016 年世界若干国家税收和非税收入在财政收入中所占比重

经济体	单位	税收收入		社会缴款		非税收入①		总收入
		金额	占比/%	金额	占比/%	金额	占比/%	
挪威	10 亿克朗	876.81	52.10	331.49	19.70	474.55	28.20	1682.85
美国	10 亿美元	3688.31	63.19	1245.01	21.33	903.73	15.48	5837.05
日本	10 亿日元	99404.00	52.41	69147.10	36.46	21123.70	11.14	189674.80
中国②	10 亿人民币	14090.94	67.08	3647.92	17.37	3267.67	15.56	21006.53
阿富汗	10 亿阿富汗尼	116.64	18.26	4.10	0.64	517.96	81.10	638.70
哥斯达黎加	10 亿科朗	4167.74	91.24	145.91	3.19	254.37	5.57	4568.02

需要说明的是：

除了税收之外，世界上几乎所有国家的财政收入中都包含着非税收入。但是在实践中明确使用非税收入概念的国家并不多。在 GFS 数据系统中的 180 个经济体（国家或地区）中，仅有 80 个可以获得相对完整的非税收入数据。

一般来讲，自然资源丰富的国家其资源性非税收入会比较大，如挪威，由于其石油产量稳居全球前列，其非税收入在发达经济体中位居首位。另外如俄罗斯、缅甸、约旦、伊朗等资源密集型国家的非税收入在财政收入中都占有比较重要的地位。

总体来说，新兴和发展中经济体非税收入的相对规模与发达经济体相比偏高。其原因之一是新兴和发展中经济体长期接受大量的国际援助，其赠与收入作为非税收入的一部分，占财政收入的比重较大，如阿富汗，2016 年赠与收入为 4790.5 亿阿富汗尼，非税收入为 5179.6 亿阿富汗尼，财政收入为 6387.0 亿阿富汗尼，赠与收入占非税收入的比重为 92.49%，占财政收入的比重为 75.00%。

资料来源：邓秋云．基于 GFSM(2014)的广义政府非税收入国别(地区)比较[J]．国际税收，2019(12)：18-23.

二、财政收入的产业结构

三大产业在国民经济中的地位不同，在财政收入中的地位也不同。探究财政收入的产业来源结构以及与之相关的价格结构变化对财政收入的影响，便于根据各部门的发展趋势和特点，合理地组织财政收入，开辟新的财源。

（一）第一产业是财政收入的间接来源

第一产业是国民经济的基础，第一产业的发展会影响整个国民经济的发展，从这个意义上说，农业也是财政收入的基础。但是，自从 2006 年 1 月 1 日起取消了农业税，所以目前农业只

① 根据 GFSM(2014)非税收入＝社会缴款＋赠与收入＋其他收入，为了和我国非税收入可比，未将社会缴款汇总至非税收入中；同时 GFSM(2014)规定的其他收入中不包含出售非金融性资产取得的收入，因此，在汇总我国非税收入时剔除国有土地使用权出让收入，从而与世界可比的非税收入指标为：非税收入＝赠与收入＋其他收入。

② 不包括中国香港、中国澳门和中国台湾。

间接提供财政收入。长期以来我国工农业产品交换中存在着剪刀差,致使农产品按照低于其价值的价格出售,再通过价格的再分配作用,使农业部门创造的一部分价值转移到以农产品为原料的工业或农产品加工部门实现。因此,这些部门上缴国家的税利中,就包含有一部分农业所创造的价值,从而形成财政间接来自农业的收入。

总之,没有农业的发展,就没有其他经济部门的发展,也就没有国家财政收入的增长。农业既是国民收入的基础,也是财政收入的基础,不断增加农业投入,大力发展农村商品生产,增强农业后劲,提高农业劳动生产率是当务之急。

(二)第二产业是财政收入最主要的来源

第二产业是国民经济的主导。我国财政收入绝大部分来自第二产业,因此工业对财政收入的状况起决定作用。目前我国工业资本有机构成相对于其他行业高,劳动生产率、积累水平也较其他部门高,而且我国国有经济占有较大比重,其创造的社会纯收入的大部分要以税利形式上缴国家,因此工业是财政收入最主要的来源。财政收入能否随着第二产业生产的发展而相应增长,一是取决于企业的经济效益;二是取决于产业内部各行业的比例是否合理,即轻重工业之间,基础工业与加工工业之间要保持适当的比例关系。如果只片面强调产值与速度,忽视经济效益与合理的比例结构,往往会导致速度和效益脱节,虽然国民生产总值或国民收入可实现一定程度的增长,但财政收入却不能同步增长甚至出现下降的现象。因此,从财政收入的产业结构来看,要想增加财政收入,就应该积极把握工业生产的特点及其规律性,加强企业经营管理,降低消耗,提高劳动生产率,提高经济效益。同时财政政策的制定要有利于协调和保持各行业之间适当的比例关系,增强企业活力,保证财政收入随工业的发展实现适度增长。

(三)第三产业对财政收入的贡献越来越高

第三产业部门创造的价值构成国民生产总值的一部分,同时也是财政收入的来源因素。第三产业即服务业产值在国民生产总值中的比重,随着经济发达程度不同而发生变化。随着社会生产力发展和科学技术的进步,第三产业产值占国民生产总值的比重越来越高,这是各国产业发展的一般趋势。因此,财政收入来源于第三产业的比重也会越来越高。经济体制改革前,我国第三产业严重滞后,与第一、第二产业发展不适应,再加上价格不合理的因素,财政来自第三产业的收入不高。随着社会主义市场经济的发展、生产力水平的提高和价格体系的逐步完善,第三产业在我国已经有了迅速的发展。从发展前途看,第三产业在开辟财源、筹集建设资金方面将发挥越来越重要的作用,第三产业将会成为财政收入重要的新增长点。

三、财政收入的地区结构

财政收入的地区结构是指财政收入在中央和地方之间以及各地区之间的分布。国家集中的财政收入在中央和地方之间的分布,组成财政收入的级次构成;财政收入在全国各省、市、自治区的分布,组成地区性财政收入结构。

表 7-4 展示了我国中央和地方财政收入在全国财政收入中的占比情况。可以看出,近年来,我国中央财政收入比重有一定下降,表明中央政府释放一定的财力,促进地方政府发挥积极性,推动地方经济增长。

表 7－4 我国中央和地方财政收入及在全国财政收入中的占比情况

时间	全国财政收入/亿元	中央财政收入/亿元	地方财政收入/亿元	中央财政收入比重/%	地方财政收入比重/%
2007	51321.78	27749.16	23572.62	54.07	45.93
2008	61330.35	32680.56	28649.79	53.29	46.71
2009	68518.30	35915.71	32602.59	52.42	47.58
2010	83101.51	42488.47	40613.04	51.13	48.87
2011	103874.43	51327.32	52547.11	49.41	50.59
2012	117253.52	56175.23	61078.29	47.91	52.09
2013	129209.64	60198.48	69011.16	46.59	53.41
2014	140370.03	64493.45	75876.58	45.95	54.05
2015	152269.23	69267.19	83002.04	45.49	54.51
2016	159604.97	72365.62	87239.35	45.34	54.66
2017	172592.77	81123.36	91469.41	47.00	53.00
2018	183359.84	85456.46	97903.38	46.61	53.39
2019	190382.23	89305.00	101077.00	46.91	53.09

资料来源:《中国统计年鉴》。

本章小结

1.财政收入既是一种资金集合,同时又是一个过程。就其内涵来看,财政收入是国家筹集的一部分社会产品价值,主要是剩余产品价值,财政收入是政府实现其职能的财力保证,财政收入是财政支出的前提。

2.财政收入的分类源于研究目的需要。一般而言,现实中主要存在按照财政收入形式划分、按财政收入来源划分、按照财政收入的归属权划分、按照预算管理方法划分等几种分类方法。

3.税收收入是最古老的财政收入形式,是国家或政府为了满足社会成员的公共需要,凭借政治权力或公共权力,按照法律规定的标准,强制无偿地取得财政收入的一种形式。它具有强制性、无偿性和固定性三个形式特征。

4.非税收入是政府为满足社会公共需要或准公共需要,参与国民收入分配和再分配的一种形式。根据《2020 年政府收支分类科目》对非税收入的划分,政府非税收入包括八大类:专项收入、行政事业性收费收入、罚没收入、国有资本经营收入、国有资源(资产)有偿使用收入、捐赠收入、政府住房基金收入和其他非税收入等。

5.公共收费是公共部门在提供公共服务、公用设施或实施行政管理的过程中,向受益或管理对象所收取的费用。按照我国现行预算管理体制,公共收费收入由专项收入、行政事业性收入和罚没收入三部分构成。

6.财政收入结构是指各类财政收入在财政总收入中所占的比重,主要有税收与非税收入占财政总收入的比重、财政收入的产业来源占比、财政收入的政府层级比重等。

关键概念

财政收入　税收收入　非税收入　公共收费　财政收入结构　广义政府收入　狭义政府收入

思考分析

1. 根据我国政府收入的不同口径，结合表 7 - 1 的相关数据，分析近年来我国小口径政府收入情况。

2. 结合国内非税收入的发展现实情况，分析加强非税收入管理的有效措施。

3. 结合公共收费的依据、原则和标准，分析我国公共收费存在的问题。

4. 根据我国税收收入、非税收入的规模状况分析财政收入结构现状。

第八章 税收原理

本章主要介绍税收的公平与效率原则、税负转嫁与税负归宿以及税收经济效应的理论知识与分析方法。本章学习要求：①理解税收原则的概念与内容、税负转嫁的方式以及税负归宿的含义；②掌握税收公平与效率原则、税收负担及税负转嫁与归宿理论；③知悉最适课税理论以及中国的宏观税负、税收经济效应的分析方法。

第一节 税收原则与课税理论

一、税收原则沿革

税收原则又称税收政策原则或税制原则，是制定税收政策、设计税收制度的指导思想，也是评价税收政策好坏、鉴别税制优劣的准绳。税收原则既包含制定税收制度所依据的总的税收政策原则，也包含制定税收制度需要建立的一些技术性原则。税收原则通常以简洁明了的税收术语，来高度抽象地概括税收政策、制度制定者的思想意志；以全面系统的原则体系，来综合反映社会对税收政策制度的多方面要求。税收原则是在具体的社会经济条件下，从税收实践中总结概括出来的，并随着社会政治、经济的发展而变化发展。虽然不同历史时期由于客观条件不同形成了不同的税收原则理论，但税收原则作为治税思想条理化的高度抽象概括，具有比较明显的历史继承性和延续性。税收原则一旦确立，就成为一定时期一国制定、修改和贯彻执行税收法令制度的准则。

在人类漫长的经济发展和税收实践中，一些思想家曾总结、概括出了丰富的治税思想。西方资本主义发展从自由竞争到垄断各时期均有相应的税收原则，其中，被社会普遍接受，影响深远的主要有威廉·配第的税收原则理论、亚当·斯密的税收原则理论、瓦格纳的税收原则理论和现代税收原则理论。

（一）威廉·配第的税收原则

按照西方税收学界的说法，税收原则的最早提出者是英国古典政治经济学创始人威廉·配第。威廉·配第的《赋税论》和《政治算术》，比较深入地研究了税收问题，第一次提出了税收原则（他当时称之为“税收标准”）理论。

配第的税收原则是围绕公平负担税收这一基本观点来论述的，他认为当时的英国税制存在严重的弊端：税制紊乱、复杂，税收负担过重且极不公平。当时的英国处在早期资本主义阶段，封建经济结构体制仍根深蒂固。表现在税收上，就是它“并不是依据一种公平而无所偏袒的标准来征课，而是听凭某些政党或是派系的掌权者来决定的。不仅如此，赋税的征税手续既不简便，费用也不节省”。由此，配第提出税收应与贯彻“公平”“简便”“节省”三条标准。在他看来，所谓“公平”，就是税收要对任何人、任何东西“无所偏袒”，税负不能过重；所谓“简便”，就是征税手续不能过于烦琐，方法要简明，应尽量给纳税人以便利；所谓“节省”，就是征税费用不能过多，应尽量注意节约。

(二)亚当·斯密的税收原则

西方税收学界认为，第一次将税收原则提到理论的高度，明确而系统地加以阐述的是英国古典政治经济学家亚当·斯密。亚当·斯密所处的时代正是自由资本主义时期。当时的欧洲，政治上社会契约思潮甚为流行，个人主义自由放任的经济学说也正风行一时。作为新兴资产阶级的代表人物，亚当·斯密极力主张“自由放任和自由竞争”，政府要少干预经济，特别不能去干涉生产自由，要让价值规律这只“看不见的手”自动调节经济运行。政府的职能应仅限于维护社会秩序和国家安全，充当资本主义社会的守夜人。以这种思想为主导，亚当·斯密在其经济学名著——《国民财富的性质和原因的研究》——中提出了税收四项原则：

(1)平等原则。亚当·斯密对“平等”含义的解释是，国民应根据自己的纳税能力来承担政府的经费开支，按照其在国家保护之下所获得收入的多少来确定缴纳税收的额度。“一切国民都须在可能范围内，按照各自能力的比例，即按照各自在国家保护下享得收入的比例，缴纳国赋，以维持政府。”“一个国家的各个人须缴纳政府费用，正如一个大地产的公共租地者须按照各自在该地产上所受益的比例，提供它的管理费用一样，具有按利害关系比例缴纳贡献的义务。”①基于此，亚当·斯密主张：取消一切免税特权，即取消贵族僧侣的特权，让他们与普通国民一样依法纳税；税收“中立”，即征税尽量不使财富分配的原有比例发生变化，尽量不使经济发展受影响；税收依负担能力而课征，即依每个国民在国家保护之下所获得的收入课征。

(2)确实原则。亚当·斯密提出，课税必须以法律为依据。“各国民应当完纳的赋税，必须是确定的，不得随意变更。完纳的日期、完纳的方法、完纳的数额，都应当让一切纳税人及其他人了解得十分清楚明白。如果不然，每个纳税人，就多少不免为税吏的权力所左右。”②这一原则是为了杜绝税务官员的任意专断征税，以及恐吓、勒索等行为。在他看来，税收不确实比税收不平等对国民的危害更大。

(3)便利原则。亚当·斯密指出，税收的征纳手续应尽量从简。“各种赋税完纳的日期以及完纳的方法，须予纳税人最大的便利。”③在时间上，应在纳税人收入丰裕的时候征税，不使纳税人感受到纳税困难；在方法上，应力求简便易行，不让纳税人感到手续繁杂；在地点上，应将税务机关设在交通方便的场所，使纳税人纳税方便；在形式上，应尽量采用货币形式，以免纳税人因运输实物而增加额外负担。

(4)最少征收费用原则。亚当·斯密强调，在征税过程中，应尽量减少不必要的费用开支，所征税收尽量归入国库，使国库收入同人民缴纳的差额最小，即征税费用最少。“一切赋税的征收，须设法使人民所付出的，尽可能等于国家所得的收入。如人民所付出的，多于国家所收

① 亚当·斯密. 国民财富的性质和原因的研究：下卷[M]. 北京：商务印书馆，1974：384－385.

② 同①.

③ 同①.

入的"①,那很可能是由于以下四种弊端之故:税务官吏过多,不但要耗费大部分税款贪污中饱,而且为取得额外收入而另征附加赋税;税收妨碍了生产活动,使可供纳税的资源缩减乃至消失;对逃税的处罚、没收逃税者的资本,导致他们破产,从而使他们丧失通过运用资本所获的收益,造成社会的损失;税吏频繁的登门及可厌的稽查,常使纳税人遭受极不必要的麻烦、困扰和压迫,成为纳税人负荷的一些费用。因此,亚当·斯密认为,从税制的设计上排除这些原因,是贯彻最少征收费用原则的关键所在。

亚当·斯密的税收四原则是针对当时苛重复杂的税收制度、税负不公以及征收机构的腐败苛刻情况,在总结前人的税收原则理论基础上提出的。它反映了资本主义自由竞争时期资产阶级的利益要求。他的税收原则理论不仅成为当时资本主义各国制定税收制度的理论指导,也对后世税收原则理论的发展有重要的影响。

(三)瓦格纳的税收原则

19世纪下半叶,德国新历史学派的代表人物阿道夫·瓦格纳集前人税收原则理论的大成,进一步发展了税收原则理论。瓦格纳所处的时代是自由资本主义向垄断资本主义转化和形成的阶段。当时资本日益集中,社会财富分配日益悬殊,社会矛盾甚为激烈。为了解决这些矛盾,以瓦格纳为代表的德国新历史学派倡导社会改良,主张国家运用包括税收在内的一切政治权力,调节社会生活。

瓦格纳认为,税收不能理解为单纯从国民经济年产物中的扣除部分。除此之外,它还包括有纠正分配不公平的积极目的。也就是说,税收一方面有获得财政收入的纯财政目的,另一方面又有施加权力对所得和财产分配进行干预和调整的社会政策的目的。以这种思想为基础,瓦格纳将税收原则归纳为四大项九小点(亦称"四项九端原则")。

(1)财政政策原则。该原则又称为财政收入原则。即税收要以供给财政支出,满足国家实现其职能的经费需要为主要目的。为此他提出收入充分和收入弹性两个具体原则:①收入充分原则,是指在其他非税收入来源不能取得充分的财政收入时,可依靠税收充分满足国家财政的需要,以避免产生赤字,同时他还认为,由于社会经济的发展,国家职能将不断地扩大,从而论证了国家财政支出持续、不断增长的规律。因此要求税收制度能够充分满足国家财政支出不断增长的资金需要。②收入弹性原则,是指税收要能随着财政需要的变动而相应增减。特别是在财政需要增加或税收以外的其他收入减少时,可以通过增税或自然增收相应地增加财政收入。实现收入充分和收入弹性的原则,关键在于税制结构的合理设计。他认为可以把间接税作为主要税种,它能够随着人口增加、国力增加以及课税商品的增多而使税收自动增加;但它也可能因社会经济情况的变化,而使税收暂时下降,故还应注意以所得税或财产税作为辅助税种。

(2)国民经济原则。该原则即国家征税不应阻碍国民经济的发展,更不能危及税源。在可能的范围内,还应尽可能有助于资本的形式,从而促进国民经济的发展。为此,他提出了慎选税源和慎选税种两个具体原则:①慎选税源原则,是指要选择有利于保护税本的税源,以发展国民经济。从发展经济的角度考虑,以国民所得为税源最好,若以资本或财产为税源,则可能伤害税本。但他同时强调,并不能以所得作为唯一的税源,如果出于国家的经济、财政或社会

① 坂入长太郎.欧美财政思想史[M].张淳,译.北京:中国财政经济出版社,1987:304-305.

的政策需要，也可以适当地选择某些资本或财产作为税源。②慎选税种原则，是指税种的选择要考虑税收负担的转嫁问题，因为它关系到国民收入的分配和税收负担的公平。所以，他要求研究税收的转嫁规律，尽量选择难以转嫁或转嫁方向明确的税种。

(3)社会正义原则。税收可以影响社会财富的分配以至影响个人相互间的社会地位和阶级间的相互地位，因而税收负担应当在各个人和各个阶级之间进行公平的分配，即要通过国家征税矫正社会财富分配不均、贫富两极分化的流弊，从而缓和阶级矛盾，达到用税收政策实行社会改革的目的。这一原则又分为普遍和平等两个具体原则：①普遍原则，是指税收负担应普及到社会上的每个成员，每一国民都应有纳税义务，不可因身份或社会地位特殊而例行免税，要做到不偏不倚。②平等原则，是指应根据纳税能力大小征税，使纳税人的税收负担与其纳税能力相称。为此，他主张采用累进税制，对高收入者税率从高，对低收入者税率从低，对贫困者免税，同时对财产和不劳而获所得加重课税，以符合社会政策的要求。

(4)税务行政原则。这一原则体现着对税务行政管理方面的要求，是对亚当·斯密的税收三原则的继承和发展。具体包括三方面内容：①确实原则，即税收法令必须简明确实，税务机关和税务官员不得任意行事，纳税的时间、地点、方式、数量等须预先规定清楚，使纳税人有所遵循；②便利原则，即纳税手续要简便，纳税时间、地点、方式等要尽量给纳税人以便利；③节省原则，即税收征收管理的费用应力求节省，尽量增加国库的实际收入。除此之外，也应减少纳税人因纳税而直接负担或间接负担的费用开支。

瓦格纳所提出的税收原则，是资本主义从自由竞争阶段进入垄断阶段，在社会矛盾激化过程中产生的一个多中心的税收原则。在他的税收原则中，各家的学说都得到了相应的归纳和反映。正因为如此，西方税收学界视瓦格纳为前人税收原则理论的集大成者。

二、现代税收原则

(一)税收公平原则

税收公平是就收入分配而言的，也就是税收对收入再分配应依据公平准则或公平目标，包括按能力征收和按受益征收两方面的公平准则要求，即税收总额在所有社会成员之间合理分配。如何合理分配政府费用(征税总额)，有两个原则：受益原则与能力原则。

1.受益原则

受益原则是指根据市场经济所确立的等价交换原则，把个人向政府支付税收看作是分享政府提供公共品利益的价格，因此个人税收负担应根据个人分享的公共品受益大小来确定。受益原则只能适用于部分税种而不适用于全部，因为受益原则的前提是必须知道每个纳税人从政府支出中得到的利益。但现实中，这个前提并不具备，而且财政支出的范围远远大于纳税人从财政支出中直接受益的范围，因此，在现实中虽然要尽量体现受益原则，但真正体现的税种则不多，目前只有车船税、燃油税、国外的社会保障税等。

2.能力原则

能力原则是以个人纳税能力为依据行使征税，它不考虑财政支出方面，已广为接受。根据纳税能力税收公平包含横向公平和纵向公平。横向公平是指纳税能力相同者缴纳同样的税额；纵向公平是指纳税能力不同，缴纳不同的税收，能力强的多缴税，能力弱的少缴或不缴税。税收横向公平和纵向公平都涉及负担能力的选择。反映个人纳税能力的指标主要有收入、消费和财富三种。三个标准各有利弊，但综合比较而言，收入基础广泛，管理上可行，是反映纳税能力最主要的指标。而消费支出和财富也是反映个人纳税能力的重要指标。因此,公平税收应主要以个人收入为课税基础,同时还可以选择消费支出和财富为课税基础。

(二)税收效率原则

税收效率原则是指税收对经济资源配置应依据效率准则或实现效率目标,即通过税收实现效率目标,包括经济效率原则和行政效率原则两个方面。

1. 经济效率

税收的经济效率是指政府征税应尽可能保持税收对市场机制运行中的"中性"影响。税收"中性"包含两层含义:①国家征税使社会所付出的代价以税款为限,尽可能不给纳税人或社会带来其他的额外损失或超额负担。税收超额负担的大小由政府征税引起的社会福利损失大于政府获得的税收数额的多少来衡量。举例说明税收超额负担即额外损失:如果一瓶酒的制造成本为10元,政府征税使价格升至30元,因为消费者只愿意支付20元,所以酒厂卖不出去,由此造成厂家损失,如果消费者偏好愿意支付高价去买酒,由此造成消费者损失。②国家征税应避免对市场经济正常运行的干扰,特别不能使税收超越市场机制而成为资源配置的决定因素。在现实中保持税收中性是不可能的,比如,增值税被视为中性税种,但增值税也不是纯中性税收。提出该原则的意义在于尽量减少税收对市场经济正常运行的干扰,使市场机制在资源配置中发挥基础性作用。在这个前提下,掌握好税收超额负担的量和度,有效地发挥税收的调节作用,使税收机制与市场机制两者取得最优的组合。

2. 行政效率

税收的行政效率又称征收费用最小化和确实简化原则,是税制本身的问题。税收费用的最小化,是指在征收既定税收的前提下,尽可能将征纳双方的征纳费用减少到最低限度。税务部门的征管费用包括税务征管机关的办公费、设备购置费、专用发票印刷费以及征管人员的工作和津贴等,通常称之为税收成本。税收成本可视为负税收,税收成本占税收收入的比例是衡量税收征管效率的重要标志。纳税人的纳税费用包括自行申报、登记、税务咨询以及发生税务纠纷花费的费用等。确实简化原则,其中的"确实"是指税制对纳税人、课征对象、税目、税率以及征管方式和纳税手续等税制要素,都要在税法和征管法上做出明确而清晰的规定。确实原则实际上也就是依法治税、有法可依的原则,纳税人依法纳税,防止偷漏;税务部门依法征税,防止以权谋私,贪赃枉法。"简化"是指税收的规章制度要简便易行。其实,税收费用最小化和确实简化原则,既是税收的制度原则,也是税收的效率原则。这个原则不仅使纳税人可以减少纳税费用,还可以使税务部门减少征税成本和提高税收效率。

[资料链接8-1]

财产性收入的税收调节原则

财产性收入是指个人所有的发源于财产的相关收入,可分为两类:第一类为财产孳息收入,包括股息、红利、利息、租金等派生于财产使用权的收入;第二类为资本利得收入,指源于财产所有权转让的价差收入。财产性收入是造成居民收入分配差距的重要因素,而我国税制对财产性收入的调节存在失当之处,亟待改善。那么对财产性收入应该如何调节呢?

(1)公平原则。众所周知,税收的公平原则主要指量能负担,包括横向公平和纵向公平。就财产性收入课税而言,公平原则要求:第一,所有能提高财产所有者福利水平的财产性收入均应课税。即不论显性收入还是隐性收入,均应当有相应税收进行调节。第二,不同种类财产性收入的税负相当。即不同种类的财产性收入应当适用相同的税收规则。第三,财产性收入与其他种类收入的税负相当。即应当通盘考虑财产性收入税收规则与其他收入税收规则。第四,高收入者的财产性收入税负应高于低收入者。即对于财产性收入应适用累进税率。

(2)对公平原则进行一定修正的其他原则。一是效率原则。基于效率原则,财产性收入的税负应当尽可能较低。根据税收理论,税收的超额负担与税率的平方成正比,因此,财产性收入的税率应当降低,以减少税收对经济主体行为的扭曲,保护纳税人的储蓄和投资偏好,减少效率损失,促进经济增长。二是征管可行原则。征管可行原则即税制的执行成本处于可以接受的范畴,这就要求税制客观上足够简便和可行,以使税务机关的征管成本和纳税人的遵从成本相对较低。在征管可行方面,纳税人对税制的主观感受也不能忽略。当纳税人对税制较为反感时,会产生税收不遵从行为,这也将大大提高税务机关的税收征管成本,从而降低税制的征管可行性。

显而易见,公平原则与其他原则对财产性收入课税的具体要求存在很大差异,这就需要政府在决策时对各项原则进行权衡。一般而言,目前各国在财产性课税方面是以公平原则为基础,再根据其他原则对税制进行必要调整,即一个适当的财产性收入课税体系,应当崇尚公平,而对公平原则的偏离应当基于提高效率的考虑,或由于征管不可行。如果对公平原则的偏离不具备这些适当理由,则该税制就不是最优税制,须进行优化调整。

资料来源:李文,王佳.我国财产性收入的税收调节:对公平的偏离及优化取向[J].税务研究,2020(3):22-28.

三、最适课税理论

最适课税理论是研究如何以最经济合理的方法征集某些大宗税款的理论,以资源配置的效率性和收入分配的公平性为准则,对构建经济合理的税制体系所进行分析的学说,它研究的是政府在信息不对称(即政府对纳税人的纳税能力、偏好结构等信息不完全了解)且征管能力有限的前提之下,如何征税才能既满足效率原则的要求,又符合公平原则的要求。该理论可以追溯到古典经济学家约翰·穆勒提出的"牺牲"理论,此后,庇古等人用福利经济学的观点对其做了进一步解释。20 世纪 70 年代,英国剑桥大学经济学教授詹姆斯·米尔利斯和加拿大籍美国哥伦比亚大学名誉教授威廉·维克里对最适课税理论的形成做出了重要贡献,并因此共同分享了 1996 年的诺贝尔经济学奖。最适课税理论的主要内容体现在以下三个方面:

(一)直接税和间接税搭配理论

首先,该理论认为直接税与间接税应当相互补充,而非相互替代。所得税是对纳税人所得额征收的一种税,对商品价格的影响小,一般认为不会产生很大的超额负担,所以被认为是一种良税,但所得税不能对闲暇课税,这就需要政府利用商品税对闲暇课税,以抑制人们趋向闲暇,由此可见,最适课税理论以承认商品税和所得税都有其存在的必要性为前提。其次,该理论认为税制模式的选择取决于政府的政策目标。所得税一般实行累进所得税率,更容易实现分配公平目标,而商品税更容易实现经济效率目标,在所得税和商品税并存的复合税制情况下,是以所得税还是以商品税作为主体税种,最终取决于公平和效率目标间的权衡。

(二)最适商品课税理论

首先,该理论认为对弹性相对小的商品课以相对高的税率,对弹性相对大的商品课以相对低的税率,即逆弹性命题。即一种商品的需求弹性越大,征税的潜在扭曲效应也就越大,商品的需求弹性越小，征税的潜在扭曲效应越小，如果对无弹性或低弹性商品采用高税率，会使总体超额负担最小化，这是一种最适课税。其次，最适商品课税理论要求开征扭曲性税收。这是因为政府在大多数情况下不能获得完全的信息，而且征税能力受到限制，因此，根据逆弹性设计的商品税不能保证生产高效率，必须还要开征其他扭曲性税收。

(三)最适所得课税理论

首先，所得税的边际税率不能过高。在政府目标是社会福利函数最大化的前提下，社会完全可以采用较低累进程度的所得税来实现收入再分配，过高的边际税率不仅会导致效率损失，而且也无益于公平分配目标的实现。就标准的累进税制而言，边际税率递增的累进税制所形成的超额负担，要比单一税率的累进税制更大，而且边际税率越高，替代效应越大，超额负担也越大，也就是说，经济效率损失越大。其次，最适所得税率应当呈倒“U”形。即中等收入者的边际税率可以适当高些，而低收入者和高收入者应适用较低的税率，拥有最高所得的个人适用的边际税率甚至应当为零。这主要是因为：在同样的效率损失情况下，政府通过提高中等收入者的边际税率，从较为富裕的人那里取得更多的收入，而通过降低最高和最低收入者的边际税率，增加这一群体的福利，从而既能实现经济效率，又能促进收入分配公平。

最适课税理论的贡献主要表现在三个方面：第一，论证了在信息不对称的情况下，政府运用“扭曲性”税收工具是不可避免的。一般认为，支付能力较高的人应该多纳税，支付能力较低的人应该少纳税。但是，政府对社会中每一个人并不拥有完全的信息，很难确认谁的支付能力强，只能根据收入、支出征税，势必会造成扭曲。第二，提出了在税制结构优化状态下，税制经济效率的衡量标准，并讨论了如何据此标准对经济行为主体提供刺激信号问题。第三，论证了在最适税制下，公平和效率两大原则统一起来的可行性。

第二节　税负转嫁与归宿

一、税收负担

政府向纳税人征税从政府角度是税收收入，从纳税人角度是税收负担。税收负担是指纳税人或负税人，因为税收而承受的福利损失或经济利益的牺牲，这里的税收负担仅考虑税收本身，不考虑政府税收用途是否会给纳税人或负税人带来货币收入或经济福利。税收负担是国家研究制定和调整税收政策的重要依据。任何一项税收政策首先要考虑的是税收负担的高低。税负水平低了，会影响国家财政收入；税负水平高了，又会挫伤纳税人的积极性，妨碍社会生产力的提高。一般说来，税收负担水平的确定既要考虑政府的财政需要，又要考虑纳税人的实际负担能力。

(一)衡量税收负担的指标体系

税收负担既可以从全体纳税人角度来考察，也可以从个别纳税人角度来分析，前者称为宏观税收负担，后者称为微观税收负担。

1. 宏观税收负担指标

宏观税收负担是一定时期内(通常是一年)国家税收收入总额，在整个国民经济体系中所占的比重。这实际上是从全社会的角度来考核税收负担，从而可以综合反映一个国家或地区的税收负担总体情况。

衡量宏观税收负担关键是选择一个社会总产出指标。目前衡量全社会经济活动总量比较通行,并可进行国际比较的指标,一是国内生产总值(GDP),二是国民收入(NI)。因而衡量宏观税收负担状况的指标也就主要有两个:国内生产总值税收负担率,简称 GDP 税负率;国民收入税收负担率,简称 NI 税负率。其计算公式如下:

$$\text{国内生产总值税负率}=\text{税收总额}/\text{国内生产总值}$$

$$\text{国民收入税负率}=\text{税收总额}/\text{国民收入}$$

国内生产总值税负率和国民收入税负率作为宏观税收负担的主要指标,不仅是国家总体税收负担进行动态比较的重要指标,而且也是国家之间进行总体税收负担比较的指标,尤其是国内生产总值税负率,目前运用最普遍。

2. 微观税收负担指标

微观税收负担是指单个纳税人的税收负担及其相互关系,它反映税收负担的结构分布和各种纳税人的税收负担状况。由于流转税存在税负转嫁问题,因此衡量微观税负比衡量宏观税负复杂,简单地把企业或个人缴纳的全部税收除以其毛收入总额,有时并不能真实地反映其税收负担水平。

衡量企业和个人税负水平首先要考虑不转嫁税即直接税的负担情况。既然是不转嫁税,纳税人与负税人是一致的,纳税人实际缴纳的税款占其获得的收入的比重可以反映其直接税负担水平。直接税(主要是所得税和财产税)负担率,可用纯收入直接税负担率表示。

$$\text{纯收入直接税负担率}=\frac{\text{企业或个人一定时期实际缴纳的所得税和财产税}}{\text{企业或个人一定时期获得的纯收入}}$$

纯收入直接税负担率说明企业或个人拥有的纯收入中,有多大份额以直接税形式贡献于国家。这一指标可用于进行不同企业、不同个人税负轻重的对比,说明同一微观经济主体不同历史时期的税负变化,还可用于说明法定或名义税负水平与纳税人实纳税款的差距,这一差距反映国家给予纳税人的各种税收优惠以及非法的税收漏洞。

除直接税税负率指标外,通常还会用总产值(或毛收入)税负率、增加值税负率、净产值税负率作为参考性指标:

$$\text{总产值(毛收入)税负率}=\frac{\text{企业(或个人)缴纳的各项税收}}{\text{企业总产值(或个人毛收入)}}$$

$$\text{增加值税负率}=\text{企业缴纳的各项税收}/\text{企业增加值}$$

$$\text{净产值税负率}=\text{企业缴纳的各项税收}/\text{企业净产值}$$

全部税负率指标只能作为衡量微观税负的参考性指标,纳税人到底负担多少间接税要看间接税转嫁或被转嫁的程度,这是不容易量化确定的。总产值、增加值、净产值全部税收负担率只是名义负担率而非实际负担率。但通过这一差异的分析,可以看出税负在各行业、企业的分布状况,了解税负的公平程度以及税收政策的实施状态,为税制进一步完善提供决策依据。

(二)影响税收负担的因素

一个国家的税收负担水平受制于多重因素,概括起来主要有社会经济发展水平、国家的宏观经济政策和税收征收管理能力。

1. 社会经济发展水平

一个国家的社会经济发展总体水平,可以通过国民生产总值和人均国民生产总值这两个综合指标来反映。国家的国民生产总值越大，总体税收负担能力越高。特别是人均国民生产总值，最能反映国民的税收负担能力。一般而言，在人均国民收入比较高的国家，社会经济的税负承受力较强。世界银行的调查资料表明，人均国民生产总值较高的国家，其税收负担率也较高，人均国民生产总值较低的国家，其税收负担率也较低。国家通过税收能够积累多少资金，社会总体税收负担应如何确定，不取决于人们的主观愿望，也不能只考虑国家的需要，必须首先考虑社会经济体系和纳税人承受能力。只有税收负担适应本国经济发展水平和纳税人的承受能力，税收才能在取得所需财政收入的同时，刺激经济增长，同时提高社会未来的税负承受力。如果税收负担超出了经济发展水平，势必会阻碍社会经济的发展。

2. 国家的宏观经济政策

任何国家为了发展经济，必须综合运用各种经济、法律以及行政手段，来强化宏观调控体系。国家会根据不同的经济情况，采取不同的税收负担政策。在经济发展速度过快过热时，需要适当提高社会总体税负，以使国家集中较多的收入，减少企业和个人的收入存量，抑制需求膨胀，使之与社会供给总量相适应。此外，还要根据经济情况的发展变化，在征收中实行某些必要的倾斜政策和区别对待的办法，以利于优化经济结构和资源配置。

3. 税收征收管理能力

税收由国家无偿征收，必然存在税收征纳矛盾。因此，一个国家的税收征收管理能力，有时也对税收负担的确定有较大影响。一些国家的税收征收管理能力强，在制定税收负担政策时，就可以根据社会经济发展的需要来确定，而不必考虑能否将税收征上来，而在一些税收征管能力较差的国家，可选择的税种有限，勉强开征一些税种，也很难保证税收收入。

[资料链接 8-2]

改革开放以来中国宏观税负回顾

改革开放 40 多年来，中国宏观税负备受各界关注，尤其对于宏观税负的高低，各种争议不绝于耳。近几年来，实业界的“曹德旺事件”、学术界的“死亡税率”之争将中国税负问题推向舆论的风口浪尖。

1978 年以来，中国宏观税负表现出明显的阶段性变化，具体的演变轨迹却因宏观税负度量口径不同而呈现一定差异。对于宏观税负的度量，学术界可谓见仁见智，比较有代表性的观点是安体富和岳树民(1999)提出的小、中、大“三口径”论。其中，小口径宏观税负用税收收入占 GDP 的比重表示，中口径宏观税负用财政收入占 GDP 的比重度量，大口径宏观税负则用政府收入占 GDP 的比重刻画。显而易见，三种口径宏观税负的差异主要因分子不同所致。具体来看，小口径宏观税负的分子是指一国政府通过各个税种筹集的税收收入。中口径宏观税负的分子除包含税收收入外，还涉及部分纳入预算管理的非税收入，因此，其与小口径宏观税负的差异主要取决于预算内非税收入的增长情况，如果一定时期内的非税收入规模大、增长快，则中小口径宏观税负的差异就会凸显。大口径宏观税负的分子涉及内容十分宽泛，不仅包括预算内财政收入，还包括各级政府及其部门向企业和个人收取的大量不纳入财政预算的预算外收入以及没有纳入预算外管理的制度外收入，但由于制度外收入缺乏确切的统计数据，大口径宏观税负的估算容易引发争议。

(一)小口径宏观税负的演变轨迹

1978—2018 年，小口径宏观税负的演变大致经历了四个阶段。第一阶段(1978—1984年)：稳中略有波动。这一时期的宏观税负总体较为平稳，波动幅度比较温和。第二阶段

(1985—1996年):高位持续回落。受1983年和1984年两步"利改税"的影响,宏观税负骤然升高,但自此以后,宏观税负持续回落,创改革开放以来宏观税负最低值,累计减少12.8个百分点。第三阶段(1997—2012年):触底逐年回升。1994年实行分税制改革的两年后,宏观税负连续十多年下滑的态势得以扭转,由1997年的0.3%逐年攀升至2012年的18.6%,这一时期,税收持续高速增长似乎成为一个不易破解的"世纪之谜",宏观税负连年攀升,特别是2005年福布斯纳税痛苦指数榜单公布后,位居第二的排名激起了社会各界对中国宏观税负关注的热潮,宏观税负过高的质疑声迅速蔓延。第四阶段(2013—):稳步小幅回落。2013年十八届三中全会首次明确提出"稳定税负"的要求,为宏观税负的变化取向奠定了基调,整体呈现稳中略降的态势。

(二)中口径宏观税负的演变轨迹

中口径宏观税负与小口径宏观税负的变化轨迹总体相似,但又不尽相同,大致可以划分为三个阶段。第一阶段(1978—1995年):高位大幅回落。这一时期,在以"分灶"和"包干"为主特征的财政包干体制下,宏观税负持续走低。第二阶段(1996—2015年):触底持续回升。这一时期的财政收入增速连年高于GDP增速,宏观税负是否过高引发各界的激烈争论。第三阶段(2016—):稳步小幅回落。受营改增及系列减税降费政策影响,宏观税负在2015年触顶后开始回落,但降幅总体比较温和。对比中小口径宏观税负的变化轨迹不难发现,二者差距在1985年之前非常明显,主要原因是两步"利改税"之前,国家对国有企业收取利润,并不征收所得税,但不管税收还是利润,都是财政收入的重要构成,由此导致税收收入和财政收入出现较大偏离。

(三)大口径宏观税负的演变轨迹

由于预算外和制度外收入的客观存在,大口径宏观税负明显高于中小口径宏观税负。1978—2010年,大口径宏观税负均高于中口径宏观税负,但二者差距呈现明显的阶段性变化。其中,1978—1992年,大口径宏观税负大幅高于中口径宏观税负,但在1993—2010年期间,大口径宏观税负与中口径宏观税负的差距明显缩小,主要是因为这一时期预算外资金范围不断调整,并且部分预算外资金项目逐步纳入预算内财政收入。2011年中国预算管理制度进行重大改革,全面取消预算外资金,将所有政府性收入全部纳入预算管理。并且,自2013年起,财政部开始正式公布广义政府收入,内容涵盖一般公共预算收入、政府性基金收入(不含国有土地使用权出让收入)、国有资本经营收入和社会保险基金收入四类收入,并剔除了重复计算部分。可以看出,2013—2018年,中国大口径宏观税负(不含土地出让金)整体较为平稳。无论是否考虑土地出让金,近些年来大口径宏观税负均明显高于中小口径宏观税负。尽管中国在2018年实施了较大力度减税降费政策,全年减税降费约1.3万亿元,但广义宏观税负却不降反升,不包含土地出让金的广义宏观税负较2017年上升0.1个百分点,包含土地出让金的广义宏观税负较2017年上升1.0个百分点。

资料来源:李普亮,贾卫丽.中国宏观税负的回顾、反思与展望[J].地方财政研究,2019(12):48-59.

二、税负转嫁

税负转嫁是纳税人将缴纳的税款通过各种途径和方式转由他人负担的过程,是税负运动的一种方式。根据税收负担运动方向特点,可以把税负转嫁分为前转、后转和税收资本化三种形式。

(一)税负转嫁形式

1.前转或顺转

税负前转或顺转是指纳税人通过交易活动,将税款附加在价格之上,顺着价格运动方向向前转移给购买者负担,是税负转嫁的基本形式,也是最典型和最普遍的转嫁形式。这种转嫁可能一次完成,也可能多次方能完成。购买者是消费者时,转嫁会一次完成。购买者属于经营者时,会发生辗转向前转嫁的现象,可称为滚动式前转。如果购买者不再转嫁本环节的税负,只发生原销售者的税负转嫁时,称为单一滚动式前转;如果购买者将本环节的税负也加在价格之上向前转移,称为复合滚动式前转。

2.后转或逆转

税负后转或逆转是指纳税人通过压低购进商品(劳务)的价格,将其缴纳的税款冲抵价格的一部分,逆着价格运动方向,向后转移给销售者负担。它属于由买方向卖方的转嫁。后转嫁可能一次完成,也可能多次才会完成。当销售者无法再向后转嫁时,销售者就是税负承担者,转嫁一次完成。当销售者能够继续向后转嫁时,也会发生辗转向后转移税负的现象,可称为滚动式后转。如果销售者不再转移本环节的税负,属于单一滚动式后转;如果销售者连同本环节税负一并后转嫁,则属于复合滚动式后转。

3.税收资本化

税收资本化是指纳税人在购买不动产或有价证券时,将以后应纳的税款在买价中预先扣除,以后虽然名义上是买方在按期缴纳税款,但实际是由卖方负担,同样属于买方向卖方的转嫁。税收资本化是税负后转的一种特定方式,二者既有共同点又有不同点。它们的共同点在于都是买主支付的税款通过压低购入价格转由卖主负担。而不同点首先在于转嫁的对象不同,税负后转的对象是一般消费品,而税收资本化的对象是耐用资本品。其次也在于转嫁方式不同,税负后转是商品交易时发生的一次性税款一次性转嫁,而税收资本化是商品交易后发生的预期历次累计税款的一次性转嫁。比如企业甲向企业乙购买一幢房屋,该房屋价值 50 万元,使用期限预计为 10 年,根据国家税法规定每年应纳房产税 1 万元。甲在购买之际将该房屋今后 10 年应纳的房产税 10 万元从房屋购价中作一次扣除,实际支付买价 40 万元。对甲来说,房屋价值 50 万元,而实际支付 40 万元,其中的 10 万元是甲购买乙的房屋从而“购买”了乙的纳税义务,由乙付给甲以后代乙缴纳的税款。实际上,甲在第一年只需缴纳 1 万元的房产税,其余的 9 万元就成为甲的创业资本。

[资料链接 8-3]

数字税存在税负转嫁与重复征税吗?

英国政府已经确认于 2020 年 4 月开征数字税,该税将适用于全球销售额超过 5 亿英镑且至少有 2500 万英镑来自英国用户的企业,税基为英国用户的收入,税率为 2%。英国税务海关总署认为,到 2025 财年结束时,这项税收可能会带来高达 5.15 亿英镑的额外年收入。

英国开征的数字税,实质上是对自身税收权益的一种维护。数字税指的是国家对一国境内的跨国公司通过境外子公司所销售的数字服务征税。这种新税种与许多公司已经缴纳的企业所得税不同,被广泛称为数字税,有时也被称为“数字服务税”。那么数字税作为间接税,存在税负转嫁和重复征税吗?

第一,数字税作为一种税基是互联网巨头总收入的税,属于间接税。既然是间接税,相对于直接税而言,其税负相对容易转嫁。这样可能带来的问题就是,征收了数字税,相关消费者在使用这些数字服务的时候要付出更高的代价。应该说,不管是直接税,还是间接税,税负最终是否转嫁,取决于供求关系;供求关系当中弱势的一方承担税收是经济规律。因此,税负是否转嫁,关键并不是由直接税还是间接税的税种属性所决定的。

第二,有人会认为,数字税横空出世、从无到有,是否会导致在传统其他税种基础上出现重复征税呢?这个问题也相对复杂。世界上多数国家,劳动力取得的收入、资本取得的资本利得,这些形成消费支出的时候,在资金循环的过程中通常会遇到个人所得税、企业所得税、增值税、消费税、房地产税等,林林总总,不一而足。那么,这些税种之间是否存在重复征税呢?这就涉及"宏观税负"的概念。就像消费者和供给者之间的关系,政府与纳税人之间的关系也是一样,"周瑜打黄盖,一个愿打一个愿挨"。消费者与供给者之间,双方通常都有公平交易权和选择权。政府与纳税人之间也是一样,税收像根扁担,一头挑着的是税负,另一头挑着的就是公共产品和公共服务。根据美国经济学家蒂布特的"用手投票"和"用脚投票"理论,纳税人可以在多个政府辖区之间进行选择。

资料来源:白彦锋.数字税作为间接税,存在税负转嫁与重复征税吗?[N].中国经济时报,2020-07-23(4).

(二)影响税负转嫁的主要因素

政府向纳税人征税所引起的税收负担能否转嫁,转嫁多少,取决于税种形式、定价方式、价格弹性以及征税范围等多种因素。

1.税负转嫁和税种形式

税负能否转嫁首先取决于税种形式。按税负能否转嫁可以把税收分为直接税和间接税,直接税按立法者意图不能转嫁由纳税人承担,而间接税按立法者意图能够全部或部分转嫁由他人承担。尽管这种划分过于简单,但至少说明税种形式同税负转嫁之间存在密切的内在联系。第一,流转税。这是对销售商品取得的商品销售收入或购买商品支付的商品价格征收的税。作为间接税,流转税可以通过提高或降低商品价格转由他人负担,因此,流转税是能够转嫁的税种。第二,所得税。这是对个人或企业的收益所得额征收的税。作为直接税,所得税一般由纳税人负担,不能转嫁。其中个人所得税不能转嫁比较明了,但企业所得税由于企业本身不是负担主体,所以存在税负转嫁的可能性。第三,财产税。这是对财产所得或财产交易征收的税。作为直接税,财产税一般也不能转嫁,但对财产税转嫁的分析类似于企业所得税,也存在转嫁的可能性。

2.税负转嫁和定价方式

税负转嫁首先取决于税种形式,但流转税能否转嫁还取决于商品定价方式,因为流转税的转嫁是指纳税人通过提高或降低商品价格把税负转嫁给他人负担,流转税能否转嫁关键在于商品价格变动。因此,自由定价制度是税负转嫁存在的基本条件。自由定价制度是指生产经营者或其他市场主体可以根据市场供求关系的变化自行定价的价格制度。价格制度主要有三种类型:政府指令性计划价格制度、浮动价格制度和自由价格制度。在政府指令性计划价格制度下,生产经营者或其他市场主体没有自己的定价权,价格直接由政府控制,纳税人不能通过价格变动实现税负转嫁。在浮动价格制度下,政府确定商品的最高限价或最低限价,在浮动幅度范围内,生产经营者和其他市场主体有一定的自由定价权,可以在一定程度和范围内实现税负转嫁。在自由价格制度下,生产经营者和其他市场主体完全可以根据市场供求关系的变化自由定价,税负可以实现转嫁。

3. 税负转嫁和供求弹性

在市场价格下，流转税通过影响商品价格变动而引起税负转嫁，但流转税转嫁多少则取决于商品的供给和需求弹性。商品的需求弹性和供给弹性是决定流转税转嫁的主要因素。需求弹性较大，供给弹性较小，税收将主要由纳税人自己承担；需求弹性较小，供给弹性较大，税收将主要由其他人负担。税负完全转嫁或完全不能转嫁的情形，理论上分析只能是下列四个条件之一：一是需求完全没有弹性，二是需求有充分弹性，三是供给完全没有弹性，四是供给有充分弹性。在第一和第四种情况下，税负可以完全转由购买者负担，在第二和第三种情况下，税收将完全由纳税人自己负担。当然，这四种情况出现的机会都很少，因此，较普遍的情况总是在这两个极端之间。

4. 税负转嫁和征税范围

流转税既可以选择部分商品征税，也可以对商品实行普遍征税，征税范围的宽窄不但影响税收收入，也影响税负转嫁。从需求角度分析，征税范围狭窄，消费者选择替代商品的余地比较大，税负不易转嫁，更多趋向于生产者负担；征税范围宽广，消费者选择替代商品的余地比较小，税负容易转嫁，更多趋向于消费者负担。从供给角度分析，征税范围狭窄，生产者转换生产的余地比较大，税负容易转嫁，更多趋向于消费者负担；征税范围宽广，生产者转换生产的余地比较小，税负不易转嫁，更多趋向于生产者负担。由于从需求和供给角度得出税负转嫁的结论不同，所以，不能仅从征税范围的宽窄来确定税负归宿。

[资料链接 8-4]

从税负转嫁看结构性减税

减税有两种选择：全面减税和结构性减税。前者是供给学派提出的主张，美国从里根时代起就推行全面减税。然而事实表明，全面减税虽能扩大企业投资，但同时也会加剧结构性过剩。而中国与美国不同，2008 年全球金融危机后中国也启动了减税，但主要是结构性减税。减税是财政让利给企业，也可看作政府对企业的“补贴”，但应注意的是结构性减税要通过怎样的安排，才能让企业和消费者同时受益。

减税让企业与消费者同时受益，绝非天方夜谭。2009 年实施结构性减税表面上看，是在补贴企业，但其实也是在补贴员工(消费者)。设想一下，假若政府不减税而任由工资挤占利润，长此有些企业是否会关门？而企业一旦关门，不仅最低工资无法兑现，而且还会有大量员工失业。由此看，那次减税是为了避免工资挤占利润，通过减税既减轻企业压力，同时也惠及消费者。当然，以上只是特例。事实上，消费者并不总是减税的受益者，比如出口退税，就与国内消费者无关。问题是，能否找到一组判据，可以明确判定谁是减税的受益者？这就需要从税负转嫁说起。

所谓税负转嫁，是指政府对企业加税，而企业却将税负转嫁给消费者。企业是怎样将税负转嫁出去的呢？要明白这一点，需借助“需求弹性”的理论。一种商品价格变动带动需求变动，两者变动率的比值为需求弹性。如某商品价格上涨 10%，需求减少了 20%，其弹性系数是 2。弹性系数大于 1，需求富有弹性；反之则缺乏弹性。需求弹性与税负转嫁有何关系呢？举一个例子。若政府对生产酱油的企业加税 3%，由于消费者对酱油的需求缺乏弹性，酱油降价不会多买，涨价也不会少买。这样企业将酱油价格提高，销售却不会减少，于是加多的税负就转嫁给了消费者。相反，若某商品需求弹性大，价格上涨令需求大幅下降，此时税负就不能转嫁。由此可见，企业税负能否转嫁，关键在于商品能否提价，而商品能否提价，又决定于需求弹性的大小。若把角度倒过来研究减税，道理也一样。前面说过，减税可看作政府对企业的补贴，这种补贴会否转移，则取决于商品会否降价。若降价，企业与消费者皆为受益者；否则受益者只是企业。而商品会否降价，也决定于需求弹性。假如某商品缺乏需求弹性，降价后需求不增加，企业自然不可能降价。但若某商品需求弹性大，比如降价5%，销售可增加10%，企业就有可能降价。不过也仅仅是一种可能，企业最终是否降价还要看商品供求状况。这就是说，减税会否转移，要从供求状况与需求弹性两个维度看，对此可将不同行业分为四种类型：①供给短缺、需求弹性大。一般说来，供应短缺的商品不会降价，从短期看，减税（补贴）的受益者是企业，但长远看，却让消费者受益。由于商品供不应求，而且需求弹性大，政府减税必推动企业扩产。随着供给增加，商品迟早会降价。商品一旦降价，补贴就会向消费者转移。②供给短缺、需求弹性小。政府对此类行业减税，受益者当然是企业，补贴不会转移。由于商品供不应求，企业不会降价；同时，由于需求弹性小，即便降价商品销量也不会增加。但要指出的是，为此类行业减税可以推进供给，可以更好地满足消费者需求。③供给过剩、需求弹性大。这说明此类行业的商品市场有需求，只是价格高造成了积压。只要企业肯降价，供求便可自动平衡。此时政府若能减税为企业降成本，让企业有降价空间，一定会对消费者有利。④供给过剩、需求弹性小。毫无疑问，政府对此类行业减税，补贴的只是企业。而且与类型二不同，不仅消费者不能受益，而且对经济会有百害而无一利。试想，既然商品已经过剩，需求弹性又小，此时减税怎可能减少过剩？相反，只会加剧生产过剩。

资料来源：王东京.从税负转嫁看结构性减税[N].21世纪经济报道，2020-05-19(5).

三、税负归宿

税负归宿是税负运动的终点或最终落脚点。从政府征税至税负归宿是一个从起点到终点的税负运动过程：政府向纳税人征税是税负运动的起点，纳税人把缴纳的税款转由他人负担的过程是税负转嫁，税负由负税人最终承担不再转嫁就是税负归宿。按纳税人和负税人的关系，可以把税负归宿分为法定归宿和经济归宿。法定归宿是税收立法机构在税收法律中所规定的税负落脚点，是从税收法律制度分析税负的依据。经济归宿是税收负担随着经济运动而不断转嫁以后的税负落脚点，是从税收经济运行分析税负的依据。税负归宿是相对于税负转嫁而言的，是从税负转嫁运动中来确定把握税负主体，即税收由谁负担。而税收负担是相对于税负归宿而言的，是在税负主体已经确定的情况下，来计量税收负担水平，即负担多少。税负归宿在分析方法上可分为局部均衡分析和一般均衡分析，前者只分析税收征收对征税商品或要素的直接影响，后者则是在前者基础上进一步分析税收征收对整个市场的连续影响。税负归宿的局部均衡分析是一般均衡分析的前提，一般均衡分析在内容上则更加全面完整，在分析方法上也更加科学合理。

第三节　税收效应

一、税收效应的内涵与外延

税收效应指税收的经济效应，是纳税人因国家课税而在其经济选择或经济行为方面做出的反应，也就是通常所说的税收的调节作用，是分析税收经济影响的基本原理。

税收不仅是政府筹集财政收入的手段，而且是政府对经济进行宏观调控的重要工具，税收在征收过程中会对经济产生调节作用，这也就是通常所说的税收效应。按照税收对经济的影响层面看，可将税收效应分为税收的宏观经济效应和微观经济效应。税收的宏观经济效应是指税收的课征对整个国民经济产生的影响和效果，这一部分内容在财政政策中将会详细讲述，本章不做介绍。税收的微观经济效应就是指征税对微观经济主体的行为产生的影响，比如对居民的消费行为以及企业的生产行为产生的影响，本节介绍的税收效应指的就是税收的微观经济效应，主要包括储蓄效应、投资效应、就业效应等。在分析这些税收效应时，经常使用的工具就是税收的替代效应和收入效应。

(一)税收的收入效应

税收的收入效应是指课税减少了纳税人可自由支配的所得和改变了纳税人的相对所得状况。税收的收入效应本身并不会造成经济的无效率，它只表明资源从纳税人手中转移到政府手中，但因收入效应而引起纳税人对劳动、储蓄和投资等所做出的进一步反应，则会改变经济的效率与状况。税收的收入效应可以由图 8－1 来说明。

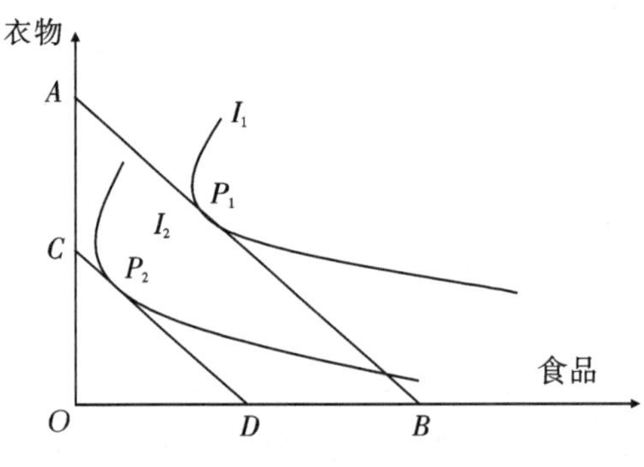

图 8－1　税收的收入效应

在图 8－1 中，横轴表示食品的购买量，纵轴表示衣物的购买量，假定纳税人的全部收入均用于购买食品和衣物，在纳税人税前收入一定时，其全部收入用于购买食品和衣物的全部组合落在直线 AB 上，即直线 AB 为纳税人的预算线，无差异曲线 I_1 与该线相切于 P_1 点，该点表示在既定收入水平上对于食品和衣物的这一购买组合给纳税人带来的效用或满足程度最大。当政府对纳税人的收入课征一次性税收，税款相当于 AC 乘以衣物价格或 BD 乘以食品的价格时，意味着纳税人的收入减少，支付能力也降低，其支出预算线由 AB 向内平移到 CD，新的预算线与无差异曲线 I_2 相切于 P_2 点，形成在该预算线上的最佳购买组合。

由上述分析可知，由于政府课征一次性税收而使纳税人购买商品最佳选择点由 P_1 移动到 P_2，这说明政府课税后对纳税人的影响表现在因收入水平下降而减少商品的购买量或降低购买水平，但不改变购买两种商品的数量组合。

(二)税收的替代效应

税收的替代效应是指当某种税影响相对价格或相对效益时，人们就选择某种消费或活动来代替另一种消费或活动。例如，累进税率的提高，使得工作的边际效益减少，人们就会选择休息来代替部分工作时间；又如对某种商品课税可提高其价格，从而引起个人消费选择无税或轻税的商品。税收的替代效应一般会妨碍人们对消费或活动的自由选择，进而导致经济的低效或无效。税收的替代效应可通过图 8－2 来说明。

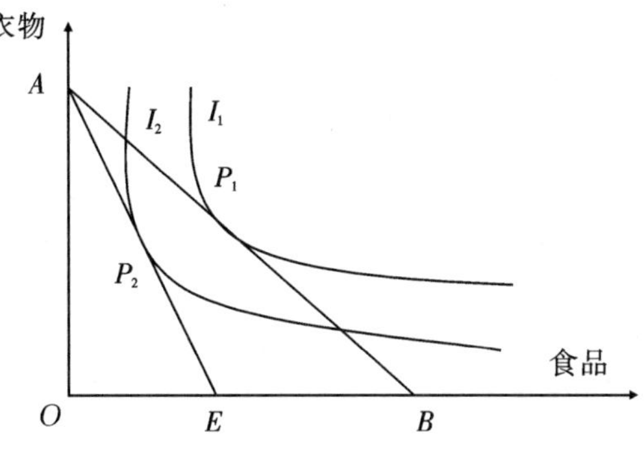

图 8－2　税收的替代效应

假定政府只对食品征税，税款为 BE 乘以食品的价格，对衣物不征税。在这种情况下，食品的价格水平因征税而提高，纳税人对该商品的购买能力下降，支出预算线由税前的 AB 改变为税后的 AE，AE 与无差异曲线 I_2 相切于 P_2 点，形成在该预算线上的最佳购买组合。

由此可见，由于政府对食品征税而对衣物不征税，改变了纳税人购买商品的选择，其最佳点由 P_1 移动到 P_2，这意味着纳税人减少了食品的购买量，相对增加衣物的购买量，从而改变了购买两种商品的组合，也使消费者的满足程度下降。

二、税收的储蓄效应分析

征税对储蓄可以同时产生收入效应和替代效应两种效应。征税对储蓄的收入效应是指在其他条件不变的情况下，征税使税后收益下降，为保持将来的正常消费，应减少现期消费，增加未来消费即储蓄。征税对储蓄的替代效应是指征税会导致储蓄的税后收益减少，使当前消费的机会成本降低，人们会增加当前消费，减少将来消费即储蓄。当然，除了替代效应和收入效应之外，征税对储蓄的影响还要取决于多方面的因素，下面以所得税为例加以详细讨论。

一国的真实储蓄数量的增加或减少，受所得税的影响，究竟有多大？从纯粹理论的意义上讲，确实存在一种直接的关系。纳税人缴纳所得税后，如果其赚取的所得不能与其缴纳的税款同等增加，那么，纳税后所得用于储蓄的数额必将减少，因为纯所得既已减少，作为储蓄的数额自然也要减少。在通常情况下，还有一种储蓄的心理效应存在。一个缴纳较重所得税后仍有很高储蓄能力的人，也不会像过去那样去更多地储蓄，因为在未来收益与现时消费之间加以权衡后，他也许选择后者。另外，由于大部分人的所得需求弹性小，因而都希望在工作时期多储蓄一些钱财，以留作补助老年收入的不足；或者为防备意外死亡，准备足够的钱留作辅助家属之用。在前一种情况下，课征所得税，对于刺激储蓄的效应小；而在后一种情况下，课征所得税，对于刺激人们的储蓄心理有很大的效应。尽管如此，所得税对私人储蓄的效应是激励还是阻碍，取决于不同纳税人各自的所得数额大小和各自的储蓄愿望与需要。

对于低收入者而言，所得税对储蓄的影响并不很大。第一，低额所得者大部分不需付税，即使需付税者，其所纳税额也很少。第二，低收入者一般宁愿削减日常生活费用，也不愿减少储蓄的数量，因为低收入者对老年生活费及抚养父母及子女的意愿是极强的。

在收入较高的阶层中，所得税的储蓄效应比较大。通常情况下，由于富裕者一般能够把握其父母及子女的生活需要，因而课征所得税后，他们不愿将大部分所得储存起来，以备不时之需，而是将税后所得多用于消费，充分享受现时消费的快乐。

所得税对储蓄的效应还取决于纳税人所从事的经济活动性质。假使他是一个工薪收入者，就会受所得税对不同阶层收入者效应的影响。假如他是一个私人企业者，那么他对储蓄的态度将持一种积极的态度。因为私人企业者必须考虑其税后所得中用于营业的必要资金。对于企业主来说，新资本是时时需要的，而且这种资本的提供来源于税后所得的储蓄远比借助外部的帮助为好。但如果私营企业主的税后所得很高，那么其储蓄的愿望将减小。对公司或企业而言，所得税的储蓄效应更小。公司或企业，不论其组织形式、所有制性质如何，也无论是课征高额所得税还是课征较轻的税，它都必须将一定数额的未分配利润储蓄起来，以备必要时提用。

综上所述，所得税对储蓄的效应不尽相同，低收入者税后储蓄的意愿程度较高收入者为小，私营企业所有者税后储蓄的态度较强烈，但其收入较高时，其储蓄亦将减少，对企业来说，税后储蓄的状况不会有很大改变。

三、税收的投资效应分析

投资是经济增长的主要动力，各国政府一般都会利用税收政策来鼓励和刺激扩大私人投资。特别是当经济增长缓慢、需要扩大投资时，在税收政策上常采取降低边际税率(表现为降低税收负担)、扩大税收优惠和允许加速折旧等措施来刺激投资。在这方面，直接影响资本成本的公司所得税充当重要角色。公司所得税从两个方面来影响公司的投资决策：一是对资本的边际收入征税，可能使投资的边际收入下降，抑制了投资行为；二是允许某些资本成本项目进行扣除，产生"节税"，降低资本成本，鼓励投资行为。因此，在其他条件不变的情况下，任何旨在提高资本成本的税收措施，将抑制投资的增长；而任何旨在使资本成本下降的税收优惠措施，将刺激投资意愿。

首先，从降低税收负担看，对投资人影响最为直接的是公司所得税税负的调整，即公司所得税税负的高低直接影响投资者税后利润的多少。公司所得税税负愈高，可供投资人分配的实际所得愈少；反之，投资人所得就多。因此，从理论上讲，在其他条件相同的情况下，公司所得税税率为零对投资的刺激效果是最理想的，但实际上除少数避税地以外，世界上大多数国家都对投资行为征税。问题的关键不在于是否征税，而在于征多少税，理想的目标是，设计合理的税负水平，能够尽量减少公司税对投资决策的影响。

其次，从税收优惠的方式看，税收鼓励的措施通常采取免税、减税和再投资退税等。免税分为全部免税和分项免税两种。全部免税是指对投资者的投资所得在一定时期内不征税，以鼓励投资者的积极性，但政府仍保留征税的权力，当政府的目的达到之后，则恢复征税；分项免税是指政府对部分需要扶持的特殊行业、特殊项目、特殊产品给予免税的优惠，而对其他投资行为依法征税。如对基础产业、农业投资所得的免税，对部分外商投资者投资所得的免税等。减税是对投资者的所得少征一定比例的所得税，以达到鼓励投资的目的。再投资退税是政府将已经征收的税款，在投资者将投资收益进行再投资时予以退还，以鼓励其扩大投资规模。

再次，从折旧的方式看，公司所得税制中的折旧政策对投资具有较大的效应。在税法上允许加速折旧和允许考虑通货膨胀对折旧的影响是鼓励投资的主要措施。如果公司税制中允许的折旧率高于实际折旧率，则企业的计税所得就会相应减少，其公司所得税负就会减轻，投资人就得到了税收鼓励的好处而可能加大投资。在通货膨胀的税收政策方面,传统意义上的折旧方式,通常采取直线折旧法,重点考虑的是资本的原始成本,其折旧费不足以补充资本的重置消耗。在通货膨胀的情况下,公司所得税是否允许考虑资本的真实成本,则影响到企业的经营成本和再投资能力。当折旧比例与通膨率达到同步时,对投资人是有利的,体现了税收上的鼓励措施,至少没有限制投资的效应。

与税收对投资的鼓励效应相对应,税收对投资也有抑制效应。当经济发展过热,需要抑制投资时,国家可在税收上采取限制性措施,如提高税负、减少税收优惠和降低在税法上允许的折旧率,相应加大投资人的税收负担而使其减缓或削减投资。

四、税收的就业效应分析

税收对劳动力供给,即对就业的影响主要分析税收是产生增加劳动、减少闲暇的激励影响,还是产生减少劳动、增加闲暇的反激励影响。一方面征税会减少个人的可支配收入,要求人们提高工作时间,以弥补收入的不足;另一方面,政府通过税收资金的再分配,可以扩大投资,提供就业机会,同时,也可以采取税收优惠措施,鼓励投资,同样起到增加就业的机会。所以,征税从总体上有利于增加劳动力供给。

首先,所得税对劳动者就业的影响。税收对就业的影响,主要通过个人所得税来实现。在个人收入主要来源于工资收入,且工资水平基本不变的前提下,政府征收所得税会使个人的休闲与劳动的相对价格发生变化,随着劳动价格的降低,导致个人必须增加劳动时间,减少休闲时间,以补充可支配收入上的损失。这种状况在所得税率分别采取比例税率和累进税率时,其影响程度又不一样,由于比例税率缓冲性弱,它比累进税率对劳动供给的影响要强,对于个人收入水平相同的人,征收比例税会使劳动供给增加得更多。

其次,个人收入多元化条件下的税收影响。当劳动者的收入来源不仅局限于工资收入,还包括资本利得收入、福利收入时,其对收入征税则会降低其对就业的影响,在不影响人们休闲的情况下,因为有非工资所得的因素,劳动者可能不愿意提供更多的劳动。一般而言,收入多元化的情况比较复杂,不同劳动者之间情况差别很大,所以,关于税收影响的分析具有不确定性。就我国而言,2018 年个人所得税只占税收收入总额的 8.16%(数据来源于《中国税务年鉴 2019》),对个人收入及国家收入的影响较小,所以,税收因素对就业的影响很小,在个人所得税比重逐渐增大以后,税收的影响作用会逐步发挥。

[资料链接 8-5]

降低企业所得税税率会增加企业劳动需求吗?

减税作为一项重要的财税政策,一直是政府刺激经济增长、促进社会就业的“灵丹妙药”。那么,从解决就业的角度看,降低企业所得税税率会增加企业劳动需求吗?不同要素密集类型企业的劳动需求效应会有差别吗?为此,应分析企业所得税税率与企业劳动需求的相关性,并比较分析各类要素密集型企业的相关系数,为促进就业的企业所得税政策提供实证支持。

长期以来,企业所得税的劳动需求效应一直是国内外研究的热点话题。在理论研究层面,学术界普遍认为降低企业所得税税率会同时产生正反两方面的效应:一方面是收入效应,降低企业所得税税率能提升企业利润,降低企业资本成本,优化企业资本结构,促进企业投资和企业规模增长,从而增加企业劳动需求(王跃堂等);另一方面是替代效应,由于资本在一定程度上可以替代劳动,降低企业所得税税率使得资本与劳动的相对价格下降,从而增加企业资本需求，减少企业劳动需求（王娜）。此外，企业的要素密集类型会影响收入效应和替代效应的相对大小，因此，不同要素密集类型企业的最终劳动需求效应会存在差异。例如，当降低企业所得税税率引起企业投资扩大时，相较于其他要素密集型企业，劳动密集型企业会更倾向增加劳动力，造成收入效应会大于替代效应，劳动密集型企业表现出更强的就业吸纳能力。在实证研究层面，主要观点有：①大多数研究发现，企业所得税税率与企业劳动需求存在负相关关系。例如，王智烜等(2018)分别对中国省级面板宏观数据和600家上市公司微观数据进行分析，实证结果均印证了降低企业所得税税率能够刺激企业劳动需求。②少部分研究却实证检验出相反结果：企业所得税税率与劳动需求数量同向变化。例如，薛凤珍(2014)通过回归分析2001—2009年以劳动密集型企业为主的中国非上市工业企业数据，发现降低企业所得税税率会减少企业劳动需求。③还有研究认为企业所得税税率变化对企业劳动需求的影响效果不明确。Mertenset等(2013)和Jentschet等(2019)分别利用结构向量自回归模型对美国1950—2006年的季度数据进行动态分析，均未发现企业所得税税率变化对企业劳动需求产生显著影响。可以看出，关于降低企业所得税税率是否会增加企业劳动需求的问题，实证研究结论仍存在较大分歧，尚需进一步研究。

资料来源：左胜强. 企业所得税的劳动需求效应：基于中国工业企业面板数据的研究[J]. 税务研究，2020(5)：56-61.

五、税收的国际资本流动效应分析

税收对国际资本流动的影响是复杂的。讨论税收对国际资本流动影响的核心问题，是资本所有者在考虑税收因素后，是否会改变投资的选择方向，以达到国内、国外投资的报酬率一致。对投资的选择，会对汇率、利率等产生一定的影响。国际资本流动的影响因素很多，包括政治、经济、文化、国际关系等多方面，但税收、利率、通货膨胀也起相当重要的作用，并且它们还相互交织在一起产生替代效应。税收对国际资本流动会产生怎样的影响，分析过程复杂，在此只介绍几点重要的结论：

其一，当两国通货膨胀水平不同时，尽管对利息所得与汇兑利得按相同标准课税，会对投资选择产生影响。但是，在税率相同时，通货膨胀的差异，并不会引起国际资本流动。只有在利息所得与汇兑利得被课以不同税率时，才会引起国际资本流动，并随之引起实际利率的改变，以及汇率的改变。

其二，两国税率水平的不同，会造成税后实际利率水平的不同。其一般的变化趋势是，在两国通货膨胀率相同的条件下，高税率的国家会形成低的实际利率。

其三，当汇率由利率决定时，汇率波动的幅度与两国的税率差成比例。但当汇兑利得不课税、汇率水平固定时，利率平价才会成立。这里面也包含了两国名义利率的均等。之所以会产生均等，是由于资本会从高税率国家流向低税率国家，由此引起两国调整税后实际利率趋于一致。

其四，在购买力平价的条件下，高税率国家通货膨胀率的提高，会引起资本的流入，从而导致实际利率的下降。如果另一国的通货膨胀率会同时等量提高，当汇兑利息适用税率低于利息所得税率时，会发生资本的双向流动以实现新的均衡。

［资料链接 8－6］

特朗普税改对国际资本流动的影响

自2008年金融危机后，美国经济复苏乏力，劳动参与率和投资水平下降，经济增长回落至历史低位。特朗普政府执政后，强调“美国优先”，从各方面着手提振美国经济，其中最引人关注的政策之一就是对美国的个人所得税和企业所得税进行减税改革。2017年12月22日，最终版《减税与就业法案》正式提交美国总统签署，并自2018年1月1日起正式生效。特朗普税改的主要措施包括：第一，提高个人所得税费用扣除标准，最高边际税率从39.6%降至37%；第二，遗产税豁免额加倍；第三，将企业所得税税率由35%降至21%；第四，对海外企业留存利润实行一次性征税，其中现金利润的税率为15.5%，固定资产的税率为8%；第五，对美国企业境外所得实行属地征税原则。特朗普税改旨在降低个人所得税和企业所得税的税率，简化美国的税收制度，刺激海外资本和就业回流，增强美国企业的国际竞争力。

开放经济条件下，美国减税还会影响国际资本流动，税收敏感性较高的企业可能会增加对美投资。从理论上看，国际生产折中理论认为，区位优势决定了跨国公司对投资地区的选择，以及是否进行直接投资。区位优势是指包括税收在内的各项优惠政策，例如产业链分布、劳动力成本及素质、资本成本、技术水平、自然资源、法律制度、市场管理、潜在市场规模等(Dunning)。基于以上理论分析，由于产业链分布、劳动力成本及素质、自然资源、潜在市场规模等因素在短期内难以改变，美国减税会改善、强化美国的税收优势，或吸引资本回流。实证研究的结果表明美国宏观税率每下降1%，其他国家的投资率下降0.1826%。

美国减税将进一步拉大美国与其他国家的税负差距，吸引企业和资本回流美国，使得其他国家面临资本流失、投资率降低的问题。美国减税鼓励跨国企业把滞留海外利润汇回美国，重振美国制造业，对于中国而言，现阶段中国实行严格的资本管制制度，短期内美国资本回流和中国资本外流的情况不易出现。但长期来看，随着“一带一路”倡议的推进和中国企业“走出去”步伐的加快，放松资本管制是必然趋势，美国减税带来的税收红利一定程度上能够刺激在华美国企业的利润回流和投资撤离，将给中国带来资本外流的压力。对此，中国应当加快实施创新驱动战略，并针对战略性新兴产业、资本密集和技术密集型产业进行定向减税，制定更加优惠的发展条件和良好的发展环境，以此来对冲美国减税产生的对中国不利的资本争夺效应。

资料来源：曹婧，毛捷．美国减税对中国经济的影响：基于跨过数据的实证研究[J]．国际贸易问题，2019(2)：100－112.

本章小结

1. 税收原则是制定税收政策、设计税收制度的指导思想，也是评价税收政策好坏、鉴别税制优劣的准绳。现代税收原则包括公平原则和效率原则。

2. 税收负担是指纳税人应履行纳税义务而承受的一种经济负担，其衡量指标有宏观税负和微观税负两种，其影响因素有国家的宏观经济政策、税收征收管理能力等。

3. 税负转嫁就是纳税人将全部或部分税收转移给他人负担，其方式有前转、后转及税收资本化等。

4. 征税会对社会经济产生影响效应，本章介绍税收经济效应，主要是收入效应、储蓄效应、投资效应、产出效应、就业效应和资本流动效应等。

关键概念

税收效率原则　税收公平原则　税收中性　最适课税理论　税收的收入效应
税收的替代效应　税收的储蓄效应　税收的投资效应　税收的就业效应　税收负担
税负转嫁　税负归宿

思考分析

1. 分析评判中国宏观税负是否合理和中国宏观税负高低与微观税负轻重不一致的原因。
2. 根据教材专栏资料 8-4 分析从税负转嫁视角考虑当下应该如何推行减税降费政策。
3. 结合税收的收入效应与替代效应分析个人所得税的劳动供给效应。
4. 结合教材专栏资料 8-6 分析特朗普税改法案对我国经济的影响及我国的应对之策。

第九章　税收制度

本章主要从税制构成要素、税收分类以及税制结构三个方面介绍税收制度的基本内容。本章学习要求：①知悉中国税收制度的构成要素和现行税种的具体制度规定；②掌握税收分类，尤其是货物劳务税、所得税两大主体税类的概念及特点；③理解货物劳务税和所得税的功能与作用。

第一节　税收制度概述

一、税制构成要素

税收用法律形式被确定下来即形成了税收制度，税收制度由税制要素构成。税制构成要素是指构成税收制度的基本要素，一般包括征税主体、征税对象、纳税人、税率、纳税环节、纳税期限、减税免税、违章处理等，其中征税对象、纳税人和税率是税制的基本要素。

（一）征税主体

征税主体，指代表国家依法征税的行为主体，即通过行政权力取得税收收入的各级政府及其征税机构。它说明谁征税。一般地说，征税主体总是政府机构，比如税务机关、海关等。但具体地说，不同的税种有不同的征税主体。按征税权主体的不同，税收可以划分为本国税与外国税、中央税与地方税。

（二）纳税人

纳税人又叫纳税主体，是税法规定的直接负有纳税义务的单位和个人。每一种税都要规定其纳税人，通过规定纳税义务人落实税收义务和法律责任。国家税法规定的纳税人可以是自然人，也可以是法人。自然人是指依法享有民事权利并承担民事义务的公民个人；法人是具有民事权利能力和民事行为能力，依法独立享有民事权利和承担民事义务的组织。

同纳税人既有联系又有区别的另一个范畴是负税人。负税人是指最终负担税款的单位和个人。名义上缴纳税款的人不一定就是最终承担税款的人，名义上没有缴纳税款的人最终却可能承担了税款，负税人与纳税人有时是一致的，有时是不一致的，这要取决于缴纳的税是否可以转嫁。如果税负可以转嫁，纳税人和负税人就可能是不一致的；如果税负不能转嫁，纳税人和负税人就是一致的。也可以这样理解：纳税人是法律上的纳税主体，而负税人则是经济上的纳税主体。

（三）征税对象

征税对象又称征税的客体，是指对什么征税。它是征税的标的物，是一种税区别于另一种税的主要标志。不同的税种其征税对象不同，而每种税必须首先要确定其征税对象，因为它决定着税种的名称、课税范围，决定着一种税与另一种税的区别。现代各国一般把课税对象区分为货物劳务、所得、财产三大类，而在我国征税对象则包括货物劳务、所得、财产、资源和行为五类。

税目和税基是与征税对象相关的两个基本概念。税目本身也是一个重要的税制要素，是税法规定的征税对象的具体项目，它体现了征税的广度。有些税种的征税对象简单、明了，不需设置税目，如房产税、屠宰税等。但有些税种的征税对象比较复杂，只用征税对象这个概念还不能说明该税的具体征税范围，必须借助税目这个要素。如：消费税的征税对象是应税消费品，但具体的应税消费品有哪些，就要通过税目来加以规定。而税基又叫计税依据，是据以计算征税对象应纳税额的直接数量依据，它解决对征税对象课税的多少问题，是对课税对象的量的规定。在确定计税依据时，可以规定为征税对象的价格，也可以规定为征税对象的数量，一般视征税对象性质、征税目的、税收管理人员的水平和社会环境等因素而定。

税源是与征税对象关联的又一个概念。税源是税收收入的来源，即各种税收收入的最终出处。如企业所得税的税源，是企业的经营利润；个人所得税的税源，是个人取得的各种收入，但归根到底是国民收入。税源与征税对象有时是一致的，有时不一致。

(四)税率

税率是应纳税额与征税对象之间的比例，它是计算税额的尺度，体现了征税的深度，同时也是衡量税负轻重与否的重要标志。在征税对象确定以后，税率的高低决定了纳税人应纳税额的大小，直接关系到国家的财政收入和纳税人的负担水平，因此税率是税收制度的中心环节。

1. 名义税率和实际税率

名义税率即法定税率，就是税法所规定的税率，是应纳税额与征税对象的比例。实际税率是指纳税人实际缴纳的税额与征税对象的比例，它反映纳税人的实际纳税负担。在实际征税过程中，由于计税依据、减免税、征收管理上的漏洞等原因，名义税率与实际税率经常存在着较大差异。

2. 平均税率和边际税率

平均税率是纳税人实际缴纳的税额与课税对象的比例。边际税率是指随着课税对象数额的增加，纳税人所纳税额的变动额与课税对象变动额之间的比率，即最后一个单位课税对象所适用的税率。平均税率往往低于边际税率，比较二者之间的差额，是分析税率设计是否合理、税制是否科学的主要方法。一般来说，平均税率接近于实际税率，而边际税率类似于名义税率。

3. 比例税率、累进税率和定额税率

(1)比例税率。比例税率是指对同一征税对象，不论其数额大小，只规定一个比例的税率。这种税率，不因征税对象数量的多少而变化，我国的增值税、城市维护建设税、企业所得税等采用的都是比例税率。在具体运用中比例税率又可以分为单一比例税率、差别比例税率和幅度比例税率。单一比例税率即一个税种只规定一个税率，同一课税对象的所有纳税人都适用同一比例税率；差别比例税率即一个税种规定不同的比例税率，同一征税对象的不同纳税人适用不同的比例税率；幅度比例税率即国家只规定最低和最高税率，各地可以因地制宜在此幅度内自由确定一个比率。总体上看，比例税率具有计算简单、税负透明度高、有利于保证财政收入、

有利于纳税人公平竞争等优点，符合税收效率原则，但比例税率不能针对不同的收入水平实施不同的税收负担，在调节纳税人的收入水平方面难以体现税收的公平原则。

(2)累进税率。累进税率是把课税对象按一定标准划分为若干等级，计税依据从低到高分别规定逐级递增的税率，计税依据越大税率越高，计税依据越小税率越低，一般适用于对所得额的课税。相对于比例税率而言，累进税率调节收入的功能较强，但计算较复杂。在具体运用上，累进税率的形式主要有全额累进税率、超额累进税率两种。

全额累进税率是把课税对象的全部数额都按照与其对应等级的税率一次计征，即按全部征税对象适应的最高一级税率统一征税，其名义税率与实际税率一般是一致的。全额累进税率在调节收入方面要比比例税率合理，但在级距的临界点附近，税收负担极为不合理。

超额累进税率是把课税对象按其数额大小划分为若干个等级，每个等级规定相应的税率，分别计算各等级征税对象的税额，各级税额之和为应纳税额，即当征税对象提高一级时，仅就超过的部分按提高后的税率计算税额。超额累进税率能够比较真实地调节纳税人的收入水平，但计算相对复杂。在实际工作中，常使用一种简便的计算方法，叫速算扣除数法，即按全额累进税率计算的税额与按超额累进税率计算的税额的差额。计算公式为：应纳税额＝应纳税所得额×适用税率－速算扣除数。

［资料链接 9－1］

全额累进税和超额累进税的区别

全额累进税率与超额累进税率都是按照量能纳税的原则设计的，但两者又有不同的特点。①全额累进税率的累进程度高，超额累进税率的累进程度低，在税率级次和比例相同时，前者的负担重，后者的负担轻；②在所得额级距的临界点处，全额累进会出现税额增长超过所得额增长的不合理情况，超额累进则不存在这种问题；③全额累进税率在计算上简便，超额累进税率计算复杂。为了更清楚地说明两者的差异，以表 9－1 为例。

表 9－1　全额累进税与超额累进税比较

税级/元	税率/%	适用全额累进税率的应税所得额/元	适用超额累进税率的应税所得额/元	全额累进税额/元	超额累进税额/元
25000 元以下	20	25000	25000	5000	5000
25001～50000	30	50000	25000	15000	7500
50001～75000	40	75000	25000	30000	10000
75001～100000	50	100000	25000	50000	12500
—	—	100000	100000	50000	35000

从表 9－1 可以看出两种税率在累进程度上的差异和计算方法上的不同。进一步分析，若该纳税人的应税所得为 25001 元，按照全额累进税率纳税应为 7500.3 元(25001×30%)，而当应税所得为 25000 元时，仅应纳税 5000 元(25000×20%)，即应税所得增长 1 元，税额却增长 2500.3 元。同一笔应税所得 25001 元，如按超额累进税率计算，则应纳税额为 5000.3 元(25000×20%＋1×30%)。正是因为全额累进税率有上述缺点，在实际税制中很少应用，一般实行超额累进税率。

资料来源：陈共.财政学[M].10 版.北京：中国人民大学出版社，2020：137.

另外,我国在税率的应用中还采用超率累进税率,即以征税对象的相对率划分若干级距,分别规定相应的税率,相对率每超过一个级距的,对超过的部分就按高一级的税率计算征税。目前我国的土地增值税就采用了超率累进税率。

(3)定额税率。定额税率也称固定税额,是按单位课税对象直接规定一个固定税额,而不是采用百分比的形式,其课税单位可以是自然单位,如"吨""升",也可以是复合单位,如"千立方米"等。定额税率一般适用于从量计征的税种,其优点是计算简便,缺点是定额税率的制定过程较复杂。目前使用定额税率的有资源税、城镇土地使用税、车船税等。

(五)纳税环节

纳税环节是税法规定的征税对象从生产到消费的流转过程中应当缴纳税款的环节。如果一个税只确定在一个环节缴纳,叫一次课征制,如我国的消费税。如果一种税确定在两个或两个以上的环节缴税,叫多次课征制,如我国的增值税。合理选择纳税环节,对加强税收征管,有效控制税源,保证国家财政收入的及时、稳定、可靠,灵活机动地发挥税收调节经济的作用,具有十分重要的理论和实践意义。

(六)纳税期限

纳税期限是指税法规定的当纳税义务发生后,向国家缴纳税款的期限。确定纳税期限,包括两方面的含义:一是确定税款的结算期限,其由税务机关根据应纳税款的多少,一般分为1日、3日、5日、10日、15日或1个月等几种;二是缴纳税款的期限,如规定以一个月为一个结算期限的纳税人,税款应在期满后7天内缴入国库等。规定纳税期限可以保证国家取得财政收入的及时性和连续性。

(七)减免税

减免税是国家对某些纳税人和征税对象给予减少和免除税负的一种规定。减税是对应征税额减征其中一部分;免税是对应征税款全部予以免征。与减免税相关的还有两个概念:起征点和免征额。起征点是指征税对象达到一定数额开始征税的界限,征税对象未达到起征点的不征税,达到或超过起征点的就其全部数额征税。免征额是指税法规定的征税对象总额中免于征税的数额,免征额部分不征税,只对超过免征额部分征税。

(八)违章处理

违章处理是对纳税人发生违章行为所采取的一种惩罚性措施。它体现了税收制度的强制性和严肃性。凡是纳税人发生欠税、漏税、偷税、抗税和不按规定办理纳税事宜等,均应依照税法规定处理。税务机关对违章行为处理的主要措施有加收滞纳金,处以罚款、罚金,采取税收保全措施、强制执行措施,提请司法机关处理等。

二、税收分类

税收分类的方法的有很多,按照不同的标准可以把税收分为不同的种类。

(一)货物劳务税、所得税和财产税

按课税对象分类的性质可以把税收分为货物劳务税、所得税和财产税,这是国际上通用的最重要的一种分类方法。其中货物劳务税是以货物劳务流转额和非货物劳务流转额为课税对象的税收统称,包括增值税、消费税等;所得税是以收益所得额为课税对象的税收统称,包括个

人所得税和企业所得税;财产税是以财产价值为课税对象的税收统称,包括房产税、车船税等。在此基础上中国税收又划分出了资源税和行为税两类,资源税是以资源绝对收益和级差收益为课税对象的税收统称;行为税是以特定行为为课税对象的税收统称。

(二)直接税和间接税

按税负能否转嫁为标准可以把税收分为直接税和间接税两类。直接税是指税款由纳税人直接负担,不易转嫁的税种,如所得税和财产税。间接税是指税收负担能够或较易转嫁给他人的税种,如货物劳务税。划分直接税和间接税的意义主要在于帮助分析税收负担及税负运动。

(三)从量税和从价税

按课税标准可将税收分为从价税和从量税。国家征税时有两种不同的课税标准:一是按课税对象的数量、重量和体积计算;二是按课税对象的价格计算。采用前一种计税方法的税种称为从量税,采用后一种计税方法的税种称为从价税。从价税是一种普遍采用的征税方法,中国现有税种大部分采用从价计征,资源税和消费税个别税目采用从量计征。

(四)中央税、地方税和中央与地方共享税

按税收收入的划分情况可将税收分为中央税、地方税和中央与地方共享税。中央税收入归中央,如消费税、关税。地方税收入归地方,如房产税、契税。中央与地方共享税收入在中央和地方之间按一定标准分享,如增值税、企业所得税。

(五)价内税和价外税

按税收和价格的关系为标准可以把税收分为价内税和价外税。价内税是指以含税价格作为计税依据而课征的税,税金是价格的组成部分,如消费税。价外税是指以不含税的价格作为计税依据而课征的税,税金是在价格之外附加的,如增值税。

三、税制结构

税制结构是指实行复合税制的国家,在按一定标准进行税收分类的基础上所形成的税收分布格局及其相互关系。历史上,税制的设计有两种,即单一税制和复合税制。单一税制是指一个国家的税制由一个税种构成;复合税制是指一个国家的税制由多个税种构成。在现代经济社会中,税收发挥着多重职能作用,因此一般各国都实行复合税制,形成多种税同时并存,各种税既相互独立,又相互协调配合、互为补充的复合税制。

税制结构的设计应以税收原则为标准,主要解决税种的配置、税源的选择、税率的安排三个问题。

(一)税种的配置

在一个国家的税收体系中,各类税收在税收体系中的地位有主次之分,以形成一个在总体布局上体现税收原则要求的税收体系。居于主导地位的税种构成税制结构中的主体税种,而主体税种的选择是税种合理配置的关键。由主体税种特征所决定的税制结构大体可归为以下三种类型:

(1)以货物劳务税为主体的税制结构模式。该模式是指在整个税制体系中,以货物劳务税作为主体税,占最大比重,并起到主导作用。一般大多数发展中国家、少数经济发达国家实行这种税制结构模式。该税制模式对于及时、稳定、足额地取得财政收入有着重要的作用。

（2）以所得税为主体的税制结构模式。该模式是指在整个税制体系中，以所得税作为主体税，占最大比重，并起到主导作用。一般大多数经济发达国家、少数发展中国家实行这种税制结构模式。该税制模式对于调节收入分配有着重要的作用。

（3）货物劳务税和所得税双主体的税制模式。该模式是指在整个税制体系中，货物劳务税和所得税占有相近的比重，在筹集财政收入和调节经济方面共同起着重要的作用。双主体税制模式虽然是一种现实的税制结构模式，但从发展的角度看，只是一种过渡时期模式，将会被以上两种形式所替代。

在主体税种的选择上，出于优化资源配置效率的考虑，经济学家一般推崇以所得税为主体税种的结构模式。因为所得税给纳税人额外负担较轻，或者说对经济效率的损害程度较货物劳务税轻；所得税是一种直接税，不易实现税负的转嫁，因此政府可以利用税收手段就纳税人的收入分配进行有针对性的调节；所得税作为一种经济的内在稳定器，可以起到较好的稳定经济的作用。

（二）税源的选择

税源是税收的主要来源，税源的丰裕直接决定着税收收入规模，因此积极培育税源始终是税收征管工作的一项重要任务。在税源的选择上，应考虑税本、税源、税收之间的关系，税收取自税源，税源来自税本。我国重点税源是企业的主营业务收入、企业利润总额、计征增值税销售额。

（三）税率的安排

税率的安排主要解决两个方面的问题：一是税率水平的确定，二是税率的形式。

（1）税率水平。税率的高低决定着税收收入的多少，但并不是税率越高，筹集到的收入就越多。美国经济学家拉弗提出了一个著名的“拉弗曲线”，即在一定限度内，税收收入将随着税率的提高而增加，当税率超过了这个限度，税收收入不但不会增加，反而减少。

如图 9－1 所示，拉弗曲线说明一个国家的整体税率（以下简称税率）和税收收入及经济增长之间存在着相互关系。

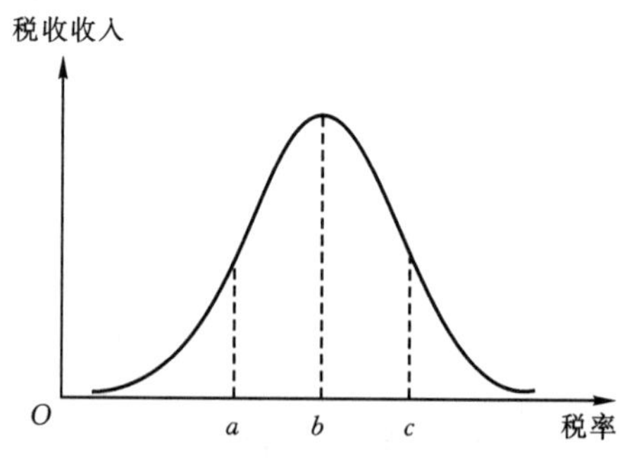

图 9－1　拉弗曲线

（2）税率形式的确定。不同的税种应采用不同的税率形式，一般而言，货物劳务税类的税种比较适合采用比例税率的形式，主要体现效率原则；所得税类的税种比较适合采用累进税率的形式，主要体现收入公平原则。

[资料链接 9－2]

供给学派的税收观点和拉弗曲线

西方经济学将供给学派的税收观点归结为三个基本命题：①高边际税率会降低人们的工作积极性，而低边际税率会提高人们的工作积极性。其中的边际税率是指增加的收入中要向政府纳税的数额所占的比例。供给学派认为降低边际税率可以增加劳动的供给和需求，从而增加税后总供给。②高边际税率会阻碍投资，减少资本存量，而低边际税率会鼓励投资，增加资本存量。供给学派认为降低边际税率可以刺激投资增加，从而增加税后总供给。③边际税率的高低和税收收入的多少不一定按同一方向变化，甚至可能按相反的方向变化。供给学派认为高边际税率助长地下的“黑色经济”泛滥，助长纳税人逃税的动机，反而会减少税收收入，降低边际税率会使纳税人正常纳税，从而增加税收收入。

以上供给学派的三个基本命题都可以从供给学派的代表人物拉弗设计的“拉弗曲线”得到说明，如图 9－1 所示，图中横轴代表税率，纵轴代表税收收入或经济增长。税率从原点开始，逐级增加至 100%；税收收入从原点向上计算，随着税率的变化而变化。税收收入与税率的函数关系呈抛物线形曲线，当税率逐级提高时，税收收入也随之增加，税率提高至 b 时，税收收入达到最大；税率一旦超过 b，税收收入反而呈减少趋势，当税率上升为 100% 时，税收收入将会因为无人愿意工作和投资而降为零。供给学派把税率 b 右侧的区域称为税率“禁区”。当税率进入禁区后，税率越提高税收收入越减少。供给学派认为，美国 20 世纪 80 年代初期的税率处于禁区，要恢复经济增长势头，就必须降低边际税率。此后，在美国的带动下，全世界曾掀起一阵以减税为核心的税制改革浪潮。

拉弗曲线至少阐明了以下三方面的经济含义：①高税率不一定取得高收入，而高收入也不一定要实行高税率。②取得同样多的税收收入，可以采取两种不同的税率，如图中税率 a 和 c 取得相同的税收收入，但税率 a 要远轻于税率 c。③税率、税收收入和经济增长之间存在着相互依存、相互制约的关系，从理论上说应当存在一种兼顾税收收入和经济增长的最优税率。

资料来源：陈共. 财政学[M]. 10 版. 北京：中国人民大学出版社，2020：155－157.

第二节 货物劳务税类

一、货物劳务税的概念和特征

货物劳务税是泛指所有以货物劳务为征税对象的税类，我国现行税制中属于货物劳务税的有增值税、消费税、关税。同其他税类相比较，货物劳务税主要有以下几方面特点：

（一）课征对象的普遍性

货物劳务税的征税对象是商品和劳务，在现代社会中，商品是社会生产、交换、分配和消费的对象，商品生产和交换是社会生产的主要形式，对商品的课税自然是最具普遍性的税类。

（二）税收负担的间接性

货物劳务税一般由企业作为纳税人履行纳税义务，但在价格可随市场情况变动条件下，纳税人缴纳的货物劳务税能够随着货物劳务价格运动转嫁由消费者负担，由于消费者承担的税负并不是由消费者纳税而引起，而是由于税负转嫁运动而引起，因而消费者所承担的税负是间接的。

（三）税收征收的隐蔽性

现行货物劳务税中，除了个人消费支出以消费者个人为纳税人外，一般都是以生产经营厂商为纳税人，通过货物劳务价格运动转嫁给消费者负担，消费者负担的税收并不是由个人直接缴纳，因而没有强烈的纳税意识和税负感觉。尤其是采取价内税的货物劳务税，税金内含于价格中，消费者在不知不觉中承担税负，使得税收在征收上具有隐蔽性。

（四）税收分配的累退性

货物劳务税一般采用比例税率，不论纳税能力强弱，均统一运用相同的税率，从而使纳税能力较弱者税负相对较重，产生累退效应。因为随着个人收入的增加，个人边际消费倾向下降，储蓄倾向提高。这意味着随着个人收入增加，个人消费支出占收入比例下降，在此情况下，货物劳务税占个人收入比例一定下降，从而使货物劳务税比例征收具有累退性。

（五）征收管理的便利性

货物劳务税主要是对生产经营厂商征税，相对于个人纳税而言，货物劳务税的纳税人数量较少，税源相对比较集中，因此征收管理就比较方便。另外，货物劳务税的计税依据相对于所得额而言，不需要核算成本、费用和利润，因此计征手续简单。所以在经济比较落后的国家或地区就比较重视货物劳务税，也比较容易推行货物劳务税。

（六）获取税收的稳定性

由于货物劳务税税源比较普遍，计税依据又不受成本、费用大小的直接影响，不受纳税人经营状况的影响，因而货物劳务税收入稳定、及时、充裕。

二、货物劳务税主要税种

（一）增值税

1. 增值税概述

（1）增值税的概念。增值税是就商品和劳务在流转过程中新增加的价值额（法定增值额）为课税对象而征收的一种税，是我国货物劳务税类中的一个新兴税种，也是我国的主体税种。增值税于1954年产生于法国，此后逐渐被推广到世界各国和地区采用，成为一个国际性的税种。所谓增值额是指企业或个人在生产经营过程中新创造的那部分价值，理论上相当于$V+M$。增值额还可以从以下两个方面加以理解：一是就某一个生产经营单位而言，增值额是这个单位商品销售额扣除非增值项目金额后的余额；二是就一个商品的生产经营过程而言，其商品生产和流通各环节的增值额之和，相当于该商品在最终流转环节的销售额。

（2）增值税的特征。除了具有一般货物劳务税的特征以外，增值税还有其自身的特殊性，主要表现在以下几点：①以增值额为征税对象。这是增值税最基本和最突出的特点，即在确认增值税的计税依据时，以纳税人的收入总额减去法定扣除项目后的余额来计算，这样可以避免重复征税。②具有征收上的普遍性和连续性。增值税是多环节的课税，并按各环节的增值额道道课税，征税的多少与增值额的大小一致，因此在征收上具有普遍性、连续性与合理性。③税负合理。即税负不受生产结构变化的影响，同一产品只要最后售价相同，不论经过多少环节,总体税负始终保持一致,使产品的税负具有稳定性和合理性。

(3)增值税的优点。增值税之所以能够得到广泛的推行和迅速发展,主要原因在于其税制设计上比一般货物劳务税更加合理、科学,增值税与按产品销售收入全额征税的其他货物劳务税相比,具有以下优点:①可以消除重复征税。增值税把按销售环节征税的普遍性与按增值额征税的合理性有机地结合起来,从而有效地解决了重复征税的问题,促进了专业协作化的发展。②增值税适应各种生产组织结构的建立。实行增值税,不但有利于生产向专业化、协作化发展,而且不影响企业在专业化基础上的联合,即生产经营环节多了不加重企业的负担,生产经营环节少了,也不减少国家的财政收入。在实行增值税的条件下,商品的整体税负则不受流转环节变化的影响,一件商品的整体负担率一旦由税率确定下来,无论流转环节如何变化,它始终保持不变。可见,增值税是一个中性税种,它不会因生产组合方式不同而导致税负不合理,这样就使生产经营者可以按照最佳效益的原则进行生产要素的优化组合,调整生产经营结构。③增值税有利于扩大对外贸易往来。一是有利于鼓励出口,由于增值税不存在重复征税的问题,出口产品在国内征收的税款就等于按产品最后售价计算的税额,从而便于出口退税,也可以做到彻底退税;二是在进口方面有利于保护国家利益,由于增值税的税率是按照产品的整体税负设计的,因此对进口产品只需按进口金额的全值乘以规定的税率征一次税,就可以使进口产品和国产产品在平等的条件下进行竞争,更好地维护进口国的经济利益,保护其国内生产。④增值税有利于国家普遍、及时、稳定地取得财政收入。在征税时,只要有经营收入,应征税额即可实现,使其具有普遍性。增值税不受生产结构变化的影响而可以保持财政收入的稳定,从制度上也有效地控制了税源,使购销双方纳税人之间形成一种相互牵制的关系。

(4)增值税的类型。由于各个国家对增值额的扣除范围有不同的规定,目前实行增值税的国家,对购入用于生产的原材料、燃料、动力等非固定资产部分发生的价款或已纳税金,一般都允许扣除。但对用于生产的厂房、机器设备等固定资产的扣除在处理上各不相同,据此国际上把增值税分为三个类型:①消费型增值税。即征税时将购置的固定资产的已纳税款一次性全部扣除。那么纳税企业用于生产的全部外购生产资料都不在课税范围之列,这样就整个社会来说,课税对象只限于消费资料,故称消费型增值税。西方国家多实行这种类型的增值税。②收入型增值税。即征收增值税时,只允许扣除固定资产的折旧部分。这样,就整个社会来说,课税的依据相当于国民收入,故称为收入型增值税。③生产型增值税。即不允许扣除固定资产的价值。这样,就整个社会来说,课税的依据既包括消费资料,也包括生产资料,相当于生产的固定资产和各种消费产品的生产总值,故称生产型增值税。

三种增值税的类型中,收入型增值税最能体现增值税按增值额课税的原理,可以彻底消除重复征税的因素;消费型增值税有利于加速设备更新,推动技术进步;生产型增值税在某种情况下仍存在一定程度的重复征税因素,但它比较有利于资本有机构成或劳动密集型的企业,所以在发展中国家,实行生产型增值税的较多。我国过去一直实行的是生产型增值税,从2009年1月1日起开始实行消费型增值税。

(5)增值税的计征方法。增值税的计算一般采用两种方法:①直接计算法。即先计算出增值额,再乘以税率,求出应纳税额。增值额有两种计算方法:一是加法,即将构成增值额的各要素相加起来计算增值额,计算公式为:增值额=本期发生的工资+利润+租金+其他增值性项目的金额;二是减法(扣额法),是以产品销售额扣除法定扣除额后的余额作为增值额,计算公式为:增值额=本期销售额-法定扣除项目金额。②间接计算法(扣税法)。即在计算应纳税额时，不是直接计算增值额，而是采用抵扣税款的办法。计算公式为：应纳税额＝销售额×增值税率－本期购进已纳税额。目前世界各国普遍采用扣税法，其好处在于：凭发票所列已纳税额为抵扣的依据，计算准确可靠，又不与成本核算挂钩，大大简化了税额的计算，也利于纳税人的接受；实行扣税法，还可以对纳税人的纳税情况进行交叉审计，防止偷漏税。

2. 我国增值税征收制度的演变

我国从 1979 年开始增值税的试点，只对工业产制环节的部分产品征收增值税，经过反复试验不断总结经验，于 1993 年 12 月 13 日国务院颁布了《中华人民共和国增值税暂行条例》，1994 年 1 月 1 日开始实施。为进一步完善税制，积极应对国际金融危机对我国经济的影响，国务院决定全面实施增值税转型改革，修订了《中华人民共和国增值税暂行条例》，2008 年 11 月 5 日审议通过，从 2009 年 1 月 1 日起施行消费型增值税。2012 年 1 月 1 日起，为了进一步解决货物和劳务税制中的重复征税问题，支持现代服务业发展，在上海先行试点再推向全国，将营业税中的交通运输和部分现代服务业改征增值税。2016 年 5 月 1 日起，我国全面实行营改增，第一、二、三产业的增值税抵扣制度统一起来，解决了重复征税问题。为了推进供给侧结构改革、促进经济转型升级，2017 年 7 月 1 日起，原销售或者进口货物适用 13％税率的全部降至 11％，2018 年 5 月 1 日起，对 17％、11％两档增值税率分别下调为 16％、10％，2019 年 4 月 1 日起，增值税率再次下调，将 16％、10％两档税率分别下调为 13％、9％。

（1）增值税的征收范围。《中华人民共和国增值税暂行条例》规定，在中华人民共和国境内销售货物或者加工、修理修配劳务，销售服务、无形资产、不动产以及进口货物都属于增值税的征税范围。除此以外，视同销售行为、混合销售行为和兼营非应税劳务行为也都要征收增值税。

（2）增值税的纳税人。《中华人民共和国增值税暂行条例》规定，在中华人民共和国境内销售货物或者加工、修理修配劳务，销售服务、无形资产、不动产以及进口货物的单位和个人为增值税的纳税义务人。具体包括国有企业、集体企业、私营企业、股份制企业、外商投资企业和外国企业、其他企业和行政单位、事业单位、社会团体、个体经营者和其他个人。增值税的纳税人可以分为一般纳税人和小规模纳税人两种。一般纳税人是指年应征增值税销售额，超过增值税暂行条例实施细则规定的小规模纳税人标准的企业和企业型单位；小规模纳税人是指年销售额在规定标准以下，并且会计核算不健全，不能按规定报送有关税务资料的增值税纳税人。

（3）增值税的税率。我国现行增值税税率分为两种：①对于一般纳税人：基本税率为 13％，适用于在国内销售货物和提供应税劳务；中税率为 9％，适用于特定货物（如农业产品、音像制品、电子出版物等）以及特定服务（如基础电信服务、交通运输服务）；低税率为 6％，适用于金融服务、生活服务、增值电信服务等；零税率，适用于出口货物。纳税人兼营不同税率的货物或应税劳务，应当分别核算不同税率的货物或应税劳务的销售额。未分别核算销售额的，从高适用税率。纳税人发生混合销售行为，应当按照企业主营项目的性质划分适用的项目来缴纳增值税。②对于小规模纳税人：销售货物或应税劳务适用的征收率为 3％；转让不动产适用的征收率为 5％。

（4）增值税的计税方法。①一般纳税人的计税方法。我国增值税普遍实行凭进货发票扣税的方法，也叫扣税法，属于间接计算法。该方法是以企业销售商品全值的应征税额减去法定扣除项目的已纳税额，作为企业的销售商品的应纳税额。在计算纳税人应纳增值税额时，可以凭进货发票按照税法规定的范围，从当期销项税额中抵扣购进货物或应税劳务已缴纳的增值税额（即进项税额）。其计算公式为：应纳税额＝当期销项税额－当期进项税额。其中：销项税额＝销售额×税率。公式中的销项税额是指纳税人销售货物或应税劳务，按照销售额和规定的税率计算的并向买方收取的增值税税额。销售额是指纳税人销售或者提供应税劳务从购买方收取的全部价款和价外费用，但不包括已纳的增值税税额。进项税额是指纳税人因购进货物或应税劳务而向对方支付或承担的增值税额。进项税额有准予抵扣和不准予抵扣之分。准予抵扣的进项税额必须有合法的抵扣凭证，目前主要有以下三种：从销售方取得的增值税专用发票上注明的税额；从海关取得的完税凭证上注明的增值税额；其他凭证，如免税农产品、运输费用和废旧物资。②小规模纳税人增值税的计算方法。小规模纳税人销售货物和提供应税劳务，按不含税销售额和规定的征收率计算的应纳税额，不得抵扣进项税额。此方法也叫简易计算法。其计算公式为：应纳增值税额＝销售额×征收率。③进口货物增值税的计税方法。纳税人进口货物按组成计税价格和规定的税率计税，不得抵扣进项税额，其计算公式为：计税价格＝到岸价格＋关税＋消费税，应纳增值税额＝计税价格×税率。

(5)实行价外计税办法。我国现行增值税实行的是价外税，即以不含税价格作为计税依据。增值税的一般纳税人在销售货物和应税劳务时，一般应向购买方开具增值税的专用发票，在发票上分别注明销售额和增值税额。但是，一般纳税人和小规模纳税人在开具普通发票时，其所收取的销货款为价款和税款的合计数，即含税的销售额，应按下列公式换算为不含税的销售额：销售额＝含税销售额÷(1＋增值税税率或征收率)，如 100÷(1＋13%)＝88.5(元)。

[资料链接 9－3]

增值税一般纳税人应纳税额的计算实例

某生产企业为增值税一般纳税人，适用增值税税率 13%，2019 年 8 月的有关生产经营业务如下：

(1)销售甲商品给某大市场，开具增值税专用发票，取得不含税销售额 80 万元；另外开具普通发票，取得销售甲产品的送货运输费收入 5.65 万元。(含增值税价格，与销售货物不能分别核算)

(2)销售乙产品，开具了普通发票，取得含税销售额 22.6 万元。

(3)将自产的一批应税新产品用于本企业集体福利项目，成本价为 20 万元，该新产品无同类产品市场销售价格，国家税务机构确定该产品的成本利润率为 10%。

(4)销售 2016 年 10 月份购进作为固定资产使用过的进口摩托车 5 辆，开具增值税专用发票，上面注明每辆取得不含税销售额 1 万元。

(5)购进货物取得增值税专用发票，上面注明的货款金额为 60 万元、税额 7.8 万元；另外支付购货的运输费用 6 万元，取得运输公司开具的增值税专用发票，上面注明的税额为0.54 万元。

(6)从农产品经营者(小规模纳税人)购进农产品一批(不适用进项税额核定扣除办法)作为生产货物的原材料，取得的增值税专用发票上注明的不含税金额为 30 万元，税额为 0.9 万元，同时支付给运输单位的运费 5 万元(不含增值税)，取得运输部门开具的增值税专用发票，上面注明的税额为 0.45 万元。本月下旬将购进的农产品的 20%用于本企业职工福利。

(7)当月租入商用楼房一层，取得对方开具的增值税专用发票上注明的税额为 5.22 万元。该楼房的 1/3 用于工会的集体福利项目，其余为企业管理部门使用。

以上相关票据均符合税法的规定。请按下列顺序计算该企业 8 月份应缴纳的增值税税额：

(1)计算销售甲产品的销项税额;

(2)计算销售乙产品的销项税额;

(3)计算自产自用新产品的销项税额;

(4)计算销售使用过的摩托车应纳税额;

(5)计算当月允许抵扣进项税额的合计数;

(6)计算该企业8月份合计应缴纳的增值税额。

答案

(1)销售甲产品的销项税额=80×13%+5.65÷(1+13%)×13%=11.05(万元)

(2)销售乙产品的销项税额=22.6÷(1+13%)×13%=2.6(万元)

(3)自用新产品的销项税额=20×(1+10%)×13%=2.86(万元)

(4)销售使用过的摩托车销项税额=1×13%×5=0.65(万元)

(5)合计允许抵扣的进项税额=7.8+0.54+(30×10%+0.45)×(1-20%)+5.22=16.32(万元)

(6)该企业8月份应缴纳的增值税税额=11.05+2.6+2.86+0.65-16.32=0.84(万元)

资料来源:中国注册会计师协会.税法[M].北京:经济科学出版社,2020:96-97.

(二)消费税

1.消费税概述

(1)消费税概念及其征收目的。消费税是以特定消费品或消费行为为课税对象而课征的一种税。它是国际上普遍征收的一种税,在各国税收总额中占有相当的比重。各国开征消费税的目的,除了增加财政收入外,更重要的是发挥其特殊的调节作用:①消费税可以对需要加以限制的消费品或消费行为征收高额的税收,体现"寓禁于征"的精神,如对烟、酒、鞭炮烟火等不良消费品征收高额消费税,能起到限制消费的目的,从而有利于有限资源的优化利用。②消费税还可以对外部产生成本的行为征税,使外部成本转化成内部成本。例如燃油税就是对环境产生污染的消费行为征税,从而有利于社会整体环境状况的改善。③实行消费税还可以促进收入的公平分配,因为消费税的征收范围通常是那些高档消费品或奢侈品,对这类消费品,低收入者通常不消费或消费的数量很少。

(2)消费税的特点。消费税同其他税种相比较,其基本特征是税负最终由消费者负担。消费税的具体特点如下:①征收目的性强。由于属于消费税课税单位的应税品目,一般来讲都是非生活必需品、高档奢侈品,还有一些需要调控的生产性消费资料,因此课征消费税的目的,不仅在于取得财政收入,更重要的还在于调节消费结构、消费规模、消费行为等。比如对烟酒的课税,就规定较高的税率实行课征,以限制其消费规模,减少其对环境的污染和对身体健康的影响。②税负可以转嫁。由于消费税一般是价内税,又是对消费品的制造商和经营商课征,因此,制造商或经营商就很容易将其应负担的税收,通过提高价格的方式,最终转嫁给消费者。③单一环节征税。由于消费税一般按照销售全额征税,为避免税收重复,一般规定只确定在一个环节缴税,通常主要在产制后的销售环节征收,其好处在于可以加强税源控制,防止税款流失;还可以减少纳税人的数量,降低纳税人的税收成本,提高征收效率。④从量税与从价税并存。消费税一般采用比例税率和定额税率两种税率形式,并按照不同应税品目分别规定差别税率。大部分的应税消费品都以消费品的销售额为计税依据,实行从价定率的计征办法,但对少数价格难以确定或者价格变化较小的消费品,则以消费品的实物量为计税依据,实行从量定额的计征办法。

2.我国消费税课征制度

我国现行消费税是2008年11月5日经国务院修订通过并颁布,自2009年1月1日起施行的《中华人民共和国消费税暂行条例》以及2008年12月15日财政部、国家税务总局颁布的《中华人民共和国消费税暂行条例实施细则》。

(1)消费税的征税范围。征税范围是在中华人民共和国境内生产、委托加工和进口的《中华人民共和国消费税条例》规定的应税消费品。目前消费税共选择了15种应税消费品,包括烟、酒、高档化妆品、贵重首饰及珠宝玉石、鞭炮和焰火、成品油、汽车轮胎、小汽车、摩托车、高尔夫球及球具、高档手表、游艇、木制一次性筷子、实木地板、电池和涂料,采用正列举的办法征收。

(2)消费税的纳税人。纳税人是在我国境内从事生产和进口应税消费品的单位和个人,委托加工应税消费品的单位和个人也是消费税的纳税人。具体包括国有企业、集体企业、私营企业、股份制企业、外商投资企业和外国企业、其他企业和行政单位、事业单位、社会团体、个体经营者和其他个人。

(3)消费税的税率。消费税税率采用比例税率和定额税率两种形式,以适应不同应税消费品的实际情况。消费税根据不同税目确定相应的税率或单位税额。例如,甲类卷烟生产环节税率为56%加0.003元/支,白酒税率为20%加0.5元/500克,木制一次性筷子税率为5%等。

(4)消费税的纳税环节。纳税环节采取单一的形式,具体有:①纳税人销售应税消费品,在生产销售环节缴税。②纳税人自产自用应税消费品,在移送使用环节缴税。③纳税人委托加工应税消费品,在委托方提货环节缴税。④进口应税消费品,在报关进口环节缴税。有两个特例,其一是超豪华小汽车在生产和零售两个环节征税,其二是金银首饰(仅限于金基、银基合金首饰以及金、银和金基、银基合金的镶嵌首饰)在零售环节征税。

(5)消费税的计税方法。①从价定率计征。从价税是以应税商品的价格为计税依据,按照规定的比例税率计算的一种方法。其计算公式为:应纳税额=销售额×税率。公式中销售额是指纳税人销售应税消费品,向买方收取的全部价款和价外费用,但不包括收取的增值税款。如果纳税人应税消费品的销售额为因不得开具增值税专用发票而发生价款和增值税款合并收取的,在计算消费税时,应当换算为不含增值税的销售额。换算公式为:销售额=含增值税销售额÷(1+增值税税率或征收率)。②从量定额的计征方法。从量税是指以应税消费品的重量、数量、长度或容积等为计税依据,按定额税率计算征收的一种方法。其计算公式为:应纳税额=课税数量×单位税额。另外,对于卷烟、粮食白酒和薯类白酒实行复合计税,即先对应税销售数量乘以定额税率,再加上应税销售额乘以比例税率。

(三)关税

1.关税概述

(1)关税的概念。关税是由海关对进出境的货物、物品征收的一种税。我国现行关税的基本规范是《中华人民共和国海关法》和《中华人民共和国进出口关税条例》。关税作为单独的税种,具有以下特征:①关税的课税对象是进出境的货物或物品。②关税的计税依据是关税的完税价格。关税的完税价格以海关审定的成交价格为基础的到岸价格或离岸价格为依据来确定。③关税对国际贸易有着重要的影响。④关税由海关负责征收。

(2)关税的作用。①维护国家主权和经济利益。对进出本国关境的货物和物品,依法征税，是主权国家的权力，它有利于在互惠互利和对等的基础上同友好国家相互提供关税互惠，抵御别国贸易歧视，促进本国对外贸易和经济技术合作关系的发展，维护国家经济利益。②贯彻国家经济政策，保护国内新兴产业的发展。关税是国家进行宏观调控的重要手段之一，国家通过调整进出口货物的关税税率，可以影响进出口货物成本，从而影响进出口货物的市场价格和销售数量，体现国家奖罚政策。另外，对符合国家产业政策，需要鼓励扶持的产业，国家可以通过制定较高的关税税率，适当缓解进口商品的冲击。③贯彻平等互利和对等原则。关税对同一种进口商品分别规定四栏税率，即最惠国税率、协定税率、特惠税率和普通税率。对购自同我国签订有贸易互惠条约国家的货物，适用优惠税率；对购自同我国没有贸易互惠条约国家的货物，适用普通税率。通过对税率的运用，既取得了国家互惠，又贯彻了平等互利和对等原则。

2. 我国关税课征制度

（1）关税的征税对象。征税对象是进出国境或关境的货物或物品。货物是指贸易性进出口商品；物品指入境旅客随身携带的行李物品、个人邮递物品、各种运输工具上的服务人员携带的进口的自用物品、馈赠物品以及其他方式入境的个人物品。

（2）关税的纳税人。纳税人分为两类：贸易性进出口货物的纳税人为进出口货物的收、发货人或者他们的代理人；非贸易性物品的纳税人为入境物品的所有人和进口邮件的收件人。

（3）关税税则制度和税率。进出口关税税则是一国政府根据国家关税政策和经济政策，通过一定的立法程序制定公布实施的进出口货物和物品应税的关税税率表。在我国加入 WTO 之后，为履行我国在加入 WTO 关税减让谈判中承诺的有关义务，享有 WTO 成员应有的权利，根据《中华人民共和国进出口关税条例》，自 2004 年 1 月 1 日起，我国进出口税则设有最惠国税率、协定税率、特惠税率、普通税率、关税配额税率等税率形式。我国出口税则为一栏税率，即出口税率。国家仅对少数资源性产品及易于竞相杀价、盲目进口、需要规范出口秩序的半制成品征收出口关税。一般出口商品免征出口关税，甚至在出口环节退税。出口退税制度是指一个国家或地区对已报关离境的出口货物，由税务机关根据本国税法规定，将其在出口前，生产和流通各环节已经缴纳的国内增值税或消费税等间接税款，退还给出口企业的一项税收制度。目的是使出口商品以不含税价格进入国际市场，避免对跨国流动物品重复征税，促进国家与地区之间的对外出口贸易。

（4）关税税额的计算公式为：关税税额＝完税价格×税率。进口货物的完税价格由海关以符合条件的成交价格以及该货物运抵我国境内输入地点起卸前的运输及其相关费用、保险费为基础审查确定。出口货物的完税价格，由海关以该货物向境外销售的成交价格为基础审查确定。

第三节　所得税类

一、所得税的概念和特点

所得税是以自然人和法人的法定所得为征税对象而征收的一类税。所得额是指单位和个人在一定时期内，以一切交易实现的收入额减去为实现收入而消耗的成本、费用后的余额。所得税作为整个税收体系的重要部分，具有不同于其他大类税收的特点，表现在以下几点：

(一)税收负担的直接性

所得税一般以企业和个人为纳税义务人,并由企业和个人最终负担税款。由于纳税人就是负税人,税收负担难以转嫁,因此所得税属于直接税。尤其是个人所得税,税负不易转嫁,纳税人就是负税人,但对于企业所得税要做具体分析,因为企业所得税存在转嫁的可能性。

(二)税收分配的累进性

所得税是对纳税人的纯收入课税,同时又多采用累进税率的形式,税率随着所得额增加而递增,低所得者适用低边际税率,而高所得者适用高边际税率,体现"多得多征,少得少征"的原则,因此它可以调节纳税人的真实收入水平。

(三)税收征收的公开性

所得税税负一般不能转嫁,纳税人和负税人是一致的,而且所得税在征收方式上一般由企业或个人自动申报缴纳,实行源泉扣缴,因此征收时具有公开性、透明性等特点,容易引起税收对抗,推行比较困难。

(四)税收管理的复杂性

由于所得税是以所得额为课税对象的,而所得额较之流转额来讲,在确认上要经过一系列的复杂程序,它要受成本、费用大小的影响,因此企业所得税的课征存在成本核算和管理上的难度,而个人所得税的课征面临纳税户多、税额小、税源分散等问题,也使征收管理成本较高。

(五)税收收入有弹性

所得税是对企业和个人所得征税,所得会随着国民经济和国民收入的变化而变化,而且所得税的类型征收方法使得所得税能自动适应国民经济周期变化,能根据政策需要相机抉择,调整税收政策,促进国民经济稳定增长,因此,所得税不仅税源可靠,而且可以根据国家需要灵活调整。

二、我国现行所得税制度

(一)企业所得税

1. 企业所得税的概念和特点

企业所得税是对我国境内企业和其他取得收入的组织生产经营所得和其他所得征收的税种。企业所得税具有以下特点:

(1)计税依据为应纳税所得额。即用纳税人的收入总额扣除各项成本、费用、税金、损失等支出后的余额,它既不等于企业实现的会计利润,也不是企业的增值额,更非销售额。因此企业所得税是一种不同于货物劳务税的税种。

(2)应纳税所得额的计算较为复杂。企业所得税应纳税所得额的计算一方面涉及一定时期的成本、费用的归集与分摊,另一方面,还涉及一些法定扣除项目和不予计列项目的调整,造成计算较复杂。

(3)征税以量能负担为原则。企业所得税以纳税人的生产、经营所得为计税依据,贯彻了量能负担原则,即所得多、负担能力大的,多纳税;所得少、负担能力小的,少纳税;无所得,没有纳税能力的,不纳税。

(4)实行按年计征、分期预缴的管理办法。由于企业的利润确定通常是按年计算、衡量的,所以企业所得税为了与会计年度及核算期限相一致，其征收方法是：按年计算，分期预缴，年终汇算清缴，多退少补。

2. 我国企业所得税课征制度

2007年3月16日，第十届全国人民代表大会第五次会议通过了《中华人民共和国企业所得税法》，并于2008年1月1日开始实施，从此，内外资企业所得税实行统一的企业所得税法。随后，《中华人民共和国企业所得税法》于2017年和2018年进行了修正。

(1)课税对象。企业所得税的课税对象是指企业的生产经营所得、其他所得和清算所得。居民企业应当就其来源于中国境内、境外的所得缴纳企业所得税。非居民企业在中国境内设立机构、场所的，应当就其所设机构、场所取得的来源于中国境内的所得，以及发生在中国境外，但与其所设机构、场所有实际联系的所得，缴纳企业所得税。非居民企业在中国境内未设立机构、场所的，或者虽设立机构、场所但取得的所得与其所设机构、场所没有实际联系的，应当就其来源于中国境内的所得缴纳企业所得税。

(2)纳税人。凡是在中华人民共和国境内的企业和其他取得收入的组织都是企业所得税的纳税人，具体可划分为居民企业和非居民企业。个人独资企业、合伙企业不适用企业所得税法。居民企业是指依法在中国境内成立，或者依照外国(地区)法律成立但实际管理机构在中国境内的企业，包括国有企业、集体企业、私营企业、联营企业、股份制企业、外商投资企业以及外国企业。非居民企业是指依照外国(地区)法律成立且实际管理机构不在中国境内，但在中国境内设置机构、场所的，或者在中国境内未设立机构、场所，但有来源于中国境内所得的企业。

(3)计税依据。企业所得税的计税依据是应纳税所得额，即企业每一纳税年度的收入总额，减除不征税收入、免税收入、各项扣除以及允许弥补的以前年度亏损后的余额。在计算应纳税所得额时，企业财务、会计处理办法与税收法律、行政法规的规定不一致的，应当依照税收法律、行政法规的规定计算。

(4)税率。企业所得税实行比例税率，基本税率为25%，适用于居民企业和在中国境内设有机构、场所且所得与机构、场所有关联的非居民企业。另外再设一档低税率20%，适用于在中国境内未设立机构、场所的，或者虽设立机构、场所但取得的所得与其所设机构、场所没有实际联系的非居民企业。

(5)应纳税额的计算。应纳税额=应纳税所得额×税率-税收优惠的规定减免和抵免的税额。其中，应纳税所得额=收入总额-不征税收入-免税收入-各项扣除-允许弥补的以前年度亏损，或者应纳税所得额=会计利润总额±纳税调整项目金额。企业取得的居民企业来源于中国境外的应税所得以及非居民企业在中国境内设立机构、场所，取得发生在中国境外但与该机构、场所有实际联系的应税所得已在境外缴纳的所得税税额，可以从其当期应纳税额中抵免，抵免限额为该项所得依照《中华人民共和国企业所得税法》规定计算的应纳税额；超过抵免限额的部分，可以在以后五个年度内，用每年度抵免限额抵免当年应抵税额后的余额进行抵补。

(6)税收优惠。国家对重点扶持和鼓励发展的产业和项目，给予税收优惠，如从事农、林、牧、渔业项目的所得，从事国家重点扶持的公共基础设施项目投资经营的所得，从事符合条件的环境保护、节能节水项目的所得，符合条件的技术转让所得免征减征所得税；国家需要重点扶持的高新技术企业，减按15%的税率征收企业所得税；对经认定的技术先进性服务企业，减按15%的税率征收企业所得税;创业投资企业从事国家需要重点扶持和鼓励的创业投资,可以按投资额的一定比例抵扣应纳税所得额;企业购置并实际使用规定的用于环境保护、节能节水、安全生产等专用设备的投资额的10%抵免应纳税额;等等。

(二)个人所得税

1.个人所得税的概念和作用

个人所得税是以自然人取得的各项应税所得为征税对象而征收的一种税。个人所得税的作用主要体现在:①调节收入分配,缩小贫富差距,实现社会公平。个人所得税实行累进税率使高收入者缴较高的税收,低收入者缴较低的税收,体现"量能负担"原则,也体现了税收公平原则。②发挥自动稳定器的作用。我国个人所得税实行累进税率,在经济繁荣时期,税收收入增加的速度快于国民收入增加的速度,可以抑制经济过热;在经济萧条时期,税收收入减少的速度慢于国民收入减少的速度,可以缓解经济衰退。

2.我国个人所得税课征制度

个人所得税法是指国家制定的用以调整个人所得税征收与缴纳之间权利及义务关系的法律法规。个人所得税的基本规范是1980年9月10日第五届全国人民代表大会第三次会议通过的《中华人民共和国个人所得税法》,多年来通过了七次修正,目前适用的是2018年8月31日由第十三届全国人民代表大会常务委员会第五次会议修改通过并公布的,自2019年1月1日起施行。目前,我国个人所得税已初步建立分类与综合相结合的征收模式。

(1)纳税人。个人所得税纳税人包括中国公民,个体工商业户,个人独资企业,合伙企业投资者,在中国有所得的外籍人员(包括无国籍人员)和香港、澳门、台湾同胞。纳税义务人依据住所和时间两个标准,区分为居民个人和非居民个人。居民纳税人的判定标准是:在中国境内有住所或者无住所而在一个纳税年度内在中国境内居住累计满183天。居民个人负有无限纳税义务,即其所取得的应纳税所得,无论是来源于中国境内还是中国境外任何地方,都要依照《中华人民共和国个人所得税法》规定缴纳个人所得税。非居民个人的判定标准是:在中国境内无住所并且在中国境内不居住或者一个纳税年度内居住累计不满183天。非居民个人承担有限纳税义务,即仅就其来源于中国境内的所得,依照《中华人民共和国个人所得税法》规定缴纳个人所得税。

(2)征税范围。居民个人取得下列第一项至第四项所得(即综合所得)按纳税年度合并计算个人所得税;非居民个人取得下列第一项至第四项所得,按月或者按次分项计算个人所得税。纳税人取得下列第五项至第九项所得,分别计算个人所得税。①工资、薪金所得。工资、薪金所得是指因个人任职或受雇而取得的工资、薪金、奖金、年终加薪、劳动分红、津贴、补贴以及与任职或者受雇有关的其他所得。②劳务报酬所得。劳务报酬所得是指个人独立从事非雇用的各种劳务所取得的所得。内容包括从事设计、装潢、安装、制图、化验、测试、医疗、法律、咨询、会计、讲学、翻译、审稿、书画、雕刻、影视、录音、录像、演出、表演、广告、展览、技术服务、介绍服务、经纪服务、代办服务以及其他劳务取得的报酬所得。③稿酬所得。稿酬所得是指个人因其作品以图书、报刊形式出版、发表而取得的所得。④特许权使用费所得。特许权使用费所得是指个人提供专利权、商标权、著作权、非专利技术以及其他特许权的使用权取得的所得。提供著作权的使用权取得的所得,不包括稿酬所得。⑤经营所得。经营所得是指:个体工商户从事生产、经营活动取得的所得,个人独资企业投资人、合伙企业的个人合伙人来源于境内注册的个人独资企业、合伙企业生产、经营的所得;个人依法从事办学、医疗、咨询以及其他有偿服务活动取得的所得；个人对企业、事业单位承包经营、承租经营以及转包、转租取得的所得；个人从事其他生产、经营活动取得的所得。⑥利息、股息、红利所得。利息、股息、红利所得是指个人拥有债权、股权而取得的利息、股息、红利所得。⑦财产租赁所得。财产租赁所得是指个人出租不动产、机器设备、车船以及其他财产取得的所得。⑧财产转让所得。财产转让所得是指个人转让有价证券、股权、合伙企业中的财产份额、不动产、机器设备、车船以及其他财产取得的所得。⑨偶然所得。偶然所得是指个人得奖、中奖、中彩以及其他偶然性质的所得。

(3)税率。综合所得适用七级超额累进税率，税率为3%～45%，综合所得包括：工资薪金所得、劳务报酬所得、稿酬所得和特许权使用费所得；经营所得适用五级超额累进税率，税率为5%～35%；利息、股息、红利所得，财产租赁所得，财产转让所得和偶然所得，适用税率为20%的比例税率。

(4)计税依据。个人所得税的计税依据是纳税人的应纳税所得额。由于个人所得税的应税项目不同，并且取得某项所得所需费用也不相同，因此，计算个人应纳税所得额需按不同应税项目分项计算。以某项应税项目的收入额减去税法规定的该项目费用减除标准后的余额，为该应税项目应纳税所得额。具体规定有：居民个人取得综合所得，以每年收入额减除费用60000元以及专项扣除、专项附加扣除和依法确定的其他扣除后的余额，为应纳税所得额。60000元是基本减除费用，专项扣除包括基本养老保险、基本医疗保险、失业保险等社会保险费和住房公积金，六大专项附加扣除包括子女教育、继续教育、大病医疗、住房贷款利息或者住房租金、赡养老人等支出，依法确定的其他扣除包括符合国家规定的企业年金、职业年金、商业健康保险、税收递延型商业养老保险的支出。非居民个人的工资、薪金所得，以每月收入额减除费用5000元后的余额为应纳税所得额；非居民个人的劳务报酬所得、稿酬所得、特许权使用费所得以每次收入额为应纳税所得额。对于居民个人和非居民个人而言，劳务报酬所得、稿酬所得、特许权使用费所得以收入减除20%的费用后的余额为收入额。稿酬所得的收入额减按70%计算。经营所得以每一纳税年度的收入总额减除成本、费用以及损失后的余额为应纳税所得额。财产租赁所得，每次收入不超过4000元的，减除费用800元；4000元以上的，减除20%费用，其余额为应纳税所得额。财产转让所得，以转让财产的收入额减除财产原值和合理费用后的余额为应纳税所得额。利息、股息、红利所得和偶然所得，以每次收入额为应纳税所得额。

(5)计税方法。适用超额累进税率的应税项目，其应纳税额的计算公式是

应纳所得税额＝应纳税所得额×适用税率－速算扣除数

适用比例税率的应税项目，其应纳税额的计算公式是

应纳所得税额＝应纳税所得额×比例税率

[资料链接9-4]

综合所得应纳个人所得税的计算

综合所得包括工资薪金所得、劳务报酬所得、特许权使用费所得、稿酬所得。首先，工资薪金所得全额计入收入额；而劳务报酬所得、特许权使用费所得的收入额为实际取得劳务报酬、特许权使用费收入的80%；此外，稿酬所得的收入额在扣除20%费用基础上，再减按70%计算，即稿酬所得的收入额为实际取得稿酬收入的56%。其次，居民个人的综合所得，以每一纳税年度的收入额减除费用6万元以及专项扣除、专项附加扣除和依法确定的其他扣除后的余额，为应纳税所得额。

居民个人综合所得应纳税额的计算公式为

应纳税额 $= \sum$(每一级数的全年应纳税所得额×对应级数的适用税率)

$= \sum$[每一级数(全年收入额－60000－专项扣除－享受的专项附加扣除－享受的其他扣除)×对应级数的适用税率]

这样,居民个人综合所得应纳税额的计算公式为

应纳税额＝全年应纳税所得额×适用税率－速算扣除数

＝(全年收入额－60000－社保、住房公积金费用－享受的专项附加扣除－享受的其他扣除)×适用税率－速算扣除数

假定某居民个人纳税人为独生子女,2019 年交完社保和住房公积金后共取得税前工资收入 20 万元,劳务报酬 1 万元,稿酬 1 万元。该纳税人有两个小孩均由其扣除子女教育专项附加,纳税人的父母健在且均已年满 60 岁。计算其当年应纳个人所得税税额(税率表见表 9－2)。

表 9－2 综合所得个人所得税税率表(含速算扣除数)

级数	全年应纳税所得额	税率/%	速算扣除数/元
1	不超过 3.6 万元的	3	0
2	超过 3.6 万元至 14.4 万元的部分	10	2520
3	超过 14.4 万元至 30 万元的部分	20	16920
4	超过 30 万元至 42 万元的部分	25	31920
5	超过 42 万元至 66 万元的部分	30	52920
6	超过 66 万元至 96 万元的部分	35	85920
7	超过 96 万元的部分	45	181920

答案

(1)全年应纳税所得额＝200000＋10000×(1－20%)＋10000×(1－20%)×70%－60000－2000×12－2000×12＝105600(元)

(2)应纳个人所得税税额＝105600×10%－2520＝8040(元)

资料来源:中国注册会计师协会.税法[M].北京:经济科学出版社,2020:291－292.

(6)税收优惠。个人所得税的税收优惠主要有以下方面。①免征个人所得税的优惠:国债和国家发行的金融债券利息;按照国家统一规定发给的补贴、津贴;福利费、抚恤金、救济金;保险赔款;军人的转业费、复员费;等等。②减征个人所得税的优惠:比如个人投资者持有 2019—2023 年发行的铁路债券取得的利息收入,减按 50%计入应纳税所得额;自 2019 年 1 月 1 日起至 2023 年 12 月 31 日,一个纳税年度内在船航行时间累计满 183 天的远洋船员,其取得的工资薪金收入减按 50%计入应纳税所得额等。

(7)征收管理。个人所得税实行自行申报纳税和全员全额扣缴申报纳税两种,此外,我国税收征收管理法还对无法查账征收的纳税人规定了核定征收的方式。自行申报纳税是由纳税人自行在税法规定的纳税期限内,向税务机关申报取得的应税所得项目和数额,如实填写个人所得税的纳税申报表,并按税法规定计算应纳税额,据此缴纳个人所得税的一种方法。全员全额扣缴申报是指扣缴义务人应当在代扣税款的次月 15 日内,向主管税务机关报送其支付所得

的所有个人的有关信息、支付所得数额、扣除事项和数额、扣缴税款的具体数额和总额以及其他相关涉税信息资料。

[资料链接 9-5]

个人所得税的六大变化

个人所得税关乎劳动者的收入稳定情况，也关乎我国财政收入情况良好发展。在个人所得税税制改革过程中，各项个人所得税条款的不同程度的变动以及新增条款的施行，都会对纳税人的生活、生产活动、缴税程序以及征税内容等方面产生深远的影响。新的个人所得税法于2019年1月1日起开始实施，这一次改革结构性调整较大，主要内容也有所增多，发生的变化主要有以下几个方面：

(1)免征额提升至5000元，税阶扩大。免征额的提高，有效保障了我国中、低收入人群的整体收入，降低了纳税人的缴税压力，确保低收入人群税额较之前减少50%，降税明显，提高了可支配收入。在这种提高了可支配收入的情况下，人们的物质生活将更加充盈，人们手里有更多的钱进行储存、消费和各项投资，提高我国整体市场消费效果显著，也刺激了我国整体经济水平的进一步提高。

(2)按月预缴，年终汇算清缴。统一按年计征个人所得税，考虑到我国国民的劳动性所得多分为四类的特征。工资收入和其他正常劳务收入的税务计征还较为简易，但是如经营性所得、财产转让所得等分阶段计征难度较大的项目在此前的个人所得税计征工作当中造成了不小的麻烦。一方面由于这类所得项目多、类型复杂且所得不像工资所得那样明确；另一方面，对于有多项收入所得来源的工作者，统一计征的整体计征标准会给纳税人带来数量可观的经济损失，对于单一经济来源的低收入人群也会造成税负过重的情况。因此引入年终汇总税务信息的方式可以解决整体个税负担不均衡的情况，同时也简化了我国个人所得税计征工作流程。

(3)四项所得纳入综合性个人所得征收范围。四项所得纳入综合性个人所得征收范围是指对于个人所得税扣缴义务人在缴税前要进行四项综合所得的预扣扣缴。四项所得综合入个人所得是明确纳税人缴纳义务的重要举措，让随着经济发展模式多元进行而产生的新型个人所得纳入个人所得税计征的流程当中，解决了此前个人所得税对这一部分个人所得没有更合适的处理办法的问题，为我国财政收入提供了一个重要来源。四项所得纳入综合性个人所得征收范围也为降税减负任务提供助力，如不考虑工资所得的其他所得数额越小，其降税越加明显，比如综合所得为2万元，新个税施行前后的减税降幅超50%，综合所得为1万元，减税金额则降幅超过70%。

(4)实施个人所得税专项附加扣除。个人所得税专项扣除是指子女教育、继续教育、大病医疗、住房贷款利息、住房租金和赡养老人等六项专项附加扣除。根据纳税人在这类经济支出的比重相应对个人所得税中基本征税额进行专项附加扣除，有效缓解了纳税人的纳税压力，维护了纳税人的经济状况，使其能够更好地规划自己的经济收入，相应提高其他消费的支出，保障了居民消费市场的充盈，让我国经济发展更加轻松坚实。

(5)纳税信息标准明确。从最直接的降负作用上看，新个税由于纳税的标准化和系统化发展，有效减轻了纳税人的税务负担。在六项专项附加扣除的基础上科学计算每一位纳税人的纳税标准。纳税信息标准明确使得个人所得税计征工作更好地发挥了调节居民收入功能。

(6)税法更加全面，税收征管加强。传统的个税征管工作主要有两个方面的程序，一是征管部门按照相关规定代扣代缴,二是纳税人自行申报个税信息。这种模式能够满足正常的个人所得税征管工作,在此基础上,新个税发展了税款汇算清缴、税款退补、税务优化服务和税后检查等模式,满足了纳税人和税务机构对于优化工作流程、促进与经济发展模式相融合、强化税务管理的工作需求,同时,信息化技术引入建立的一人一号制度优化了纳税信息在各个纳税工作环节的流通,极大地提高了税收征管工作的效率。

综上所述,新个税是在原有个人所得税政策的基础上,增添有利于维护民生、稳定社会经济发展、健全个人所得税征管制度、促进个税税收更好更全发展的各项举措,来适应我国的经济发展。

资料来源:万晓清.对新个税六大变化的探讨[J].纳税,2020,14(19):34-35.

第四节 其他税类

一、资源税

1986 年,《中华人民共和国矿产资源法》施行,国家对矿产资源施行有偿开采。1993 年扩大资源税征税范围,按照"普遍征收、级差调节"的原则。2010 年在新疆开展原油、天然气资源税从价计征改革试点工作。2014 年对煤炭资源税由从量计征改为从价计征。2016 年全面推进资源税改革。2016 年起,在河北省开征水资源税试点工作,采取水资源费改税方式,2017 年试点范围进一步扩大。为贯彻习近平生态文明思想、落实税收法定原则,2019 年 8 月 26 日第十三届全国人民代表大会常务委员会第十二次会议通过了《中华人民共和国资源税法》,并于 2020 年 9 月 1 日起施行。

资源税是对在我国境内从事应税矿产品开采和生产盐的单位和个人课征的一种税。资源税的作用体现在以下几个方面:促进资源节约集约利用和生态环境保护;调节级差收入、促进企业之间开展平等竞争;为国家筹集财政资金。资源税税目包括五大类,分别是能源矿产、金属矿产、非金属矿产、水气矿产和盐,在五个税目下面又设有若干个子目。资源税采用从价计征或者从量计征的征收办法。资源税的计税依据为销售数量或销售额。销售额是指为纳税人销售应税产品向购买方收取的全部价款和价外费用,不包括增值税销项税额。销售数量具体指纳税人开采或者生产应税产品销售的销售数量和纳税人开采或者生产应税产品自用的自用数量。资源税的应纳税额,按照从价定率或者从量定额的办法,分别以应税产品的销售额乘以纳税人具体适用的比例税率或者以应税产品的销售数量乘以纳税人具体适用的定额税率计算。

二、环境保护税

2018 年 1 月 1 日,《中华人民共和国环境保护税法》正式实施,《排污费征收使用管理条例》同时废止。环境保护税是对在我国领域以及管辖的其他海域直接向环境排放应税污染物的企业事业单位和其他生产经营者征收的一种税,其立法目的是保护和改善环境,减少、污染物排放,推进生态文明建设。环境保护税是我国首个明确以环境保护为目标的独立型环境税税种,有利于解决排污费制度存在的执法刚性不足等问题,有利于提高纳税人环保意识和强化企业治污减排责任。

环境保护税的纳税义务人是在中华人民共和国领域和中华人民共和国管辖的其他海域，直接向环境排放应税污染物的企业事业单位和其他生产经营者。环境保护税税目包括大气污染物、水污染物、固体废物和噪声四大类。环境保护税采用定额税率，其中，对应大气污染物和水污染物规定了幅度定额税率。还有一些税收减免项目，比如对农业生产(不包括规模化养殖)排放应税污染物的、纳税人综合利用的固体废物符合国家和地方环境保护标准的等暂免征收，对纳税人排放应税大气污染物或者水污染物的浓度值低于国家和地方规定的污染物排放标准30%的，减按75%征收；低于50%的，减按50%征收环境保护税。环境保护税采用“企业申报、税务征收、环保协同、信息共享”的征管方式。

三、耕地占用税

2019年9月1日，《中华人民共和国耕地占用税法》正式施行。耕地占用税是对占用耕地建设建筑物、构筑物或者从事其他非农业建设的单位和个人，就其实际占用的耕地面积征收的一种税，它属于对特定土地资源占用课税。耕地占用税的征税范围包括纳税人占用耕地建设建筑物、构筑物或者从事非农业建设的国家所有和集体所有的耕地。其纳税人是指在中华人民共和国境内占用耕地建设建筑物、构筑物或者从事非农业建设的单位和个人。考虑到不同地区之间客观条件的差别以及与此相关的税收调节力度和纳税人负担能力方面的差别，耕地占用税采用地区差别定额税率，按人均耕地的多少，规定幅度差别税额。耕地占用税以纳税人实际占用的耕地面积为计税依据，从量定额征收。耕地占用税在占用耕地建设建筑物、构筑物和从事非农业建设行为时一次征收，以后不再征税，这是耕地占用税的一个重要特点。耕地占用税由税务机关负责征收。

四、城镇土地使用税

城镇土地使用税是以国有土地为征税对象，对拥有土地使用权的单位和个人征收的一种税。其征税范围是在城市、县城、建制镇和工矿区内的国家所有和集体所有的土地。另外，自2009年1月1日起，公园、名胜古迹内的索道公司经营用地，应按规定缴纳城镇土地使用税。城镇土地使用税的纳税人是在城市、县城、建制镇、工矿区范围内使用土地的单位和个人。城镇土地使用税采用定额税率，即采用有幅度的差别税额，按大中小城市分别规定每平方米土地使用税年应纳税额。城镇土地使用税以纳税人实际占用土地面积为计税依据，从量定额征收。城镇土地使用税由开征地税务机关按年征收，分期缴纳。缴纳期限由省、自治区、直辖市人民政府确定。

五、房产税

房产税是以房屋为征税对象，按照房屋的计税余值或租金收入，向产权所有人征收的一种财产税。该税的纳税人为开征地区的产权所有人或承典人，征税范围包括城市、县城、建制镇和工矿区但不包括农村。房产税采用比例税率，计税依据是房产余值和房屋租金收入，房产余值为房产原值一次性减除10%～30%费用后的余额，依照房产余值计算纳税，税率为1.2%，依照房产租金计算纳税的，税率为12%。2008年3月1日起，对个人出租住房，不区分用途，按4%的税率征收房产税。房产税实行按年计算、分期预缴的办法。

［资料链接 9-6］

稳步推进房地产税立法的主要争议及对策思路

十八届三中全会通过的《中共中央关于全面深化改革若干重大问题的决定》明确“加快房地产税立法并适时推进改革”之后，房地产税改革所面对的已经不是房地产税开征或不开征的问题，而是如何开征的问题。房地产税是否有充分的征收依据、房地产税开征会对房地产市场产生什么样的影响、房地产税能否成为地方税主体税种等重要问题仍有争议，这直接关系到房地产税立法能否稳步推进，关系到房地产税改革能否顺利进行。

关于房地产税征收依据，存在两种截然不同的看法。一种看法是房地产税的征收缺乏依据，国家不应该对缺少土地所有权的业主课税。有的甚至认为，征收房地产税是对财产权利的侵犯，是对已缴纳税费的房地产的重复征税。另一种看法是开征房地产税旨在为地方公共服务融资，是分摊地方公共服务成本的一种形式。其中，房地产税占多大份额也存在争议。与此相关的争议包括房地产税和土地出让金能否共存。一种观点认为，有土地出让金就不应该有房地产税。土地出让金为地方公共服务改善提供了较多的经费，甚至物业费在一定程度上也有为地方公共服务融资的性质。另一种观点认为，土地出让金是租金收入，体现的是产权收入，与税收性质上有根本不同，二者不能相互替代。

关于房地产税开征对房地产市场影响也存在争议。一种观点认为，房地产税开征从中长期看，与房价涨跌没有太多关系。另一种观点认为，从短期来看，房地产市场稳步向上时，房地产税开征对房价的影响可以忽略不计，而当房地产市场下行压力较大时，开征的冲击效应就不能不加以小心对待。这一争议直接关系到房地产税开征时机的选择问题。一种观点认为，房地产税是现代税收制度的必要组成部分，宜早不宜迟，应加快推出。另一种观点则认为，在当下减税降费的背景下，房地产税开征易被理解为增税，且短期内所能提供的税收收入极为有限，没有必要为此承担风险。还有的则主张可以先立法但延缓数年后征收，以减少这种负面冲击。

关于房地产税能否成为地方税主体税种存在争议。一种观点认为，房地产税可以成为地方税主体税种，因房地产税税源丰富，即使是很低的税率，只要普遍开征，就能带来万亿元以上的税收收入。另一种观点认为，普遍开征缺乏群众基础，多数人对住自己房子纳税需要一个观念的转变过程；不少人没有能力支付房地产税。

稳步推进房地产税立法中，存在一定争议是正常的。对于推进房地产税立法有以下几点思路：首先，直面争议，充分考虑可能的风险；其次，稳定社会预期，一揽子解决土地使用期限问题，合理确定税负，提高房地产税的社会接受度；再次，选择渐进式战略进行房地产税改革，防范可能的国家治理风险；最后，做好房地产税改革的各项保障工作。

资料来源：杨志勇. 稳步推进房地产税立法的主要争议及对策思路[J]. 税务研究，2019(8)：38-44.

［资料涉及的理论要点］

（1）财产税的功能作用。

（2）地方税体系。

［资料分析与讨论思路］

（1）中国开征房地产税的必要性和可行性。

（2）如何通过房地产税改革来完善中国的地方税体系。

（3）房地产税改革与控制房价之间有何必然的联系？

六、契税

2021年9月1日,《中华人民共和国契税法》正式施行。契税是以在中华人民共和国境内转移土地、房屋权属为征税对象,向产权承受人征收的一种财产税。纳税义务人是境内转移土地、房屋权属,承受的单位和个人。契税实行3%～5%的幅度税率,计税依据是不动产的价格,应纳税额计算比较简单,即为计税依据和税率的乘积。

七、车船税

2012年1月1日,《中华人民共和国车船税法》正式施行。车船税是以车船为征税对象,向拥有车船的单位和个人征收的一种税,是一个历史悠久的税种。纳税人是在我国境内属于《中华人民共和国车船税法》所规定的车辆、船舶的所有人或者管理人,车船税采用定额税率,根据车船的行驶情况不同规定不同的税额。

八、车辆购置税

2019年7月1日,《中华人民共和国车辆购置税法》正式施行。车辆购置税是以在中国境内购置规定车辆为课税对象、在特定的环节向车辆购置者征收的一种税。纳税人是在我国境内购置应税车辆的单位和个人,征税范围包括汽车、有轨电车、汽车挂车以及排量超过150毫升的摩托车。车辆购置税统一采用10%的比例税率,计税依据为应税车辆的计税价格。车辆购置税实行从价定率的方法计算应纳税额,即计税依据和适用税率的乘积。

九、土地增值税

土地增值税是对有偿转让国有土地使用权及地上建筑物和其他附着物产权,取得增值收入的单位和个人征收的一种税。纳税人为转让国有土地使用权、地上建筑物和其他附着物产权,取得增值收入的单位和个人,征税范围不包括未转让土地使用权、房产产权的行为,是否发生转让行为主要以房地产权属的变更为标准。土地增值税采用30%～60%的四级超率累进税率,按照纳税人转让房地产所取得的增值额和规定的税率计算征收。

十、印花税

印花税是对经济活动和经济交往中书立具有法律效力的凭证行为以及进行证券交易行为征收的一种税。印花税的征税对象是书立应税凭证、进行证券交易的行为,纳税人是在我国境内书立应税凭证、进行证券交易的单位和个人。印花税税率设计遵循税负从轻、共同负担的原则,实行比例税率,一般比较低。印花税的计税依据是各种应税凭证所载计税金额,应纳税额按照计税依据乘以适用税率计算。

十一、城市维护建设税

2021年9月1日,《中华人民共和国城市维护建设税法》正式施行。城市维护建设税是对从事生产、经营取得收入的单位和个人,以实际缴纳的增值税和消费税为依据,税款专用于城市、县城、乡镇维护建设的一种税,它是一种附加税。纳税人是在我国境内从事生产、经营,缴纳增值税、消费税的单位和个人,城市维护建设税采用地区差别比例税率,其计税依据是实缴的增值税、消费税税额,应纳税额即为计税依据与适用税率的乘积。

十二、烟叶税

2018 年 7 月 1 日,《中华人民共和国烟叶税法》正式施行。烟叶税是以纳税人收购烟叶实际支付的价款总额为计税依据征收的一种税。烟叶税是随着新中国的成立和发展而逐步成熟的。烟叶税的征收范围是指烤烟叶、晾晒烟叶。其纳税人是在我国境内依法收购烟叶的单位。烟叶税实行比例税率,税率为 20%,应纳税额=实际支付价款×税率,其中实际支付价款总额包括纳税人支付给烟叶生产销售单位和个人的烟叶收购价款和价外补贴,价外补贴统一按烟叶收购价款的 10%计算,即实际支付价款=收购金额×(1+10%)。

十三、船舶吨税

船舶吨税是根据船舶运载量课征的一个税种。现行船舶吨税的基本规范是 2017 年通过的《中华人民共和国船舶吨税法》,自 2018 年 7 月 1 日起施行。船舶吨税的征税范围是自中华人民共和国境外港口进入境内港口的船舶,税率为定额税率,并设置优惠税率和普通税率。船舶吨税的应纳税额=船舶净吨位×定额税率。

[资料链接 9-7]

冷哲:遗产税,想说爱你不容易

2013 年 9 月,中央财经大学税务学院副院长刘桓做出声明,自己并没有就遗产税问题接受过任何新闻媒体的采访。然而一石激起千层浪,关于遗产税的讨论依旧沸沸扬扬。有的人认为遗产税是控制贫富差距的有效方法;有的人则认为这是对私有财产的粗暴侵犯,而且不利于私有企业的发展。

在美国遗产税已经实践两百多年了,而美国也不是第一个设立遗产税的国家,据考证,古埃及在公元前 700 年左右就设立了遗产税。罗马共和国以及后来的中世纪欧洲,都有类似的税种。美国在 1797 年时,为了筹建海军而临时设立了一种特殊的印章税。法律规定遗嘱上须有联邦印章才能生效,而死者的财产清单和受赠人的收据上也需要有联邦印章才能完成财产转移。死者代表以及受赠人需要分别缴纳税款才能得到联邦的印章,从而完成财产转移过程。这是美国最早的遗产税形式,和中世纪欧洲的遗产税是一脉相承的。这一税种在 1802 年战争危机过去后被取消,这时的遗产税仍然是一种战争时期的临时措施。20 世纪初,美国经济迅猛发展,出现了大批商业兼并,衍生出了一种新的资本控制模式,即所谓控股公司。新的模式使得美国少数大资本家对经济的影响力达到了一个空前的高度。由于美国政治与资本的紧密联系,美国社会开始普遍对整个国家的经济与政治结构感到担忧,认为美国有滑向寡头统治的危险。因此美国于 1916 设立了非临时的遗产税,这个税种一直延续至今。

对于遗产税,美国社会一向有广泛的争议。

除去"发死人财"这种情绪性的表达外,反对遗产税的人一般有这么几种看法。首先,有人认为遗产税针对着"过量的财富",而"过量"的判断却没有什么明确的客观标准。换句话说,到底遗产多到什么程度才应该开始收税,这是一个非常难以判断的事情。第二,高昂的遗产税会鼓励富人向外移民,并减少整个国家未来的税基。此外,经济被本国富人控制,总好过被外国富人控制。第三,对遗产收税,是对企业家经商积极性的打击,不利于经济发展。第四,遗产税的征收成本很高,政府为征收遗产税而产生的开支其实和遗产税收入差不多。第五,遗产税会妨碍企业在两代企业家之间的交接，影响企业发展，进而影响经济发展。第六，遗产税是对税后收入的再次收税。

另一方面，遗产税的支持者对这些反对意见也有着自己的看法。

首先，现代遗产税本身的目的是降低贫富差距、提高社会公平性，尤其是杜绝出现经济寡头的可能。过多的遗产也会导致富人的子女更可能安于享乐而一事无成。基于对这一点的认识，美国历来有一些富人，诸如比尔·盖茨和沃伦·巴菲特，反而支持遗产税。第二，愿意因遗产税而改变国籍的人并不是主流。因此改变国籍并不见得就能少缴税。首先资产都是在国内，如果死者和受赠者都是外籍，反而遗产税要高。第三，在所有税种之中，遗产税几乎是对企业家经商积极性打击最小的。因此如果能够征收遗产税，并适度减少其他税收，对经济反而有刺激作用。第四，遗产税其实是征收效率最高的税种。这是因为遗产税的数额巨大，条目相对简单，处理时间短。一些在死者一生中隐匿下来并未报税的财产，在遗产统计中也进入征税范围。第五，遗产税本身也应该设置一定的门槛，这不但是对中低收入者的保护，也是为了维持正常的生产经营秩序。美国近些年遗产免税额度大幅上调到 525 万美元，就是因为美国农场主的呼吁。第六，很多国家的遗产税在征收过程中，如果发现有一部分遗产是交过税的(比如普通税后收入)，那么就需要扣除掉已收的税款。

所以，遗产税本身是一个值得设立的税种，但是遗产税也有着诸多需要注意的方面。

首先，死者在去世前有充分的时间计划如何避税，其中的方法之一是提前将自己的财产赠与继承人。因此遗产税和赠与税总是配合设立。美国于 1924 年设立了赠与税，并于 1976 年将之与遗产税统一起来。其次，遗产税门槛的设置也需要建立在对经济和民众生活的通盘考虑之上。遗产税本身，是针对巨富阶层的而不是中低收入者或小富阶层。这是因为中低收入者本身收入就不高，如果还要对遗产征税，显然不利于社会公平。小富阶层经常有自己经营的家族产业，对其征遗产税，往往不利于中小企业的生存和发展。此外，还有一个值得关注的问题是，遗产税的人性化。例如夫妻之间遗赠往往有额外的免税额度。有的国家还对隔代遗产、对孤儿的遗产有特殊的免税额度。

因此，正如前面提到的，遗产税是一个好的税种，但是要把它用好，还需要立法者与税务机关对经济和社会情况有一个通盘的考虑。

资料来源：冷哲. 遗产税，想说爱你不容易[EB/OL]. (2013 - 11 - 17)[2015 - 05 - 15]. https://www.guancha.cn/LengZhe/2013_11_17_176825.shtml.

[资料涉及的理论要点]

(1)遗产税的功能作用。

(2)税收的公平原则。

[资料分析与讨论思路]

(1)遗产税是如何调节收入分配的?

(2)支持和反对开征遗产税的理由有哪些?

(3)结合中国实际情况分析中国开征遗产税的前景如何。

本章小结

1. 税制要素是各个税种的基本法规必须规定的内容。税制构成要素一般包括征税主体、课税对象、纳税人、税率、纳税环节、纳税期限、减税免税、违章处理等。

2.按照不同的分类标准可以对税收进行不同的划分，最常见的税收分类为货物劳务税类、所得税类、财产税类、资源税类、行为税类。

3.货物劳务税的特征有课征对象的普遍性、税收负担的间接性、税收征收的隐蔽性、税收分配的累退性、征收管理的便利性、获取税收的稳定性。货物劳务税主要包括增值税、消费税、关税。

4.所得税的特征有税收负担的直接性、税收分配的累进性、税收征收的公开性、税收管理的复杂性、税收收入有弹性。所得税包括企业所得税和个人所得税。

关键概念

征税主体　纳税人　负税人　课税对象　课税标准　比例税率　累进税率
货物劳务税　所得税　财产税　资源税　行为税　直接税和间接税　从量税和从价税
价内税和价外税　税制结构　拉弗曲线

思考分析

1.根据拉弗曲线评析美国20世纪80年代里根政府减税方案失败的原因。

2.分析中国个人所得税改革给社会经济带来的影响。

3.分析中国房地产税开征的必要性与可行性。

4.分析中国开征遗产税的必要性与可行性。

第十章　国际税收

本章主要介绍国际税收的概念、税收管辖权、国际重复征税及其减除和国际税收协定等内容。本章学习要求：①了解国际税收的产生和发展，掌握国际税收、税收管辖权的概念和税收居民的判定标准；②掌握国际重复征税的概念、减除国际重复征税的方法；③了解国际税收协定有关内容。

第一节　国际税收概述

一、国际税收的概念

国际税收现在已是一个被广泛使用的概念，但是由于研究国际税收问题的角度不同和在界定国际税收和国家税收范围上的分歧，国际税收的概念目前在学术界存在若干不同的观点。

一种观点认为，国际税收是指涉及两个或两个以上的国家财政权益的税收活动，它反映着各自国家政府在对从事国际活动的纳税人行使征税权力而形成的税收征纳关系中所发生的国家之间的税收分配关系。另一种观点认为，国际税收是各国政府与其税收管辖范围内从事国际经济活动的企业和个人就国际性收益发生的征纳税活动以及由此而产生的国与国之间税收权益的协调，它反映着各国政府在国际范围内参与社会产品分配的经济关系。所以应该从两个方面去理解国际税收的含义：首先，国际税收是在开放经济条件下因纳税人（包括企业和个人）的经济活动扩大到境外以及国与国之间税收法规存在差异或相互冲突而带来的一些税收问题和税收现象；其次，从某一国家的角度看，国际税收是一国对纳税人（包括企业和个人）的跨境所得和交易活动课税的法律、法规的总称。

综上所述，国际税收的含义有广义和狭义之分。就广义而言，国际税收是指国家与国家之间的一切税务关系，其中既包括国家之间的税收关系，也包括国家之间的税务协调关系。就狭义而言，只有当两个或两个以上国家税收管辖权发生交叉，发生税收利益冲突，由此产生的国家与国家之间的税收协调和税收利益分配关系才能称为国际税收。

本书采用狭义的国际税收概念，认为国际税收体现的是国家之间的税收协调和税收分配关系，因为国家之间的税收分配关系反映了国际税收的本质属性。由此，可以将国际税收定义为：国际税收是指两个或两个以上的主权国家，对跨国纳税人（企业和个人）的跨国所得进行分别课税而形成的征纳关系中，所发生的国家与国家之间的税收分配关系。这个定义包括以下三层含义：

首先，国际税收不能脱离国家主权而单独存在。税收是国家凭借政治权力而强制性进行的征税，而国际社会并不存在这种超国家的政治权力，所以国际范围内的强制性课征是不存在的，即使是联合国和世界贸易组织等国际性组织，也不具有国家权力所拥有的强制力，也不可能凌驾于成员国政府之上直接对各国纳税人征收超国家的税收。作为税收，必须有征收者和缴纳者，但是国际税收并没有也不可能有独立、特定的征收者和缴纳者，它只能依附于国家税收的征收者和缴纳者。如果没有各个国家对其税收管辖范围内的纳税人进行课征，那么也就无从产生国际税收分配关系。

其次，跨国纳税人是国际税收的关键因素。跨国纳税人是指从事跨国经营活动，受两个或两个以上国家管辖，按两个或两个以上国家的税法规定履行纳税义务的自然人或法人。作为一个一般的而不是跨越国境的纳税人，通常只承担一个国家的纳税义务，仅仅涉及一个国家的征纳双方当事人之间的关系，并不会由此而引起这个国家和其他国家政府间的税收分配关系。因此在国际税收概念中必须特别指出，国际税收所依附于国家税收中的缴纳者，必须是跨国纳税人。离开了跨国纳税人，国际税收也就无从产生。

最后，国际税收是国家与国家之间的税收分配关系和税收协调关系。国际税收不是一种特定的税收，而是国家与国家之间的税收分配关系。国家与国家之间的税收分配关系涉及对同一课税对象由哪国征税或各征多少税的税收权益划分问题。当一国征税而导致另一国不能征税，或者当一国多征税而造成另一国少征税时，两国之间便会发生税收分配关系。同时，征税是一国的主权，一个主权国家有权决定对什么征税、对什么不征税，也有权决定征税额的多少。也就是说在征税问题上，一国完全可以自行其是而不必顾及他国的好恶。然而，在开放的经济中，国与国之间经济上相互依赖、相互依存，各国实际上并不能随意制定自己的税收制度并随意行使自己的征税权，在许多问题上必须考虑本国与其他国家之间的经济关系。这就要求国与国之间在税收制度和税收政策等方面进行一定的协调。所以，国际税收是国家与国家之间的税收分配关系和税收协调关系。

［资料链接 10－1］

国际税收的产生和发展

国际税收的产生伴随着国际经济活动的发展，主要经历了史前期、萌芽期、形成期三个阶段。史前期是指奴隶社会和封建社会时期，此时农业是主要生产部门，经济模式也以自然经济为主，而自然经济的自给自足和计税基础的非流动性使得国际税收不存在产生的前提条件。萌芽期是指资本主义发展初期到第二次世界大战结束这段时期，此时商品经济的发展和以间接税为主的税收制度使得各国的税收事务乃至税收制度开始彼此联系，为国际税收的形成做了充分的准备。形成期是在第二次世界大战结束以后，随着经济的发展和税制的变革，所得税取代了间接税而成为各主要资本主义国家的主要税种。在税制结构发生转变的同时，经济活动的国际化进一步带来企业和个人所得的国际化，导致了国际重复征税问题的产生，促进了国际税收的进一步形成。

国际税收是国家税收发展到一定历史阶段的产物，随着近代国际经济交往的日益频繁而逐渐发展起来。国际税收关系的形成需要收入的国际化和所得税制的普遍建立两个客观条件。没有收入的国际化，收入就被局限于一国政府管辖范围内成为征税对象，国际税收也无从谈起。而没有所得税制的普遍建立，就不会引起国家之间对跨国所得征税的矛盾，最终也不可能产生国际税收。

国际税收的发展经历了从非规范化向规范化的转变。早期的国际税收协定是有关国家处理相互间税收关系问题而自发签订的,国际税收进入非规范化阶段的标志是1843年由比利时和法国签订的互换税收情报的双边税收协定。为了促进国际经济活动的不断发展,迫切需要用一个比较完整的规范性的国际税收协调方法指导各国处理税收分配关系。1977年经济合作与发展组织提出的《经济合作与发展组织关于避免对所得和财产双重征税的协定范本》(简称《经合组织范本》)和1979年联合国专家小组提出的《关于发达国家与发展中国家间双重征税的协定范本》(简称《联合国范本》),为世界上大多数国家提供了国际税收活动的共同规范和准则,基本上起到了国际税收公约的作用,自此国际税收进入规范化阶段。

资料来源:方卫平.国际税收[M].大连:东北财经大学出版社,2007.

二、国际税收的研究对象及内容

(一)国际税收的研究对象

从国际税收概念可以看出,国际税收的研究对象主要有以下两个:

1.国家之间的税收分配关系

各国政府在对跨国纳税人征税的过程中,难免会带来一系列互不协调的矛盾问题,这些问题也会影响到有关国家的财权利益。因此,各国政府与跨国纳税人之间的分配关系的特殊矛盾性及其处理的准则和规范,与国际税收学的研究对象有着密切的联系,研究国际税收时不能完全抛开它而孤立地进行研究,但两者毕竟是有重要区别的。严格来说,这种国家政府与跨国纳税人之间的征纳关系及其处理准则和规范是属于各国涉外税收的研究对象。国际税收学的研究对象首先应当是国家之间的税收分配关系。

2.各国对国际税收分配活动所进行的一系列税收管理

在国际税收分配活动中,人们基于各自的认识,根据实现国家职能和一定的政治经济目标,妥善处理好国家之间的税收分配关系,对税收分配活动需要进行各种专门管理,诸如由各国政府之间确定国际税收负担政策原则,处理双边或多边税收分配关系的准则和规范,对国际税收的征稽管理等。这些问题虽与国家之间的税收分配关系的研究密切关联,但其内容既广泛又具体,其中许多问题是税收学科研究所难以包容的。在国际税收管理中的许多特殊矛盾问题,诸如国家税收利益的需要和可能,促进国际经济交往合作与取得收入,国际经济状况与国际税收制度,组织收入与公平合理负担,促进国际资本流动与提高经济效益,体现国际税收政策与简化税制,维护国家税收权益与尊重国际税收惯例等,都需要另有税收管理的学科进行研究。所以,国际税收的研究对象也包括各国对国际税收分配活动所进行的一系列税收管理。

(二)国际税收的研究内容

国际税收的研究目的主要在于减除国际重复征税,取消税收歧视待遇,使国家之间的财政权益分配公正合理,从而促进国际商品、劳务、技术和资本的自由与合理流动,促进国际经济的发展。因此,总的来说,国际税收的研究内容是国家之间的税收分配关系的形成,以及处理这种关系的准则和规范。具体来说,国际税收的研究内容主要有以下几个方面:

1.税收管辖权

税收管辖权问题是国际税收学的基本范畴之一。如何确立和选择税收管辖权是国际税收学所要解决的核心问题之一。国际税收学的种种问题,诸如国际重复征税、国际避税的发生、国家之间税收分配关系的协调等，都与税收管辖权密切相关。所以，国际税收学必然要研究税收管辖权问题。而且，应从公平与效率原则出发，从现实的税收管辖权的合理性与矛盾性入手，深入研究税收管辖权的基本理论和实际问题，探讨规范理想的税收管辖权。

2. 国际重复征税及其减除

国际重复征税问题是国际税收学的重要内容之一。它不仅直接影响到纳税人的切身利益，而且对有关国家的财权利益也有不同程度的影响，对所涉及的国际经济活动也会带来极大影响。国际重复征税又与有关国家行使的税收管辖权密切相关，所以，在研究税收管辖权之后，必须进一步研究重复征税问题，主要研究国际重复征税问题的产生原因及处理方式，探讨解决国际重复征税问题的最佳办法与发展前景。

3. 国际避税及其防范

国际避税问题是国际税收学的重要问题之一。跨国纳税人的国际避税活动，不仅违背了税收公平原则，而且严重影响了有关国家的财权利益及其分配关系。所以，国际税收学也必须研究国际避税问题。重点研究国际避税的产生原因及处理方法，探讨防范国际避税的有效措施，以维护国家的主权利益，实现税收公平。

4. 国际税收协定

国际税收协定是国际税收学的全面实践与总结。由于世界上还没有一种超国家的国际税收法律制度，国家间的税收分配关系只能依靠国家之间签订的税收协定来处理和规范。国际税收协定体现了主权国家之间的相互尊重和平等协商，并赋予跨国纳税人履行跨国纳税义务的安全保障，有利于解决有关国家之间财权利益矛盾，防止纳税人利用跨国条件进行国际避税，促进国际经济交往与发展。因此，研究国际税收问题，必须研究国际税收协定。主要研究发达国家之间、发达国家与发展中国家之间以及发展中国家之间签订的税收协定，探索总结解决国际税收问题的有效措施或方法，以及处理和协调国家之间税收分配关系的准则和规范，促进国际经济技术的合作与交流。

[资料链接 10-2]

国际税收中的比特税问题

1999 年 7 月，联合国开发计划署(UNDP)提出应对电子邮件开证“比特税”(bit tax)，每 100 封电子邮件要交 1 美分的“比特税”，全年估计可征收 600 亿～700 亿美元的税收；联合国拥有这笔税款后，要将其用于资助发展中国家，缩小世界经济中的贫富差距。1999 年 8 月，美国国会参众两院通过决议，认为“比特税”是对美国主权的侵犯，从而敦促美国政府反对这种联合国征收的全球性税收。

欧盟的例子也很能说明此类问题。欧盟是一个在政治、经济领域一体化程度很高的地区性国际组织，在欧盟内部有共同的对外关税，有统一的货币——欧元，甚至欧盟政府(欧盟执委会)还有自己独立的财源，但欧盟目前仍没有摆脱主权国家联合体的性质。尽管欧盟与一般的国际组织不同，它拥有自己的定项收入来源(即所谓的“自有财源”)，但这种“自有财源”也是在成员国政府对本国纳税人强制课征基础上取得的。例如，“自有财源”中有一项叫作关税收入，但它并不是欧盟政府自己课征的，而是由各成员国将自己对进口产品课征上来的关税收入扣除 10%的手续费后上缴给欧盟预算的。又如，增值税提成是欧盟“自有财源”中最大的一项收入，但它也不是由欧洲联盟向成员国的纳税人直接征收的，而是由各成员国根据统一口径的增值税税基按一定比例向欧盟预算缴纳的。由于欧盟是在自愿基础上建立的主权国家联合体，成员国一旦加入，虽有上缴义务，但各种“自有财源”的缴纳比例或数额是经成员国一致同意后确定的，这种义务不可能强加于任何成员国。因此，从这个意义上说，“自有财源”不能算是欧盟对各成员国的纳税人课征的税收。

资料来源：朱青.国际税收[M].9版.北京：中国人民大学出版社，2018：1-2.

[资料涉及的理论要点]

1. 国际税收概念内涵。
2. 国际组织与主权国家的区别。

[资料分析与讨论思路]

1. 美国参众两院为什么否决了联合国的“比特税”？
2. 欧盟的“自有财源”是来源于欧盟向成国征收的税收吗？
3. 结合以上两个案例分析国际税收和国家税收的区别。

第二节　税收管辖权与国际重复征税

一、税收管辖权概述

（一）税收管辖权的概念

税收管辖权是指一国政府在税收方面的主权，它是国家的管辖权在税收上的具体体现，也就是说，任何一个主权国家，在不违背国际法和国际公约的前提下，都有权选择最优的或对本国最有利的税收制度。税收管辖权是一国政府行使主权征税所拥有的管理权力。基于这种税收管辖权，一国政府有权自行决定对哪些人征税、征哪些税以及征多少税等。

税收管辖权是在税收产生的同时就存在了，只不过在国际税收形成之前，税收仅对国内课征，税收管辖权局限于一个国家领土范围之内的人和物来行使，因而没有在国际上引起广泛注意。在国际税收形成之后，出现了两个或两个以上的国家对同一征税对象课税、税收管辖权重叠交叉以及国际税收的其他问题。这样，税收管辖权问题在国际上才显得日益突出和复杂。

税收管辖权体现的是一个主权国家在征税方面行使权力的完全自主性，在处理本国税收事务方面不受外来干预和控制。到目前为止，世界上没有任何公约对各个主权国家的税收管辖权施加任何约束和限制。正是由于世界各国都拥有独立自主的、不受外来干涉和控制的税收管辖权，各国政府都可以按本国的需要制定本国的税法，因而有关国家的涉外税收部分就难免会发生冲突，并在国际税收关系上引起不协调和矛盾。因此，所谓不受任何限制和约束并不是绝对的。各国的税收管辖权除受到国际法和国际条约的约束和限制外，各国政府在制定税法时，在从本国国情出发的同时，还必须参照国际惯例。因此各国的税收管辖权体现了独立自主的原则和约束性原则。

（二）税收管辖权的确立原则

税收管辖权是作为主权国家在征税方面所拥有的不受任何限制的权力，但它又不是绝对的。国家在确立其税收管辖权时，客观上不能不受这个国家本身政治权利所能达到的范围的制约，总是要受到一定原则的约束。税收管辖权的确立与行使以国家主权所能达到的范围包括人员范围和地域范围为依据。选择这两个不同的范围作为一国政府行使其征税权力所遵循的指导思想原则，从而就有属人原则与属地原则之分。

1. 属人原则

属人原则是指一国政府依据人员范围作为其行使征税权力所遵循的指导思想原则，亦称居住国原则。遵循这一原则，一国政府在行使其征税权力时，必须受人员范围的制约，即只能对该国的公民或居民（包括自然人和法人）取得的所得或财产行使征税权力。

2. 属地原则

属地原则是指一国政府依据地域范围作为其行使征税权力所遵循的指导思想原则，亦称来源国原则。按照这一原则，一国政府在行使其征税权力时，必须受该国领土疆界内的全部空间范围所制约。这个范围包括该国的领陆、领水和领空。一国政府只能对在上述范围内发生的所得或财产行使其征税权力。

（三）税收管辖权的类型

一个国家的税收管辖权可以按照属人原则和属地原则来确立，这样就形成了下列三种税收管辖权：

1. 地域税收管辖权

地域税收管辖权是指按照属地原则建立起来的，以国家主权所能达到的地域范围为依据，基于所得来源地或财产所在地而建立起来的税收管辖权，因此又称收入来源地税收管辖权。

2. 居民税收管辖权

居民税收管辖权是指按照属人原则，以国家主权所能达到的人员范围为依据，以居民为标准而建立起来的税收管辖权。采用居民税收管辖权的国家，可以对本国税法中规定的居民（包括自然人和法人）取得的所得或财产行使征税权力。

3. 公民税收管辖权

公民税收管辖权也是按照属人原则确立的一种管辖权。它是以国籍为判定标准，即凡是具有本国国籍的公民，国家就有权对其来源于世界范围内的全部所得或存在于世界范围内的全部财产进行征税。

二、税收居民的判定标准

判定一个纳税人是否为本国的税收居民具有十分重要的意义。首先，对于一个主权国家来说，只有确定某纳税人是本国的税收居民才能对其行使征税的权力，因此，判定纳税人的居民身份是一国正确行使税收管辖权的前提。其次，一国与别的国家签订的国际税收协定一般只适用于缔约国一方或双方的税收居民，所以只有判定纳税人是本国的税收居民，该纳税人才能享受本国或对方缔约国在协定中提供的税收利益。税收居民有自然人居民和法人居民之分，两者的判定标准也不同。

对于自然人而言，居民是与参观者或游客相对比的概念。某人是一国的居民，意味着他（她）已在该国居住较长的时间或打算在该国长期居住，而不是以过境客的身份对该国做短暂的访问或逗留。

法人是与自然人相区别又相对应的一种民事法律关系的主体，它一般是指依照有关国家法律和法定程序成立的，有必要的财产和组织机构，能够独立享有民事权利和承担民事义务并能在法院起诉、应诉的社会组织。类似于对自然人征税，一个实行居民管辖权的国家在对法人征税时首先也要确定其是否为本国的居民。

在实践中，各国一般采取两个或两个以上的标准来判断自然人和法人的税收居民身份，纳税人只要符合其中之一即可被判定为本国居民。

三、国际重复征税概述

（一）国际重复征税的含义

重复征税是指同一课税对象在同一时期内被相同或类似的税种课征了一次以上。重复征税问题既可以发生在一国之内，也可以发生在国与国之间。就所得而言，国内重复征税在联邦制国家最容易发生。如果州（联邦）政府在对纳税人征税时不允许其抵扣已缴纳的联邦（州）政府的所得税款，那么在纳税人身上就会发生重复征税。重复征税也可以发生在国与国之间，即所谓的国际重复征税。也就是说，国际重复征税是指同一纳税人的同一笔收入被两个或两个以上拥有税收主权的国家或地区征收同一税种的税收，或者不同的纳税人的同一笔所得被两个或两个以上的国家或地区征收同种或不同种的税收。

上述概念其实阐述了两种类型的国际重复征税：法律性国际重复征税和经济性国际重复征税，两者的区别主要在于纳税人是否具有同一性。当两个或两个以上拥有税收管辖权的征税主体对同一纳税人的同一课税对象同时行使征税权，这时产生的重复征税属于法律性重复征税。而当两个或两个以上征税主体对不同纳税人的同一课税对象同时行使征税权，这时产生的重复征税属于经济性重复征税。

（二）国际重复征税产生的原因

国际重复征税是由不同国家的税收管辖权同时叠加在同一笔所得之上引起的。这种国与国之间税收管辖权的交叉重叠可分为两种情况，即相同的税收管辖权相互重叠和不同的税收管辖权相互重叠。

1.两国同种税收管辖权交叉重叠

国与国之间同种税收管辖权交叉重叠主要是由有关国家判定所得来源地或居民身份的标准相互冲突造成的。一旦同一笔所得被两个国家同时判定为来自本国，或者同一纳税人被两个国家同时判定为本国居民，那么两个国家的地域管辖权与地域管辖权或者居民管辖权与居民管辖权就会发生交叉重叠。另外，如果一个纳税人具有双重国籍，而这两个国家都行使公民管辖权，则两国的公民管辖权也会发生交叉重叠。

2.两国不同种税收管辖权交叉重叠

国与国之间不同种类的税收管辖权相互重叠具体有三种情况：①居民管辖权与地域管辖权的重叠；②公民管辖权与地域管辖权的重叠；③居民管辖权与公民管辖权的重叠。由于世界上大多数国家都同时实行居民管辖权和地域管辖权，因此这两种税收管辖权的交叉重叠最为普遍。比如，一甲国居民在乙国从事经济活动并在当地有一笔所得，甲国依据居民管辖权有权对这笔所得征税，乙国依据地域管辖权也有权对这笔所得征税。这样，甲乙两国的税收管辖权就在甲国居民的同一笔所得上发生了重叠。如果甲乙两国都行使自己的征税权，则这笔所得势必要受到国际重复征税。居民管辖权与公民管辖权重叠的情况与上述居民管辖权类似。

（三）国际重复征税的影响

随着国际经济活动的全面发展，国际重复征税的消极影响越来越明显。

1. 国际重复征税加重跨国纳税人的税收负担

依法向国家纳税是纳税人应尽的义务，这是无可厚非的。但是，由于有关国家税收关系的重叠交叉，跨国纳税人要依法向两个或两个以上的国家纳税，税收负担就加重了，甚至是成倍地加重。例如，甲国某居民到乙国从事经营活动并获得所得 100 万元，甲国政府行使居民税收管辖权对该居民按 40%的税率征收 40 万元的所得税，乙国政府行使地域税收管辖权按 30%的税率对该纳税人来源于本国境内的所得征收所得税 30 万元。虽然甲乙两国政府对该纳税人的征税都是合法的，但经过两个国家的重复征税后，该纳税人的总税负达到 70%，其结果是令纳税人难以忍受的。

2. 国际重复征税违背税收公平原则

税收公平原则就是要求每个国家根据纳税人的经济负担能力，对所有的纳税人给予平等公正的税收待遇。每一个国家的税收制度，如果我们孤立地加以考察，一般会对纳税人的纳税能力给予适当的注意，否则，将不利于稳定税收的来源。但是，在国际重复征税的情况下，则没有税收公平可言。因为仅有国内财产和所得的纳税人和在国外拥有财产和所得的跨国纳税人，受到了不同的税收待遇。国际重复征税使跨国纳税人承受了额外的税收负担，导致了投资和商业经营活动的不平等待遇，违背了税收公平原则。

3. 国际重复征税阻碍国际经济的发展

国际经济、技术、文化的相互交流与合作，不仅是世界经济发展的必然趋势，也是社会生产力发展的客观要求。它不仅能使各种资源在世界范围内得到更加合理的利用，而且能促进国际性专业化分工，加速各国经济的发展。但是，由于国际重复征税所造成的税收不公平、不合理，加大了跨国投资者的税收负担，使跨国投资者踌躇不前，减少了其对外经济联系，从而影响了国际上的资金流动、商品流通、技术和文化交流。对于缺少资金和技术的发展中国家来说，国际重复征税极大地阻碍了其有效吸引外资和引进先进技术，并使得本国制定的鼓励外国投资的税收优惠措施无法发挥效用。对于发达国家来说，国际重复征税也不利于国内剩余资金向国外流动并获取利润。可见，国际重复征税对国际经济的发展起着阻碍作用。

总之，国际重复征税不仅直接影响到跨国纳税人的利益，而且阻碍国际经济的发展，有关国家的财权利益也受到不同程度的影响，因而减少、避免和消除国际重复征税是各国政府与从事国际经济活动的跨国纳税人的共同愿望和要求。同时，为了避免国际重复征税，对两种税收管辖权的实施范围做出一些适当的限制和约束，也就成为国际重复征税的一个重要理论问题。

四、国际重复征税的减除

如前所述，不同税收管辖权的重叠有三种类型，其中最主要、最常见的是两个国家居民管辖权与地域管辖权的交叉重叠。在国际税收的实践中，大量的问题也是关于如何解决这两种税收管辖权所造成的所得国际重复征税。从目前的情况来看，各国税法和国际税收协定允许采用的减除国际重复征税的方法主要有扣除法、减免法、免税法和抵免法四种。

1. 扣除法

所谓扣除法，是指一国政府在对本国居民的国外所得征税时，允许其将该所得负担的外国税款作为费用从应税国外所得中扣除，只对扣除后的余额征税。根据扣除法，一国政府对本国居民已负担国外税收的跨国所得仍得按照本国税率征税，只是应税所得可被外国税款冲减一部分。因此,扣除法只能减轻而不能彻底消除所得的国际重复征税。

为了说明扣除法的计算,举一个简单的例子。假定甲国一居民公司在某纳税年度取得总所得100万元,其中来自甲国(居住国)的所得为70万元,来自于乙国(非居住国)的所得为30万元;甲国公司所得税税率为40%,乙国公司所得税税率为30%。该公司的纳税情况见表10-1。

表10-1 公司纳税情况 单位:万元

乙国税款	30×30%	9
来源于乙国的应税所得	30-9	21
境内外应税总所得	70+21	91
在本国应纳税款	91×40%	36.4

在上例中,如果该公司只负担甲国税收,不存在任何双重征税,其纳税额为40万元;如果甲国不允许纳税人使用扣除法,则其应纳税额为49万元,而在实行扣除法的情况下,该公司实际共负担税款45.4万元。显然,扣除法可以缓解重复征税,但不能完全免除重复征税。

2. 减免法

减免法又称低税法,即一国政府对本国居民的国外所得在标准税率的基础上减免一定比例,按较低的税率征税,而对其国内来源所得按正常的税率征税。显然,一国对本国居民来源于国外的所得征税的税率越低,越有利于缓解国际重复征税。但由于减免法只是居住国对已缴纳外国税款的国外所得按减低的税率征税,而不是完全对其免税,所以它与扣除法一样,也只能减轻而不能免除国际重复征税。因此,《经济合作与发展组织关于避免所得和财产双重征税的协定范本》(以下简称《经合组织范本》)和《关于发达国家与发展中国家间双重征税的协定范本》(以下简称《联合国范本》)都没有推荐减免法作为避免重复征税的方法,目前只有个别国家在国内税法中使用这种办法来缓解国际重复征税。例如,比利时所得税法规定,对本国公司从国外分支机构取得的所得减征75%的公司所得税。

3. 免税法

免税法是指一国政府对本国居民的国外所得给予全部或部分免税待遇。需要指出的是,一国实行免税法并不等同于实行单一的地域税收管辖权,而且免税法只有在实行居民管辖权的国家才有意义,即一国政府根据居民管辖权对本应对其居民的国外所得征税,但出于郑重考虑才全部或部分地放弃了这种征税权。而那些仅实行地域税收管辖权的国家,由于放弃了居民管辖权,其对本国居民的国外所得本来就不征税,所以也就不存在对国外所得免税的问题。不过,一国实行单一的地域税收管辖权和一国对国外所得免税,其效果对于居民纳税人来说是一样的。由于免税法使居住国完全或部分放弃对本国居民国外所得的征税权,从而使纳税人只需或主要负担所得来源国的税收,因此它可以有效地消除国际重复征税。鉴于此,《经合组织范本》和《联合国范本》都将免税法列为避免国际重复征税的推荐方法之一。

4. 抵免法

抵免法的全称为外国税收抵免法,即一国政府在对本国居民的国外所得征税时,允许其用国外已纳的税款冲抵在本国应缴纳的税款,从而实际征税的税款只为该居民应纳本国税款与已纳外国税款的差额。显然,抵免法可以有效地免除国际重复征税。由于抵免法既承认所得来源国的优先征税地位,又不要求居住国完全放弃本国居民国外所得的征税权力,有利于维护各国的税收权益,因而受到了世界各国的普遍采用。许多国家的国内税法中都允许本国纳税人进行外国税收抵免的规定。例如,《中华人民共和国企业所得税法》第二十三条规定,居民企业来源于中国境外的应税所得已在境外缴纳的所得税税额,可以从其当期应纳税额中抵免。另外,《经合组织范本》和《联合国范本》也都将抵免法列为供签订税收协定的国家选择避免双重征税的一种方法,而且在实践中许多国家缔结避免双重征税协定时都选择抵免法作为解决国际重复征税的方法。即使是一些采用免税法解决双重征税的欧洲大陆国家,其对不适用于免税法的所得也办理税收抵免,以消除这些所得的跨国重复征税。例如,中国与法国签订的税收协定第二十二条规定:"除了股息、利息、特许权使用费、董事费和艺术家及运动员所得外,其他来自中国并在中国正式的所得在法国免于课征所得税和公司税;法国对上述股息、利息等所得可以就其全额征税,法国居民就这些所得缴纳的中国税收可以得到法国的税收抵免。"所以,就世界范围来看,抵免法的使用是相当普遍的。

[**资料链接 10-3**]

郎勃避税案

朗勃是英国一种汽轮机叶片的发明人,他将这项发明转让给卡塔尔一家公司,得到47500美元的技术转让费。之后,郎勃将其在英国的住所卖掉,迁居到了中国香港。对于技术转让费卡塔尔实行居民税收管辖权,也就是说,不是卡塔尔居民不必向卡塔尔政府纳税,从而避开了向卡塔尔政府纳税的义务。英国按照住所标准判断纳税人的纳税义务,郎勃将其在英国的住所卖掉,以住所不在英国为由避开了向英国政府的纳税义务。香港对于个人所得仅实行地域税收管辖权,不对来自香港以外地区的所得征税。这样,郎勃虽取得了一笔不小的技术转让费收入,但因处于各国(地区)税收管辖权的真空,所以可以不就这笔收入负担任何纳税义务。

资料来源:朱青.国际税收[M].9版.北京:中国人民大学出版社,2018:100.

[**资料涉及的理论要点**]

(1)税收管辖权。

(2)税收居民身份判定标准。

[**资料分析与讨论思路**]

(1)为什么郎勃通过技术转让获得了一大笔钱却不承担任何纳税义务?

(2)结合案例思考税收居民身份判定的重要性。

第三节　国际税收协定

一、国际税收协定概述

(一)国际税收协定的概念

国际税收协定又称国际税收条约,是指两个或两个以上的主权国家,为了协调与其有关的国际经济活动中发生的税收分配关系和处理对跨国纳税人的跨国所得或财产征税等方面的问题,通过协商和谈判所缔结的一种对缔约国各方面具有法律效力的书面税收协议。从上述定义可以看出,国际税收协定是国与国之间签订的避免对所得和资本双重征税和防止偷逃税的协定,国际税收协定是对签字国有约束的法律文件,属于国际税法的范畴。如前所述,避免国际重复征税和防止国际偷逃税都可以由一国单方面采取措施来进行,但是这种单边措施有很大的局限性,有些问题必须由有关国家通过签订对双方都有约束力的税收协定加以解决。

据有关资料记载,世界上第一个国际税收协定是1843年由比利时和法国签订的。随后,特别是20世纪以来,随着跨国投资日益增多以及所得和财产的国际重复征税问题日趋普遍,参与缔结国际税收协定的国家也开始增加。例如,1925年奥地利与意大利签订了避免双重征税协定;1926年英国与爱尔兰签订了避免双重征税的协定;1931年德国和瑞士也签订了避免双重征税协定。不过,直到第二次世界大战结束以前,国际投资活动并没有在世界范围内真正地得到迅速发展,所以第二次世界大战之前国与国之间缔结税收协定的情况并不十分普遍。直到第二次世界大战结束以后,国际税收协定才开始快速发展。以美国为例,美国在第二次世界大战结束以前只与瑞典、加拿大和英国缔结了国际税收协定。第二次世界大战结束以后,美国在20世纪40年代后期先后与南非、荷兰和丹麦签订了国际税收协定;50年代又与瑞士、澳大利亚、德国、希腊、爱尔兰、荷属安的列斯、新西兰和巴基斯坦签订了国际税收协定;在60年代和70年代,美国先后又与法国、卢森堡、比利时、芬兰、冰岛、日本、挪威、波兰、罗马尼亚等11个国家签订了国际税收协定。其他发达国家基本上也同美国一样,在第二次世界大战结束后的二三十年内经历了一个缔结国际税收协定的高峰期。

(二)国际税收协定的必要性

由于税收管辖权是一国不受他国约束的自由主权,各国在行使这种主权对跨国纳税人征税时,客观上会带来一系列的国际税收问题和矛盾。为了解决这些问题和矛盾,有两种可选择的途径:一是通过各国自己的涉外税法加以调整和限制,即通过单方面措施来解决各种问题和矛盾;二是通过签订国与国之间的双边或多边税收协定,约束和规范各国的税收行为,从而协调好国际税收关系。前一种途径方法比较灵活,各国主动性强,也体现了一国充分的税收主权,在实践中运用也较为广泛。但是,随着国际经济关系和国际税收关系的复杂化,依靠一个国家来解决错综复杂的国际税收关系已适应不了客观需要。一方面,一国固然可以采取单边措施来缓和国家之间的税收矛盾,但其采取的措施只能适用于本国,不仅不能适用于他国,而且一国也不可能强迫别国按其意愿行事;另一方面,许多国家之间的税收问题和矛盾不是一国单方面可以协调和解决得了的,而需要国家之间通过签订税收协定的方式来有效解决。具体来说,下述主要问题的出现和存在是难以由一个国家采取单方面措施来圆满解决的:

1. 各国间税收管辖权协调问题

根据属人和属地原则,各国可以充分行使居民税收管辖权和地域税收管辖权。当这两种税收管辖权发生冲突时,一国固然可以按地域税收管辖权优先原则让所得来源国优先征税。但优先不等于独占,一国不可能因此而放弃本国的居民税收管辖权或限制别国不行使居民税收管辖权。同时,各国在税收管辖权行使的标准方面又不完全一致,一国不可能因自己采用某一种标准或限制某一种标准而不允许另一国家不采用这一标准或要求别国也限制这一标准。在这种情况下,通过签订税收协定的方式,要求各缔约国对等地节制和约束自己的税收管辖权行使范围,就可以顺利达到有效协调各国税收管辖权的目的。

2. 国际重复征税问题

协调各国的税收管辖权的行使范围,实际是为了避免国际重复征税。但是,国际重复征税由于各国税收管辖权的冲突而客观存在，因而需要解决的问题是采取什么方式方法来消除国际重复征税。为了减轻跨国纳税人的税收负担，各国在本国涉外税法中一般都采用了如免税法、抵免法等消除重复征税的方法，这些措施对消除国际重复征税起到了积极的作用。问题在于，一国采用哪种消除国际重复征税的方法或者是否积极配合他国采取相应措施来消除重复征税是一国内部的事务，其他国家不得强制或干涉。因此，从有效避免国际重复征税的角度考虑，通过相互协商缔结税收协定是一条可行的途径。

3. 国际避税问题

出于追求最大利益的目的和各国税收制度的差异，跨国纳税人会通过采取各种各样的手段进行国际避税。各国为了维护本国的合法财政利益不受侵犯，采用各种方法来防范国际逃避税。但受一国税收管辖权行使范围的制约和跨国纳税人经济活动广泛国际化的特点，一国防范跨国纳税人逃避税的措施有很大的局限性，甚至是无效的。例如，一国无法去他国对跨国纳税人进行税务检查，也不可能强制要求别国提供跨国纳税人的税收情报，从而不能确实了解跨国纳税人的真实经营情况。因此，各国为了相互交换跨国纳税人的税收情报，采取共同一致的行为从而有效地防范国际逃避税，也有必要签订税收协定。

4. 税收无差别待遇和税收优惠问题

税收无差别待遇是国际法的一条重要原则，而这条原则在国际税收协定中得到了最充分的体现。由于跨国投资者投资活动的多国性和其经营的复杂性以及各国税收制度和税收政策的差异性，跨国投资者所享受的不同国家的税收待遇无疑是有差异的。一国出于税收公平和保护本国投资者利益的目的，希望本国投资者在国外得到同当地纳税人同样的税收待遇，但又不能强制他国一定得这样做；另一方面，任何一个对外国纳税人实行的税收歧视都会遭到其他国家的反对、抵制甚至报复。所以，从平等的目的出发，各国也有必要签订双边或多边税收协定。此外，为了鼓励外国投资者来本国投资，一些国家对跨国纳税人实行了较为优惠的税收政策，为确保各种税收优惠政策能真正落实到纳税人身上，使本国税收政策能有效实施，这些国家必然希望跨国纳税人居住国给予税收饶让，而这也必须通过税收协定加以明确。

总之，在国际税收问题和各国间关系不断复杂化的今天，国际税收协定有它存在的必要性和必然性。从另一个角度看，一个国家单边处理国际税收矛盾有其灵活性的特点，但通过国际税收协定解决国际税收矛盾更能体现处理一般国际关系的一些准则，如国家间平等互利的准则，更能有针对性地、更公平有效地协调好国家之间的税收利益关系。

二、国际税收协定范本

范本是指可供模仿和仿照的版本。国际税收协定范本是指导各个国家签订双边或多边税收协定所指定的规范性文件，是各个国家签订双边或多边税收协定所依照或模仿的标准式文件。

早期的国际税收协定并无一定之规，缔约双方一般要根据本国的税制情况和可接受的征税原则相互进行协商，然后将双方达成一致的内容写进协定。由于并无一定的范本可循，所以早期的国际税收协定从具体内容上看，相互之间都存在着较大的差异。为了规范国际税收协定的内容，简化国际税收协定的签订过程，一些国家和国际性组织很早就开始研究和制定国际税收协定的范本。联合国几经努力，先后促成 1928 年双边税收协定范本、1943 年墨西哥范本和 1946 年伦敦范本的问世，推动了不少欧美国家相互缔结双边税收协定，这对当时防止和消除国际双重征税起到了一定的积极作用。但由于这些协定范本的部分原则内容与各国税法不够协调，在条款设计和内容方面存在一些问题，所以这些范本没有得到世界各国的普遍接受。真正在国际上具有广泛影响的协定范本，是在20世纪60年代以后相继产生的《经合组织范本》和《联合国范本》。

第二次世界大战后，首先是经合组织着手修订新的税收协定范本及执行该协定的具体建议。1963年，经合组织首次公布了《关于对所得和财产避免双重征税的协定范本(草案)》。该范本草案是以1946年伦敦范本为主要参考资料，并结合有关国家谈判和签订的双边税收协定的实践起草而成的。1967年，经合组织开始修订1963年的范本草案，并于1977年发表了该草案的修订本《经合组织范本》。这个范本不仅促进了经济较为发达的国家签订税收协定，同时对发展中国家与发达国家之间签订税收协定也具有重要意义。《经合组织范本》在1992年再次修订后改成了活页形式，以方便随时添加或删除一些内容。此后，该范本在1994年、1995年、1997年、2000年和2002年又被多次修订。

另一个与《经合组织范本》有同样广泛影响的是《联合国范本》。自20世纪60年代以来，有大批发展中国家加入联合国，它们认为《经合组织范本》倾向于发达国家利益，没有全面反映发展中国家的要求。为此，联合国经济及社会理事会于1967年8月专门成立了一个由发达国家和发展中国家代表共同组成的专家小组，经过多次开会，最后于1979年通过了《联合国范本》，并于1980年正式对外公布。

《经合组织范本》与《联合国范本》的产生标志着国际税收关系的协调活动进入了规范化阶段。需要指出的是，无论是《经合组织范本》还是《联合国范本》，它们对各国都不具有法律约束力。这些范本的作用只是为未来谈签税收协定的双方可能接受的可行方案指明一个途径，其目的是为各国谈签税收协定创造一个便利的条件，以免人们对每项条款所述及的所有问题都从头开始进行详细的分析和长时间的讨论。但在具体谈签双边税收协定时，人们应当灵活机动，以便在协定中加进一些适合本国情况的特殊规定，不能完全照搬协定范本的条款。

《经合组织范本》和《联合国范本》是指导各国签订国际税收协定最有影响力的两个税收协定范本。两者的结构框架和条款基本一致，但指导思想却存在一定的差异。《经合组织范本》比较强调居民管辖权，因而有利于发达国家的税收利益；而《联合国范本》注重扩大地域管辖权，因而比较兼顾发展中国家的税收利益。

三、中国对外税收协定概况

我国同外国缔结税收协定的工作是自1978年实行对外开放政策以后才开始的。1978年以前，我国与其他国家一般只是通过税收换文或在某些经济活动的协定中写上税收条款，达到对某项特定经济活动的收入或所得实行税收互免的目的。

自1978年以来，我国对外经济发展非常迅速，外商来华投资不断增加，对外劳务的提供和投资也有很大发展，使得我国和世界各国间的税收分配关系日益复杂，其中许多问题都是我国无法单方面解决的，例如避免国际双重征税的问题、确立跨国纳税人以及跨国所得的征税权问题、中国的税收优惠政策的有效落实问题、防范外商逃避税问题等。要妥善处理这些问题，就必须与有关国家谈判协商，签订双边税收协定。

1978年以后，我国对外缔结双边税收协定的工作，是从签订单项税收协定开始的。最早签订的单项税收协定是1979年1月23日在巴黎签订的《中华人民共和国政府和法兰西共和国政府关于互免航空运输企业税捐的协定》。从1981年起，我国开始进行对外缔结所得税和财产税避免双重征税和防止偷逃税的全面性税收协定的谈判工作。经过40年的努力，到2020年4月底我国已对外签署107个避免双重征税协定，其中101个协定已生效；内地(大陆)和香港、澳门两个特别行政区签署了税收安排，与台湾地区签署了税收协议(尚未生效)。

我国重视对外缔结国际税收协定是从改革开放以后开始的。1979年7月颁布的《中华人民共和国中外合资经营企业法》，标志着我国吸引外商直接投资工作的开始。1980年和1981年，我国又连续颁布了《中华人民共和国中外合资经营所得税法》《中华人民共和国个人所得税法》《中华人民共和国外国企业所得税法》。这一系列涉外税收法规的颁布，基本上确立了我国涉外税收的法律体系。

[资料链接10-4]

国家之间缔结税收协定的重要性

山东省威海市国税局成功阻止了一外国企业企图滥用税收协定避税的行为，入库企业所得税230万元，有效防范了税款流失。

2009年，一家韩国公司与威海一家公司签订定期租船合同，合同期间为2009年9月21日至2010年3月20日，该韩国公司将自有船舶出租给威海公司用于中国至韩国的国际运输，船上人员的工资及与船员有关的费用、船舶的保养维修费用等由该韩国公司承担，威海公司按合同规定定期支付租金。该韩国公司于2009年12月就其取得的船舶租金收入，申请按中韩税收协定享受国际运输收入免征企业所得税的待遇，并向主管税务机关提供了有关资料。

主管税务机关在对该韩国公司报送的资料审核时发现：该公司税务登记证营业范围中的运输业的项目为“船舶租赁”，没有国际运输业务；以往外国运输企业申请国际运输所得免税待遇时，报送的由韩国国土海洋部颁发的“海上货物运输企业登记证”中业务种类都是“外航定期货物运输业务”，并且明确标明所运营的航线、起止港口的名称及运航次数，而该公司报送的“海洋运输事业注册证”中的事业种类为“船舶出租业”，并没有国际运输的相应情况。从该公司提供的情况看，其所得虽然属于船舶期租所得，但从其报送的资料看，没有以船舶或飞机经营客运或货运行为，因此其期租所得不存在附属问题，只是一种单纯的租赁行为，不能享受税收协定中国际运输所得免征企业所得税的待遇。

主管税务机关向该韩国公司说明初步处理意见后，对方并不认同，坚持认为期租业务属于国际运输业务的一种形式，其所得应作为国际运输所得享受中韩协定免税待遇，并在提供了补充资料的同时向韩国驻华大使馆寻求支持。韩国驻华大使馆税务官员随即向国家税务总局发函咨询。

威海市国税局接到税务总局转来的韩国大使馆咨询函后，为进一步确认征税依据，要求该韩国公司提供有关业务收入的说明及2009年度财务报表。该公司最终提供的资料证明，其海外运输收入全部来自威海公司的船舶期租收入，没有其他以船舶或飞机经营客运或货运所取得的收入。至此，税务机关根据所掌握的资料最终认定，该韩国公司取得的出租船舶所得不属于国际运输所得，是租赁所得，应适用税收协定特许权使用费条款的规定征税，所涉及的税款应按照企业所得税法及其实施条例有关规定，计算缴纳所得税230万元，并于2010年1月征收入库。

缴纳税款后，该韩国公司仍不认同税务机关的征税决定，于2010年3月向威海市国税局提出行政复议，随后又向法院提起行政诉讼。2010年11月，法院判决维持征税决定。至此，本案最终尘埃落定，威海国税局阻止外国企业滥用税收协定避税取得了圆满成功。

资料来源：贠相忠，王颖，孙显程，等.威海国税成功阻止一个外企滥用税收协定[N].中国税务报，2010-12-06.

[资料涉及的理论要点]

国际税收协定。

[资料分析与讨论思路]

结合案例思考国家之间缔结税收协定的重要性。

本章小结

1. 国际税收是指两个或两个以上的主权国家,对跨国纳税人(企业和个人)的跨国所得进行分别课税而形成的征纳关系中所发生的国家与国家之间的税收分配关系。

2. 税收管辖权是一国政府在税收方面的主权,它是国家的管辖权在税收上的具体体现,也就是说,任何一个主权国家,在不违背国际法和国际公约的前提下,都有权选择最优的或对本国最有利的税收制度。

3. 税收居民的判定标准分为自然人判定标准和法人判定标准,它们有各自不同的判定标准,判定标准的意义在于确定自然人和法人的税收征管。

4. 国际重复征税是指同一课税对象在同一时期内被相同或类似的税种课征了一次以上的征税行为。重复征税问题既可以发生在一国之内,也可以发生在国与国之间。

5. 国际重复征税的减除办法有扣除法、减免法、免税法和抵免法。

6. 国际税收协定是国与国之间签订的避免对所得和资本双重征税和防止偷逃税的协定,国际税收协定是对签字国有约束的法律文件,属于国际税法的范畴。

关键概念

国际税收　税收管辖权　国际重复征税　国际税收协定

思考分析

1. 国际税收与国家税收以及国际组织与国家在税收主权方面有何区别?
2. 分析各个国家税收居民判定标准的相同和不同之处。
3. 分析国际避税产生的原因和税收居民身份判定的重要性。
4. 分析在协调各个国家的国际税收关系中国际税收协定的重要性和必要性。

第十一章　政府预算

本章主要介绍政府预算概念、类型、原则、组成体系以及公共财政体制下政府预算的程序及预算管理体制等内容。本章学习要求：①掌握政府预算的概念与分类、单式预算和复式预算、增量预算和零基预算等的含义和作用；②知悉政府预算的编制原则、执行与决算的内容、程序及方法；③了解我国政府预算管理体制的演变及分税制体制下我国政府预算管理体制改革的取向。

第一节　政府预算概述

一、政府预算的概念及内涵

政府预算是按照法律程序编制和执行的政府年度财政收支计划，是政府组织和规范财政分配活动的重要工具，在现代社会还是政府调节经济的重要杠杆。政府预算的内涵包括如下几点：

(1)政府预算是具有法律效力的文件。各国宪法一般规定，政府预算经立法机关批准公布后便成为法律，政府必须不折不扣地贯彻执行，不允许有任何不受预算约束的财政行为。即使在预算执行中由于客观环境的变化必须对预算做出修改，也必须经过一定的法律程序。

(2)政府预算是以年度政府收支的形式存在。政府预算是政府对年度财政收支计划的规模和结构做出的预测、计量和安排，是按照政府一定时期的政策意图和制度标准将预算年度的财政收支分门别类地列入各种计划表格，通过这些表格反映一定时期政府财政收入的具体来源和支出方向。

(3)政府预算反映政府集中支配财力的过程。政府预算的各项收入来源和支出用途体现政府的职能范围，全面反映公共财政的分配活动。从预算收入方面看，政府通过预算的安排，采用税收、利润、国债、收费等手段参与国民收入的分配，把各地区、各部门、各企业及个人创造的分散的一部分国民收入集中起来；从预算支出方面看，通过预算安排，把集中的财政资金在全社会范围内进行分配，以保证政府行使公共职能的需要。因此，政府预算收支体现了政府集中掌握的财政资金的来源、规模和流向，预算规模和结构又直接反映了公共财政参与国民收入分配及再分配的规模和结构。

二、政府预算的分类

(一)以预算形式的差别为依据分为单式预算和复式预算

1. 单式预算

单式预算是传统的预算组织形式。其做法是在预算年度内,将全部的财政收入与支出汇集编入单一的总预算内,排列在一张表上,收入总计等于支出总计(包括结余)。这种预算组织形式能从整体上反映年度政府全部收支情况,便于了解政府财政收支活动的全貌,其完整性强、预算编制技术要求简单,便于立法机关的审议批准和社会公众了解与监督。

20 世纪 30 年代以前,政府的职能相对较少,财政收支结构简单、规模有限,单式预算制符合"健全财政"原则,在当时的历史条件下基本起到了监督与控制政府财政收支的作用,因而世界各国在一定时期内均采取单式预算制度。我国从新中国成立至 1992 年的政府预算编制,就采用了单式预算的组织形式。

2. 复式预算

复式预算是将预算收支科目按一定的方式划分为两个或两个以上的预算形式,分别编列,各预算之间又有内在联系。复式预算的产生与政府职能的扩大化、宏观调控手段的多样化和财政收支内容的复杂化有直接的联系。20 世纪 30 年代世界经济大危机后西方国家纷纷推行凯恩斯的财政政策,政府活动范围扩大,财政开支也随之增加,正常的收入已不能满足支出的需要,政府只有通过借债弥补。因债务收入不仅要偿还,且要支付一定的利息,因此用债务收入安排的支出必须是有收益的项目,这就要求将政府支出划分为一般性支出和资本性支出,由此催生了复式预算。

复式预算与单式预算相比,其优点是:便于考核预算资金的来源和用途,有利于分析预算收支对社会需求的影响,复式预算的伸缩性较大,有助于使预算成为促进经济发展的强有力杠杆。其缺点是:复式预算的资本性支出的资金来源主要依赖于举债,如果举债规模控制不当或使用效益低下,就会产生巨大的财政风险,影响国民经济的稳健运行;将预算分成经常预算和资本预算两个部分,会给预算编制带来一些困难,如经常预算和资本预算科目的划分标准难以统一、预算编制的技术要求较高等。

20 世纪 70 年代后期,一些发达国家陆续停止了将预算划分为经常性预算和资本预算的做法,不再使用复式预算,其主要原因是这些国家国有企业的规模不断缩小。我国在借鉴西方国家有益做法的基础上,结合实际,制定出了适合我国国情的复式预算制度。1991 年,我国颁布的《国家预算管理条例》规定,自 1992 年起,我国财政实行复式预算制度。1995 年 1 月 1 日实施的《中华人民共和国预算法》第二十六条正式以法律的形式规定:"中央预算和地方预算按照复式预算编制。"

我国于 1992 年开始试行的复式预算包括经常性预算和建设性预算两个组成部分。国家以社会管理者身份取得的一般收入和用于维护政府活动的经常费用、保障国家安全和稳定、发展教育科学卫生等各项事业以及人民生活等方面的支出,编入经常性预算。国家以资产所有者身份取得的收入以及国家特定用于建设方面的收入和直接用于国家建设方面的支出,列为建设性预算。

为适应市场经济下政府预算管理的要求,我国于 2014 年和 2018 年对《中华人民共和国预算法》进行了两次修正,将政府预算划分为一般公共预算、政府性基金预算、国有资本经营预算和社会保险基金预算。

(二)以预算分项支出安排方式的差别为依据分为增量预算和零基预算

1. 增量预算

增量预算是指计划财政年度的预算分项支出数是以上年度各该项支出数作为基数,考虑新的财政年度的经济发展情况加以调整之后确定的。其要点是:逐项确定支出预算,以上年度各项支出数为依据,以人员经费的保障为重点。这种预算安排方法的初衷是控制支出规模,但最终结果则可能是平均分配资金,难以保证重点,导致支出规模的日益膨胀。

2. 零基预算

零基预算是指计划财政年度预算分项支出指标的确定,只以对社会经济发展的预测和对当年各部门新增任务的审核为依据,不考虑以前财政年度各项支出的基数。从理论上看,零基预算是完全重新编制年度预算,如同编制一个新的预算一样,但也不能简单地理解为一切从头开始,丝毫不考虑上年的基础。零基预算的明显优点是有利于优化支出结构,提高预算效率,控制预算规模,但要求具备科学的预测和评估方法以及统一的标准,否则也可能存在谬误。

世界各国的预算,无论是单式预算或是复式预算,主要仍采用增量预算法编制。零基预算事实上还未成为确定的编制预算的一般方法,通常只用于具体收支项目上。长期以来我国预算编制采用分项增量法,近年来在某些省、市试行零基预算法的基础上进一步推广了零基预算的编制,并取得一定的成效和经验。

(三)以预算管理方法的不同分为计划项目预算和绩效预算

1. 计划项目预算

计划项目预算是以预算支出的若干特定目标为核心,采用分项排列的方法,依次列出特定目标的预算资金,由拨款机构加以拨付的预算管理方法。如主要以人员作为预算资金分配的依据,政府下达的预算支出计划表中,将各单位的工资、公务业务费、修缮和建设费等管理要素逐一列示,且"专款专用",因此又称为"分项排列预算"。计划项目预算源于美国,由美国国防部最早采用,后推广到美国联邦、州和地方政府。该方法的重点在于为达到政府计划的宗旨和目标,提供可以对政府需求进行分析的方法,从而便于选择可供使用的手段和成本。

2. 绩效预算

绩效预算是一种以目标为导向,以项目成本为衡量标准,以业绩评价为核心的一种预算管理方法。绩效预算是 20 世纪 50 年代由美国联邦政府首先采用的一种预算制度,经过不断完善与发展已被世界各国广泛应用。实行绩效预算,政府部门按所完成的各项职能进行预算,将政府预算建立在可衡量的绩效基础上,即干多少事拨多少钱。它实际上是将企业的成本、费用、效益分析用于政府公共支出部门,把市场经济的一些基本理念融入政府预算管理之中,从而有效地降低政府提供公共产品的成本,提高财政支出的效率。其目的主要是测量政府财政资金使用效率,以此作为政府资金安排使用的资料和信息。它所倡导的将行政事业成本效益数量化评估的理论原则,代表了预算管理改革的方向,具有很高的价值。

(四)以预算级次划分为中央预算和地方预算

1. 中央预算

中央预算即中央政府预算,是指经法定程序审查批准的,反映中央政府活动的财政收支计划。我国中央政府预算由中央各部门的预算和地方向中央上解收入、中央对地方返还或补助数额组成。

2. 地方预算

地方预算即地方政府预算，是指经法定程序审查批准的，反映各级地方政府活动的财政收支计划。它是政府预算体系的有机组成部分，是组织、管理政府预算的基础环节。在我国地方预算是由地方各级政府预算组成的，包括本级各部门的预算及下级政府向上级政府上解的收入、上级对下级政府的返还或给予补助的数额。

(五)以预算管理范围划分为总预算、部门预算和单位预算

1. 总预算

总预算是指政府汇总编制的预算，一般是按照国家的行政区域和政权结构划分为各级次的总预算。它由各级政府的本级预算和下级政府总预算组成。

2. 部门预算

部门预算是指反映政府部门收支活动的预算。它由政府各部门编制，经财政部门审查、权力机关批准，反映本部门所有收入和支出，包括下属单位预算的收入和支出。

3. 单位预算

单位预算是指列入部门预算的政府机关、社会团体和其他单位的收支预算。它是部门预算的组成部分。从单位预算的组成系统看，分为主管单位预算、二级单位预算和三级单位预算。

(六)以预算作用时间的长短分为年度预算和中长期预算

1. 年度预算

年度预算是指预算有效期为一年的财政收支预算。通常这里的年度是指预算年度，目前世界各国的预算年度有公历年制和跨历年制。

2. 中长期预算

中长期预算也称中长期财政计划。一般将 1 年以上 10 年以下的计划称为中期计划，10 年以上的计划称为长期计划。在市场经济下，经济周期性波动是客观存在的，而制定财政中长期计划是政府进行反经济周期波动，调节经济的重要手段，是实现经济稳定增长的重要工具。随着我国市场经济体制的日益完善和政府职能的转变，中长期财政计划将日益发挥重要作用。

(七)以预算收支的平衡状况分为平衡预算和差额预算

1. 平衡预算

平衡预算是指按照收支平衡的政策原则，编制的收入与支出基本相等的预算。实际上，在编制预算时以收定支、量入为出、收支相等称为平衡预算。如果收大于支称为结余，支大于收称为赤字。这三种情况在编制预算时都有可能出现。但在预算执行中，即使是平衡预算也可能出现结余或赤字。在编制预算时，略有结余或略有赤字，一般都称为平衡预算。

2. 差额预算

在编制预算时，按照赤字政策原则，安排支出大于收入，通常又差额较大，称为赤字预算。赤字预算多见于政府推行扩张性财政政策的实践。在预算编制的实际工作中，与赤字预算相对应的还有盈余预算，即收入大于支出，其数额较大，也体现政府的一种政策原则。但这种盈余预算很少见，赤字预算与盈余预算统称为差额预算。

[资料链接 11-1]

美国政府的预算赤字

美国财政部2020年1月13日公布的数据显示，2019年美国财政预算赤字突破1万亿美元，创下近七年新高。另据美国财政部的数据，2018年美国预算赤字已达到1.02万亿美元，同步增长17.1%，较2017年增长了50%。赤字逐年扩大反映了2017年美国总统特朗普减税带来的收入损失，以及增加数十亿军费和国内项目开支的预算协议等因素。美国国会预算办公室(CBO)2019年6月公布的预测显示，从2022年起，联邦政府财政赤字将超过1万亿美元，如今看来时间表已经被大幅提前。CBO担心，持续的巨额财政赤字将推动公共债务稳步增长，预计到2029年，美国公共债务将占国内生产总值的93%，到2049年该比例将进一步升至约150%。如果政策制定者不修改法律，美国的联邦债务预计将在未来30年飙升至"前所未有的水平"，这可能将美国推入"财政危机"。更重要的是，赤字的利息支出成为必须偿还的不断增加的政府债务的一部分，并可能在未来几年抑制经济增长。事实上，即使目前联邦基金利率较低，2020年美国政府的债务利息支出也是预算中增长最快的项目之一，达到3756亿美元。长期关注政府债务方面问题的纽约彼得森基金会警告，万亿美元量级的债务增长会导致高昂的利息成本，这将给经济带来压力，使政府难以为未来的重要投资项目提供资金，未来10年需支付的债务利息将达到约7万亿美元。全球最大的对冲基金桥水创始人达利欧(Ray Dalio)则预言，如果财政赤字问题不妥善解决，美国未来将面临债务危机。他说："养老、医疗等公共开支迅速膨胀将对政府财政预算造成巨大压力，为了筹集足够的资金，政府需要发行大量债券，但市场没有能力完全消化这些国债，美联储将不得不通过发行货币的方式来填补赤字漏洞(财政赤字货币化)。"近年来，虽然政府巨额赤字的风险频频被各方提及，美国经济依然表现出很强的韧性。美联储主席鲍威尔2019年9月曾表示对美国持续增长的债务"很忧虑"，但认为"清算日"远没有到来，美国重回可持续的财政立场是很重要的。他认为，虽然联邦政府财政赤字问题并不会成为近期影响政策决定的主要因素，但这是一个长期问题，必须面对又别无选择的挑战。

资料来源：樊志菁.近七年首次！美国财政预算赤字破万亿大关，风险来了？[EB/OL].(2020-01-14)[2020-10-13]. https://www.yicai.com/news/100467728.html.

[资料涉及的理论要点]

(1)平衡预算与赤字预算。

(2)政府预算管理制度。

[资料分析与讨论思路]

(1)美国政府不施行平衡预算的原因是什么？

(2)美国政府的不平衡预算对经济活动产生了什么样的影响？

[资料链接 11-2]

美国的临时预算案与政府部门关门停摆

美国联邦政府每年的财政年度在10月1日开始，次年9月30日结束。按照法律，行政部门要将预算草案提早交给国会，参众两院各自进行讨论，表决通过之后便可执行。如果行政部门与国会或者国会两院之间无法达成协议，那么一般就会通过临时性的短期"持续决议"，按照上一年度的预算来给政府运作拨款。如果华盛顿内部继续争执不下，那么联邦政府就有面临关门的危险。

1. 政府关门

2018年12月7日，美国众议院和参议院先后批准权宜性开支议案，同意七个政府部门因公共开支预算问题而关门的截止日期推迟至12月21日。特朗普在最后时刻同意签署为期两周的临时预算案，以避免政府关门。如果21日以前国会不能批准相关支出议案，这些部门将暂时关门。12月22日，因美国总统特朗普和国会民主党议员未能就再拨款50亿美元用于修建边境墙的问题达成共识，美国联邦政府开始停摆。受政府停摆影响，美国大量国家博物馆、动物园关闭。因为无人打扫，一些国家公园里甚至变成了“垃圾场”。12月22日零时，美国政府在一年内第三次陷入“关门危机”。司法部、国土安全部、国务院、住房及城市发展部、交通部、财政部、农业部、商务部、内政部等9个内阁级联邦机构宣告关闭，其中38万名联邦工作人员被强制无薪休假，另外42万名“必要”人员需要继续上班，但这期间无法拿到薪水。2019年1月12日，特朗普打破了克林顿的记录，创下美国联邦政府史上最长关门时间纪录。

2. 两党谈判

2018年12月22日，联邦政府部分关闭后，美国副总统彭斯赴国会大厦与参议院少数党领袖查尔斯·舒默交谈，试图做最后的努力。然而不久，参议院多数党领袖米奇·麦康奈尔就宣布休会。12月31日，美国总统特朗普呼吁民主党人士放弃节日休假并就预算进行表决，这可以结束约四分之一联邦部门的停摆。然而，美国国会两党议员进行了形式性的会面，并没有就预算法案采取任何行动。2019年1月3日，美国众议院以239比192票，通过了临时预算案，以结束已经持续两周的政府部分停摆。根据该预算案，特朗普不会得到其一直要求的50亿美元建墙费用，国会对边境安全的拨款将维持在现有的13亿美元。2019年1月25日，总统特朗普在白宫发表讲话，宣布政府将短期重开3周，其间国会将继续就预算进行协商。当日美国参众两院批准了一项为期3周的临时支出法案后，特朗普正式签署该法案，美国政府将重新开门至2月15日。这一临时法案不包括特朗普要求拨款修建美国与墨西哥边境墙的内容。在未来3周，国会将继续就边境墙预算进行协商，如果美国两党就此问题无法达成协议，三周后政府或将再次关门。2019年2月9日，美国共和党和民主党就“美墨边境墙”经费问题等一系列边境安全问题举行的谈判破裂，双方停止沟通。9个联邦机构以及一些相关部门从16日起再次关闭。

[资料涉及的理论要点]

(1)追加追减预算。

(2)政府预算管理制度。

[资料分析与讨论思路]

美国总统与国会的预算案之争导致的政府部门停摆反映出什么？分析原因及其解决思路。

三、政府预算的原则

政府预算原则指政府选择预算形式和体系应遵循的指导思想，也就是制定政府财政收支计划的方针。预算原则伴随着现代预算制度产生而产生，并且随着社会经济和预算制度的发展变化而不断变化。时至今日，影响较大并且为大多数国家所接受的主要有以下五条原则。

(一)公开性原则

政府预算反映了政府活动的范围、方向和政策，政府实际上代表公众来履行职能，与全体公民的切身利益息息相关。因此,政府预算及其执行必须经过权力机关审查批准并向社会公布,让民众了解政府的财政收支状况,使之置于民众的监督之下。

(二)完整性原则

政府预算的完整性是指政府预算的一切财政收支都要反映在预算中,完整地反映政府全部的财政收支活动。不准少列收支、造假账、预算外另列预算,不准有在预算管辖之外的政府活动。

(三)可靠性原则

可靠性是指政府预算的每一收支项目的数字指标,必须运用科学的计算方法,依据充分,资料确实,并总结出规律性,进行计算,不得任意编造。各种收支的性质必须明确地区分,不得掺杂混同。

(四)统一性原则

统一性要求各级政府预算都要按照统一的政策、统一的程序、统一的科目、统一的计算方法和统一的口径来编制预算。尽管各级政府都设有该级财政部门,也有相应的预算,但这些预算都是政府预算的组成部分,所有的地方政府连同中央政府预算一起共同组成统一的国家预算。这就要求设立统一的预算科目,每个科目都要严格按统一的口径、程序计算和填列。

(五)年度性原则

年度性就是要求各级政府预算必须按年度编制,要列清全年的财政收支,不允许将不属于本年度财政收支的内容列入本年度的政府预算之中。预算年度是指预算收支起讫的有效期,通常为一年。目前世界各国普遍采用的预算年度,有两种:一是历年制预算年度,即从每年的1月1日起至12月31日止。使用历年制的国家有法国、德国、西班牙等,我国也采用历年制预算年度。二是跨年制预算年度,即从每年的某月某日开始至次年的某月某日截止,中间经历12个月,但却跨越了两个年度,如美国、泰国的预算年度是从每年的10月1日开始,到次年的9月30日止;再如英国、日本、加拿大等国的预算年度从每年的4月1日开始至次年的3月31日止。各国预算年度的选择主要考虑两个因素:一是与各国权力机关开会时间一致,以便在预算年度一开始就执行生效了的预算;二是与收入旺季一致,以便在预算年度初期就有充足的预算收入,保证各预算支出的顺利执行。另外,有些国家预算年度的安排受到历史原因的影响。如原来属于殖民地的国家,其预算年度一般要受到其宗主国的预算年度的影响,往往在独立后仍沿用原来预算年度的起止日期。同时,风俗习惯等也会影响到预算年度的确定,如一些宗教信仰较为盛行的国家,会将最高权力机关召开会议的日期选在重要的宗教纪念日之外,以避免与宗教活动发生冲突,这必然对该国的预算年度产生影响。

四、政府预算的组成体系

(一)政府预算体系的概念

政府预算体系指根据国家政权结构、行政区划和财政管理体制的要求而确定的各预算级次和预算单位,按一定组合方式组成的统一体。

政府预算作为政府的年度财政收支计划,一般来说,有一级政府即有一级财政收支活动的主体,也就应建立一级预算。在现代社会,大多数国家都实行多级预算,从而也就产生了政府预算体系问题。在单一制国家中，预算可以分为中央预算和各级地方政府预算。在联邦制国家中，预算可以分为联邦预算、州(邦)预算和地方预算。

(二)我国政府预算的组成体系

我国政府预算体系的组成，是与我国国家政权结构和行政区域的划分相适应的。我国预算法规定：我国实行一级政府一级预算，设立中央，省、自治区、直辖市，设区的市、自治州，县、自治县、不设区的市、市辖区，乡、民族乡、镇五级预算。具体来说，我国政府预算由中央预算和地方预算组成，地方预算又分为四级预算。它们之间的关系如图 11－1 所示。

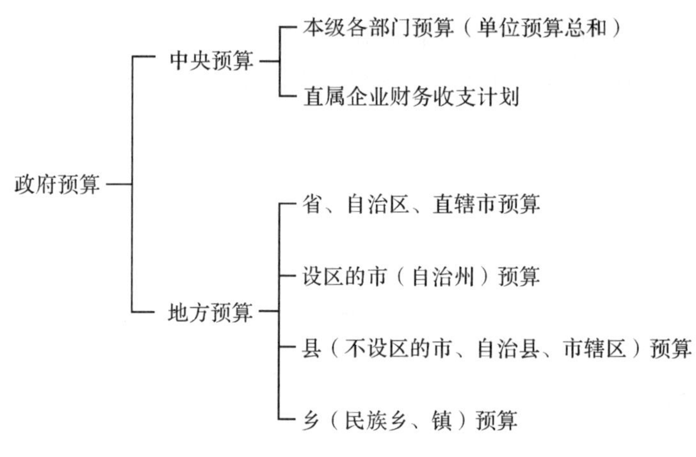

图 11－1　我国政府预算组成体系

中央预算是经法定程序审查批准的、反映中央政府活动的年度财政收支计划，在国家预算体系中处于主导环节。一方面，中央预算是直接调控国家预算资金的主要部分，为国家政治、经济、军事、外交等各项需要提供财力保证；另一方面，中央预算在国家的宏观调控中发挥着重要作用，关系国民经济全局的基础工业和基础设施建设，主要由中央预算投资；同时，中央预算还担负着调剂各个地方预算余缺、促使其实现预算收支平衡的任务，并肩负着支援少数民族地区和经济不发达地区发展经济和文化事业的任务。

地方预算是经法定程序审查批准的、反映各级地方政府活动的年度财政收支计划的统称，在国家预算体系中居重要地位。其作用主要表现在：一是通过预算资金的合理配置，促进地区经济和各项事业的发展；二是在保证本地区预算平衡的前提下，为中央预算协调和平衡创造条件并提供支援。

(三)我国预算体系框架

我国预算法规定，全国预算由中央预算和地方预算组成。地方预算由各省、自治区、直辖市总预算组成。地方各级总预算由本级预算和汇总的下一级总预算组成；下一级只有本级预算的，下一级总预算即指下一级的本级预算。没有下一级预算的，总预算即指本级预算。

预算由预算收入和预算支出组成。政府的全部收入和支出都应当纳入预算，包括一般公共预算、政府性基金预算、国有资本经营预算、社会保险基金预算。一般公共预算、政府性基金预算、国有资本经营预算、社会保险基金预算应当保持完整、独立。政府性基金预算、国有资本经营预算、社会保险基金预算应当与一般公共预算相衔接。

1.一般公共预算

一般公共预算是对以税收为主体的财政收入,安排用于保障和改善民生、推动经济社会发展、维护国家安全、维持国家机构正常运转等方面的收支预算。中央一般公共预算包括中央各部门(含直属单位,下同)的预算和中央对地方的税收返还、转移支付预算。中央一般公共预算收入包括中央本级收入和地方向中央的上解收入。中央一般公共预算支出包括中央本级支出、中央对地方的税收返还和转移支付。

地方各级一般公共预算包括本级各部门(含直属单位,下同)的预算和税收返还、转移支付预算。地方各级一般公共预算收入包括地方本级收入、上级政府对本级政府的税收返还和转移支付、下级政府的上解收入。地方各级一般公共预算支出包括地方本级支出、对上级政府的上解支出、对下级政府的税收返还和转移支付。各部门预算由本部门及其所属各单位预算组成。

2.政府性基金预算

政府性基金预算是对依照法律、行政法规的规定在一定期限内向特定对象征收、收取或者以其他方式筹集的资金,专项用于特定公共事业发展的收支预算。政府性基金预算应当根据基金项目收入情况和实际支出需要,按基金项目编制,做到以收定支。

3.国有资本经营预算

国有资本经营预算是对国有资本收益做出支出安排的收支预算。国有资本经营预算应当按照收支平衡的原则编制,不列赤字,并安排资金调入一般公共预算。

4.社会保险基金预算

社会保险基金预算是对社会保险缴款、一般公共预算安排和其他方式筹集的资金,专项用于社会保险的收支预算。社会保险基金预算应当按照统筹层次和社会保险项目分别编制,做到收支平衡。

各级预算应当遵循统筹兼顾、勤俭节约、量力而行、讲求绩效和收支平衡的原则。

第二节 政府预算的程序

一、政府预算的编制与审批

(一)政府预算编制的准备

政府预算编制是预测、审查、汇总、编写和报批预算收入和支出指标体系并进行收支综合平衡的过程。它既是整个政府预算工作的起点,又是政府预算能否顺利实现的前提条件。编制政府预算是一件复杂细致的工作,在正式编制政府预算之前,需要做好一系列的准备工作。其内容主要包括。

1.政府预算编制的准备工作

(1)对预算执行情况进行预计和分析。预算编制的连续性要求在编制计划年度预算时,应依据本年度预算运行的实际状况,结合财政经济发展趋势,参照历年的预算收支规律,预计后几个月的预算收支完成情况,汇总为本年度的预算收支预计数,作为编制下年度预算的重要参考。

(2)颁发编制政府预算草案的要求。为了使各级政府预算的编制符合国家的方针政策以及国民经济和社会发展计划的要求,保证政府预算编制的统一性、完整性和准确性,每年在政府预算编制之前,国务院要向中央各部门和各省、自治区、直辖市下达编制下一年度预算草案任务，提出编制预算草案的原则和要求。财政部在国务院下达任务后具体部署编制预算的具体规则，如对预算编制的时间安排、具体工作事项和各部门的职能权限等做出具体、明确的规定。

(3)科学修订预算科目和表格。我国预算科目分为一般公共预算收支科目、政府性基金预算收支科目、国有资本经营预算收支科目、社会保险基金预算收支科目和支出经济分类科目。预算收入科目分为"类、款、项、目"四级；预算支出科目按其功能分类分为"类、款、项"，按其经济性质分类分为"类、款"。为了正确反映政府预算收支的内容，适应预算管理的要求，每年在编制政府预算之前，都必须根据财政经济发展变化的情况，对政府预算收支科目进行修订。预算表格主要有预算收支总表、预算收支明细表、基本数字表。由于财政预算管理制度的变化，各个财政年度的预算表格有所不同。一般情况下，由财政部在上年预算表格的基础上，对预算年度所适用的预算表格进行修订。为了便于汇总，我国省级政府总预算表格和财务收支计划，必须由财政部统一制定；省级以下的各级政府总预算、单位预算表格，要在保证中央总体要求的前提下，由省级财政部门根据各自的具体情况自行拟定。

(4)拟定计划年度预算收支指标。在对本年度收支执行情况进行预计和分析的基础上，财政部要根据国家的方针政策和财政经济发展状况，拟定计划年度政府预算收支控制指标。这对中央本级来说，是收支控制指标；对地方来说，则是指导地方预算收支任务的依据。这种控制指标经国务院审定后下达，作为各地方、各部门编制年度预算的依据。

2.政府预算测算的总体要求

在编制政府预算之前，各级财政部门要事先对计划年度预算的各项收支进行测算，并最终确定各项收支的具体数额。对各项预算收支的测算可分为两个步骤：

(1)预算收支指标的匡算。这是采取"算大账"的方法确定下一年度的各项预算收支数额。各级财政部门在分析报告年度全年预算执行情况的基础上，经过充分的调查研究，参考历年的预算收支规律，结合对计划年度经济发展趋势的预测，并考虑财力的需要与可能，匡算出计划年度的收支规模，并初步制定出计划年度的预算收支平衡计划。

(2)预算收支指标的测算。这是在匡算的基础上，根据有关经济指标和预算定额分部门、单位对各项预算收支指标采用科学的技术手段逐项进行测算，以求得更为准确的测算指标数额。

3.政府预算编制的基本依据

(1)预算的编制要以预算法和有关法规为基本依据。在政府预算编制过程中，凡是预算法中涉及的内容，如预算编制的方法和编制形式的选择等都必须按照预算法的要求严格执行。

(2)预算的编制要与国民经济和社会发展计划相一致。国民经济和社会发展计划是国家在一定时期对社会经济发展做出的总体规划，是政府组织和调节社会经济活动的重要行动指南。编制政府预算的各项预算指标都要体现计划的要求，并与之保持协调一致。同时也要参考财政中长期计划和有关的财政经济政策等。

(3)预算的编制要参考上年度预算的执行情况。上年度预算执行情况反映了上年度财政收支的方向，也在一定程度上说明政府正常的财力需要。由于年度之间的财政收支有一定的连续性和可比性，预算编制中应充分分析并参考上年度预算各收支指标的状况，并结合计划年度预算收支的增减变化予以适当调整，以保证编制的预算具有科学性和合理性。

(4)预算编制要符合本级政府的预算管理职权。财政体制结构，特别是对财权财力在各级政府中的划分是确定各级预算收支范围的基本依据，并由此决定了各级政府预算支出的责任、税收征收的权限、财政转移支付等重大问题的取向。本级预算的编制口径必须与上述要求相一致，才能够确保各级政府职责与权限的实现。

可见，政府预算由中央各部门编制的部门预算和地方总预算汇编而成。政府预算编制包括单位预算编制、部门预算编制和总预算编制。按照预算法规定，各级政府、各部门、各单位都应当编制预算草案。这里主要阐述各级政府总预算编制的内容、程序与审批等。

（二）政府预算编制的内容

一般来说，政府预算的编制由政府行政机关负责。政府预算的编制工作主要有两个任务：一是预算草案的编制；二是预算草案的审核。

预算草案是未经法定程序审查和批准的政府年度财政收支计划。其分为两种类型：①由财政部门主持预算编制工作，内容包括收入和支出两部分。财政部门负责指导政府各部门编制支出预算草案并审核和协调这些预算草案，同时根据各种经济统计资料和预测，编制收入预算草案，最后综合收入和支出两个部分，把预算草案交给有法定预算提案权或咨请国会审议权的个人或机构核定。属于这种类型的国家包括英国、德国、意大利、日本、中国等。②由政府特设的预算机关主持预算编制工作，财政部门只负责编制收入预算。分开编制的原因是想通过这一方式来加强预算编制工作，保证收入和支出预算的合理性和客观性，避免财政部门统编支出和收入预算可能带来的各种矛盾。属于这种类型的国家有美国、法国等。

由财政部门或特设机构编制成的预算草案要交给法定预算提案权或咨请国会审议权的个人或机构进行核定，如内阁或总统，然后在下一预算年度开始前作为法律提案交付国家权力机关审批。这种预算草案的核定问题就是预算提案权或咨请审议权的分属问题。依预算提案权或咨请审议权的分属不同，可以把预算分成三种类型：一是总统预算咨请审议权，即由总统核定预算草案，如美国。二是内阁、国务院或部长会议预算提案权，属于这种类型的包括中国（国务院预算提案权）、俄罗斯（部长会议预算提案权）、日本（内阁预算提案权）等。三是委员会预算提案权，这主要指实行委员会制共和政体国家，如瑞士。一般地说，预算提案权属于提出法案的权力，而提出法案的权力又属于议会立法权的一部分，它在总统制和内阁制国家中，在形式上有所不同。在总统制的国家里，宪法规定法律提案权属于国会议员，因而总统只有预算咨请审议权而没有预算提案权。而在内阁制的国家里，不仅议员有提出立法法案的提议权，内阁也同样享有这种权力，因而内阁也拥有了预算提案权。预算草案经过权力机关批准后，就成为具有法律效力的正式预算。

（三）政府预算编制的程序与审查批准

政府预算草案的编制，一般由部门预算编起，采用自下而上和自上而下相结合、两上两下、逐级汇总的程序。

由于我国实行人民代表大会的政治制度，宪法规定各级人民代表大会有审查和批准政府预算、预算执行情况报告的职权。

1. 政府预算审查的内容

根据我国预算审查工作的实际经验，政府预算审查内容主要包括编制审查、收支审查和平衡审查。

（1）政府预算编制的审查。审查内容主要包括：预算是否按规定程序编制；编制预算的资料是否齐全，预算报表与资料的衔接是否准确、符合逻辑；预算报告是否完整、准确和真实；是否符合现行财政管理体制和规章制度的要求，如各级预算收支范围是否符合规定等；编制预算时是否有大量待分配指标，预算指标是否有标准和批准手续等。

(2)政府预算收支的审查。审查内容具体包括：预算收入计划是否与国民经济计划相衔接；预算支出计划是否体现厉行节约、讲究效果的要求；各项支出是否按定员定额和各项具体开支标准核定；预算资金分配中有无盲目安排、无效益投资及计划安排失误；预算收支指标数是否与上级下达的任务数一致，能否适应本地区的实际情况和发展要求；各项预算收支计划是否体现国家宏观调控政策的总体要求，有无违反制度规定等。

(3)预算收支平衡的审查。审查内容主要包括：注意审查两种倾向，即注意有无存在地方赤字预算和地方预算结余较多、保守求稳的问题；审查有无虚假平衡，即预算收支计划有无搞假平衡、真赤字，或假赤字、真结余的问题，以及有无隐蔽的不平衡因素；是否根据现行规定按预算总额设置一定的预备费，以保证预算的可靠性和稳定性。

2. 政府预算的审批程序

我国预算法中规定的审查批准中央预算草案和地方预算草案的一般程序是：

(1)各级人民代表大会对预算草案的初审。其主要包括：①中央预算草案的初步审查；②省级预算草案的初步审查；③县级预算草案的初步审查。

(2)各级人民代表大会对预算草案的审批。其主要包括以下内容：①预算报告制度。中央预算由全国人民代表大会审查和批准，地方各级公共预算由本级人民代表大会审查和批准。②预算备案制度。国务院将省、自治区、直辖市政府依照规定报送备案的预算汇总后，报全国人民代表大会常务委员会备案。③预算批复制度。中央预算草案经过全国人民代表大会批准后，成为当年的中央预算；财政部应当自全国人民代表大会批准中央预算之日起 30 日内，批复中央各部门预算；中央各部门应当自财政部批复本部门预算之日起 15 日内，批复所属各单位预算。

地方各级公共预算草案经本级人民代表大会批准后，为当年本级公共预算；县级以上地方各级政府财政部门，应自本级人民代表大会批准本级公共预算之日起 30 日内批复本级各部门预算；地方各部门应自本级财政部门批复本部门预算之日起 15 日内，批复所属各单位预算。

二、政府预算执行与调整

(一)政府预算的执行

1. 收支的执行

根据政府预算收入计划和核定的季度执行计划组织收入，保证及时、足额入库。各级政府和预算收入执行机关不得乱开减少预算收入的口子，任何部门、单位和个人不得擅自减少预算收入。政府预算支出的执行，是财政部门、上级主管部门和国家金库按照国家规定，向用款单位进行拨付财政资金的分配活动。根据年度支出计划和季度支出计划，按照预算拨款诸原则，把财政资金拨付给用款单位，保证国家各项计划的完成。

2. 预算平衡的组织

财政运行中收支状况不可能完全一致，经常会出现预算收支的矛盾，预算执行过程中组织预算平衡是预算执行中经常性的重要工作。财政部门要根据客观情况的变化，如根据预测设计的偏差、发生特大自然灾害、国家政策调整、财政税收制度变化以及社会经济发展新的情况等调整预算，组织新的预算平衡，保证政府预算收支任务的实现。在不改变由立法机关通过的预算中所阐明的政策、不损害宏观经济稳定目标的基础上，在预算所确立的政策框架下，赋予支出部门和机构足够的灵活性来管理自己的资源，同时，评估并防范、化解预算收支活动所形成的各种财政风险。

(二)预算的调整

政府预算的调整是政府预算执行的一项重要程序。尽管政府预算是经过预测和反复地核算编制而成的，但是由于人们的主观认识不可能完全符合客观实际，这就决定了各项收支计划的安排不可能完全准确无误。同时，在政府预算执行过程中，宏观情况的发展变化也会造成预算收支不断发生一些变化，政府预算某些部分的收支超过或达不到原定计划，从而影响着原有预算的执行。为了随时解决预算执行中出现的新情况、新问题，使年度预算符合客观实际，保证政府预算执行任务顺利完成，就需要对预算进行及时的调整。预算调整按调整幅度不同而分为全面调整和局部调整。

1. 全面调整

国家对原定国民经济和社会发展计划做较大调整时，政府预算也相应对预算收支的总盘子进行的大调整。它涉及面广，工作量大，实际上等于重新编制政府预算。全局调整并不经常发生。在中国，全局调整由国务院提出调整预算计划，上报全国人民代表大会审查批准，然后下达各地区、各部门执行。财政部门和主管部门经过上下协商，反复平衡，最后确定政府预算收支的新规模。

2. 局部调整

我国政府预算的局部调整方法主要有以下几种：①动用预备费。预备费是用于应付急需的资金，动用应从严掌握，一般应控制在下半年使用，并需要报经同级政府批准。批准动支后，再列入指定的预算支出科目。②追加、追减预算。在原核定预算收支总数不变的情况下，追加、追减预算收入或支出数额。各部门、各单位需要追加、追减收支时，均应编制追加、追减预算，按照规定的程序报经主管部门或者财政部门批准后，财政部门审核并提交各级政府或转报上级政府审定通过后执行。③经费流用。经费流用亦称“科目流用”，是在不突破原定预算支出总额的前提下，由于预算科目之间调入、调出和改变资金使用用途形成的预算资金再分配，而对不同的支出科目具体支出数额进行调整。为了充分发挥预算资金的使用效果，可按规定在一些科目之间进行必要的调整，以达到预算资金的以多补少、以余补缺的目的和作用。④预算划转。即由于行政区划或企事业、行政单位隶属关系的改变，在改变财务关系的同时，相应办理预算划转，将其全部预算划归新接管的地区和部门。

预算调整必须经有关权力机构审查和批准，未经批准不得调整预算。各部门、各单位的预算支出，不同科目间需要调整使用的，必须按财政部门的规定报经批准等。

三、政府决算

1. 政府决算含义

政府决算，指经法定程序批准的年度政府预算执行结果的会计报告，是政府预算执行效果的总结。政府决算由决算报表和文字说明两部分构成，通常按照统一的决算体系汇编而成，包括中央总决算和地方总决算。根据预算法规定，我国各级政府、各部门、各单位在每一预算年度终了后，应按国务院规定的时间编制决算，以便及时对预算执行情况进行总结。按照国家的政权结构和行政区域划分，根据我国宪法和政府预算管理体制的具体规定，一级政权建立一级预算，凡是编制预算的地区、部门和单位都要编制决算。参加组织预算执行，经办预算资金收纳和拨款的机构，如国家金库、税务部门、国有企业利润监缴机关等，也要编制年报和决算。各级财政部门还要编制预算收支决算。

2.政府决算组成

我国政府决算包括中央决算和地方决算。中央决算由中央各部门决算组成，包括地方向中央上解的收入数额和中央对地方返还或者给予补助的数额。地方决算由各省、自治区、直辖市总决算组成。地方各级总决算由本级决算和汇总下一级总决算组成。地方本级决算由本级各部门的决算组成，各部门决算由本部门所属单位决算组成。

第三节　政府预算管理体制

一、政府预算管理体制概述

(一)政府预算管理体制的含义

政府预算管理体制是一国财政体系中各级政府之间在组织预算收入和预算支出活动中，对各级政府预算收支范围及管理职权划分的基本制度，也是财政管理体制的重要组成部分。财政管理体制是处理中央财政和地方财政以及地方财政各级之间财政关系的基本制度，有广义和狭义之分。广义的财政管理体制一般由预算管理体制、税收管理体制、公共部门财务管理体制等组成。狭义的财政管理体制就是指政府预算管理体制，预算管理体制是财政管理体制的主导环节，它规定财政分级管理的原则，划定各级政权在财政管理方面的权限、财力和收支范围，处理财政分配中各方面的责、权、利关系，其核心是各级预算主体的独立自主程度以及集权和分权的关系问题。

政府预算管理体制的实质是财政资金分配上的集权与分权问题，一般而言各级政府的事权应与财权相适应。各国因政治和历史、文化传统的差异在集权与分权关系的处理上存在较大的区别，形成不同类型的预算管理体制。

(二)政府预算管理体制的类型

根据财政收支的划分标准和各级预算主体的独立自主程度，预算管理体制的类型可划分为单一政府财政管理体制和多级政府财政管理体制。

1.单一政府财政管理体制

这种财政管理体制的特点是财政收支的划分标准并不由财政的职能来确定，而主要依靠中央政府的决策以及地方政府与中央政府的讨价还价来确定。财权和财力高度集中在中央政府，地方政府的财权很有限。其结果是财政管理具有随意性，地方政府缺乏积极性和自主权。比较极端的例子就是财政的收支完全由中央政府决定，地方政府只是中央政府在各地设立的代办机构，执行中央政府的各项政策和决策。地方政府的一切开支都必须上报中央政府批准，所有的税收制度、人员编制、工资标准以及各项预决算制度等都由中央统一制定和执行，同样，地方政府的所有收入也必须上缴中央，不得私自留下任何一部分财政收入。在这种体制下，财政形成了“吃大锅饭”的局面，虽然中央政府的宏观调控职能有利于发挥，但它不利于资源的最优配置，经济效率并没有达到最优。

2.多级政府财政管理体制

多级政府财政管理体制就是财政联邦制。这种体制的最大特点是财政收支的划分标准是从经济学角度进行划分,也就是各级政府间应如何划分税收权限和支出责任才能最有效地行使财政的各项职能,它是西方国家的一项重要的财政制度。由于各国政治结构不同、历史因素差异等原因,各级预算主体的独立自主程度也有较大差异,多级政府财政管理体制又可分为以下两种类型:

(1)财政联邦制模式。这种财政联邦分权模式的特点是中央政府和地方政府之间不是上下级关系,而是一种平等的"政治契约关系",每个公民都隶属于两级政府,中央政府和地方政府各自独立。在这种模式下,联邦政府和地方政府根据有关法律法规进行以分权独立为基础的协调合作,全国性的事权和税权由联邦政府管辖,而地方性的事权和税权由地方政府管理。在现代西方国家中,美国是该种模式的代表。

(2)中央集权为主的财政管理体制。这种模式下,地方政府事权上必须接受中央政府的领导,地方政府虽然在分税制下有自己的税种和收入,但只是相对独立,在中央政府的授权下进行活动。中央政府掌握财政大权,财政管理权限自上而下进行分割,财政大政方针和主要规章制度由中央政府制定和统一安排,地方政府的自主性很小。目前,日本、英国、法国等国家实行的是该模式。

二、我国政府预算管理体制的变迁

新中国成立以来,我国政府的财政收支关系进行了多次调整,从总的趋势看,是从集权向分权转变。具体来说,我国政府预算管理体制的变迁基本上可分为以下两个阶段。

(一)1994年以前的预算管理体制

1.统收统支制①

1980年以前,中国政府的预算管理体制基本上以"统收统支"为特征。在这种体制下,地方政府将收入全部上缴中央,各级地方政府的开支,由中央统一核拨。应当说,该体制在国民经济恢复时期(1950—1952年)这种特殊的历史背景下发挥了积极作用,它抑制了通货膨胀,平衡了财政收支,逐步恢复了生产,为"一五"时期的建设提供了良好的经济环境。但这种体制的弊端也随着经济建设的开展逐步暴露出来。以后一段时期中央政府政策虽然有所改进,比如在1959—1970年把地方负责组织的财政收入与地方财政的总支出进行挂钩,按收支总数确定一个分成比例,在1974—1975年中央对地方的财政收入或其超收部分另行确定分成比例,其目的都是想促进和提高地方政府的积极性。但这种体制下财权基本上都集中在中央,而对于地方政府来说,仍是收归收,支归支,收支两条线。统收统支的弊端一方面是中央政府集中财力过高,约占全部财政收入的75%左右,无法调动地方政府的积极性;另一方面,由于收支不挂钩,地方政府作为一个理性人的最大化行为将是尽可能地与中央讨价还价以争取更多的扩大财政支出,并且尽可能地减少地方承担的税收。地方政府既无超收的积极性,也无节支的积极性。为了改变这种局面,中央政府实行了改革,即实行财政包干制。

2.财政包干制

1980年后中央政府实行的财政管理体制是财政包干制,并在1985年和1988年进行过两

① 蒋洪.财政学教程[M].上海:上海三联书店,1996:528.

次改进。这种财政包干体制俗称为“分灶吃饭”体制。它的特点是不仅收入包干,支出也包干。1980 年中央规定地方政府的收入仍按行政隶属关系实行分类分成,其分成比例或补助定额由中央确定,且原则上一定五年不变,除了京、津、沪仍实行“总额分成,一年一定”;1985 年随着“利改税”的推行,税收成为国家收入的主要来源。中央政府将收入按税种划分为中央固定收入、地方固定收入、中央和地方共享收入,地方政府的收入开始按税种进行划分,而不是完全靠行政隶属关系进行划分,地方政府的支出范围也有所扩大,不仅包括经常性支出,而且包括建设性支出,多收可以多支,自求平衡,形成了有效的激励机制。并且这种自求平衡的机制是双向的,一方面地方政府要预算自求平衡,不再向中央政府伸手要钱;另一方面中央政府预算也要自求平衡,不再随意向地方政府集中财力。1988 年中央政府再次改进包干方法,对 31 个省、自治区和计划单列市实行了 6 种不同的包干方法。其主要包括:

(1)收入递增包干。这种方法指以 1987 年的收支为基数,确定递增率(环比),超过收入递增部分地方全留。这种方法的关键是要合理地确定递增率。

(2)总额分成。这种方法指中央政府核定收支基数,以地方支出占总收入的比重,对地方财政收入确定分成比例。这种方法的关键是分成比例的确定。

(3)总额分成加增长分成。这种方法指中央对地方增加部分另加分成比例,鼓励地方多增收,从增收中多留。这种方法的关键也是确定增加部分的分成比例。

(4)上解额递增包干。这种方法指包死上解数额,超过上解数额的增收部分全部留给地方。这种方法的关键是上解数额的确定。

(5)定额上解。这种方法指中央政府按原来核定的收支基数的收大于支部分,要求地方上缴固定数额的财政收入。

(6)定额补助。这种方法指中央政府按原来核定的收支基数的支大于收的部分,对地方给予固定数额的财政补贴。

财政包干制与统收统支制相比较,使地方有了一定程度的自主权,但是地方的收支基数仍由中央确定,并且“一地一包”,具有很大的随意性,地方不是真正的预算主体,而且财政包干制主要划分的是收入,也就是财权,而对中央政府和地方政府的职能并没有进行明确的划分,事权、财权不对称,存在分而不清、包而不干的弊端。为了克服这些弊端,同时适应我国经济体制改革的要求,1994 年实行了分税制改革。

(二)1994 年以后的预算管理体制

适应市场经济发展的需要,在充分考虑国情的基础上,我国于 1994 年实行了分税制财政预算管理体制改革。分税制是市场经济国家普遍实行的一种预算管理制度,主要内容就是根据事权划分中央政府和各级政府的支出,根据财权和事权相结合的原则划分中央政府和各级政府的收入,中央财政对地方财政收支的差额采用税收返还和转移支付制度来调节。

三、分税制预算管理体制

(一)分税制的内涵

分税制是根据市场经济原则和公共财政理论确定的一种分级预算的财政管理体制,是在国家各级政府之间明确划分事权及支出责任的基础上,按照事权与财权相统一的原则,结合税种特性,划分中央与地方各级政府的税收管理权限和税收收入,并辅之以补助金制的预算管理体制模式。分税制内涵极为丰富，它包括分税、分权、分征、分管等内容。

分税，即税收收入在中央和地方之间的划分。分税是分税制的核心问题，一般是按税种或税源将全部税收划分为中央和地方两套税收体系，按税源分税即各级财政可对同一税源按不同税率征收。根据分税程度的不同，可以有两种形式：完全型分税和不完全型分税。完全型分税是把全部税种分为中央税和地方税两类；不完全型分税是在此基础上，还设置中央与地方共享税。

分权，即税收的管理权限在中央与地方之间的划分。税收的管理权限包括税收的立法权、税法的解释权、征管权、调整权及减免权等。

分征，即分别建立中央税与地方税各自独立的征收系统，中央政府设置国税局，负责征收中央税和共享税；地方政府设置地税局，负责地方税的征收，以保证税法的贯彻和各级税收收入的实现。

分管，即中央政府与地方政府之间建立分级预算，分别管理各自的收入。

（二）分税制的类型

当前世界各国所实行的分税制预算管理体制，虽然形式多样、各具特色，但大体可分为以下两种类型：

(1)完全分税型，亦称分权型分税模式。其特点是：第一，将税种按中央税和地方税彻底分开，不设置中央与地方共享税，各级政府具有相对独立的税收体系；第二，中央和地方各自享有独立的税收立法权、调整权、减免权等；第三，设立中央和地方两套税收征收管理机构，明确划分各自的征收管理权限；第四，建立中央和地方分级预算管理体系，各自享有独立自主的财政收支权；第五，地方财政的最后平衡通过中央的转移支付解决。实行这类型分税制的多为联邦制国家。如美国是联邦制国家，分联邦、州和地方三级政府，联邦政府和州政府没有上下级隶属关系，各自具有立法、行政、司法三大部门，各自独立地行使法律所赋予的权力。与这种国家政权结构相适应，美国的预算管理体制也分为联邦、州和地方三级，各级政府有其独立的财政税收制度和法律。首先，以法律形式确定各级政府的责任，为划分各级财政的支出范围奠定基础。一般来说，联邦预算负责国防、国际事务、太空科学技术、大型公共工程、社会福利和救济、社会安全等项目的支出，州政府负责发展教育、卫生、公共福利、公路和港口建设等项目的支出，地方政府主要负责治安、消防、环卫等项目的支出。其次，根据各级政府的支出范围划分各自的收入来源，形成各自相对独立的主体税种和税收体系。如联邦政府以征收所得税为主，州政府以一般销售税为主，地方政府以财产税为主，同时采用同源共享、税率分享的形式征收一部分税收收入，如个人所得税、公司所得税。各级政府拥有自己的税收立法、征收管理的权力。再次，实行财政补助金制，由上级政府通过预算资金再分配的形式，给下级政府以财政补助。

(2)适度分税型，亦称集权型分税模式。该分税模式与完全分税型不同的是：第一，在税种划分上，除中央税和地方税外，还设置共享税；第二，中央制定统一的税收法律和管理规定，地方政府主要是执行中央的统一税法或以其为依据，制定本地的具体实施管理办法。实行这种分税制的多为单一制国家或称中央集权制国家。如日本是单一制国家，行政机构分为中央、都道府县和市町村三级，与三级政府相对应的有三级预算。其中，都道府县、市町村预算在地位上相互平等，同属地方预算。首先，中央与地方各级政府的事权划分大致为：中央预算负责立法、司法、国防外交及全国性的公共工程和公共事业服务等支出项目，地方预算主要负责教育卫生、社会福利、社会治安及基础设施建设等支出项目。其次，在收入划分方面，日本的税收分为国税(中央税)、地方税(包括都道府县税和市町村税)、中央和地方共享税。其主体税种所得税分为国家所得税和地方所得税。所以,日本中央一级的主体税是国家所得税、个人所得税、法人税、物品交易税等,地方税包括地方所得税,都道府县民税和市町村民税(为个人所得税和法人税附加),都道府县独立征收的事业、财产税等,中央与地方共享税为消费税。日本税收的立法权在国会,各级政府自行征管本级税收。再次,在全国的税收总额中,中央税所占的比例达60%以上,中央虽集中主要财力,但并不事必躬亲,即许多事业交由地方承办。因而,地方支出占到预算总支出的70%左右,其财力的不足,由中央给予补助。

(三)我国分税制的主要内容

1. 中央与地方事权和支出的划分

根据中央政府与地方政府事权的划分,中央财政主要承担国家安全、外交和中央国家机关运转所需的经费,调整国民经济、协调地区发展、实施宏观调控所必需的支出以及由中央直接管理的事业发展支出。地方财政主要承担地区政权机关运转所需的支出,以及本地区经济和事业发展所需的支出。

2. 中央与地方的收入划分

根据事权与财权相结合的原则,按税种划分中央与地方的收入。将维护国家利益、实施宏观调控所必需的税种划分为中央税,将同经济发展直接相关的主要税种划为中央与地方共享税,将适合地方征管的税种划为地方税。具体而言,我国分税制按照税源大小划分税权,税源分散、收入零星、涉及面广的税种一般划归地方税;税源大而集中的税种一般划为中央税。分税制初期把20种税划分为中央税、地方税、中央和地方共享税。随着经济形势的变化、税制改革的推进,我国现行的18种税按照财政管理体制划分情况如下:第一,地方独享税8个,包括房产税、城镇土地使用税、土地增值税、耕地占用税、契税、车船税、烟叶税、环保税。第二,中央与地方共享税6个。①增值税(不含进口环节由海关代征的部分):中央50%,地方50%;②城市维护建设税:中国铁路总公司、各银行总行、各保险总公司集中缴纳的部分归中央政府,其余部分归地方政府;③企业所得税:中国铁路总公司(原铁道部)、各银行总行及海洋石油企业缴纳的部分归中央政府,其余部分中央与地方按6∶4分享;④资源税:海洋石油企业缴纳的部分归中央政府,其余部分归地方政府;⑤印花税:证券交易印花税收入归中央政府,其他印花税收入归地方政府;⑥个人所得税:除储蓄存款利息所得的个人所得税外,其余部分中央与地方按6∶4分享。第三,中央独享税4个,包括消费税(含进口环节海关代征的部分)、车辆购置税、关税、海关代征的进口环节增值税。

3. 中央财政对地方财政的转移支付

划分收支、分税后地方事权与财权不匹配导致的地方收支差额,由转移支付调节。1994年分税制改革时建立形成了以税收返还、体制补助、专项补助等为主要内容的财政转移支付体系。1995年开始实施过渡期转移支付,后来为配合中央其他政策的实施又相继建立了诸如调整工资转移支付、社会保障转移支付等多种形式的转移支付。虽然我国转移支付的形式较多,目前规范的形式有两种,即专项转移支付和一般转移支付。

(四)我国分税制的完善问题

我国从1994年开始实行的以分税制为主要内容的财政预算管理体制还不是一种彻底的分税制,还存在地方政府财权与事权划分不匹配,地方财政还不是独立的财政,分税制税种的划分尚存在不合理，地方税体系不健全，转移支付制度不规范等需要进一步改进的问题。

针对我国现行分税制存在的问题，应着重从事权与财权的匹配和转移支付制度方面对我国分税制进行改革与完善。首先是把事权和支出范围的划分放在突出的位置上，注意事权与财权的匹配，完善地方税体系；其次是建立规范的转移支付制度。

［资料链接 11－3］

治蝗灾的钱应由哪级政府出？

“治蝗灾的钱没有明确是哪级政府出，受灾的几个基层政府都不愿掏钱，相互推诿，把灾情耽误了。后来灾情规模扩大，由省里出资金来治，才算解决。”时任河北省财政厅厅长的齐守印对本省早年一次蝗灾记忆犹新。

多年以来，中国各级政府支出责任的划分，是按照哪级机构的事情，就由哪级财政负责的办法笼统划分，造成了支出范围不清、支出责任不明、财力与事权不匹配、县乡财政困难等问题。河北省于 2008 年启动了省以下政府间财政支出责任划分改革试点，齐守印是这一改革的重要建设者和操盘手。

这项改革始于划分各级财政支出的责任范围，弄清一件公共事务，到底由哪级政府来买单。由市场解决的事务先从政府支出范围中剔除，再根据外部性等标准在各级政府之间划分。“比如一个镇做了件事，看效益会不会溢出本镇，如果没有就是本镇负责。如果比较明显地溢出本镇，但是不超过一个县，这个职责就应该由县里负责；这样逐级向上递推。”齐守印解释。

在齐守印看来，“这是一项得罪人的改革，涉及很多省属厅局的‘分钱权’”。例如，殡葬事务资金本由民政部门以专项转移支付的方式下拨。而在改革后，资金则以一般性转移支付的方式拨给基层政府，民政厅起初“非常不愿意”。如今，改革的基本结果是省内一般性转移支付增加，专项转移支付减少，县级政府财力提高了。

但越出省里的权力边界，涉及中央的财政支出责任，他们就变得无能为力。齐守印说，一些应该由中央专门负责的支出责任，在实际中由地方负责，例如国防支出中的义务兵家庭补助等。在齐守印看来，河北省改革的涉及范围仍有所局限，需要推进全国性的支出责任改革，才能得以解决。

资料来源：刘明霞. 河北试点：“得罪人的改革”[EB/OL]. (2013－09－02)[2020－10－20]. http://www.p5w.net/news/gncj/201309/t20130902_294181.htm.

［资料涉及的理论要点］

分级财政、财权事权与支出责任、转移支付。

［资料分析与讨论思路］

(1)各级政府事权及其财政支出责任应如何划分？

(2)各级政府事权及其财政支出责任有无交叉？如何解决？

(3)如何发挥转移支付制度调节省以下财权与事权中的作用？

本章小结

1. 政府预算是按照法律程序编制和执行的政府年度财政收支计划，是政府组织和规范财政分配活动的重要工具。

2. 依据不同的分类标准，政府预算有多种分类：以预算形式的差别为依据，可分为单式预算和复式预算；以预算分项支出安排方式的差别为依据，可分为增量预算和零基预算；按照预算管理方法的不同，可分为计划项目预算和绩效预算；按照预算级次划分，可分为中央预算和地方预算；按照预算管理范围，可分为总预算、部门预算和单位预算；按照预算作用时间的长短，可分为年度预算和中长期预算；按照预算收支的平衡状况，可分为平衡预算和差额预算。

3. 政府预算编制要遵循一定原则，包括公开性原则、完整性原则、可靠性原则、统一性原则和年度性原则。

4. 政府预算的组成由国家政府体制架构决定，一般来说，单一制国家预算由中央预算和各级地方政府预算两级组成，联邦制国家预算有联邦预算、州(邦)预算和地方预算三级。我国实行中央、省、市、县、乡五级预算。

5. 政府预算的程序也称预算周期或预算过程，根据预算程序的主体不同，一般包括预算编制、预算审批、预算执行和政府决算四个阶段。

6. 财政管理体制有广义与狭义之分，本章介绍的是狭义财政管理体制即预算管理体制。我国现行政府预算管理体制为分税制管理体制。分税制是根据市场经济原则和公共财政理论确定的一种分级预算的财政管理体制，是在国家各级政府之间明确划分事权及支出责任的基础上，按照事权与财权相统一的原则，结合税种特性，划分中央与地方各级政府的税收管理权限和税收收入，并辅之以补助金制的预算管理体制模式。分税制内涵极为丰富，它包括分税、分权、分征、分管等内容。

关键概念

政府预算　政府决算　单式预算　复式预算　绩效预算　中央预算　地方预算
总预算　部门预算　单位预算　平衡预算　差额预算　预算管理体制　分税制

分析思考

1. 试分析政府预算方式演变的轨迹与改革方向。
2. 我国政府预算管理体制如何演变？怎样完善我国分税制预算管理体制？

第十二章　政府间财政关系

本章主要介绍财政分权理论、政府间纵向和横向的财政关系等内容。本章学习要求:①了解中央与地方政府的职能分工和收入划分情况;②掌握传统的财政联邦主义、第二代财政联邦主义以及蒂博特模型和在中国的实际应用;③理解横向和纵向财政关系的内涵以及与纵向、横向转移支付的关系。

第一节　财政分权理论

一、财政联邦主义

财政联邦主义是指各级政府财政收入和支出的划分,以及由此产生的相关制度。或者说,财政联邦主义从某种意义上说就是财政分权,就是给予地方政府一定的税收权力和支出责任范围,并允许地方政府自主决定其预算支出规模与结构,其精髓在于使地方政府拥有合适与合意的财政自主权进行决策。概言之,财政联邦主义是一种关于财政分权的理论学说,本来源自财政学者对于联邦制国家财政分权体制的分析,后来也被广泛应用于对于各种国家制度下财政体制的分析,特别是被应用于福利国家改革及发展中国家政府间财政关系改革等问题的探讨。财政联邦主义和地方政府运作的框架是一个国家基本制度的重要部分。政府间财政关系改革则是指财政资源更有效率和更公平地在上下级及同级政府间重新配置。

(一)财政联邦主义的产生

由于“信息”和“激励”两方面的原因,中央政府和地方政府在公共产品的供给方面各有优势。为最大化公共产品的社会效益,必须在不同级次的政府之间进行合理分工,这就是通常所说的财政联邦制。财政联邦制与政治上的联邦制不同,其中心含义是指政府间财政职能的划分。根据奥茨给联邦政府所下的经济学定义,联邦政府是指在一个公共部门中既有集权式的决策机构,又有分权式的各级决策机构,根据辖区居民(以及在该辖区从事经济活动的人员)对公共服务的需求,分别做出有关公共产品提供的决策。从这个意义上看,人类历史上的财政模式多多少少都是具有联邦主义色彩的。钱颖一认为:财政联邦制虽然是西方财政学的一个标准用词,但实际上它的含义超出财政学。由于公共产品是由不同级次的政府共同提供的,而且各级次政府或多或少拥有事实上的权力,因此,财政或多或少是联邦化的,关键是各级政府如何划分权限以及权限大小的问题。因此,在经济学文献中,“财政联邦主义”和“财政分权”在大致相同的意义上被使用。

(二)传统的财政联邦主义

传统的财政联邦主义理论是一种规范理论,其代表人物是蒂博特(Tiebout)、奥茨(Oates)和马斯格雷夫(Musgrave)。因其三人在这一领域的先驱性贡献,传统的财政分权理论也被称为TOM模型。传统的财政分权理论研究的主题是政府职能和财政工具如何在不同级次的政府间进行合理配置的问题。TOM模型认为,收入再分配和宏观经济稳定是中央政府的职能,因此,只有资源配置职能是地方政府涉足的领域。

该理论关注公共部门职能和财政在不同层级政府之间的划分。按照奥茨的话,"基本的财政联邦制理论以一般的方式奠定了一个有关财政职能在不同政府层级的划分以及适于履行这些职能的财政工具的规范框架",也就是研究权能(支出方)和财政工具(收入方)如何安置在不同的(纵向)行政级次上。基本的财政联邦制理论强调如何在各级政府之间划分税收和支出以提高福利。传统的财政联邦制理论强调过多的分权可能引致一系列的配置扭曲、区域不平等以及财政不稳定问题,区分哪些属于全国性公共产品,哪些属于地方性公共产品,分析事权、支出权、收入权如何划分。这一理论往往涉及马斯格雷夫提出的三大财政职能(资源配置职能、分配职能、稳定职能)在各级政府级次的划分。

传统财政联邦主义认为通过财政分权,由一组分散化的地方政府与中央政府分工提供公共产品具有显著的优势。其主要观点如下:

其一,地方政府可以更切实地掌握本地居民的多样化的偏好,从而更好地满足居民的需求偏好。由于信息约束的限制,中央集权政府按照统一标准提供的公共产品很难满足居民多样化的偏好,而地方政府在公共支出决策过程中,能够根据本地资源状况,掌握支出项目的真实成本,提高决策合理性。

其二,由地方政府分散化提供公共产品可以提高供给效率。这种优势是通过两种机制实现的:一是用手投票机制,即通过选民合法选举产生的地方政府在地方公共产品需求方面,比中央政府更具信息优势,而且选举机制本身对政府官员的行为构成了约束和激励,要求地方政府提供最适量的公共产品以满足居民需求。二是蒂博特提出的用脚投票机制,即各个辖区政府提供各不相同的税负和公共产品组合,居民可以根据自己的偏好选择不同的辖区居住,从而实现公共产品的最优配置和社会福利最大化。

这些都是传统财政联邦主义学者提出的观点。其结论是建立在一系列严格假设条件之上的,包括人口流动不受限制、存在大量辖区政府、各辖区政府税收体制相同、地方公共产品无外溢性、市场信息完全等。各地方政府提供的公共支出和税负组合不尽相同,因而各地居民可以根据各地方政府提供的公共支出和税负组合,自由选择那些最能满足自己偏好的地方定居。

(三)第二代财政联邦主义

传统财政联邦主义理论影响深远,但它也有着明显不足,表现为:第一,仁慈高效政府的假设并不成立,政府是存在利己心态的"理性人";第二,它忽视了政府间关系的复杂性,在处理政府内部和各级政府间的竞争时采用了不合理的简单化策略,突出表现为第一代财政联邦制对竞次问题(race-to-the-bottom)考虑不充分;第三,关于更高级政府(中央政府)拥有更强大行政能力的假定与现实情况不符合。

首先,第二代联邦主义理论一个最大的变化就是把公共选择学派的观点用于分析政府间的财政关系,把政府看作是利己的"经济人",认为其有独立的经济利益,要追求预算规模最大化，而不是社会福利最大化。政府不再是一种非人格化的解决公共产品提供和公共需要满足的工具，而是有着很强的能动性。如果没有适当的措施来对政府予以规范和制约，它会不断榨取社会资源、扩张自己的规模并最终损害社会福利。多层次的政府体系不再是利益一致的整体。民选的议会代表、中央政府、地方政府、各级政府官员构成了委托代理关系。因此，第二代联邦主义理论越来越多地运用委托代理模型来研究政府间财政关系，强调激励机制的建立对协调政府间财政关系和实现社会利益最大化的作用。

其次，第二代财政联邦主义在哈耶克知识论的基础上分析了政府间信息不对称所导致的机会主义行为，进而说明了通过构造合适的政府治理结构建立有效的激励机制，使中央和地方能够各司其职、各负其责，相互拥有权利和义务的必要性及实现方式。第二代财政联邦主义的分析具有更强的实用性、针对性，其不满足于从理论上说明政府间分权的必要性及应该如何分权，而重在说明现实中应通过何种途径和方式去实现合理分权。

最后，第二代财政联邦主义强调制度分析对处理政府间财政关系的重要性。其理论着重研究现实中的政府间财政关系，以实证分析为主，针对理想模式实现过程中遇到的障碍，指出了维护市场的联邦主义所需具备的制度条件：①存在政府内的层级体系；②在中央政府与地方政府之间存在一种权力划分，任何一级政府都不拥有制定政策法规的垄断权，同时又在自己的权力范围内享有充分的自主权；③制度化的地方自主权对中央政府的任意权力造成强有力的制约，使得中央与地方的权力分配具有可信的持久性；④地方政府在其地域范围内对地方经济负有主要责任，同时一个统一的国内市场使得商品和要素可以跨地区自由流动；⑤各级政府都面对硬预算约束。

(四)中国式财政联邦主义

由于发展中国家有自己的国情，无论是政治、经济还是文化等都与其他发达国家有着很大差别，传统的财政联邦主义理论并不能完全套用于广大发展中国家，尤其是中国这种正处于转轨过程中的发展中大国。许多学者尝试对中国政府间财政关系做出合理的解释，形成了所谓“中国式财政联邦主义理论”，认为中国的政府间财政关系属于“市场维护型联邦主义”(market-preserving federalism)。持这种观点的学者认为，中国的财政分权同西方的联邦主义相比，更加注重分权化对地方政府的财政激励，即从制度上约束地方政府的行为，形成地方政府对经济的控制与市场机制之间的微妙平衡。也就是说，中国的财政分权达到了维护市场型联邦主义所追求的效果。相对于改革以前的高度集权体制，财政“包干制”给地方政府提供了强烈的财政激励，地方政府必须通过自己的财政努力来实现收支平衡。在这样的制度框架下，地方政府开始真正关心地方经济。

但是，学术界对于中国式财政联邦主义观点也存在不同意见。有学者就认为财政“包干制”的形成，意味着中国政府间财政关系在一定意义上属于财政联邦制，但是，实际上还是1994年的“分税制”改革，正式从制度上加快了财政联邦制的进程。有学者认为从财政学意义上讲，中国形成了比较完整的政府层级和地方政府系统，目前的政府间财政关系已经具备了财政联邦主义制度安排的雏形，不过这种雏形还相当不成熟。持反对意见的学者认为，中国的财政体制与联邦制国家的财政体制有着诸多不同之处，并提出“事实上的准联邦制”的观点。有学者甚至认为，中国的财政分权并未形成所谓市场维护型联邦主义。

二、蒂博特模型

蒂博特模型是查尔斯·蒂博特在1956年建立的一个地方公共产品供给模型。蒂博特模型又称为“以足投票”理论，该模型论证了地方政府提供公共产品的有效性。蒂博特认为，人们为了最大化自己的效用，会选择到一个地方政府提供的公共产品和所征收的税收组合最符合自己偏好的地方去居住，选择的过程就是以足投票的过程。当每个人都得到他或她所需要的公共产品并且对税收水平满意之后，人们将不再流动。此时，帕累托最优就实现了。

（一）蒂博特模型的内容

(1)假设具有消费者和投票者双重身份的居民能够充分流动，将流向那些能够最好满足其公共产品偏好的地区；

(2)居民对各地公共产品收入-支出模式具有完全信息；

(3)有许多地区可以供居民选择；

(4)不考虑各地对就业机会的限制，所有的人都靠股息来维持生活；

(5)各地区的公共产品不存在外部性；

(6)每一种社区服务模式都是由城市管理者根据该社区原有住户的偏好来设定的；

(7)为降低平均成本，没有达到最优规模的社区将会试图吸引新的居民，超过了最优规模的社区将反之，处于最优规模的社区则力图保持其人口数量不变。

根据上述假设，居民以选择居住地的方式表达了对地方公共产品的需求，类似于在市场上的选择行为，能够实现各地区公共产品的供求均衡，并使资源配置达到帕累托最优。

（二）蒂博特模型的应用

尽管蒂博特模型建立在一系列前提性假设的基础之上，但它仍然为经济学家们分析财政体制中地方政府收入和支出政策的变化提供了一定的依据。在现实生活中，许多人和家庭的迁移确实受到了不同地方之间公共预算差异的影响。美国人有着频繁更换居住地的习惯，这种迁移是受多种因素影响的。但地方政府的财政收支政策，无疑是影响人口流动的重要因素之一。自第二次世界大战结束以来，美国大批居民在州与州之间的流动以及由大都市向卫星城市迁移的实际情况，便从一定程度上说明了这一点。

可以说，有许多因素促使人们从中心城市移向郊区，例如城区污染、交通工具逐步现代化等，但在另一方面，也是由于郊区相对较低的税率和逐渐发展起来的较好的公共服务设施。从地方政府的角度来看，尽管州一级也拥有法律所赋予的税收立法权和征管权，然而，由于各州之间为了竞相吸引投资，所以便无法轻易地提高所得税税率，甚至不得不竞相付出给予所得税优惠的代价。这样做的结果，便是个人所得税难以完全划归地方财政，而需要由联邦和州分别征收。最终，个人所得税税源的大部分被划归联邦政府所有，成为联邦政府财政的重要来源，从而避免了州和地方政府在个人所得税政策上的过度竞争。与此同时，在支出方面，各州和地方政府均把注意力放在与居民生活密切相关的领域，适当增加了教育、道路、医疗卫生、社会福利等方面的开支，从而使公共财政的支出范围和结构与居民的消费需求更趋吻合。这些变化显然是与蒂博特模型的推理基本一致的。

第二节　政府间纵向财政关系

一、中央与地方政府的支出责任

(一)中央与地方政府职能分工

财政职能是政府活动的经济体现,是政府间支出责任划分的理论依据。财政有三大职能,即资源配置、收入分配和宏观调控。在单一政府的情况下只能由唯一的政府行使,但在一个多级政府体制中,就产生了政府职能如何分工的问题。财政职能的分工也可称为事权的划分。事权的合理划分是正确处理中央与地方财政关系的基础,是确定各级政府支出责任的依据。

现代财政联邦理论认为,在一般情况下,财政的收入分配和宏观调控职能由中央政府行使,而财政的资源配置职能则由中央政府和地方政府共同行使。联邦制下的各级政府有三个主要目标:有效配置资源,合理分配负担和收益,稳定经济运行。从经济学角度看,与市场失灵有关的提供公共品、处理外部性等方面应由州和地方政府负责,因此,有效配置资源的任务主要应由州和地方政府承担。而合理分配收入和稳定经济显然是联邦政府的使命。例如发行货币和执行独立的货币政策,这种稳定经济的宏观政策,地方政府显然不可能有效地实施,唯有中央政府才能实施。因此,在多级政府体制中,必然形成财政职能分工的格局。

1. 收入分配职能的分工

财政收入分配职能的目标是实现人与人之间的收入分配公平。要实现这一目标,可以通过两条途径:一是个人间的直接收入再分配;二是地区间的间接收入再分配。无论通过哪条途径,财政的收入分配职能都须由中央政府集中统一行使。以下从两方面来分析。

(1)个人间的收入再分配。

在开放的市场经济条件下,全国形成一个统一的大市场,劳动力、商品资本能自由流动。如果某地方政府实行高福利的收入再分配政策,对低收入者提供更多补助,而对高收入者课征重税,则低收入者会大量迁入该地区,高收入者会纷纷迁出该地区。这样,该地区财政支出将急剧上升,而财政收入则下降,导致高福利政策难以为继。而且,高税率使已有投资缺乏后劲,并排斥新投资者。地方利益由于高福利政策的实施而受损,因此各地会纷纷减少补助,降低税率,使财政的收入分配职能失效。因此,地方政府若行使收入分配职能,不仅难以实现收入再分配,而且还会使资源配置遭到扭曲。随着市场经济的成熟,全国统一市场形成,收入再分配职能必然由中央政府集中统一行使。

(2)地区间的收入再分配。

各个地区提供相同公共产品可能成本负担不同,所需征收的税收各异。一般来说,提供相同公共产品,经济落后地区的税负相对较重。这样,由于所处地区不同,居民税负不同,违反横向公平原则,因而,各地的收入差距应得到缓解。但各地区处于平等地位,落后地区不能强迫发达地区给予援助,而发达地区也不会自觉自愿给予落后地区无偿援助。因此,必须由中央政府出面,将发达地区的部分收入集中起来,然后转移支付给经济落后地区。

另一方面,如果各地政府独立执行不同的收入再分配政策,将会影响市场机制的正常运行。各个地方的税率高低不同,会引起劳动力和资本的流动,该流动使资源从最有效使用的地区转到低效使用地区,从而有损资源配置的效率。

因此，不论是个人之间还是地区之间的收入再分配职能都不适宜由地方政府行使，而应由中央政府集中统一行使。

2. 宏观调控职能的分工

财政的宏观调控职能，其目标是实现社会总供给和社会总需求之间的平衡。这关系到整个社会的全局利益，此职能只能由代表全社会利益的中央政府来行使。

(1)地方财政政策失效。

在宏观调控方面，中央具有综合性优势。经济繁荣时，中央政府采取增税减支措施抑制通货膨胀；经济萧条时，中央政府采取减税增支措施促进经济增长。这些措施如果由单个地方政府实行，则政策力度不够，会形成贸易漏损。例如，一个地区实行扩张性财政政策，通过减税增支促进本地区有效需求，刺激经济发展，结果政策所产生的效益会大量渗透到其他地区，使其他地区在不付出任何代价的情况下获益。其具体表现为：大量新增的有效需求用于购买外地商品和劳务，对本地区的经济刺激不足。同样，如果某地区实施紧缩性的财政政策，需求的减少会具体表现为对外地商品和劳务的消费，本地经济仍然过热。在这些情况下，地方财政政策失效。因此，宏观调控必须在全国范围内实行，应由中央政府负责行使这一职能。

(2)地方财政缺乏宏观调控的政策手段。

宏观调控需要财政政策与货币政策相互配合。几乎所有国家的货币政策都是由中央政府控制的。这是因为，一方面如果地方政府拥有货币发行权，则地方会利用创造新货币的方式增加对其他地区资源的购买，导致货币流通混乱，造成通货膨胀压力，从而使地方政府的货币政策完全失灵。另一方面，宏观调控需要政府实行周期性的预算赤字或盈余，即经济萧条时，减税增支，扩张经济；经济繁荣时，增税减支，紧缩经济。地方政府难以进入全国性资本市场，难以为地方预算盈亏融资。

从以上分析可知，在要素充分流动的情况下，财政的宏观调控职能只能由中央政府集中统一行使。

3. 资源配置职能的分工

财政的资源配置职能涉及“生产什么”和“怎么生产”这两个基本经济问题，并通过财政的消费和生产活动来实现。以下，从公共产品和混合产品的提供、公共生产以及政府对市场低效率的纠正政策这三方面讨论资源配置职能在中央与地方政府间的分工。

(1)公共产品和混合产品该由哪级政府提供。

如果在全国范围内规定一个相同的公共产品提供水平，那么，不同地区的人们对公共产品的需求差异将被忽视，这必将导致效率损失。图 12－1 说明了中央政府统一提供公共产品的效率损失。

假设只有两个地区，地区 1 对公共产品的需求曲线为 D_1，地区 2 的需求曲线为 D_2，如果公共产品的提供成本平均分担，则税负为 OP。地区 1 居民认为公共产品的最佳提供量为 Q_1，地区 2 居民则认为公共产品最佳提供量为 Q_2，而中央政府却统一提供 Q_3 的量。这样，对于地区 1 而言，公共产品显然提供不足，效用未达最大化，产生效率损失 $S_{\Delta ABC}$；而对于地区 2 来说，提供过多，也会产生效率损失，其表现为 $S_{\Delta CDE}$。如果公共产品由地方政府提供，地区 1 的提供量将上升到 Q_1，而地区 2 的提供量将下降到 Q_2，两地居民的境况都将得到改善，并能消除效率损失。因此，公共产品统一由中央财政提供会产生资源配置的效率损失，而由地方政府担当这一职能是比较适宜的。

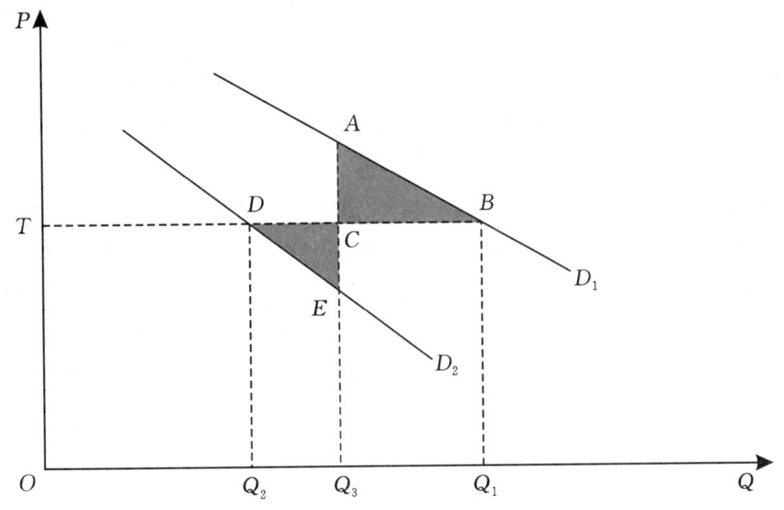

图 12-1　中央政府统一提供公共产品的效率损失

此外，各种公共产品的受益范围在空间上有所不同，公共产品的受益范围决定了各级政府的职能划分。公共产品可分为全国性公共产品和地方性公共产品。全国性公共产品，其受益范围涉及全国，如国防、最高法院、航空、大规模交通运输主干设施等，应由中央政府提供；地方性公共产品，其受益范围仅限于某一地区，如城市市政设施、地区性交通、城市公安，应由地方政府提供。

按公共产品的受益范围来确定中央与地方在公共产品提供上的责任，其积极意义在于将公共产品的成本和效益统一在同一个政府管辖区域，公共产品的受益范围应该是其成本负担的范围，即受益者必须同时是成本负担者，这有利于各级财政将公共产品的成本效益内部化，从而建立起有效的资源配置约束机制，使各级政府的财政行为受到提供公共产品的成本效益两方面的制约。

混合产品在消费过程中具有一定程度的外部效应，即产品消费所带来的影响在一定范围内和一定程度上涉及他人和社会。例如，教育使个人受益的同时，也使社会受益，如果居民在北京大学接受教育后移居上海工作，这样，上海会因为迁入了受过良好教育的人才而受益。

混合产品究竟该由哪级政府提供，这应考虑外部效应所涉及的范围。如果某项混合产品的外部效应涉及全国，则对外部成本征税或对外部效益补贴应由中央政府负责。如果外部效应只涉及某一地区，则相应责任应由该地区政府负责。

(2)公共生产该由哪级政府负责。

对于具有自然垄断性质的生产部门，国家可以采用公共生产方式，其关键在于不同自然垄断部门的公共生产应该由哪级政府负责。一般来说，自然垄断具有较强的地域性，不同的自然垄断部门，其地域范围不同。全国性的自然垄断，如航空铁路，其公共生产应由中央政府负责；地区性的自然垄断，如自来水、煤气、电力等，其公共生产应由地方政府负责。

我国长期存在的政企不分的局面，其实质就是公共生产的范围超出了具有自然垄断性质的生产部门，即在许多市场机制能有效调节的生产领域也采取了公共生产方式。公共生产的分级管理方面，中央政府管理关键的大型企业，地方政府管理非关键的中小型企业，形成了企业对政府的行政隶属关系，地方政府实际上成为地方企业的所有者，这些企业与地方财政紧密联系，形成地方垄断。地方财政通过对企业的所有权来干预企业经营活动，并将之纳入地方财政追求地方利益最大化的轨道，这完全违背了市场经济条件下形成全国统一市场的客观要求。市场经济的发展，急需切断企业对政府的行政隶属关系，让企业在市场中展开有效竞争。

(3)纠正市场低效率的政策该由哪级政府制定。

人们相信市场机制基本上可以实现对私人财物的合理配置，但在某些方面或某些产品上需要加以调节。因此，财政可以采取间接控制的办法(例如以税收或其他财政手段改变私人财物的相对价格)来影响市场，以纠正市场机制可能造成的低效率。财政的间接控制是建立在肯定市场机制对资源配置的有效性基础之上的。因而，这种控制必须保证市场竞争的公平性。对同一种商品或劳务应采取同样的财政政策，以保证商品、资金的自由流动，这就需要在全国范围内实行统一财政政策，而这一要求只有中央财政才能实现。如果让各地方政府自发决策，则不可能形成统一的财政政策，因为地方财政往往只从本地区的利益出发，必然对不同地区的商品、劳务或投资经营活动采取不同的财政政策，从而会阻碍商品和资金在地区间的流动，严重地阻挠市场机制对资源的合理配置。因此，对市场低效率的纠正政策只能由中央财政来制定。

从以上论述可知，财政的三大职能在中央与地方政府之间的分工应该为：收入分配、宏观调控职能应由中央政府统一行使，而资源配置职能则应根据公共产品的受益范围、自然垄断部门的地域性，由中央与地方政府分工执行，资源配置职能中对市场机制低效率的纠正政策，则应由中央政府来制定。

(二)中央与地方政府的支出责任划分

在划分政府间支出责任的过程中贯穿了两个基本思想：一是中央能够考虑超越地方范围的事务；二是地方政府比较了解本地居民的愿望和需求。

1. 支出责任划分的原则

(1)中央政府的支出责任范围。

①中央政府负责宏观调控政策的实施。

②中央政府负责收入再分配政策的实施。

③中央政府负责受益范围涉及全国的公共产品的提供。

④中央政府负责外部效应波及全国的混合产品的提供。

⑤中央政府负责全国性自然垄断行业的公共生产。

⑥中央政府负责对地方财政的调控，包括：弥补地方财政的收支缺口；保证各地方政府间有共同的最低服务标准；避免或缩小各地方政府间的财政净利益的差别；矫正辖区间的外溢；引导或矫正地方财政行为，使之符合中央的意图或政策。

(2)地方政府的支出责任范围。

①地方政府负责受益范围限于某区域的公共产品的提供。

②地方政府负责外部效应波及本地区的混合产品的提供。

③地方政府负责地方性自然垄断行业的公共生产。

当然，中央政府与地方政府共同负责受益范围既涉及全国又涉及地方的公共产品的提供。例如，青山绿水既供当地人民游玩，又供全国各地人民旅游，则当地政府与中央政府都有责任维护。

2. 支出责任的具体划分

按照上述划分原则对政府间支出责任按具体项目进行详细划分，见表12－1。

表12－1 政府间支出责任划分一览表

支出分类	支出责任	理由
国防	中央	全国性公共产品
外交	中央	全国性公共产品
外贸	中央	全国性公共产品
环境保护	中央	全国性混合产品
货币政策	中央	宏观调控
财政政策	中央、地方	若能有效地在政府间协调
对个人的转让支出	中央	个人间的收入再分配
失业保险	中央	个人间的收入再分配
行业补贴	中央	宏观调控
自然资源	中央	地区间收入再分配
工农业	中央	全国性自然垄断
航空和铁路	中央	全国性公共产品
地区间贸易管理	中央	宏观调控
教育、卫生	地方	地方性混合产品
公园、市政建设	地方	地方性公共产品
地方性交通	地方	地方性自然垄断
消防、警察	地方	地方性公共产品
移民	中央	效益分享与成本分担的范围具全国性

资料来源：

(1) ANWAR S. The Reform of Intergovernmental Fiscal Relations in Developing and Emerging Market Economics, Policy and Research Series[J]. World Bank, 1994(23): 12.

(2) ANWAR S. The New Fiscal Federalism in Brazil[J]. World Bank Discussion Papers, 1991(124): 7.

(3) ANWAR S, QURESI Z. Intergovernmental Fiscal Relations in Indonesia[J]. World Bank Discussion Papers, 1992(239): 30.

支出责任划分一览表只是给我们提供了一个支出责任划分的基本框架，但在实践中，由于国情不同，支出责任划分也各不相同。比如，教育支出在美国、德国和日本是中央和地方的共同责任，而在加拿大主要是地方的责任；卫生支出在美国和加拿大是地方的责任，而在德国和日本是中央和地方的共同责任。详细情况可见表12－2。

表 12-2 若干国家中央与地方支出责任的划分

内容	美国	加拿大	德国	日本
国防	中	中	中	中
外交	中	中	中	中
国际贸易	中	中	中	中
金融与银行政策	中	中	中	中
管制地区间贸易	中	中	中	中
立法与司法	中、地	中、地	中	中
对个人的福利补贴	中、地	中	中	中、地
失业保险	中、地	中、地	中	中、地
全国性交通	中、地	中、地	中	中
地区性交通	地	地	地	中、地
环境保护	地	地	中、地	中、地
对工业、农业、科研的支持	地	地	中、地	中、地
地区性规划	地	地	地	地
教育	中、地	地	中、地	中、地
卫生	地	地	中、地	中、地
公共修建的住宅	地	地	地	中、地
供水、下水道、垃圾	地	地	地	中、地
警察	地	地	地	中、地
消防	地	地	地	中、地
公园、娱乐设施	地	地	地	地

注：本表中“中”表示中央政府，“地”包括省/州及其下级政府。

资料来源：马骏，郑康彬. 西方财政实践[M]. 北京：中国财政经济出版社，1997：245.

当然，支出责任的划分在实践中也会做出一些调整，比如近年来美国联邦政府开支中的人力资源支出，就包含了卫生和医疗项目，这就意味着卫生方面的开支由中央和地方政府共同承担。

法国在教育支出责任划分上较具特色，责任分工非常明确。中央、大区、省和市镇政府分别管理并负责大学、高中、初中、小学的建设及正常运行费用，各级学校教师的工资统一由中央政府支付。值得一提的是，法国政府认为办学校是政府的职责。因此，即使是私立学校，只要与政府签订合同，即可获得经费资助，其教师工资全部由中央政府承担，学校的建设运营费用也可得到地方政府的补贴。

二、中央与地方政府的收入划分

现代政府的主要收入来源是税收。因此，政府间的收入划分最主要的就是税收的划分问题。下面主要介绍税收划分的三种方式、税种划分的基本原则和基本分类。

(一)税收划分的方式

税收划分有三种方式:分税种、分税率、分税基。将全部税种在中央和地方之间进行合理的划分,根据归属结果,可以形成三种形态:中央税、地方税和中央地方共享税,这就是分税种。分税率是指不同级别的政府对同一税基课以不同的税率,分别征收。分税基,指的是两个或两个以上级别的政府在一个共同的税基上征收各自的税收。税基分享的方式主要有三种:对某一税基分别设置中央税和地方税,由两套税制共同征收;对某一税基只设置中央税,地方政府通过在中央税税率上附加一定的比例或附加费的形式分享;只设一种税,由一级政府进行征管,征得的收入在中央和地方政府之间分享。

在这三种方式当中,最基本的是分税种的问题。税种在中央和地方政府之间的划分一般基于税种本身的属性,适合由中央征收的,就划分为中央税;适合由地方征收的,就划分为地方税;当然,还有中央和地方共享税。

(二)税种划分的原则

马斯格雷夫提出,税种的划分应该遵循以下原则:

(1)可能影响宏观经济稳定的税收应由中央负责,下级政府征收的税应不与经济周期相关,否则地方政府的税收政策可能破坏中央稳定宏观经济的努力。

(2)累进性很强的再分配税种,例如个人所得税应归中央征收。此类税如果由地方征收会造成高收入和低收入集团的非正常流动,不仅扭曲人口的地理分布,也干扰社会其他公众目标的实现。

(3)其他累进性个人税种应由那些能最有效地课征全部税源的政府征收。

(4)税基在各地分布严重不均的税种应由中央征收,例如资源税。

(5)税基具有高度流动性的税种应由中央征收,否则会引起税基在地区间流动,破坏经济效率。

(6)各级政府都适合向公共服务的受益人收取使用费,并以此作为财政收入的一个补充来源。

另外,税收的划分还要考虑各级政府税收收入规模的大小。地方收入规模过小,或者极端的情况下完全由中央调配收入,地方财政可能因为支出与收入处于无关状态而产生软预算约束的问题。一般来说,“财力和事权相匹配”是恰当的原则。也就是说,地方政府的事权越大,相应的财力也应该越多;反之亦然。当然,各地情况不同,各个地方政府的事权不可能完全和财力相匹配,转移支付能够弥补财力缺口,这个问题将在下文讨论。

分税种所选取的依据不同,分税的结果也就不同。因为对具体税种来说,根据不同的原则可能有不同的划分方法。就各国实践来看,除了“关税是中央税,财产税是地方税”的共同点之外,其他税种的划分是很不一样的。当然,这并不表示各国的划分都是合理的。由于适合成为地方税的税种并不多,所以在实践当中,出现了分税率、分税基等形式,使地方政府能够获得足够的税收收入和事权相匹配。

(三)税种的具体划分

按照上述分税原则,可以划分各种不同的具体税种。

(1)关税,应划归中央政府,以减少不同地区间税收差别对外贸造成的扭曲。

(2)所得税,关系到全国的收入再分配,应由中央政府统一征管。

(3)财富税是对资本、财富、财富转移、继承与遗产课征的税收,这些税种与要素资源配置相关,为了保证市场机制的高效运行,应划归中央政府。

(4)资源税,税基不但具有流动性,且税基分布很不均匀,应由中央与地方分享。凡涉及国民经济全局的战略性资源,如石油、天然气、重要金属矿产资源划归中央;其他非战略性资源,如森林、采石场、小型煤矿方面的资源税可划归地方政府。

(5)土地税、房产税属于地方政府。这类税税基不具有流动性,地方政府又比较熟悉当地情况,易于征管。但地方政府应行使制定财产估价标准等方面的管理职责,并做好所辖区域内的收支协调工作。

(6)销售税应区分单阶段销售税和多阶段销售税。前者如消费税、零售税,可划归地方政府,但邻近地区采用的税率,差别不能过大。后者如增值税,以体现税收中性为目标,实行抵扣机制,并对出口实行退税,这些都要求集中税权,划归中央政府。

(7)对劣值品的课税,如对烟、酒征收的国内产品税,对环境污染征收的环保税适合于各级政府征收,这主要取决于劣值品影响的范围是全国性的还是地方性的。

(8)使用费与受益税适合各级政府征收,只要与受益范围相适应,不引起资源配置的扭曲。作为受益税的社会保障税,可由中央与地方政府协同征管,中央侧重于制定统一的政策标准,地方负责具体操作。

以上划分对于我们划分政府间的税收具有一般的指导意义。但是,我们不能生搬硬套,要根据国情,适当参考。在实践中各国的做法有所不同。一般来说,各国将关税划归中央,财产税划归地方,其余税种的划分则考虑收入分配、经济稳定、征收效率等因素。若干国家的主要税种划分见表 12-3。

表 12-3 若干国家中央与地方之间主要税种的划分

内容	美国	加拿大	德国	日本
关税	联邦	联邦	联邦	中央
公司所得税	联邦、州	联邦、省	联邦、州	中央、地方
个人所得税	联邦、州	联邦、省	各级	中央、地方
增值税		联邦	联邦、州	中央
销售税	州	省		中央、地方
财产税	地方	地方	州、地方	地方
对用户收费	各级	各级	地方	各级

资料来源:马骏,郑康彬.西方财政实践[M].北京:中国财政经济出版社,1997:250.

必须注意的是,政府间的税收划分通常伴随着政府间税基分享或收入分享的问题。所谓税基分享,是指两个或两个以上级别的政府在一个税基上征收各自的税率。在税基分享中,税基通常由较高级别的政府(上级政府)决定,而较低级别的政府(下级政府)则在同一税基上征收补偿性税率,即进行税收附加。这种税基分享机制只流行于发达国家。相反,一种在发展中国家采用的办法是收入分享机制,它可以替代税基分享机制。

[资料链接 12－1]

明代的央地财政关系

明代的中央与地方财政关系很多方面继承了元代中央集权的做法，例如收入分成比例基本也在70%和30%左右，但是相对于元代和清前期，地方政府的财政权力要大一些。中央设置户部掌管全国财政，下设十三清吏司，管理各省财政。中央财政权限包括确定税源与税基，制定各种赋税制度，确定税率，确定各项支出的标准及范围。地方上，明代设置了十三承宣布政司，掌管各地财政，布政使负责各省的户口、土地、宗室支出、军费支出及赈灾等。布政司作为一个联结州县与中央的重要地方层级，除了对税收进行征解外，还对所辖州县进行财政监督，对所属府县赋税做小规模调整，均平全省各地徭役。具体征税任务则由县一级政府分派实施，以包干制的形式完成，征税数额、上解京师数、起运、对拨地方均有定额，具体征收时由县分摊于各户。

中央与地方政府的财政收入分配主要以起运存留的方式进行。起运指各省按照中央要求将税收运送到京师或者边镇；存留指的是各地税收小部分留在本地，用作地方常规支出的一部分钱粮。起运存留是明代财政制度的重要内容，反映了明代税制的大致情况，也与中央地方财赋分配密切相关。具体到起运存留的税种，明代多为中央税及中央地方共享税（见表12－4），地方税不多，但是明代对地方控制没有清代前期严格，地方拥有部分财权。明代财政体制的特征是中央集权的同时，地方保留了一定的财力。在地方存留中，除了支付地方经费开支外，还承担部分应由中央政府负责的开支。起运存留的比例根据不同税种划分，具体的比例也因为不同税种而存在差异。弘治十五年（1502年）两税的存留与起运比例为3∶7，万历六年（1578年）则为4∶6。地方的存留也要在中央的严格监督下使用，因而存留不是真正意义上的地方财政。真正属于地方财政的是羡余，它的存在不足以改变中央集权财政的局面，只能说明明代中央对地方的财政控制比清代略松。

表12－4　明代中央与地方政府的分税制

中央税	中央与地方分享税	
盐课、银课	田赋由州县征收，大部分上解中央	户口盐钞银、经营税、捐纳、账罚银等中央与地方共享

地方上的支出主要是地方官吏俸粮、师生禀膳、赈灾、藩禄、地方军队的军费等，这些常规性支出依赖于存留。中央不但监督地方的税收与上解，也监督地方的财政支出。以上都是在中央政策的范围内发放，例如士兵月粮数量，以及本色、折色的比例，需要奏请中央裁定。非常规支出，例如赈灾、兴修水利工程，也由中央控制。起运则用于边镇支出、京营官兵月粮、封爵的功臣支出、在京官员俸禄、卫所官军的折俸、内府支出，以及赈灾钦赏等。与其他朝代一样，中央政府除了制定赋税征收政策外，还对地方赋税收支情况进行检查，对地方官吏进行考成。

资料来源：管汉晖.秦汉以来我国中央与地方的财政关系：财政分权的历史渊源回溯[J].经济科学，2017(4)：109－124.

李治安.唐宋元明清中央与地方关系研究[M].天津：南开大学出版社，1996：279.

[资料涉及的理论要点]

央地财政关系、财权事权与支出责任。

[资料分析与讨论思路]

(1)明代的央地关系呈现出什么特征？

(2)明代的央地关系对当前的央地关系有什么样的启示？

三、政府间纵向转移支付

(一)纵向转移支付的定义及理由

1. 纵向转移支付的定义

转移支付,是指公共部门无偿地将一部分资金的使用权转让给他人所形成的支出。一般包括社会保障支出、公债利息支出以及各种补助金支出。在此要讨论的是政府间的财政转移支付,即一个国家的各级政府之间在既定的事权、支出范围和收入划分框架下财政资金相互转移,包括上级财政对下级财政的拨款、下级财政对上级财政的上解、共享税的分配以及不同地区间的财政资金转移。

从转移支付方向考虑,政府间财政转移支付有两种模式:一种是上下级政府间的资金转移,即纵向转移支付;另一种是同级政府间的资金转移,即横向转移支付,表现为财力富裕地区向财力不足地区转移资金。其中,纵向转移支付各国普遍采用。在本节要论述的重点就是纵向的自上而下的转移支付,横向转移支付将在下一节内容里讲述。

2. 实行纵向财政转移支付的理由

第一,加强中央政府对地方财政的宏观调控。转移支付是对实行分税以后的财政收入分配格局进行再次调整。实行分税制,并不意味着地方可以拥有足够的税收收入来平衡财政收支。地方所能支配的税收仅仅是地方相对稳定的一部分财政收入,其财政收入与财政支出所存在的缺口,通过财政补助或转移支付予以弥补。中央政府可以对地方政府的财政支出进行控制和调节,以实现中央政府的宏观政策目标。

第二,实现政府间纵向财政平衡。纵向财政不平衡是由于政府间事权与财权划分不相匹配造成的。各国政府划分为中央政府和地方政府,各级政府在划分事权的基础上确定支出责任。在分税制下,地方政府提供公共产品的作用日益重要,但在收入划分方面,为了不扭曲市场机制,中央集中了大量收入。中央财政收入能力远远大于支出需求,而地方财政收入能力难以满足支出需求,这样,就形成了纵向财政不平衡。各国纷纷通过转移支付补充地方财力,以保证地方政府正常履行职责。现在,一些发达国家的中央财政收入占财政总收入的比例很高,例如,美国达到62%,德国68%,日本77%,英国89%,法国87%,澳大利亚75%。为消除纵向财政不平衡,中央政府一般采取无条件转移支付方式。

第三,实现政府间横向财政平衡。由于自然资源、地理环境、人口分布、社会结构、历史状况、经济水平的不同,各地财政收入能力和财政支出需求相差悬殊,即财政净利益差别极大,造成公共服务水平的极大差异。在一些贫困地区和少数民族地区,甚至连最低的公共服务标准也难以达到,如普及初级义务教育、初级卫生保健、保障安全饮水等也存在困难。因此,中央政府应该通过转移支付消除财政净利益差别,帮扶特殊地区达到最低公共服务标准,以实现横向财政平衡。

第四,外部效益。地方政府提供的公共产品或服务,若受益范围超过本地区,则会产生外部效益,即其他地区居民在不承担任何成本的情况下受益。地方政府若只根据本地区居民的效益进行分析,而不考虑外溢到其他地区的效益,则其公共产品的提供水平将低于最佳提供水平,导致资源不合理配置。外部效益如果只涉及少数地区,则可以由这几个地区相互协调(值得提醒的是,这里可能会涉及横向转移支付,但目前我国的横向转移支付制度并不完善)。但如果涉及许多地区,则相互协调的成本很高,难以达成一致意见。在这种情况下,应由中央政府采取配套转移支付,以激励地方政府提供更多的公共产品。

第五，规模经济。有些公共产品和服务，如供水、供电，具有规模经济，即使用者越多，人均成本越低，产出达到相当规模时才能获得成本节约带来的利益。如果由特定的地方政府独立供应，由于财力限制，难以达到合适水平。因此应由中央政府实施转移支付，以激励地方政府达到适当规模。

第六，实现中央政府特殊目的。①中央政府应保持经济稳定。经济繁荣时，中央减少对地方的转移支付，以限制地方支出；经济萧条时，中央增加对地方的转移支付，以鼓励地方支出。例如，20 世纪 30 年代，各国地方政府为了对付经济危机而举办的许多公共福利事业，都曾经得到过中央政府的转移支付。②中央政府帮助地方政府应付非正常事件。在地方遇到严重自然灾害等非正常事件时，中央采用有条件非配套转移支付，促使地方政府将所有转移支付资金用于灾后恢复工作。③其他特殊社会目的。例如，美国联邦对州和地方的教育补助规定，接受补助的学区不能实行种族歧视和种族隔离政策。

3. 纵向转移支付的种类

在制定转移支付方案时，根据资金用途是否有具体规定，可分为有条件的和无条件的转移支付；根据资金分配是否要求地方自行承担一定比例的资金，可分为配套和非配套的转移支付；根据分配额是否有限制，可分为封顶的和不封顶的转移支付。

对于不同转移支付形式的影响，可以用经济学方法进行分析。假定地方政府提供的公共产品 X 的量用横轴表示，居民其他消费品 Y 的量用纵轴表示，为了分析方便，假定地方政府提供的公共产品就是受补助的公共产品。

(1)无条件拨款。

无条件拨款指未规定资金用途，又不要求地方政府承担自有资金的拨款。例如，中央在某一时期补助地方政府 3 亿元，由地方政府自行安排，见图 12－2。

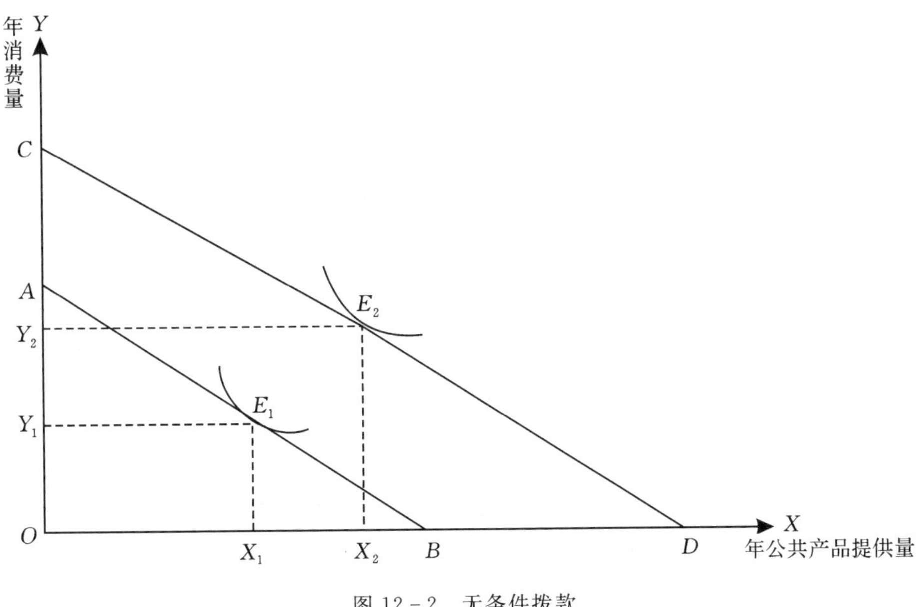

图 12－2　无条件拨款

无条件拨款，使地方政府预算约束线右移。图 12－2 中，纵轴表示地方居民的总消费量，横轴表示地方政府提供的公共品总量。为分析简便起见，假设 1 单位公共品与 1 单位居民消费品均为 1 元。拨款前，地方预算约束线为 AB，与无差异曲线的切点 E_1 是社会福利最大化点；拨款后，地方预算约束线为 CD，与无差异曲线的切点 E_2 是社会福利最大化点。E_2 与 E_1 相比，受补助公共产品的数量增加了，由 OX_1 增加到 OX_2，但增加额小于补助额 BD，这是由于无条件拨款使地方政府减少了自己对受补助公共产品的支出。如果地方政府的公共产品都接受无条件补助，则地方政府的税收努力程度下降。

无条件拨款对资金用途不加以规定，资金未必用于中央政府优先选择的公共产品，这不利于中央政府特定目标的实现。无条件拨款的主要作用是弥补地方财力的不足。

(2)有条件非配套拨款。

有条件非配套拨款指规定了资金用途，但不要求地方政府承担自有资金的拨款。例如，中央政府在某一时期补助地方政府 1.5 亿元，指定用于教育支出。

在图 12-3 中，拨款前，地方预算约束线为 AB，社会福利最大化点为 E_1；拨款后，地方预算约束线为 AFD，社会福利最大化点为 E_3，E_3 表明受补助公共产品的消费未达到 AF 数量，因此拨款资金未用完。例如，中央政府拨给地方政府 1.5 亿元教育经费，但该地区教育经费只用了 1 亿元，则多余的 0.5 亿元不能用于其他公共产品，只能还给中央。E_3 和 E_2 相比，处于较低的无差异曲线上，即当受补助公共产品的消费未达到 AF 数量时，有条件非配套拨款所能达到的效用水平低于无条件拨款。如果受补助公共产品的消费超过 AF 数量，则其经济学分析类似于无条件拨款。

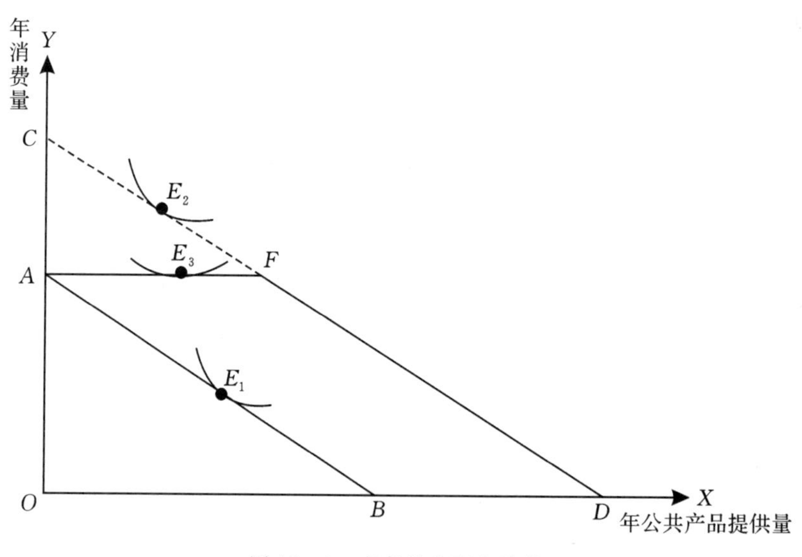

图 12-3 有条件非配套拨款

(3)有条件配套不封顶拨款。

有条件配套不封顶拨款，是指规定了资金用途(但未规定限额)，并要求地方政府承担一定比例的自有资金的拨款。例如，中央政府每发给地方政府 1 元教育经费，则要求地方政府同时配套提供 1 元教育经费。

图 12-4 中，拨款前，地方预算约束线为 AB，社会福利最大化点为 E_1；拨款后，地方预算约束线为 AC，社会福利最大化点为 E_4，E_4 与 E_1 相比，受补助公共产品数量增加了，由 OX_1 增加到 OX_4，这是由于拨款的收入效应和替代效应。收入效应，即地方可支配财力增加；替代效

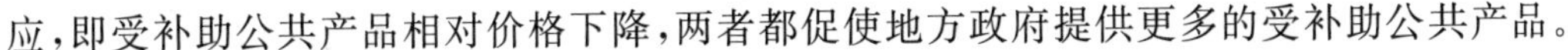

应，即受补助公共产品相对价格下降，两者都促使地方政府提供更多的受补助公共产品。

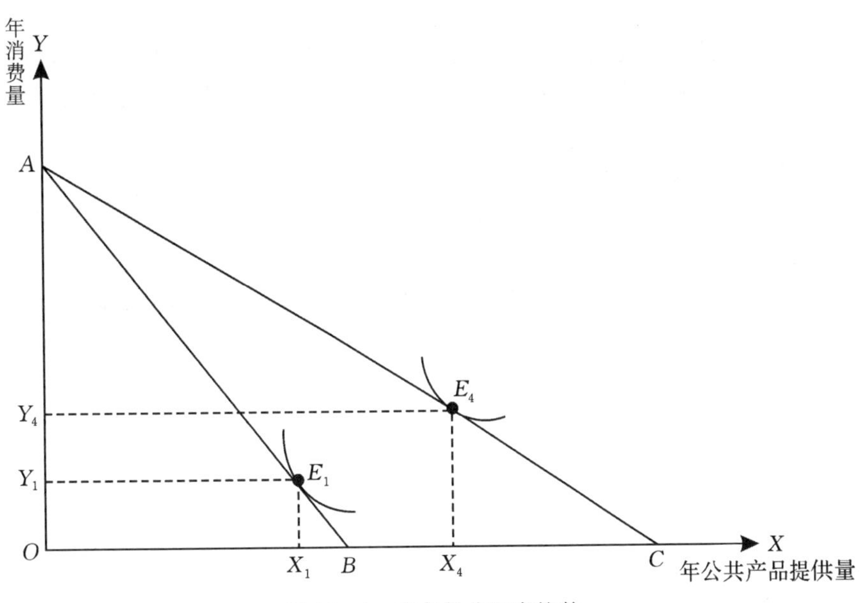

图 12－4　有条件非配套拨款

有条件配套不封顶拨款是校正外部效益的一种方法，拨款的目的是鼓励地方政府提供更多具有外部效益的公共产品。当然，实施拨款计划时面临一个较难解决的问题，即如何正确衡量地方政府的外部效益。

(4)有条件配套封顶拨款。

有条件配套封顶拨款，是指规定了资金用途和最高限额，并要求地方政府承担一定比例资金的拨款。例如，中央政府每拨给地方政府 1 元教育经费，则要求地方政府同时配套提供 1 元的教育经费，但中央的拨款以 1 亿元为限。

在图 12－5 中，拨款前，地方预算约束线为 AB，社会福利最大化点为 E_1，拨款后，地方预算约束线为 AFD，社会福利最大化点为 E_5。在 AF 段，中央政府给予地方政府配套拨款。在

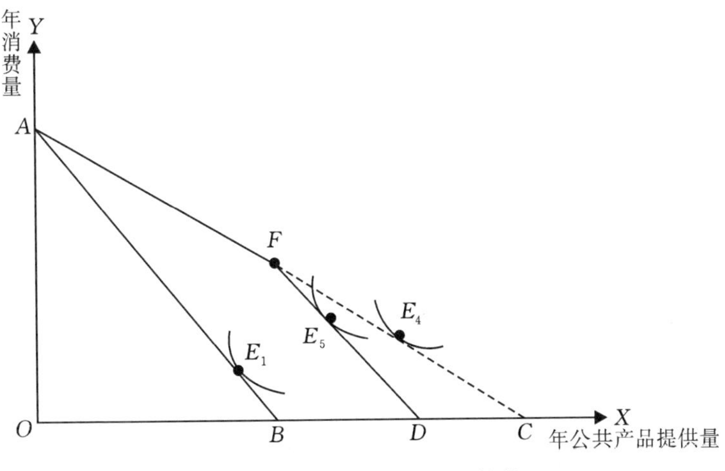

图 12－5　有条件配套封顶拨款

FD 段，超过了拨款的最高限额，中央政府不再提供配套拨款。E_5 与 E_1 相比，受补助公共产品数量增加了，但与有条件配套不封顶拨款条件下的 E_4 相比，受补助公共产品数量较少。如果受补助公共产品的消费未超过 *AF* 段，则其经济学分析类似于有条件配套不封顶拨款。

有条件配套封顶拨款也是校正外部效益的一种方法，但由于中央财力有限，不能无限制地增加这类配套拨款。

(5)分类拨款与分项拨款。

中央政府有条件拨款，对资金用途要做出规定。根据对资金用途的规定范围大小，有条件拨款可分为分类拨款和分项拨款。

分类拨款，只就某一类支出的拨款总额做出规定但不规定具体项目，在同类范围内，地方政府自行决定拨款的具体使用项目。分项拨款，则规定了具体项目。例如，中央政府拨款，规定用于教育支出，地方政府可以自行决定增加教师工资、购买图书及计算机或建造学生宿舍等，但大方向必须是教育，这属于分类拨款。而如果中央政府拨款，规定必须用于增加教师工资，这属于分项拨款。

经验表明，地方政府以拨款形式获得的收入比地方自有收入会带来更多的地方公共支出。据估计，美国地方政府收到 1 美元补助，将其中的 40 美分用于公共支出，而私人收入增加 1 美元公共支出仅增加 10 美分。人们把这一现象称为“粘蝇纸效应”(flypaper effect)或“归宿的粘蝇纸理论”，即钱粘在它所到达的地方。

[资料链接 12－2]

新冠疫情防控的钱应由哪级政府出？

在 2020 年 2 月 14 日国务院联防联控机制召开的新闻发布会上，财政部应对疫情工作领导小组办公室主任、社会保障司司长符金陵表示，疫情发生后，财政部建立了全国财政系统疫情防控经费的日报制度，实时跟踪各地方经费保障情况，截至 2 月 13 日，各级财政共支出 805.5 亿元，其中中央财政支出 172.9 亿元。

关于中央财政资金的具体投向，符金陵称，用于基本公共卫生服务经费和基层防疫经费 99.5 亿元；给湖北等各地拨付疫情防控资金 44 亿元，主要用于患者医疗救治费用的补助，以及一线医务人员临时性工作补助、防控设备、物资采购等方面。以上两项为支出大头。此外，还有 10 亿元拨付给湖北省作为疫情防治资金，此项作为综合性的财力补助，由湖北省统筹用于疫情防控的相关支出；还有 5 亿元作为中央基建投资补助基金拨付给湖北省，主要用于支持武汉雷神山、火神山两个医院基本建设和设备购置，以及相关医院重症治疗病区建设。

国务院新闻办公室 2020 年 2 月 24 日上午 10 时举行的新闻发布会上，财政部部长助理、党组成员欧文汉说道，疫情发生以来，财政部门坚决贯彻落实党中央、国务院的要求，积极做好疫情防控经费保障工作，切实做到“两个确保”，也就是确保人民群众不因担心费用问题而不敢就诊，确保各地不因担心经费问题而影响救治和防控。截至 2 月 23 日，各级财政共安排疫情防控资金 995 亿元，其中中央财政共安排 255.2 亿元。

从中央财政看，一是加大对地方转移支付力度。重点加大对地方一般性转移支付的力度，按照一般性转移支付增幅明显高于中央本级支出增幅来安排，缓解地方财政支出的压力。二是加快资金的拨付进度。比如，为支持地方做好疫情防控和基层保工资、保运转、保基本民生的工作，近日，中央财政已经预拨了均衡性转移支付 700 亿元，预拨了县级基本财力保障机制奖补资金 406 亿元。三是强化国库调度管理。我们密切关注地方库款的情况，关注湖北等受疫情影响较大省份的财政收支平衡情况，加强资金调度，确保疫情防控、"三保"等资金及时足额拨付到位。

资料来源：国务院联防联控机制权威发布[EB/OL].(2020-02-14)[2020-11-10]. http://www.gov.cn/xinwen/gwylflkjz13/index.htm.

国新办举行统筹疫情防控和经济社会发展工作发布会[EB/OL].(2020-02-24)[2020-11-10]. http://www.scio.gov.cn/xwfbh/xwbfbh/wqfbh/42311/42577/index.htm.

[资料涉及的理论要点]

分级财政、财权事权与支出责任、转移支付。

[资料分析与讨论思路]

(1)各级政府事权及其财政支出责任应如何划分？

(2)各级政府事权及其财政支出责任有无交叉？如何解决？

(3)突发应急事件的处理中，中央和地方财政应该如何分配？

第三节 政府间横向财政关系

一、政府间横向财政竞争关系

最早在理论上阐述辖区间财政竞争思想的当属蒂博特。他在1956年发表的创新性论文《地方支出的纯粹理论》中指出竞争性的财政联邦制度可以达到资源配置的帕累托最优状态，大量的财政竞争文献就是源于此。同级政府之间的财政关系是指不具有隶属关系、主体地位平等的政府之间的财政关系，包括省级政府之间、市级政府之间、县级政府之间和乡级政府之间的财政关系，这也是中国经济竞争性发展的源泉。

在民主国家，除了定期选举之外，一国或一地居民还通过其他方式影响政府官员的选择。他所谓的居民包括消费者、雇员和资本拥有者。只有当各种身份的居民是可流动的，管辖范围不同的政治家之间的竞争才能开展。消费者可以购买其他产地的产品，雇员可以选择其他地方的工作，如果那里向他承诺了更好的雇员保护条件、可以享受到更高的劳动生产率；如果能够获得最高的净回报，资本拥有者可以向异地投资。但是，政府官员有着避免和限制辖区间竞争的多种可能性，例如禁止某些人员迁出，对资本外流进行严格控制，设置市场壁垒以禁止某些商品的输入。这种竞争产生了两大效应：首先，居民能够寻找他们所偏好的地区，因而直接改善了所偏好的地区处境；其次，由此引发的迁移——甚至仅仅存在迁移的威胁，能够敦促政府官员根据居民的偏好来调整其政策。

显然，以上观点都认为，政府间财政竞争有助于提高政府行政效率，进而提高公共产品供给的效率。但是，在财政分权的文献中，对于这一问题的观点并不一致，可以分为降低效率说和增进效率说两类。这两种观点的分歧源头在于各自遵循的政府行为假设不同。持赞同观点的学者，一般把政府假定为"利维坦模型"，即一个单一的庞大政府操纵全部税收和公共支出工具，其行为目标是政府官员利益最大化，会导致政府规模的无限扩张，甚至滥用权力；持反对观点的学者一般认为政府是仁慈的，其行为目标是代表选民利益最大化。奥茨认为，对政府间财政竞争是否有效的判断很大程度上取决于怎样看待政府的行为方式。如果认为政府是仁慈的"选民利益代表者"，则可能更倾向于政府间财政竞争将导致公共产品低于有效水平；相反，如果认为具有利维坦的特征，则会更倾向于得出政府间财政竞争有助于增进效率的结论。公共选择理论对政府间财政竞争给予积极的肯定。他们认为，税收竞争增进福利、限制政府预算消费，竞争过程的真正收益是组织的学习和创新、更低成本的产品以及新观念。

以上观点虽然结论不同，但也有共同之处。例如，都意识到政府间财政竞争对于辖区政府的激励作用，只是对财政竞争所带来的福利收益与损失的看法不同。客观地讲，现实中对于财政竞争最终效果的评定，也难以形成一个统一的标准，我们能找到的只是在各种可能的结果中如何权衡。即使财政竞争被证明有助于增进效率，也需要看到辖区政府间对流动要素的竞争，可能导致资源配置的扭曲，这种扭曲的程度越大，其作为政府行为约束机制的合理性就越小。

再以招商引资竞争为例分析政府间的横向财政竞争关系。按照新古典增长模型，在经济增长所需要的各项要素中，资本显得尤为重要。一个地区的人均固定资产投资越多，财富水平就会越高，两者呈正相关关系。由于资本对经济增长的特殊贡献，而且流动性较强，因此，吸引投资是政府间财政竞争的主要目标。为了吸引投资，政府可以利用税收优惠、规制政策和改善公共支出等手段来开展招商引资竞争。此外，从政府官员自利行为假设出发，吸引投资也是获得政绩的重要途径，这结论也比较符合中国实际情况，在政府官员政绩考核指标中，GDP 占了主要位置，地方政府官员热衷于招商引资就容易理解了。

二、政府间横向转移支付

横向财政转移支付是在既定财政体制下，财政资金在同级政府间的平行转移，一般由财力雄厚的地区向财力匮乏的地区转移，通过富裕地区支援贫困地区的方式，达到均衡财力、缩小地区差距、实现地方基本公共服务均等化的目的。作为纵向转移支付的有效补充，世界上很多国家运用横向转移支付调节各级政府和各个地区之间的财政分配关系，使其成为财政再分配过程中不可或缺的重要环节和分税制财政管理体制的重要组成部分。但整体来看，只有德国的横向转移支付取得了良好的效果，并被许多国家所模仿，而我国的地区间援助政策（如援藏、援疆）本质上也属于横向财政转移支付，只不过这是一种非正式的制度安排。

在许多国家的转移支付制度体系中，横向转移支付制度在更多的时候是作为纵向转移支付制度的一种重要补充，本节主要介绍德国的横向转移支付制度。

（一）德国横向财政转移支付制度的法律规定

法律的意义在于明确权利和义务，并以其强制力保障权利的获得和义务的履行。德国不仅建立起了比较完善的转移支付体系，并且以法律形式对其进行明确的规定，为横向财政转移支付的顺利和良好运行提供了坚实的法律基础和法律依据。在德国的宪法《德意志联邦共和国基本法》中，不仅明确划分了各级政府的财权和事权，同时还提出协调平衡各邦的预算，保障联邦内人们享有一致的生活水准。为了达到使德国国内各地区人们的生活水平达到一致水准，《德意志联邦共和国基本法》规定，对于存在财力差距的各邦，由法律来确保其财力之均衡，通过法律来明确规定哪些邦负有提供补助的义务、哪些邦具有接受补助的权利以及补助数额的标准。这就相当于从宪法高度规定了富裕州必须向贫困州提供财政补助，同时还明确了补助的数额标准与各自的权利义务，以此来平衡各州的财力，确保各州人们都能享受到一致的生活水准。

通过宪法明确了财政转移支付的指导原则后，德国又颁布了具体的法律法规，《联邦与各州之间的财政转移支付法》和《联邦财政均衡法》进一步明确了财政转移支付制度的相关内容，如《联邦与各州之间的财政转移支付法》规定，“为实现各州之间的财政平衡，需要承担支付义务的州(贡献州)将其财政收入的一部分作为补贴向享受权利的州(受益州)进行支付”。《联邦财政均衡法》对各州税收能力指数的测算、各州税收能力及需求量的评估、资金分配和平衡资金的分配等方面进行了具体规定。

(二)德国横向财政转移支付制度的内容

德国的横向财政转移支付在实施中取得了良好的效果,减弱了德国财政失衡的趋势,具体而言,包括两个层次的内容,第一个层次是针对各州之间的;第二个层次是针对州内各个市镇之间的。在本书中仅介绍前者,即德国各州之间的横向财政转移支付,也被称为州际均等化转移支付,它是由富裕的州向一个“平衡基金”转移部分财政收入,较为贫困的州则从该基金中获得拨款,其具体横向财政转移支付的实现包括两个步骤,即增值税收入预先平衡和横向财政平衡。

1.增值税收入预先平衡

第一,确定联邦和州的增值税收入份额。1969 年德国财政改革后,将增值税作为了联邦和州的共享税,该增值税分配比例并不固定,每年都不一样,由联邦和州协商确定,如联邦可以其支出项目较上一年增加为由,要求较高的分配比例;州也可以财政支出增加或财政收入减少为由,争取较高的分配比例。如此,将属于州级财政部分的增值税收入确定后,接下来在各州之间进行分配。

第二,州级增值税收入在各州间的分配。首先,将已确定的州级增值税收入的 75%,按各个州的居民人口数(联邦统计局规定其为 6 月 30 日这一天的州居住人口数)进行分配,得出各州应分增值税收入。具体计算方法为:某州应分增值税收入=州级增值税收入×75%÷州级总人口数×某州居民人口数。其分配的理论依据是最终消费地原则,即税收来自某个地区就返还该地区。

接着,将州级增值税收入的 25%用于各州间的财政平衡,即增值税预先平衡,以人均税收全国平均水平的 92%为标准,将财力转移到低于该标准的州,转移的数额为该州人均税收与全国人均税收水平的 92%之间的差额。即转移数额=全国人均税收×92%-某州总税收收入÷某州居民人口数。也就是说,在该次分配中,只有那些人均税收低于全国人均税收的 92%的州,才能获得分配,而分配的目标就是使这些州的人均税收水平能达到全国人均税收水平的 92%,因此,增值税收入预先平衡也被认为是 92%的人均税收水平的平衡。

2.州级横向财力平衡

在实现州级增值税收入预先平衡后,财力较弱的州已达到全国人均税收水平的 92%,在此基础上,通过测算各州的财力和财力需求,计算出平衡指数,以此来确定平衡资金的划拨规模,实现州级间的横向财政转移支付。

第一,确定各州的财力水平和财力需求。各州的财力水平为增值税收入预算平衡以后产生的州财政收入和市镇总税收收入的一半。财力需求是指一个州要达到联邦平均的人均财政支出水平所需要的财力,其计算方法为:某州财力需求=(全国总财力水平/全国总人口数)×某州人口数×人口密度权重。

第二,计算平衡指数。在各州财力水平和财力需求确定后,可据此计算平衡指数,即各州财力水平与其财力需求的比值,用公式表示为:平衡指数=某州财力水平/某州财力需求。当州的平衡指数大于 1,即表示其财力水平大于其财力需求,该州即有提供补助的义务;当州的平衡指数小于 1,即表示其财力水平小于其财力需求,该州即有获取补助的权利;当州的平衡指数等于1,即表示其财力水平与其财力需求刚好一致,既无须缴纳财政资金,也无法获得财政资金的补助。这种平衡不是绝对的平均,在一个州的财力入不敷出的情况下,通常州际平衡最多只能保证其支出需要的95%,同时,承担缴款义务的州它们缴纳的部分不能超过其剩余财力的80%。

第三,确定转移支付的资金规模。在计算出平衡指数后,负缴纳义务的州及其应该缴纳资金的规模、享有接受资金补助的州及其应接受补助的资金规模也由此确定。

第四,划拨财政平衡资金。在确定财政平衡资金的支出州和支出额以及接受州和接受额后,由联邦和应付出平衡资金的州根据已经计算出的金额通过联邦结算中心依照进度在每季末向接受补助的州划拨平衡资金。

总体来说,德国作为生态补偿横向转移支付制度最健全、实施最成功的国家,良好的法制基础是根本前提。在德国,宪法明确规定了各级政府之间的事权,同时也规定了每级政府的财政收入和支出的范围,政府间横向转移支付制度虽然也以法律形式确定下来,但是各级财政工作委员会有权利因地制宜对转移支付数额、标准进行修改,这就达到了强制性和灵活性的统一。

(三)中国横向财政转移支付制度的探索

对于中国来讲,已有雏形的横向转移支付制度主要集中在生态环境领域。1992年中央政府积极号召全国范围对三峡库区进行对口支援,2008年汶川特大地震全国范围内的帮扶机制,本质上都是横向转移支付的实践探索。2011年,我国首个跨流域横向生态补偿试点(新安江生态补偿试点)启动,浙江与安徽两省在中央财政的支持下沟通协调,全国第一个跨流域横向生态补偿成功施行,推动了流域间横向转移支付制度在全国范围内的建立。在此基础上,2016年财政部配合环保部将跨流域生态补偿试点扩展到广西广东九洲江、江西广东东江等流域。

按照地理区域划分,流域生态补偿通常分为同省行政单位之间的生态补偿和跨省生态补偿。同省行政单位之间的生态补偿实践可以借鉴的是福建省九龙江流域的生态补偿的横向转移支付实践。福建省河流繁多,水资源十分充足,然而随着流域内各地区经济飞速发展,水资源污染越演越烈,保护水资源刻不容缓。九龙江流域是福建省实施生态补偿的重点流域之一,流域上游地区进行了大量的财力投入以保证下游流域地区的水质质量达标,因此上游地区财政支出大,财政困难,保护水源的积极性不断下降,不符合社会公平。基于此,福建省政府主动牵头,组织上下游地区政府协商谈判,最终达成流域内生态补偿的方法:由地处下游的厦门市政府每年向上游地区各地区政府通过财政预算形式划拨支付一定的补偿资金,这个补偿资金由上游的龙岩市和漳州市之间自己协商分配。这项政策从2005年开始实行,取得了不错的效果。2015年1月28日,福建省印发了《福建省重点流域生态补偿办法》,该办法提出对九龙江相关流域实行生态补偿制度,并且规定生态补偿资金的使用方向应该是九龙江上游地区以及流域内经济欠发达地区,对生态环境积极保护者给予大力支持,按照河流水质情况好坏、节约用水量高低等指标对各个市、县提供财政资金的补偿。

跨省生态补偿的实践主要可以借鉴新安江流域省际横向生态补偿实践,新安江上游位于安徽省境内,下游流经浙江省,处于上游的安徽省在经济发展方面低于全国平均水平,而处在上游的浙江省经济则属于发达地区,浙江省人均GDP远超安徽省并高于全国平均水平。新安江的具体实践是通过生态补偿资金实施的,生态补偿资金由财政部、环保部共同牵头设立,中央政府、浙江省和安徽省共同商定，建立补偿资金。从2012年开始，在每年5亿元的补偿资金中，中央提供3亿元，安徽省和浙江省各提供1亿元。将过去3年之间的新安江水质情况作为生态补偿标准，以两省交界处水域建立水质自动监测站进行考核，如果水质达标或者高于基本标准，那么浙江省需要向上游地区提供补偿资金1亿元；若上游提供水质比规定的基本标准低，则处在上游的安徽省每年向下游补偿1亿元。中央的补偿资金无论水质好坏一律补给安徽省。这种生态补偿模式保证了中央牵头、地方协商的方式得以实现。

当然，一部分学者认为形式多样的对口支援，其实质也是中国式横向转移支付，我们通过专栏资料了解一下。

[资料链接12-3]

对口支援：一种中国式横向转移支付

对口支援的正式提出是1979年7月中央以中发〔1979〕52号文件批转了乌兰夫在同年4月的全国边防工作会议上做出的《全国人民团结起来，为建设繁荣的边疆和巩固的边防》的报告，提出组织内地发达省市实行对口支援边境地区和少数民族地区。经过长时期的探索和实践，对口支援的内容日益丰富，主要包括边疆地区、重大工程、重大自然灾害、扶贫开发和特定领域等方面的对口支援。随后1994年的国办发〔1994〕58号文件中又明确了对口支援三峡库区移民工作的重点支援方和受援方的关系。2008年"5·12"汶川特大地震灾害发生后，中央启动紧急对口支援。5月20日，民政部下达《关于实施对口支援四川汶川特大地震灾后工作的紧急通知》，要求河南等6省对口援助受灾市县。5月22日，又下发《关于对口支援四川汶川特大地震灾区的紧急通知》，明确了对口支援的主要任务、具体安排和工作要求，确定由北京等21个省市分别对口支援四川省的一个重灾县。即使是在2020年爆发的新冠肺炎疫情中，针对湖北省的重灾疫情区，我们也制定了对口支援的方案。

以汶川地震中山东省对口支援四川省北川县(共20个乡镇)为例。为提高对口支援效率，山东省明确了"市包乡、县包村"的支援思路，建立了跨多层级政府、全方位、立体化的对口支援机制，在极短时间内调动了充足的人财物力资源，为北川重建发挥了重要作用。再者，2016年三级医院对口帮扶贫困县县级医院工作在全国范围内开启，通过捐赠医疗设备、加强人员培训和技术指导、双向转诊、学科建设等方式，进一步提升了贫困县县级医院服务能力，较好解决了贫困地区医疗资源整体配置水平较低、优质医疗资源配置不均衡的问题，贫困地区百姓"看病难看病贵"状况得到一定程度缓解。

中国已经存在极具特色的对口支援体系，运行效果较好，但尚未规范化法制化。纵向转移支付无论是在动员的资金规模，还是在行政运行效率和推动基本公共服务均等化等方面，均具有较大优势，往往成为一国转移支付体系中的主体部分。对口支援横向转移支付的作用发挥主要以特定任务或项目形式出现，聚焦局部区域，但这并非意味着其可有可无。从实施效果看，无论阶段性还是长期性的对口支援，都有助于增加全国上下和地区之间的凝聚力，对于加强民族团结、紧密区域之间的联系、形成集中统一的国家具有特别重要的政治意义，同时，对口支援横向转移支付不仅体现为财力的横向转移，还包括人财物力、技术、管理经验等方面的横向支持，具有纵向转移支付不可替代的作用。因此，从中国实际出发，综合考量转移支付体系的经济意义和政治意义，对口支援横向转移支付可以定位于"纵向转移支付的有益补充"。

资料来源：石绍宾，樊丽明.对口支援：一种中国式横向转移支付[J].财政研究，2020(1)：3-12.

[资料涉及的理论要点]

横向转移支付、公共服务均等化。

[资料分析与讨论思路]

(1)对口支援如何实现法制化保障?

(2)横向转移支付与对口支援在未来的政策制定中如何实现统一?

本章小结

1. 传统的财政联邦主义理论研究的主题是政府职能和财政工具如何在不同级次的政府间进行合理配置的问题。

2. 第二代财政联邦主义理论把政府看作是利己的"经济人",认为其有独立的经济利益,要追求预算规模最大化,并分析了政府间信息不对称所导致的机会主义行为,强调制度分析对处理政府间财政关系的重要性,其理论着重研究现实中的政府间财政关系,以实证分析为主,针对理想模式实现过程中遇到的障碍,指出了维护市场的联邦主义所需具备的制度条件。

3. 收入分配、宏观调控职能应由中央政府统一行使,而资源配置职能则应根据公共产品的受益范围、自然垄断部门的地域性,由中央与地方政府分工执行,资源配置职能中对市场机制低效率的纠正政策,则应由中央政府来制定。

4. 政府间财政转移支付有两种模式:一种是上下级政府间的资金转移,即纵向转移支付;另一种是同级政府间的资金转移,即横向转移支付,表现为财力富裕地区向财力不足地区转移资金。其中,纵向转移支付被各国普遍采用。

5. 转移支付方案,根据资金用途是否有具体规定,可分为有条件的和无条件的转移支付;根据资金分配是否要求地方自行承担一定比例的资金,可分为配套和非配套的转移支付;根据分配额是否限制,可分为封顶的和不封顶的转移支付。

6. 作为纵向转移支付的有效补充,世界上很多国家运用横向转移支付调节各级政府和各个地区之间的财政分配关系,使其成为财政再分配过程中不可或缺的重要环节和分税制财政管理体制的重要组成部分。

关键概念

财政联邦主义　财政支出责任　财政收入划分　纵向转移支付　横向财政竞争
横向转移支付

思考分析

1. 结合国内社会经济现实情况分析中国的财政联邦主义解释了哪些问题。

2. 我国转移支付制度存在哪些问题?如何完善相关的制度?

第十三章　公共债务

财政赤字一般以发行公债来弥补。在现代经济运行中,公债不仅是弥补财政赤字的手段,也是政府调节经济运行的重要工具。本章将介绍公债概念和分类,分析公债的功能和宏观经济效应。本章学习要求:①掌握公债概念与分类等基础知识;②了解公债职能及其经济效应;③知晓公债规模及其负担限度等理论与分析方法。

第一节　公共债务概念与分类

一、公共债务内涵与外延

(一)公共债务的概念

公共债务是公共部门(主要是政府部门)为履行其职能的需要,依据借贷原则,以债务人的身份取得财政收入的一种有偿形式。其具体是指公共部门向个人、公司企业、社会事业单位以及他国政府的借款,是各级公共部门借债的统称。公共债务的概念又分为狭义和广义两个层次。

(1)狭义公共债务,是指中央政府和各级地方政府对内和对外举借的债务,通常称为政府债务。根据国际上通行的对政府债务的认识,政府债务的口径不仅包括政府直接借入的资金总额,还包括大量并不在预算中体现、政府具有间接偿付责任和道义上必须承担的偿付义务。一般而言,政府债务可分为显性债务和隐性债务、直接债务和间接债务。最狭义的公共债务概念等同于公债,它包含国债与地方债,属于显性的政府债务。

(2)广义公共债务,是指公共部门(即政府部门和各类公共企事业部门)对内和对外举借的债务,也称为公共部门债务。数量上,广义公共债务等于政府债务加公共企事业部门债务。

(二)公债的特点

从债务人(政府)的角度讲,公债具有三大特点:①自愿性。公债的认购原则上以购买者自愿承受为前提。②有偿性。政府按期还本付息,还本的资金来源在很多情况下是举借新债,付息的资金来源一般是税收。③灵活性。政府根据财政状况(有无财政赤字、有多少财政赤字以及经济建设的资金需要等)灵活确定是否发行公债、发行短期公债还是中长期公债,以及发行多少公债。

从债权人(购买者)的角度讲,公债的特点主要表现在以下三方面:①安全性。公债以国家信用(或政府信用)为基础,公债投资几乎没有风险,所以公债被普遍认为是一种安全资产,常被称为“金边债券”。②收益性。公债到期后,除了收回本金外,还能获得一定的利息收入,而且这种收益是可预测的。③流动性。债权人在证券市场上可以随时把公债券变现。公债券是政府付给公债购买者的债权凭证。

二、公债分类

本节主要介绍从举借主体角度划分的公债种类,即国债和地方债的概念辨析,并简要介绍其他视角下的公债分类。

(一)从举借主体角度分类

按照举借主体的不同,公债可划分为国债和地方债。国债又称为中央政府公债,是中央政府以债务人身份对内和对外举借的债务。根据"谁收益谁负担"的市场经济原则,国债的发行收入往往由中央政府支配,相应的公债本息也由中央政府来负责偿还。地方债又称为地方政府公债,是地方政府以债务人身份对内和对外举借的债务。通常情形下,地方债的规模大小、期限长短、具体用途、发行方式等由地方政府来决定,并且地方政府承担对应的公债偿还责任。在地方政府出现财政破产或者陷入债务危机等特定情形下,为了防止地方政府债信誉崩溃以及债务危机扩散,相应的地方债务偿债负担会转移至该国中央政府。

[**资料链接 13-1**]

中国的地方公债发行制度和现状

在很长的一段时间内,我国地方公债发行制度已经废止。我国 1994 年颁布的《中华人民共和国预算法》就明令规定,"地方各级预算按照量入为出、收支平衡的原则编制,不列赤字""除法律和国务院另有规定外,地方政府不得发行地方公债"。但是,新中国成立初期我国曾经发行过两种地方公债(1950 年的"东北生产建设折实公债"和 50 年代末 60 年代初的"地方经济建设公债")。

在两次发行地方公债之后,中国便停止了地方公债的发行。在尔后的近 50 年之内,无论是计划经济时期,还是市场经济的初期,中国一直没有恢复地方公债的发行。1994 年中国启动分税制改革,中国财政体制改革实现了从行政性分权向经济性分权的根本转变,但也造成了事权重心下移、财权重心上移的客观事实,地方政府承担了较多的公共管理事务,由此产生了较大的财政压力。在地方融资平台管理混乱的状况下,不少学者主张恢复地方公债的发行。

2008 年 11 月 9 日,为了应对世界金融危机,中央政府出台的"扩大内需十项措施",其总投资额约 4 万亿元。中央为该计划提供配套资金 1.18 万亿元,剩余资金由地方配套和社会资金解决。在收入减少和支出增加的双重压力下,地方政府依靠原有的财政收入只能解决配套资金 3000 亿元。为了弥补剩余的资金缺口,中央政府开始重新审视地方公债发行问题。2009 年 2 月 17 日,十一届全国人大常委会第十八次委员长会议听取审议了《国务院关于安排发行 2009 年地方政府债券的报告》,并在两会期间通过了关于发行地方公债的决议。2009 年 2 月 18 日财政部下发了《2009 年地方政府债券预算管理办法》。根据此管理办法规定,2009 年发行的地方公债,采取了经国务院批准同意,以省、自治区、直辖市和计划单列市政府为发行和偿还主体,由财政部代理发行并代办还本付息和支付发行费的发行形式,为可流通记账式债券。至此,地方公债进入实质发行程序,地方公债发行制度得以恢复。之后,财政部又先后颁发了一系列相关的规章制度,包括《关于做好发行 2009 年地方政府债券有关工作的通知》《财政部代理发行 2009 年地方政府债券发行兑付办法》《财政部代理发行地方政府债券财政总预算会计核算方法》等文件,进一步明确规定了地方公债的发行方式、使用范围、监督管理等工作的管理办法。由此,新的中国地方公债发行管理制度体系也得以形成和确立。2014 年 8 月 31 日,全国人民代表大会常务委员会审议通过了《中华人民共和国预算法》的修订决定,明确允许地方政府适当借贷,并从举债主体、举债方式、规模控制、预算管理、举债用途、风险控制和责任追究等方面对地方政府债务管理做出了规定。以此为背景,2015 年是地方政府债务管理改革全面启动的第一年,我国首次实现地方债全部由省级政府自发自还。

关于地方债务规模,2019 年全国地方政府债务限额为 240774.3 亿元。其中,一般债务限额 133089.22 亿元,专项债务限额 107685.08 亿元。截至 2019 年 12 月末,全国地方政府债务余额 213072 亿元,控制在全国人大批准的限额之内。其中,一般债务 118694 亿元,专项债务 94378 亿元;政府债券 211183 亿元,非政府债券形式存量政府债务 1889 亿元。地方政府债券剩余平均年限 5.1 年,其中一般债券 5.0 年,专项债券 5.2 年;平均利率 3.55%,其中一般债券 3.56%,专项债券 3.55%。

国务院发展研究中心的研究报告将地方政府的负债分为六类:①由地方政府出面担保或提供变相担保,为企业向银行贷款提供融资便利;②绕开预算法成立国有公司由城市开发公司套取银行资金;③因征收不足或挪用资金等原因造成的社保资金缺口;④国有企业亏损或破产,特别是粮食企业亏损挂账;⑤拖欠中小学教师及中小企业职工工资;⑥地方政府部门拖欠企业工程建设项目施工款等各种“白条”。理论上讲,上述六类负债中,最主要的、风险最大的是前两类,即地方政府融资平台贷款。

显性债务较容易统计,因为此类债务由地方政府官方发行和公布,具有明确的发行文件。“开正门,堵偏门”,国务院〔2014〕43 号文《关于加强地方政府性债务管理的意见》规定:2015 年后政府举债,只能通过债券形式发行,方式主要分为新增债券和置换债券。其中,新增债券即新增加的政府债务,而置换债券的目的是将地方政府在以前通过平台举借的银行贷款等形式的债务换成债券,以使地方政府债务更加透明化和正规化。

相对于显性债务,地方政府隐性债务的定义更加让人捉摸不透。43 号文之后,地方政府不得违规对城投公司等地方政府融资平台债务进行担保,融资平台和国有企业的债务与政府的关系开始了剥离和清理。因此,从明面上看,这两类主体的举债与政府没有直接关系;但在市场看来,一些地方融资平台以及国有企业债务仍然有地方政府的信用背书,也即预算软约束。反过来看,这些债务很可能造成政府的资金压力。

总的来看,我国地方债存在的突出问题是隐性债务与风险较大,直接以债券形式表现出来的债务规模相对很小。

资料来源:财政部.2019 年 12 月地方政府债券发行和债务余额情况。

(二)从政府支出预算编制角度分类

根据《中华人民共和国预算法实施条例》,预算法界定的“举借债务的规模”包含一般债务和专项债务。一般债务是指列入一般公共预算用于公益性事业发展的一般债券、地方政府负有偿还责任的外国政府和国际经济组织贷款转贷债务;专项债务是指列入政府性基金预算用于有收益的公益性事业发展的专项债券。

(三)从地域或来源角度分类

公债可以划分为国内公债和国外公债,简称为内债和外债。内债是指由本国公民持有的政府债券,外债则是指外国公民持有的本国政府的债券。内债一般不存在本国资源向国外转移问题，不影响国内资源总量。外债在还本付息时意味着本国资源转移到国外，而且如果外债发行过多，可能引起本国国际收支失衡，甚至产生债务危机。

（四）从公债偿还期限角度分类

公债可划分为短期公债、中期公债、长期公债和永久公债。短期公债一般是指偿还期在1年或1年以内的公债，短期公债的常见形式是国库券，旨在弥补当年财政赤字，或解决临时资金周转不灵问题，或为了使公债期限结构合理化。中期公债是指偿还期限在1～10年（或1～5年）的公债，主要目的是弥补财政赤字或筹措经济建设资金。长期公债则是指偿还期限在10年以上的公债，主要是为了筹措经济建设资金。永久公债是没有偿还期的公债，但一般按预先确定的利率逐年支付利息，为大的工程项目筹集资金，永不归还本金，只是按期支付利息。不过，这种公债一般可以上市交易，随时变现。

（五）从公债券是否可以买卖的角度分类

公债可分为可交易公债和不可交易公债。可交易债券是指投资者在市场上可以买卖的债券，这些债券的价格由市场供求决定，就像竞争性市场中的商品价格一样。不可交易债券是不可流通的债务工具，不能在市场上买卖，不过，它们可以兑换成现金或转换成另一种债券，或持有到期按期支付本金。

（六）从其他角度进行分类

除了上述几种常见的分类方法外，还可依据一些其他标准对公债进行分类，如按债务的担保情况，可分为担保公债和非担保公债；按债权债务的载体形式，可分为证券公债和记账式公债；按偿付利息的方式不同，可分为附息公债和贴现公债；按利率类型，可分为固定利率公债、浮动利率公债和指数化公债；等等。

第二节　公债功能与经济效应

一、公债的功能

公债产生的直接原因是财政收不抵支，但随着社会经济的发展，公债不仅是弥补财政赤字的主要手段，同时在金融体系中有重要的地位和作用，是政府干预经济运行的重要工具。

（一）公债的财政职能

1. 弥补财政赤字

弥补财政赤字既是公债产生的原动力，也是公债的基本功能。需要注意，弥补财政赤字的方式并不限于发行公债。增加征税，使国家财政收入与财政支出大体相当，也是弥补财政赤字的一种方式。但是，税收的增加客观上受经济发展状况的制约，如果强行提高税率实现税收的快速增长，将会影响经济发展，使得财源枯竭，结果是得不偿失。同时，增加征税，是一个改变税制的问题，会在政治上和经济上遭到纳税人的反对。

通过中央银行增发通货，是增加财政收入和弥补财政赤字的另一种方式。但通货虚增的结果是社会上流通的货币供给量的凭空增大，很可能引致无度的通货膨胀。况且，在现代市场经济国家的财政金融体制下，财政赤字不容许向中央银行透支、通过中央银行增发货币的办法来弥补。

相比之下，以发行公债的方式弥补财政赤字，通常只是社会资金使用权的暂时转移，既不会招致纳税人的不满，又不会无端增加货币供给量，还可以迅速地取得资金。此外，公债的发行或认购通常建立在资金持有者自愿承受的基础上。通过发行公债筹集的社会资金，基本上是资金持有者暂时闲置不用的资金，将这部分资金暂时集中起来，归政府使用，在正常情况下不会对经济社会发展造成不利影响。因为社会资金运动游离出来的闲置资金持续且稳定，所以它为公债发行提供了可靠来源。

2. 筹集建设资金

在许多国家(如日本)，政府的建设性支出就是以发行公债作为重要财源。日本政府发行的公债，明确分为两种，即建设公债和赤字公债。建设公债用于公共设施的建设，形成有益于当前和长远的社会资本；赤字公债用于弥补经常性财政支出的不足，只是在支出年度受益。又如，美国州和地方政府发行的债券，其收入一般只能用于铁路、公路、桥梁等基本建设。我国财政实行复式预算后，公债就常用于弥补财政赤字，而赤字产生于经济建设预算不足，具有明显的筹集资金的性质。公债具有筹集建设资金的功能，但公债筹集资金的数额有限，需要还本付息，无限增加公债必然带来严重的后果。

从公债收入的性质来看，如果把公债作为弥补经常性收入的不足，实际是把公债收入作为一种临时性、应急性的收入看待，也就是公债依存于财政赤字。如果把公债用于弥补经济建设资金的不足，事实上就承认了公债是一种稳定的、长期的收入。

(二)公债的金融职能

1. 公债是央行公开市场操作的主要对象

市场经济条件下，货币政策与财政政策是国家调节经济的基本手段。公开市场业务是一种主要的货币政策工具。中央银行通过买卖适量政府债券，可以调节市场中流通的货币量；根据金融市场的变化，主动对经济进行调节，可以实现直接的政策目标，这是法定准备金和再贴现等其他两种政策手段无法直接达到的。

2. 公债是其他所有金融资产定价的基准

由于公债以政府的信用为担保，可以视为没有风险的金融资产，因此它也是多种衍生金融资产的基础，同时还是从事金融交易时对冲风险的主要工具。国债市场上形成的利率期限结构，能够反映长期利率的变化和人们对长期价格的预期，从而为货币政策的实施提供准确信息，使得货币政策的意图能够有效地传导。

另外，公债也是实施财政政策、调控宏观经济的重要手段。这不仅是因为发行公债可以极大地增强财政用于宏观调控的财力，还在于公债的发行及其收入使用可以调节(财政赤字扩大需求后的)经济总量及经济结构。

[资料链接 13－2]

地方专项债的功能

在经济下行、失业率上升的背景下，“六稳”和“六保”成为当前经济工作的重中之重。除了新增财政赤字1万亿元和发行抗疫特别国债1万亿元，为扩大有效投资，2020年中央拟安排地方政府专项债3.75万亿元，与2019年相比大幅增加1.6万亿元。

由于“专款专用”不纳入财政赤字，地方专项债被视为拉动中国经济特别是基建投资的“秘密武器”。特别是2019年6月以来，国务院允许地方专项债作为部分项目的资本金，市场更是对其寄予厚望，认为其通过杠杆作用将显著拉动投资。

地方专项债实际效果究竟如何？根据地方专项债公开发行时披露的发行结果、实施方案、评价报告、法律意见书、信用评级报告等公开资料，2020年前4个月已经发行的469个地方专项债及其对应的全部6357个项目(本文讨论的地方专项债均为新增债券，不包括再融资债券)具有以下特点：

(1)拉动投资。3.75万亿元地方专项债将直接拉动2.78万亿元～3.45万亿元"宽口径"基建投资，带动基建投资同比增长13.2%～15.7%。

(2)期限变长、利率下降。2020年前4个月地方专项债平均发行期限14.81年，比上年同期增加7.80年；按金额加权平均票面利率为3.4%，20年期利率降幅最大。

(3)从发行金额来看，地方专项债对应的交通基础设施项目占比最高，达到32.8%。新型基础设施(包括超算中心、数据中心、物联网和充电桩等)占比仅为0.3%。

(4)2020年前4个月，被用作资本金的地方专项债规模为667.5亿元，在新增地方专项债总规模中的占比仅为5.8%，与官方预想的20%左右的比例尚有较大差距。

由于新增额度增加较大，对基建投资比例倾斜较大，地方专项债仍能有效拉动基建投资，但不宜高估地方专项债用作资本金带来的杠杆效应，如果要进一步发挥基础设施投资的扩内需作用，还需拓展其他资金渠道。

资料来源：崔宇，刘林，毛盾，等.拆解地方专项债："秘密武器"威力到底有多大？[EB/OL].(2020-05-27)[2020-10-28].https://www.jiemian.com/article/4438732.html.

二、李嘉图等价定理

(一)李嘉图等价定理的含义

政府借债的经济影响一直是宏观经济学争论不休的话题。在公债效应的争论中，李嘉图等价定理处于核心地位并产生了深远影响。美国经济学教授巴罗在1974年《政府债券是净财富吗?》的论文中复兴了李嘉图关于借债和收税等价这一古老思想，故李嘉图等价定理又被称为李嘉图-巴罗定理。等价定理认为，政府支出在通过发行公债融资还是通过税收筹集之间没有任何区别，即举债和征税等价。其核心观点是：公债仅仅是延迟的税收，当前为弥补财政赤字发行的公债本息在将来必须通过征税补偿，而且税收的现值与当前的财政赤字相等。李嘉图-巴罗等价定理的逻辑基础是消费理论中的生命周期假说和永久收入假说。即假定能预见未来的消费者知道，政府今天通过发行公债弥补财政赤字意味着未来更高的税收，通过发行公债(而不是征税)为政府支出筹资，并没有减少消费者生命周期内总的税收负担，唯一改变的是(被推迟了的)征税时间。根据巴罗的观点，消费者具有完全理性，能准确地预见到无限的未来，他们的消费安排不仅取决于其现期收入，而且取决于其预期的未来收入。为了支付未来因偿还公债而将要增加的税收，他们会减少现时的消费，增加储蓄。从本质上说，李嘉图等价定理是一种中性原理：是选择征收一次性总量税收，还是发行公债为政府支出筹措资金，对于居民消费和资本的形成没有任何影响。

(二)李嘉图等价定理争论的实质

许多学者从不同角度反驳了李嘉图等价定理，主要反对意见如下：第一，李嘉图等价定理的核心假设是理性预期，这就要求现在的父母都要通晓预期模型，从而能够运用这个模型来测算和调整当期收入和未来收入，这显然是不现实的。第二，李嘉图等价定理假设人们总是遗留给后代一定规模的遗产。现实中，有些父母知道他们的孩子可能生活得比自己更好，他们不会把因发债(但不增税)而增加的收入储蓄起来。第三，政府借债没有违约风险，债务的利率在金融市场上最低。如果居民想在金融市场上借钱，其支付的利率肯定会超过公债利率。政府发债(但不增税)为这些人提供了成本更低的资金，自然愿意增加投资。第四，李嘉图等价定理隐含个人具有完全的预见能力和充分信息。实际上，未来的税负和收入都是不确定的。对于个人而言，现在举债但不增税而增加的收入与未来为偿还公债的本息而向此人征收的税收并不必然相等。第五，李嘉图等价定理假设所有的税都是一次性征收总量税。实际上，大多税种并不是一次性总量税，非一次性总量税会产生税收的扭曲效应。那么，举债而不增税会减少税收的扭曲效应，有利于刺激经济的增长。因此，举债或征税为政府筹资，两者对经济的影响并非等价。

[资料链接 13-3]

政府的减税政策和李嘉图等价

布什政府提出了两次永久性减税的法案，分别于 2001 年和 2003 年获得国会通过。李嘉图等价预期家庭储蓄会怎么变化?

根据李嘉图等价理论，为了支付更高的预算赤字所要求的未来的增税，家庭应该储蓄更多。然而，2003 年就已经达到只有可支配收入的 3.5%的家庭储蓄在 2004—2007 年期间甚至进一步下降，平均只有 2.2%。乍一看，居民行为并没有像李嘉图等价暗示的那样行动。人们的行为看起来很符合关于财政政策和政府政策如何影响经济的传统观点。

然而，跟经济学中的常见情形一样，由于其他因素的存在，这一时期的证据可能不是决定性的。房屋价格和股票市场的繁荣增加了人们的财富，可能会引致家庭减少储蓄。或者，也许是因为人们预期更低的税收会使政府如布什政府承诺的那样缩减未来的支出，于是它们会觉得减税会使他们的环境变好，因为未来的可支配收入会更高。对于是传统观点还是李嘉图等价占主导地位的争论仍在继续。

果不其然，2009 年奥巴马上台执政时，提出一个财政刺激方案以快速启动经济，一场激烈的争论就接踵而来。一方面，共和党更偏好减税，他们认为减税可以立即提高可支配收入和刺激支出，并减少经济中的扭曲从而提高未来的潜在产出。但是，李嘉图等价告诉我们，减税会使公众增加储蓄而不是增加支出。另一方面，民主党则认为增加政府支出可以直接增加总需求，会比减税更有效地刺激经济。不过最终，这一场争论还是达成了妥协：2009 年 2 月通过了一项 7870 亿美元的财政刺激方案，即《美国复苏与再投资法案》，这项法案包含了 4990 亿美元的政府支出增加和 2880 亿美元的减税——看起来人们还是认为减税会促进支出的增加。

资料来源：米什金.宏观经济学政策与实践[M].北京：中国人民大学出版社，2012.

三、公债的经济效应

公债的经济效应是公债对经济的客观影响，这种影响通过公债功能的发挥来实现。经济活动是一个庞大的系统，涉及经济活动的各个方面，所以对公债经济效应的考察也应当从多方面、多角度进行。下面将从公债发行的财政效应、货币效应以及投资挤出效应三个方面进行分析。

(一)公债的财政效应

公债和税收都是财政筹资的重要形式，影响到财政收入。但公债需要还本付息，必然也影响财政支出。

公债对财政收支的影响首先体现在当年财政收入上。如果当年正常财政收入不能够满足当年正常财政支出的需要，公债就成为政府增加财政收入的手段。显然，政府举借公债的直接经济效应是形成当年财政收入的增量。除了对当年财政收入的直接影响以外，公债还对未来年度财政收入存在间接影响。一般来说，财政收入随着国内生产总值的增加而增长。公债收入使用后，能够引起未来年度国内生产总值的变化。如果公债收入对国民经济增长有正效应，它将增加以后年度的财政收入；反之，如果公债收入对国民经济的效应为负，则将会降低以后年度的财政收入。相应地，公债对当年及以后年度的财政支出也有影响。对公债的还本付息成为财政支出的一个增量，这种增量取决于公债的发行额、利率和期限。公债发行还会造成债务支出以外的其他支出增加，原因在于诸多财政支出项目所具有的单向刚性，即发债引致的财政支出增加容易，但压缩财政支出却比较困难。

[资料链接 13-4]

由“特别国债”透视公债功能

2020 年 6 月 18 日，首批 1000 亿元抗疫特别国债开闸发行。

通常意义的国债就是国家向大众借钱，按约定好的周期还本付息，所募资金用于长期建设、平衡财政收支等。但特别国债却有所不同。新中国史上，算上 2020 年的抗疫特别国债，总共发行过三次。依次回顾历史上的特别国债来透视公债的功能作用。

1.1997 年特别国债：补充资本金

20 世纪 90 年代，中国银行业挣扎在钱荒、坏账的困境中。一直困扰商业银行的，是资本金不足、不良资产庞大等问题。根据 1995 年生效的《中华人民共和国商业银行法》及 1988 年通过的《巴塞尔协议》，商业银行资本充足率应不低于 8%，这是约束银行安全开展业务的指标。在当时，四大国有商业银行都远未达标。按账面的资本净额计算，四大行资本充足率为 5.86%；剔除未核销的呆账后，只有 3.5%。资本充足率过低，银行无法安全开展业务，补充资本金迫在眉睫。但以政府当时的财政能力，有心解银行的资金之渴，从常规渠道却无法挤出资金。在此背景下，1997 年 3 月，全国人大常委会通过决议，由财政部发行 2700 亿元特别国债，补充国有商业银行的资本金。注资后，四大行清偿能力增强，资产质量改善，资金流动性提高。四大行能有今天的成就，特别国债功不可没。

2.2007 年特别国债：创立基金公司

2007 年以前，中国国际贸易持续顺差，外汇储备不断攀升，一度突破 1.4 万亿美元。在此背景下，中央考虑组建中国投资有限责任公司（简称中投公司），建立中国的“主权财富基金”，管理外汇资金投资业务。

按照惯例，只能由财政部代表中国政府，“出任”中投公司大股东。这就需要将外汇储备从央行账户转移到财政部账户。但是《中华人民共和国中国人民银行法》规定，央行“不得直接认购、包销国债”（不能直接下场买债）。于是，财政部先向商业银行发债，筹集到资金后，向央行购买等值的外汇；央行再用出售外汇换回的人民币资金，向商业银行购买特别国债。经过一系列合理的资产置换，财政部用 2700 亿美元创立了中投公司。如今，中投公司已是全球最大的主权财富基金之一。截至 2019 年，中投公司总资产规模突破万亿美元，2019 年对外投资净收益率达到约 17%。

3.2020 年抗疫特别国债：资金去往最需要它的地方

就发行目的而言，以往两次特别国债均为解决金融领域问题而发行，从政府角度看同步增加金融资产和负债;2020年特别国债,则着眼于新冠肺炎疫情对实体经济的冲击、减税降费安排、财政收入不及预期目标、扶持困难企业及个人、补齐公共卫生体系短板等考量,其资金使用与一般的财政资金差别不大。这是与以往特别国债的本质性差异。

就发行对象而言,前两次特别国债是面向特定对象发行,2020年特别国债与普通的记账式国债捆绑发行——就是说,金融机构和普通投资者均可购买持有,老百姓也可以买。1997年、2007年的特别国债则面向特定对象。

概括而言,2020年的抗疫特别国债综合了以往多次特别国债的特点:一是在新冠肺炎疫情导致地方财政收支缺口较原定安排大幅增加的特定背景下发行;二是中央发行地方使用,中央承担付息和部分还本责任;三是不计入财政赤字。特事特办的资金,将去往最需要它的地方。

资料来源:汪德华.仅发过三次的"特别国债"到底有啥特殊?[EB/OL].(2020-06-19)[2020-11-15].https://finance.sina.com.cn/wm/2020-06-19/doc-iirczymk7935932.shtml.

[资料涉及的理论要点]

公债的财政效应。

[资料分析与讨论的思路]

(1)历史上发行三次特别国债的经济背景有何特殊之处?

(2)历史上发行的三次特别国债分别对经济具有什么影响?

(二)公债的货币效应

公债的货币效应是指公债发行对一国货币供给的影响。公债的持有主体可以分为居民、企业和中央银行,其中企业又可以分为商业银行和非银行企业。在不同的持有主体下,公债对货币供应量的影响不同。

(1)居民作为公债的购买主体不会改变货币供给量。居民购买公债的资金来源于两个方面:一是储蓄资金或原本用于投资支出的资金,二是消费资金或原本用于消费支出的资金。不论两种来源的资金各自占比如何,当居民购买公债时,货币由商业银行账户向中央银行账户转移;而当财政部门将发行公债所得收入用于支出时,货币由中央银行账户向商业银行账户转移。前者表现为货币供给的总量收缩,后者表现为货币供给的总量扩张。两者变动规模相等但方向相反,其结果,除有可能引起市场利率的短时波动外,不会增加或减少经济中的货币供给量。

(2)商业银行持有公债的货币效应,取决于其购买公债的资金是否来源于超额准备金。①当商业银行用超额准备金购买公债时,货币由商业银行账户向中央银账户转移;而当财政部门将发行公债所得货币支付出去时,货币由中央银行账户向商业银行账户转移。在这一过程中,由于购买公债的超额准备金系商业银行原未动用的准备金,所以前者不会带来货币供给的总量收缩,后者却表现货币供给的总量扩张。两者相抵的结果,是货币供给量以相当于商业银行购买公债额一倍的规模增加。②当商业银行以收回贷款或投资所得货币来购买公债时,不会影响货币供给量。在这一过程中,货币由商业银行账户转移到中央银行账户(即购买公债),以及由中央银行账户再转移到商业银行账户(即使用公债筹集资金),相应表现为货币的总量收缩和总量扩张。对商业银行本身来说,购买公债和向工商企业或家庭发放贷款或投资,都是其资产业务的构成内容,只不过是资产的构成发生变动;在资产业务总规模不变的条件下,不会带来货币供给量的变动。

(3)中央银行持有公债会造成货币供给的扩张。中央银行购买公债,一是通过在公开市场上买卖公债来调节货币供给量和市场利息率;二是在政府财政面临大量赤字的情况下,通过购买公债为政府财政提供资金援助。中央银行购买公债,理论上既可以直接从财政部门购买,也可以从公开市场上买进,二者对货币供给的影响及其传导过程会有所差异。①当中央银行从财政部门直接购买公债时,它只不过在财政部门的存款账户上加记一笔相等数额的货币量,这就意味着与公债等额的基础货币被“创造”出来;当财政部门从该账户上支付货币时,这笔货币由中央银行账户流入了商业银行账户。于是,基础货币被创造出来并由中央银行账户向商业银行账户转移,其结果是货币供给量的倍数扩张。②当中央银行从企业以及机构手中购买公债时,通常以签发支票的方式进行,而当公债的卖方将中央银行的支票交给商业银行,并通过商业银行与中央银行的结算而相应形成(商业银行持有的)中央银行负债时,基础货币被创造出来并由中央银行流入商业银行账户,货币供应量成倍数扩张。③当中央银行从商业银行手中购买公债时,通常是在商业银行存款账户上加记一笔等额的货币,基础货币被创造出来,并通过商业银行的资产负债业务活动而成倍数扩张。

(4)政府机构持有公债对货币供给量的影响不大。政府机构作为公债的认购主体是为了充分利用政府部门内部的资金。一是政府经费拨付的集中性和政府支出的均衡性,使政府机构在经费支出过程中形成一笔暂时存留的资金;二是政府管理的各种社会保障基金(如西方发达国家),往往有自己独立的税款收入,且专款专用,有可能形成部分暂时盈余;三是地方各级政府掌握的财政资金和预算外资金也可能出现盈余并处于暂时闲置状态。以上这些政府部门的闲置资金可以用于购买公债。政府部门购买公债实际上是政府部门内部的资金转移,或者说是政府各部门银行存款账户之间的资金余缺调剂。与这一过程相伴随的,基本是货币在中央银行账户之间的流动,不会产生货币供给量的显著扩大或收缩。

(三)公债的挤出效应

公债的挤出效应是指政府发行公债引致了利率的变化,使一部分私人信贷被挤出,进而整个社会净增加的投资额要小于政府用公债收入进行的投资。公债的挤出效应经历了如下过程:政府发行公债吸收市场借贷资金,在货币供给量不变的情况下,整个社会对储蓄的需求增加,可储蓄总量未变,这势必引起利率的上升;当利率上升时,私人部门被迫挤掉的投资额通常小于政府公债的发行额。参考如下示例:

在政府没有预算赤字的情况下,假设市场利率为6%,全社会的储蓄额为1000亿元,根据投资与储蓄相等的原理,这1000亿元储蓄会全部转化为1000亿元私人投资。若政府出现了300亿元预算赤字,并通过发行公债向社会筹资,这样便有300亿元的私人储蓄转而购买公债,能够提供给私人投资的储蓄则由1000亿元减少到700亿元。虽然全社会的总投资额未变,但私人投资因政府投资的增加而被挤掉了30%。同时在货币市场上,由于政府发行公债而使货币供不应求,货币的价格即利率会上升,而利率的上升反过来又增加了人们储蓄的愿望。假设当利率上升到8%时,储蓄总额由1000亿元增加到1100亿元,那么,可用于私营企业投资的储蓄额为800亿元。最终,300亿元的公债发行排挤了私人投资200亿元,同政府没有发行公债相比,私人投资下降了20%,使整个社会投资额的净增长只有100亿元。

第三节 公债负担与规模衡量

一、公债负担

(一)公债负担的不同情形

如何衡量公债的负担,以及如何控制公债的规模以避免出现债务危机,是财政理论的重要课题。公债负担可以从以下三个方面来分析:

(1)公债认购者的负担,即债权人的负担。公债认购者暂时让渡收入的使用权,必然对其经济行为产生影响。因此,政府发行公债时必须考虑公债认购者的实际负担能力,不应过量发行。

(2)国家的负担,即债务人的负担。公债不同于税收,政府借债是有偿的,公债到期不仅要还本,而且要支付利息。尽管政府借债时获得了资金,但偿债体现了一种支出。国家借债的过程其实就是公债负担的形成过程,国家借债要考虑其偿还能力,量力而行。

(3)纳税人的负担。不论公债资金的使用方向如何,效益高低,还债的资金来源最终是税收,国家债务最终由纳税人负担。如果公债的偿还期比较长,或者政府连年以借新债还旧债的方法,不断扩大债务规模,就会形成这一代人借的债由下一代人偿还,公债负担转为下一代人的负担甚至是后几代人的负担,即为后文将要介绍的公债的代际负担。

(二)公债的代际负担

公债的代际负担就是指政府发行公债带来的成本发生代际转移,即公债负担由后代来承担。如果公债使当代人受益,使下代人受损,就认为公债造成了代际负担。公债可能会对后代造成沉重的债务负担,这常常被当作减少债务的一个理由。

首先,如果政府部门的公债用于本期的消费性支出,而本期又不准备偿还这笔债务,以发新债还旧债的方式,将偿债责任推向未来,此即一般意义上的代际负担。在考虑公债资金的来源和使用效果后,公债对后代还可以产生一种超额的负担。具体看,公债的发行挤占了储蓄资金,而这部分资金是企业投资的资金来源。由于公债的发行挤占了储蓄资金,私人投资会随之减少;并且公债收入常用于政府的经常性支出,所以社会的总投资可能下降。这就使未来社会失去了一笔本可不断创造收入的资产,从而使得经济产出能力以及可获得的福利水平进一步下降。在此情况下,公债给后代造成了超额负担。

其次,如果公债用于公共部门的投资性支出,那么它是否会形成代际负担取决于公共部门与私人部门的投资收益率大小。如果由公债所支持的公共部门投资收益率高于它所挤出的私人部门投资收益率,则公债不仅不会给后代造成负担,而且还会提高未来社会的福利水平。反之,若公债支持的投资项目收益率低于它所挤出的私人企业投资收益率,若干年后,公债用于公共投资所形成的资产将少于将资金投资于私人部门的情形,这就减少了未来社会可得的资产,从而降低了后代的福利。在极端情况下,公共企业部门投资不仅没有收益,反而可能发生亏损,则在未来社会可继承的资产将严重小于将资金投资于私人部门的情形。在此情况下,公债将给后代造成沉重的负担。

总之,公债若用于消费,挤占私人部门的投资,则必然产生代际负担;若用于投资,则公债是否造成代际负担,要取决于投资的效率。一般来说,若公债将资金从效率低的部门引向效率高的部门,那么后代就会受益;反之,公债将使后代受损。因此,公债的效率界限同时也是鉴别它是否会造成代际负担的界限。

上述分析以社会总需求水平既定为前提。倘若放松此前提,假定公债能扩大总需求,那么它就不会造成代际负担。例如,如果公债来源于社会的闲置资金,这部分资金未被私人投资者用于创造财富,在这种状态下,社会总产出水平尚未达到总供给所能达到的潜在水平。在此时用公债筹集闲置资金,将使社会总需求增加,并使总产出增加,显然不会形成代际负担。

[资料链接 13－5]

持续存在的欧洲主权债务问题

2009 年底,国际三大评级机构先后调低希腊的主权信用评级,希腊债务问题爆发。随后,国际评级机构对葡萄牙、意大利、爱尔兰及西班牙等国(与希腊一起,被称为"PIIGS")的主权信用评级提出警告或者负面评价,欧洲债务问题逐步显现。欧洲央行行长特里谢在 2010 年达沃斯世界经济论坛上谈到,债务问题在发达经济中具有"普遍性",引发了全球对欧洲债务问题的广大关注。

欧洲债务问题的第一阶段是发端于北欧小国冰岛的"外向型"债务危机。2008 年 10 月,在全球过度扩张的冰岛金融业(资产规模为 GDP 的 9 倍多)陷入困境。三大银行资不抵债,被冰岛政府接管,银行债务升级为主权债务。根据美联社的数据,当时冰岛政府外债规模高达 800 亿美元,为其 2007 年 GDP 的 400%左右,人均负债 25 万美元;金融业外债更是高达 1383 亿美元。从技术上讲,冰岛已经破产。冰岛为了应对危机,采取了较为严厉的紧缩政策,被迫放弃固定汇率制度,至 2008 年 11 月底冰岛克朗兑欧元大幅贬值超过 70%。2009 年,冰岛陷入严重衰退,GDP 预计同比下降超过 8%。

欧洲债务问题的第二个阶段是中东欧国家"外来型"债务问题。2009 年初,国际评级机构穆迪调低了乌克兰的信用评级,并认为东欧的形势在不断恶化,这触发了中东欧国家的债务问题。国际货币基金组织警告,中东欧经济规模远超过冰岛,其债务问题存在引发金融危机"第二波"的风险。2000 年后,绝大多数中东欧国家的商业银行被以西欧银行为主的外资控制,2008 年年底外资占比在 54%～97%。中东欧拥有约 1.7 万亿美元的外汇债务,而且三分之二贷款为外币贷款。

第三个阶段是希腊、西班牙和葡萄牙等国的"传统型"债务问题。2009 年 5 月希腊就遇到了债务问题,欧盟强力声援后,局势得到一定的缓解。但是半年后希腊财政赤字并未改善,其财政赤字 GDP 占比升至 12.7%,公共债务 GDP 占比高达 113%,国际评级机构惠誉将其主权信用评级调低,希腊债务问题爆发了。与冰岛和中东欧不一样的是,希腊的债务问题是传统的收支结构问题,意大利、西班牙、葡萄牙等也出现了传统型债务问题。

传统型债务问题在欧洲具有长期性和普遍性。金融危机爆发之后,欧盟国家普遍超过了公共债务占 GDP 的比例不得超过 60%、财政赤字占 GDP 的比例不得超过 3%两个警戒线。欧盟统计局公布的数据显示,在 2019 年,欧元区公共债务占 GDP 的比例为 86%,欧盟成员国为 79.4%。11 个欧盟国家的公共债务超过 GDP 的 60%,其中债务最高的国家是希腊(176.6%),接着依次是意大利(134.8%)、葡萄牙(117.7%)、比利时(98.6%)、法国(98.1%)、西班牙和塞浦路斯(各占 95.5%)。

资料来源:郑联盛.欧洲债务问题:演进、影响、原因与启示[J].国际经济评论,2010(3):108－121.

欧盟预警:欧元区今年经济萎缩幅度将达到创纪录的 7.75%[EB/OL].(2020－05－06)[2020－11－10].https://new.qq.com/rain/a/20200506A0T8SC00.

[资料涉及的理论要点]

(1)公债负担。

(2)债务风险。

[资料分析与讨论思路]

(1)分析欧债危机问题的原因。

(2)上述60%和3%的两个"警戒线"标准是否科学?

二、公债规模

(一)公债规模的含义

公债规模是指国家负债的总水平,是公共收入规模的影响因素之一。其内容包括三层含义:当年债务总规模、历年公债累积总规模和尚未归还的公债总规模。具体来讲:当年公债发行规模是指国家财政当年发行的公债总额,有时也指当年发行公债总额扣除当年还本付息以后的差额;历年公债累积总规模是指国家财政历年所借而尚未到期的债务总余额,或者说是债务累积发行额扣除已经偿还部分后的总余额;尚未归还的公债总规模是指国家财政当年到期需要还本付息的债务总额。

(二)公债规模的影响因素

公债发行并不是一个无限的量,其发行规模受很多因素的制约,主要有:

(1)社会的应债能力。公债的发行对象主要是个人和应债机构,其认购能力是制约公债规模的重要因素。公债的发行首先受认购者认购能力的制约。一般来说,公债发行规模不能超过全社会的认购能力,否则会影响全社会的积累与消费的比例关系。个人对公债的认购能力与其收入水平成正比关系,而与社会平均消费水平成反比关系。应债机构的承受能力指一定时期各经济实体对公债的认购能力。制约这一能力的因素有两个,即各经济法人实体自有资金的数量,以及维持正常积累和兴办各项事业对资金的正常需要量。各经济实体对公债的认购能力与前者成正比,与后者成反比。

(2)政府的偿债能力。政府的偿债能力通常由公共收入增长速度和GDP增长速度两个因素决定。前者反映了一定时期内财政收入规模扩大的趋势,后者反映了一定时期内国民经济发展对公债的承受能力。如果GDP的增长速度快,则一定时期的GDP在满足正常的投资和消费后,有较大的余地为政府所支配,此时,如果正常的公共收入不足以抵偿债务,政府可以通过继续发行新债来归还旧债,从而缓解政府的还债负担。在GDP一定的情况下,公共收入的规模越大,则公共收入在满足了其他正常收支后,能用于归还到期公债本息的资金越多,政府对公债的偿还能力就越强。

(3)社会游资总量的大小。在货币币值较为稳定的条件下,社会游资的绝大部分是已经实现了的物质财富,它的增加意味着社会创造的物质财富增长。从这个角度来说,社会游资的总量大小是一国公债规模增减的重要动因。如果一国的社会游资数量多,该国公债的运用量就可相应扩大。

(4)公债的使用方向、结构和效益。如果公债用于投资效益较高的生产建设项目,公债再投资的收益可以满足还本付息的需要,不会形成国家的债务负担,此时,公债的规模可以适度扩张;如果用于社会效益型项目,则公债再投资的收益相对较少,会造成国家新的负担,则公债规模扩张需谨慎斟酌。

(三)公债适度规模

在考虑成本和收益的情况下,公债负担存在一个适度性问题。适度规模的公债,可以帮助政府行使职能并促进经济发展,同时确保政府按期还本付息。从理论上看,公债规模的适度性取决于举债成本与举债收益两个变量①,如图 13-1 所示。*TC* 代表公债成本(含直接与间接成本),它随着公债规模的扩大而不断上升,并且呈现边际成本上升特征。原因在于,公债规模扩大伴随着举债费用和待支付利息的升高,而且大规模的债务会提升管理成本。*TB* 代表公债收益,它呈现出边际收益递减特征。原因在于,持续上升的政府债务规模会通过储蓄和投资等途径影响经济发展,并挑战政府的债务管理体系。在给定的公债规模下,*TB* 和 *TC* 之间的差额反映出公债净收益额。

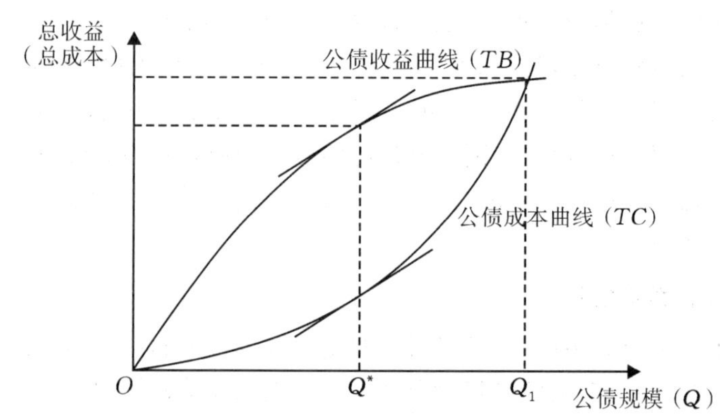

图 13-1 公债适度规模的理论图示

观察图 13-1,随着公债规模变化,可以将公债净收益额划分为以下三个区间。第一,公债净收益额为正的公债规模区间($0<Q<Q_1$),在该区间内政府举债的总收益大于总成本(即 $TB>TC$)。值得注意,当公债规模等于 Q^* 时,政府举债的边际收益等于边际成本,公债净收益额达到最大化值。在 Q^* 以前,公债净收益随公债规模上升;在 Q^* 以后,公债净收益随公债规模下降。第二,公债净收益额为零的公债规模区间($Q=Q_1$),在该点上政府举债的总收益等于总成本(即 $TB=TC$)。第三,公债净收益额为负的公债规模区间($Q_1<Q$),在该区间内政府举债的总收益小于总成本(即 $TB<TC$)。总之,当公债规模小于特定规模临界值(即 Q_1)时,政府公债规模处于适度状态;理论上公债的最适度规模为净效益最大化的点(即 Q^*),即边际债务成本与边际债务收益相等时对应的公债规模。

[资料链接 13-6]

美国债务上限与财政悬崖

所谓"财政悬崖",由美联储前主席伯南克于 2012 年 2 月 7 日在国会听证会上首次提出,是指美国将在 2013 年 1 月 1 日同时出现(旨在削减赤字的)税收增加与开支减少的局面。如果国会两党不能在 2012 年达成协议,减支增税措施将自动生效,政府开支将面临大幅下降。美国财政部前部长盖特纳 2012 年 11 月首次提出了解决美国"财政悬崖"问题的方案,该方案

① 钟晓敏.财政学[M].2 版.北京:高等教育出版社,2015.

作为美国联邦政府提出的第一个正式方案。该方案指出，解决悬崖问题的关键是要提高美国联邦政府的债务上限。自此，债务上限问题开始被炒作和讨论。美国联邦政府的债务上限是指美国国会批准的一定时期内美国国债的最大发行额。

回顾历史，1917 年之前，美国政府每次需要借款时均要获得国会的授权。第一次世界大战期间，美国政府为了提高联邦政府应对国际事务，特别是应对第一次世界大战，联邦立法机构决定授予政府一揽子的关于借款的权限，条件是联邦政府(不包括地方政府)总的借款量要小于已有的借款限制。1917 年至 2012 年，美国立法机构曾经有 100 多次这样的立法活动，提高联邦政府的债务上限。

2011 年 2 月，美国立法机构曾确立美国联邦政府的债务上限是 14.3 万亿美元。美国债务上限问题未达成一致时，美国联邦政府差点出现“关门停摆”的情况。

2011 年 8 月 2 日，美国到期国债规模超逾 14.3 万亿美元的债务上限，面临违约风险。美国政府要求国会提高债务上限，但两党激烈内斗互不相让，直至 7 月 31 日晚才通过债务上限的紧急方案，参众两院在倒数不足 12 小时内方最终通过《预算控制法案》。尽管法案提高了债务上限 2.1 万亿美元至 16.4 万亿美元，但债务问题并未真正解决，参众两院未就今后 10 年的减赤方案达成一致。为此，它们同意设立触发机制，如果在 2013 年 1 月 1 日前仍未能达成共识，则两党各自主张的支出项目将需分摊减赤，在今后 10 年内共削减财政开支 1.2 万亿美元。

最终，总统奥巴马 2013 年 1 月 3 日签署了国会通过的“财政悬崖”立法，该法案将提高收入人群的税率，并延长中产阶级减税政策。

资料来源：李俊生. 解决财政悬崖或导致美元超发[EB/OL]. (2012 - 12 - 18)[2020 - 11 - 15]. http://world.xinhua08.com/a/20121218/1089254.shtml.

[资料涉及的理论要点]

(1)影响公债规模的因素。

(2)公债规模管理的作用。

[资料分析与讨论思路]

(1)财政悬崖问题的根源是什么？

(2)公债规模与财政赤字、税收之间的关系。

(3)从美国国债信用评级下调对金融市场的影响看国债的金融功能。

(四)衡量公债规模的指标

由于受各种因素的制约，单纯的公债规模绝对数无法明确衡量公债规模是否合理，只有采用相对指标才更具普遍意义。衡量公债规模的指标主要有：

1. 公债偿债率

公债偿债率是指当年的公债还本付息额占当年财政收入的比重，表明当年财政收入中用于偿还债务的份额，也反映了公共收入中政府可直接支配的数额及通过公债偿还转移给债权人的财力数额。其计算公式为

$$\text{公债偿债率}=\frac{\text{当年的公债还本付息额}}{\text{当年财政收入}}\times 100\%$$

根据国际经验，公债偿债率一般控制在 7%至 15%的范围内比较合理。

2. 公债依存度

公债依存度是指当年的公债发行额占当年财政支出的比率，表明当年财政支出中有多大

比例是靠公债来维持的,是控制公债规模的重要指标。其计算公式为

$$\text{国家财政债务依存度}=\frac{\text{当年公债发行额}}{\text{国家财政支出}}\times100\%$$

$$\text{中央财政债务依存度}=\frac{\text{当年公债发行额}}{\text{中央财政支出}}\times100\%$$

对于公债依存度,国际上未有公认的警戒线标准。一般情况下,发达国家的政府债务依存度在10%以下,发展中国家高于20%,但日本的国债依存度在近年来一直高于30%。根据2019年我国公债发行额(含国债与地方债,总共约8.4万亿元)和全国财政支出(约23.9万亿元)计算,当年我国国家财政债务依存度约为35.15%①。

3.公债负担率

公债负担率是指一定时期的公债余额与同期国民生产总值的比率,它是衡量国债规模的宏观指标,体现了一个国家的国债负担情况,也是衡量经济总规模对公债承受能力的重要指标。其计算公式为

$$\text{公债负担率}=\frac{\text{某个时期的公债余额}}{\text{同期国民生产总值}}\times100\%$$

根据国际经验,发达国家国债负担率一般控制在60%以内,但是自欧洲主权债务危机以来,无论是欧盟平均水平,还是希腊和意大利等代表国家,其公债负担率都远远超过了所谓的"60%警戒线"。

除了上述三个指标外,考察公债规模还必须重视各种隐性债务、通货膨胀等因素对政府债务的真实规模可能产生的影响。原因是,在名义指标所反映的国债规模之外,客观上还存在着为数不少的"隐性负债",以及"或有负债",如国有银行和非银行金融机构不良资产中最后需财政核销冲账的部分,地方政府和企业"统借自还"外债以及地方政府担保债务、变相担保债务的财政兜底部分,国有企业潜亏部分、农村信用社及农村互助合作基金坏账中需财政兜底部分及社会保障资金方面的或有债务。此外,上面分析的三个指标,只是从量的角度考察公债的限度,而公债的期限结构和利率结构也很重要。保持长、中、短期公债的合理搭配,错开偿还高峰,均衡债务负担,可以有效减少偿债对财政形成的压力。

[资料链接13-7]

近年中国国债发行情况

1.发行期限

我国政府债券的发行期限集中于3个月到50年。在早期集中于3年、7年和10年的债券。随着1996年发行系统的建立和应用,财政部通过发行短期和长期债券来丰富发行期限。2009年财政部首次发型了50年期政府债券来满足社保和保险公司的投资需求。从发行期限上来看,我国1996年只发行过3年、7年和10年期,1997年开始有2年期,1998年开始出现5年期和30年期。随着时间的推移,期限结构发生了变化。2009年最常见的是9个月和50年期的债券。2019年记账式附息国债发行计划表显示,2019年计划发行记账式附息国债84只,其中关键期限的1年期、3年期、5年期、7年期和10年期各12只,非关键期限的2年期11只、30年期10只、50年期3只。

① 数据来源:国家统计局。

2. 发行规模

图 13－2 描绘了我国 2005 年以后的中央财政债务余额和 2000 年以后的公债发行量。显而易见，我国的国债发行量近年来逐年剧增，尤其在 2007 年面临经济危机时，我国政府为了刺激经济而发行 1.55 万亿元特别国债，导致 2007 年的国债发行量激增。作为地方政府债务管理改革全面启动第一年，2015 年地方债发行总规模约 3.8 万亿元，比 2014 年增长8.5倍，因此指标呈现突然大幅增长。2019 年，国债发行约 4.0 万亿元，地方政府债券发行约4.4万亿元。

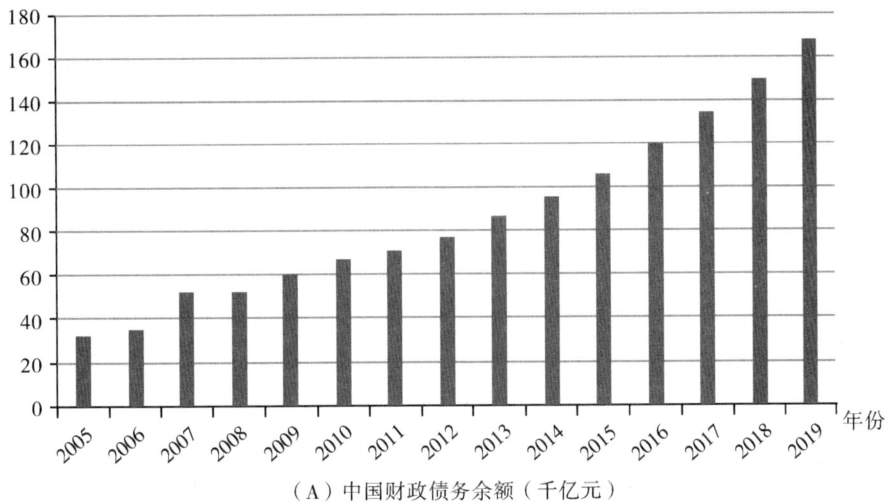

（A）中国财政债务余额（千亿元）

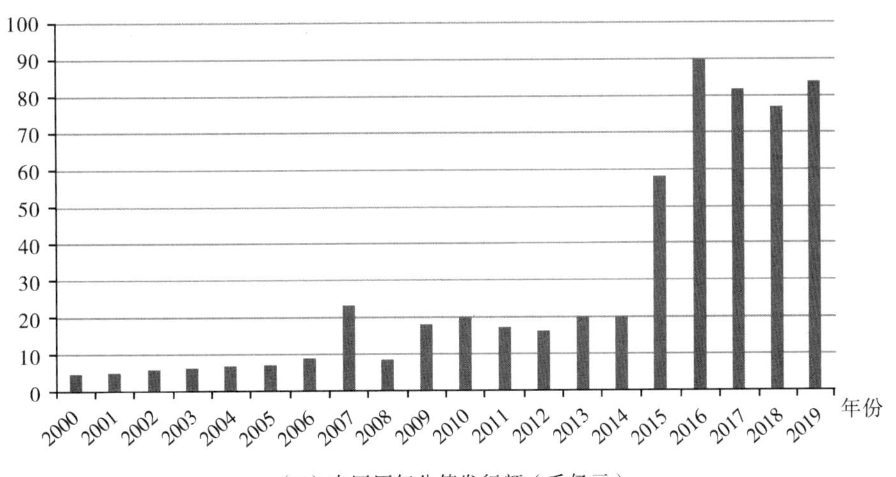

（B）中国历年公债发行额（千亿元）

图 13－2　我国历年中央财政债务余额和公债（国债＋地方债）历年发行量

资料来源：纽约联邦储备银行：中国政府债券市场的微观结构，2013 年 5 月 27 日（有删改）；中国国家统计局；财政部《关于公布 2019 年记账式附息国债 储蓄国债 第一季度国债发行计划的通知》（财办库〔2018〕307 号）。

关键概念

1. 经济社会中广泛使用的是狭义公债概念，是指政府向个人、公司企业、社会事业单位以及他国政府的借款，是各级政府借债的统称。从债务人（政府）的角度讲，公债具有自愿性、有偿性和灵活性三个特征。从债权人（购买者）的角度讲，公债具有安全性、收益性和流动性的特点。

2. 公债种类多种多样，可以从不同角度或按不同的标准划分。从地域或来源角度划分有国内公债和国外公债；从公债偿还期限角度划分为短期公债、中期公债、长期公债和永久公债；从公债券是否可以买卖的角度划分为可交易公债和不可交易公债；从公债发行主体的角度划分为中央（联邦）政府公债和地方政府公债；按偿付利息的方式不同，可分为附息公债和贴现公债；按利率类型，可分为固定利率公债、浮动利率公债和指数化公债；等等。

3. 在现代市场经济条件下，公债的功能至少表现为弥补财政赤字、筹集建设资金、调节宏观经济三方面。公债功能的发挥必将对社会经济生活各方面产生影响，主要表现为公债经济效应，可以通过公债发行的财政效应、货币效应以及公债投资的挤出效应三个方面进行分析。

4. 公债规模是指国家负债的总水平，包括当年债务总规模、历年公债累积总规模和尚未归还的公债总规模。公债规模也存在一个适度的问题，公债的限度就是国家债务总规模的最高数量界限，其取决于一个国家的经济发展水平，具体表现为社会的应债能力、政府的偿债能力、公债的使用方向、使用效益等。

5. 衡量公债规模的指标主要有：公债偿债率，即当年公债还本付息额占当年财政收入的比重，表明当年财政收入中用于偿还债务的份额；公债依存度，即当年的公债发行额占当年财政支出的比率，表明当年财政支出中有多大比例是靠公债来维持的；公债负担率，即一定时期的公债余额与同期国民生产总值的比率，体现一个国家的国债负担情况，也是衡量经济总规模对公债承受能力的重要指标。

6. 公债负担是客观存在的，甚至有可能出现债务危机。如何衡量公债的负担，以及如何控制公债的规模以避免出现债务危机，是财政理论的重要课题。公债负担可以从三方面分析：①公债认购者的负担，即债权人的负担；②政府的负担，即债务人的负担；③纳税人的负担。此外，如果公债的偿还期比较长，会形成这一代人借的债由下一代人偿还，即代际负担。

7. 我国地方政府公债发行是以分税制为核心的财政体制下的必然要求，而我国的预算法之前一直禁止地方政府发债，这在一定程度上导致了我国地方政府隐性负债规模和风险较大的问题。为此，我国于 2009 年重启地方政府发债制度并开展了地方债务审计，并于 2015 年首次实现地方债全部由省级政府自发自还。

关键概念

公债职能　公债负担　公债效应　李嘉图等价　公债规模　地方公债

思考分析

1. 阅读思考资料链接 13－1，考察我国目前地方债的规模和潜在风险，并设想地方债一旦失控，将给我国带来怎样不利的影响。

2. 阅读思考资料链接 13－4，结合我国国债发行状况考察分析我国国债发行的宏观经济效应。

3. 阅读思考资料链接 13－5 和 13－6，根据公债负担的相关理论分析为什么“欧债危机”以及“美国债务上限”如此引人注目。

4. 阅读思考资料链接 13－7，从我国近年来国债发行的规模分析我国国债负担的现状和我国国债的适度规模。

第十四章　财政平衡与政策调控

本章重点阐述财政平衡、财政赤字、财政赤字的经济效应、财政赤字货币化、财政政策以及财政政策与货币政策的协调配合。本章学习要求：①了解财政平衡、财政赤字货币化等概念；②掌握财政赤字经济影响的分析方法；③知悉财政政策工具与传导机制、影响财政政策效果的因素、财政政策与货币政策的搭配方式。

第一节　财政平衡概述

一、财政平衡概念

所谓财政平衡，是指在一定时期内(通常为一个财政年度)财政收入与财政支出基本持平的状态。当财政收入大于财政支出，则称为财政盈余；当财政收入小于财政支出，则称为财政赤字。财政收入与财政支出绝对相等是偶尔的，所以当财政收入对比财政支出，所得的盈余或者赤字占财政收入3%以内，就称作财政平衡。

对于财政平衡的衡量周期，由最初的“年度平衡”到“经济周期平衡”，再到“充分就业平衡”，财政平衡思想经历了三个阶段：

(一)年度平衡预算

年度平衡预算要求每个财政年度的收支平衡。在自由主义经济学理论中，市场主要受制于“看不见的手”的调控，政府作为“守夜人”就应该达到财政收入与财政支出平衡的目标。20世纪30年代大危机以前，各国普遍采取的政策原则是政府财政支出量入为出，这样的财政才是负责任的财政。但是到了30年代世界经济大萧条以后，如果还采用年度平衡预算，这样在经济萧条的时候政府的财政收入将大幅度地降低，整个社会有效需求不足，财政支出也随之大幅度地削减，无疑加重了经济萧条。因为在此情况下，实现年度平衡预算，政府面临紧缩需求的三种选择：通过提高税率增加财政收入，通过减少转移支付或者政府购买来减少财政支出，或者是增加财政收入和减少财政支出并举。如果固守年度平衡预算，在面对经济萧条时，财政政策在反经济衰退方面将无所作为，并且会起到加剧经济波动的作用。

(二)周期平衡预算

为了刺激经济，实现宏观经济目标，政府在宏观经济运行中扮演更多角色，财政收支的年度平衡预算就不再维持。以萨缪尔森为代表的西方经济学家提出“只求在一个经济周期内实现财政平衡”的理论。该理论认为资本主义经济存在周期性波动，国家财政对经济的干预和渗透应当是赤字与盈余的交替使用，以适应经济周期的变化。当经济过热时，尽管政府的财政收入很高，但是为了抑制经济的过热，财政支出就要相对缩减，从而形成了财政收入大于财政支出的状态，也就是财政盈余。相反的是，当经济萧条时，财政收入相对减少，但是为了抑制萧条，政府要加大财政支出，从而形成了财政收入小于财政支出的状态，也就是财政赤字。就每一年来看，可能出现预算赤字或预算盈余，但就一个经济周期来看，财政预算则是平衡的。周期平衡预算思想在理论上可行，但是实行起来则有一定的困难。这是因为：第一，经济过热与萧条的时间和力度不一定一致，实现繁荣时的盈余正好抵消衰退时的赤字是很困难的。第二，经济政策往往处于茫然状态，很难找到繁荣与衰退的分界线，以及时有效地调整财政盈余或财政赤字。第三，即便实现了周期预算平衡，宏观经济目标，例如充分就业、物价稳定、经济增长能否实现，还不确定。

（三）充分就业平衡预算

充分就业平衡预算指政府应当使财政支出保持在充分就业条件下所能达到的净税收水平。假定某年存在大量失业时，则实际国民收入比充分就业时国民收入要低，因而根据既定税率所得到的税收比充分就业时要低，但是支出依然是按照充分就业条件下的税收水平来确定的，也就是该年的财政支出大于财政收入，但是这一支出水平是为了实现充分就业。而当经济处于严重衰退期时，政府支出将被限定在充分就业时的税收水平以内，财政支出变动水平因为受到充分就业时的税收水平的限制，很难进一步采取更加积极的财政政策。这样充分就业平衡预算就不能将经济从衰退的泥浆中摆脱出来，而使得经济持续衰退下去。

总的来说，随着经济的发展，财政平衡思想不断变化，朝着更加务实、缓解经济波动和促进经济的平稳发展等方面演进。

二、财政平衡与财政不平衡之间的转化

对于财政平衡的理解应该从动态、结构方面来把握。一方面，财政平衡是动态的概念，它不仅考虑现在的均衡，更考虑未来财政的均衡。另一方面，在结构上财政平衡要做到中央与地方的大体均衡。中央财政出现的赤字叫中央预算赤字，地方各级财政出现的赤字叫地方预算赤字。多数情况下，地方财政一般不允许出现预算赤字。例如在美国，几乎所有的州和地方政府都要做到每个财政年度预算收支的平衡。对于我国，自 1994 年分税制以来，地方政府有了相对大的财权与事权，中央、地方预算独立核算，分别考察中央和地方财政的平衡。

（一）财政平衡的计算公式

1.硬赤字的计算

硬赤字(盈余)＝(经常性收入＋债务收入)－(经常性支出＋债务支出)。发生硬赤字只能向银行透支。只有日本等极少数国家用这种口径。硬赤字计算有一定的缺陷：由于它不能真实反映财政赤字情况，人们往往对硬赤字失去警惕性，导致政府支出的过度扩张。一旦发生硬赤字必须向中央银行透支，这使得政府很难使用财政收支对经济进行宏观调控。

2.软赤字的计算

软赤字(盈余)＝经常性收入－经常性支出。在西方国家，大多采用这种口径，这种方法能较好地反映财政收支对社会总需求的调控。

以上两种计算口径的区别在于债务的收支是否作为财政的收支。苏联将债务收入不列入正常收入，财政几乎年年结余，但是将公债从收入中扣除，则年年都呈现赤字。美国不把公债收入作为正常收入，明确表示它能弥补财政赤字。日本将公债分为建设性公债与赤字公债，只有赤字公债才能弥补赤字。我国1953—1993年基本上采用硬赤字计算，1994年实行分税制，财政赤字的计算分为国家财政收支差额法和中央财政收支差额法。1998年中央规定的债务的收入与支出都不列入经常性项目。2000年以后我国将债务利息列入中央财政支出中，财政平衡计算与国际接轨。2006年财政赤字不再是全国财政收支差额简单的收支相抵，还要考虑调入的中央预算稳定调节基金情况①。

(二)财政不平衡与平衡的转化

财政不平衡也是经济中的自动稳定器。经济的过冷和过热都会导致财政不平衡的出现，经济中有自发力量使得经济趋于稳定状态，起到自动稳定器作用，从财政不平衡自发地调整到平衡。例如税收，尤其是实行累进制的个人所得税，它能在经济萧条、国民收入减少的时候，通过税基或者税收等级下降使得缴纳的个人所得税额相对上一期减少，税收的减少，使消费的减少量有所抑制，进而抑制经济萧条；在经济过热的时候，国民收入增加，个人所得税额通过税收等级的爬升和税基的增加而自发上升，税收提高使得消费的增加量有所收敛，从而抑制经济过热。以经济过热为例，税收稳定机制如下所示：

$$\left.\begin{cases} Y\uparrow\Rightarrow Y_D\uparrow\Rightarrow C\uparrow\Rightarrow & Y\uparrow\text{（没有税收，}Y\text{ 增加）} \\ Y\uparrow\Rightarrow T\uparrow\Rightarrow Y_D\downarrow\Rightarrow C\downarrow\Rightarrow & Y\downarrow\text{（税收增加，}Y\text{ 部分下降）} \end{cases}\right\}\ \text{抑制 }Y\uparrow$$

国民收入提高→个人收入提高→纳税人数增加，纳税人应交税额也多→税收自动增加→抑制了可支配收入增加→抑制了消费的增加，即抑制总需求增加，经济过热得以缓解。另外，政府的转移性支付也具有同样的功能。在经济萧条的时候，增加转移性支付，增加可支配收入，刺激消费；在经济过热的时候，减少转移性支付，减少支配收入，抑制消费，从而抑制了宏观经济的波动。但是在经济萧条时增加转移性支付，可能导致财政赤字；而在经济过热时，减少财政转移性支付可能遭到受益群体的反对，所以财政转移性支付稳定经济的功能有一定的局限性。

根据简单的凯恩斯模型，宏观经济实现均衡的条件是：经济中计划的漏出量等于计划的注入量，公式表达为 $S+T=I+G$，也就是 $G-T=S-I$，当计划的储蓄 S 大于计划投资 I 时，也就是非政府部门出现盈余时，政府的支出 G 大于政府税收 T，也就是政府的账户出现赤字；相反，当计划的储蓄 S 小于计划投资 I 时，也就是非政府部门出现赤字时，政府的支出 G 小于政府税收 T，也就是政府的账户出现盈余。宏观经济的均衡是由非政府部门以及政府部门共同作用实现的，非政府部门的非均衡需要政府的行为来弥补。因为财政平衡只是宏观经济总供求平衡中的一个组成部分，是其中的局部平衡，因而相对于社会总供求平衡而言，财政平衡本身不是目的，而是一种手段。

财政不平衡已成为政府调节经济的手段。补偿性财政政策是由美国经济学家A.汉森提

① 我国从2006年开始设立中央预算稳定调节基金，专门用于弥补短收年份预算执行收支缺口。2008年对这一规定做了适当调整，中央预算稳定调节基金视预算的平衡情况，可在安排年初预算时调入并安排使用。安排基金时在支出方反映，但不计入中央财政支出；调入基金时，在收入方反映，但不计入中央财政收入。因此，财政赤字计算方法也相应发生变化。

出的一种在短期内实行不平衡预算，但在较长时期追求财政预算平衡的宏观经济政策。在萧条时期，政府执行扩张性财政政策，增加财政支出，减少税收，用增加财政赤字的办法刺激总需求，以实现充分就业。而在繁荣时期，政府执行紧缩性财政政策，减少财政支出，增加税收，用增加财政盈余来抑制总需求，实现物价稳定。总体上看，财政政策具有先后补偿功能，所有的财政赤字等于所有的财政盈余。

功能财政是指政府根据对经济形势的判断，主动采取预算盈余或预算赤字以实现既无失业又无通货膨胀的经济政策。功能财政思想是凯恩斯主义者的财政思想。按照这种思想，当均衡收入低于充分就业水平（即存在紧缩缺口）时，政府有义务实行扩张性财政政策，增加支出或减少税收，以实现充分就业。如果起初存在财政盈余，政府有责任减少盈余，甚至不惜出现赤字，增加社会需求，实现充分就业；如果起初存在预算赤字，应不惜出现更大赤字而坚定地实行扩张政策，实现充分就业。反之，当存在通货膨胀缺口时，政府实施紧缩的财政政策，减少财政支出，增加财政收入。如果起初存在预算盈余，不应担心出现更大盈余，而宁肯盈余增大也要坚定实行紧缩性政策；如果起初存在预算赤字，就应通过紧缩财政政策减少赤字，甚至可能出现财政盈余。总之，按照功能财政思想，政府应把注意力放在调控宏观经济的运行上，为了实现充分就业和消除通货膨胀，需要赤字就赤字，需要盈余就盈余，而不应为实现财政收支平衡而妨碍政府财政政策的正确制定和实行，财政政策的实施依据是宏观经济形势与宏观经济目标。

［资料链接 14－1］

从补偿性财政到功能财政

1929 年到 1932 年，美国爆发了严重的经济大危机，银行纷纷倒闭，大量工厂破产，成千上万的工人失业，工业生产下降了 55.6%，全国处于萧条和动荡之中。1933 年，“罗斯福新政”大力推行扩张性财政政策，具体表现在减少税收、扩大预算赤字、发行政府债券、增加财政支出等一系列政策工具上，美国经济得以快速复苏。20 世纪 50 年代，“补偿性”财政政策理论已经逐步形成，财政政策目的是消除经济周期性波动，使经济既不过度繁荣，又不致陷入严重的危机，“补偿性”财政政策虽然缓和了经济周期波动，却使经济增长速度明显放慢。20 世纪 60 年代，功能性财政得到重视，为了实现充分就业，肯尼迪政府在萧条时期实行扩张性财政政策以刺激经济回升，只要实际产出水平低于潜在的产出水平，就要通过扩张性财政政策来刺激经济加速增长。

资料来源：那明. 美国经济大萧条后的税收政策实践[J]. 国际关系学院学报，2008(2)：43－47.

三、财政平衡与现代货币理论

2020 年，世界各国为应对新冠疫情纷纷出台货币政策。在此背景下，现代货币理论（modern monetary theory，MMT）被学术界热烈讨论。MMT 理论源自后凯恩斯经济学，代表人物主要有 L. 兰德尔 · 雷（L. Randall Wray）和斯蒂芬妮 · 凯尔顿（Stephanie Bell-Kelton），该理论是以经济处在需求不足状况下为前提的。现代货币理论重点讨论的是财政政策与货币政策的协调关系，该理论认为货币起源于债权债务关系，承担记账的职能。政府财政支出先于收入，可以用创造货币的方式进行支出，在主权货币制度不破产情况下，可将国债发行与货币政策有条件地打通。在现代货币理论中，财政政策应该执行“功能财政”，货币政策应当与财政政策相配合，不存在独立的中央银行。财政政策是支持经济增长和就业的主要手段，而不是货币政策，这就为财政赤字货币化提供了坚实的理论基础。

在现代货币理论中，财政赤字货币化可以概括为“中央银行通过发行货币为政府债务融资”。央行印钞带动货币流通，政府不需要考虑分配问题，将利用央行发行的货币进行财政支出或填补财政赤字。具体方式主要有三类：现金转至国库、央行承购国债、债务减记。债务减记包括直接债务减记或者改记为央行对政府的永久无息债权，类似直接转移现金。根据现代货币理论，只要在一定条件下，无论货币供应量如何增加，都不至于引起物价的上涨①。

在主权货币制度下，由于财政支出先于税收收入，政府的开支并不受到该国税收收入的限制，主权政府借入本币债务不会引发破产。现代货币理论进一步认为，政府债券的发行不是为了借入资金，而是与货币政策操作类似。发行债务的目的不是弥补财政缺口，因此财政平衡也就没有实际意义。在三部门均衡的框架下，一个部门的资产等于其他部门的负债；政府部门的财政赤字等于非政府部门的盈余。现代货币理论认为如果一味追求财政平衡，则意味着私人部门不存在任何财富的增加。因此，财政赤字不应成为政府支出的硬性约束，财政政策的目标应当是实现充分就业，而财政赤字可以通过货币创造来支撑。

第二节 财政赤字的经济影响

一、财政赤字的分类

所谓财政赤字，通常是指在一个财政年度内财政支出大于财政收入的情况。按照赤字与预算程序的关系将赤字分为预算赤字和决算赤字；按照赤字产生的原因分为主动赤字和被动赤字；按照财政赤字与经济运行的关系分为周期性赤字和结构性赤字。

(1)预算赤字与决算赤字。预算赤字是指在编制预算时在收支上就安排赤字。预算列有赤字，预算执行过程中可以通过采取增收节支的措施，使得在预算执行的结果中不一定出现赤字，很可能实现收支的平衡。决算赤字是指预算执行结果收不抵支，出现赤字。决算赤字是因为预算编制时就有赤字，也可能是预算执行过程中出现新的减收增支的因素而导致赤字。

(2)主动赤字与被动赤字。主动赤字是指国家有意识地运用赤字来调节经济的一种政策，亦即通过财政赤字扩大政府支出，实行扩张性财政政策，刺激社会有效需求的增长，也可称为赤字政策。赤字政策的主要标志是连续多年安排预算赤字，甚至是巨额赤字。1936 年，凯恩斯在《就业、利息和货币通论》一书中提出赤字政策的基本思想。20 世纪 30 年代的世界经济大萧条以后，许多西方国家相继采取赤字政策。被动赤字是由于客观原因，而非人为因素，出现财政收入不能抵补支出的情况而形成的赤字。

(3)周期性赤字和结构性赤字。周期性赤字是指由于经济周期的波动而自动产生和增减的赤字，是一种内生力量，是由经济周期波动决定的。结构性赤字是指发生在充分就业水平条件下的赤字，也称为充分就业赤字。结构性赤字是由政府财政政策的变动决定的，是一种外生变量，体现财政政策变动对经济的影响。下面举例说明周期性赤字和结构性赤字的产生情况。当经济陷入衰退时，由于国内生产总值增速减慢或下降，失业增加了，收入减少了，以所得税为主的国家，尤其是实行超额累进制个人所得税的国家，其税收更为明显地减少；另外以增值税

① 周春生，冯科. 理性看待财政困境 慎用财政赤字货币化[J]. 行政管理改革，2020(7)：37－44.

为主的国家，随着经济的衰退，增值额的下降也使得增值税必然减少。所以在经济衰退时，税收收入明显减少。同时，在经济陷入衰退时期，政府支出却趋向于增加，维持性支出难以减少，制度性的社会福利支出和失业救济又大幅度增加，于是不可避免地自动产生或增加周期性赤字，即使税收制度和政府支出制度没有任何变动，财政赤字也会不可避免地增加。政府要实行以充分就业为目标的扩张性财政政策，或增加支出，或减税，或者双管齐下，财政便会在短期内产生或增加结构性赤字。现实中财政赤字由结构性赤字和周期性赤字两部分组成。结构性赤字是充分就业水平下的赤字，是由政府的财政政策要求决定的主动性赤字；而周期性赤字是经济周期波动的反映，是消极性赤字，可以用实际赤字与结构性赤字之差来表示。

二、财政赤字的规模

在西方宏观经济理论中，目前并没有财政赤字和债务的最佳规模界定。实践中，1993 年生效的《马斯特里赫特条约》把财政赤字占 GDP 比重不超过 3%、政府债务占 GDP 比重不超过 60%作为加入欧元体系的标准。在衡量我国财政赤字和政府债务规模大小时，常引用这一标准作为警戒线。1997 年《稳定与增长公约》又进一步规定，当一国出现严重的经济衰退或战争情况时，准许该国政府在短期内突破这一限制，但必须力争尽快将赤字和债务占 GDP 的比重降至这一标准之内。

赤字率是指财政赤字占 GDP 的比重，它是评判财政风险的重要指标。从 1949 年到 1978 年中国奉行年度预算基本平衡，财政赤字与盈余都非常小，多数年份略有结余。而 1979 年是改革开放的第一年，由于政府引导社会资源投入经济建设，所以财政赤字率达到 3.3%。此后，在 1993 年分税制改革前，财政平均每年赤字 108 亿元，平均赤字率只有 0.7%。在 1994 年分税制以后的 10 年，政府赤字达到了年平均赤字 1602 亿元，年平均赤字率为 1.7%。到了 2009 年，财政赤字达到 9500 亿元，赤字率为 2.8%。这是因为 2008 年的世界金融危机，导致了中国出口大幅度的减少，投资需求也在下降，为此政府提出了“4 万亿”经济刺激计划。在 2013 年后，我国营业税改增值税等结构性减税，使我国财政收支矛盾较为凸显。从 2013 年到 2019 年，财政赤字率从 2%提升到 2.8%。虽然当前我国赤字绝对量增加较多，但相比较美国、英国赤字率均在 5%的水平，我国财政赤字占 GDP 比重并不大，我国财政赤字还有进一步扩大的空间。2020 年，为防控新冠肺炎疫情，财政政策更加积极有为，2020 年政府工作报告提出 3.6%的财政赤字率。

三、财政赤字的弥补与财政赤字货币化

(一)财政赤字的弥补

常见的财政赤字弥补方式主要有四种：动用财政盈余、发行公债、增加税收、直接向中央银行透支。

(1)动用财政盈余。利用财政盈余来弥补赤字，这要根据前些年的财政盈余状态而定。一般情况是财政赤字出现之前与之后年份中的财政多数处于财政盈余很少或者财政赤字状态，所以这种方法难以运用。

(2)发行公债。从债务人的角度来看，公债具有自愿性、有偿性和灵活性的特点；从债权人的角度来看，公债具有安全性、收益性和流动性的特点。因此，发行公债更符合市场选择，给公债发行主体与接受者都带来好处。通过发行公债来弥补赤字最为社会公众所接受。在实行赤

字财政政策时，公债出售给中央银行。因为如果出售给居民、企业和商业银行，实际上等于把个人或企业对商品的需求转移到政府手中，就会产生挤出效应，影响财政政策改变需求的效果。

(3)增加税收弥补财政赤字。增加税收包括开征新税种、扩大税基和提高税率。由于开征新税种、扩大税基、提高税率需要经过严格的法律程序，需要人民代表大会的审议通过并且以税法的形式确定下来，其时间、法律成本很高。另外增加税收不符合民意，不容易被纳税人接受。

(4)直接向中央银行透支，弥补财政赤字，也就是财政赤字货币化。这种情况在财政体制较为严格的发达国家少见，因为增加货币供给，可能导致货币超发，引起通货膨胀，不利于经济的正常运转。2020 年经济因为受到新冠肺炎疫情的冲击，财政收支缺口压力巨大，中国财政科学研究院院长刘尚希提出适度地实现赤字的货币化，把财政和货币政策结合成一种新的组合，以缓解当前财政困难。下面对学术界关于财政赤字货币化的定义进行梳理。

(二)财政赤字货币化的定义与实践

关于财政赤字货币化概念有广义与狭义之分，实践中涉及财政发债与央行操作的关系。

(1)狭义定义。从目前学术界的共识看，财政赤字货币化多指狭义概念，是指央行在一级市场直接购买国债，或者政府向中央银行透支，或者以零利率发行永续国债等行为。从适用场景来看，财政赤字货币化往往是在极端条件下才会使用的，比如战争等。实践中，19 世纪 60 年代美国内战的时候，为了筹措战争经费，由财政部直接发行纸币，叫“绿背纸币”。绿背纸币使得美国的通货膨胀率非常高，三年中最高达 70%多。《美国联邦储备法》不允许美联储直接在一级市场上“直升机撒钱”或是财政赤字货币化。绿背纸币发行总量 5 亿多美元，大概有 3 亿美元还在美联储的资产负债表上①。

(2)广义定义。不论央行在一级市场上承购还是通过二级市场购买，以结果为导向，财政赤字货币化表现为央行负债表中持有的政府债券增加。美联储前主席伯南克认为：如果财政部先把国债卖给一级交易商，然后再由美联储从一级交易商手中把国债买走，这种操作等同于财政部直接把国债卖给美联储。“国债融资＋公开市场操作”的实际结果就是货币融资，财政赤字货币化。

实践中，财政赤字货币化就是通常所说的量化宽松(quantitative easing，QE)。在 2008 年以前，在正常情况下，美国财政部发债和美联储公开市场操作是互相独立的，仅根据经济形势的需要，改变联邦基金利息率，改变商业银行的贷款能力。2008 年金融危机后美国三次大规模推行量化宽松。美联储开始大量买入长期国债(而不仅是短期国债)，以及各种私人资产等，实现财政赤字的货币融资。伯南克等式改为：债务融资(发债)＋QE＝货币融资，“货币融资”增加货币供应量，也增加资产。日本央行从 2009—2013 年，多次扩大 QE 规模。2014 年欧洲央行决定购买非金融行业私人部门的资产，开启了欧洲版的量化宽松政策。2020 年 3 月，随着新冠肺炎疫情的迅速传播，美股在极短的时间内从创纪录的高点坠入技术性熊市，股市一个月内出现 4 次熔断，下跌速度超过了大萧条时期。2020 年 3 月，美联储宣布将联邦基金利率目标区间下调至 0～0.25%，同时启动 7000 亿美元量化宽松计划，重启“零利率＋量化宽松”

① 刘尚希，盛松成，伍戈，等.财政赤字货币化的必要性讨论[J].国际经济评论，2020(4)：9－27.

这一非常规货币政策工具组合。

还有一些学者给的定义比较含糊。他们不分青红皂白将货币和财政的常规配合作为财政赤字货币化来讨论，认为只要通过发行货币支持财政赤字，不管用什么方法，都可以算作财政赤字货币化。比如实践中，中央银行在二级市场购买国债，以增加货币流动性，就是为财政融资；再如在中央银行的货币工具中，以国债为抵押品，增加货币使用规模，间接调控金融市场对国债的需求；另外央行压低市场利率，降低财政融资的成本，增加流动性等，其实是货币政策配合财政政策的常规做法，尚不能称其为赤字货币化。

[资料链接 14－2]

财政赤字货币化的条件

在什么条件下需要财政赤字货币化？在市场完全失灵或者传统政策工具完全失效的情况下，在权衡成本、收益、风险之后，财政赤字货币化是决策者考虑的最后工具。例如，金融市场被极大地扰乱，国债发不出去，财政融资非常困难，可以进行财政赤字货币化。从国际上看，财政赤字货币化属于一种非常规手段，是在传统的货币政策工具无效时，利率降低到零甚至出现负利率时才被迫选择的一种政策工具。

中国经济现状还不需要财政赤字货币化这一非常规手段。

一是我国的利率仍然在零以上，货币政策还有空间。研究表明，在过去五到十年中，每次GDP增速下降，总是伴随着利率明显下降。西方对于货币和利率工具的运用高频而猛烈，导致了信用货币零利率和负利率现状。相比而言，中国的利率和存款准备金率仍有很大运作空间，为了防止市场购买国债带来的流动性挤出，央行可以实行降息和其他金融手段来对冲。

二是我国的储蓄率较高，位列世界前茅。2020年一季度末，我国居民存款余额达87.8万亿元。相对于其他金融资产，国债收益率较高且具有安全性，居民有意愿并且有能力购买国债。事实上，2020年财政部平稳有序发行1万亿元抗疫特别国债，一个半月就顺利完成。

三是经济复苏明显，市场能充足容纳政府债券。2020年7月彭博社称：中国是全球经济复苏最快的国家，有望成为2020年全球唯一保持增长的主要经济体。2020年4—7月，全国一般公共预算收支差额为：－1317亿元、－1738亿元、－3674亿元、－4768亿元，财政收支缺口在逐渐变大。但2020年4—7月长期债券融资为：－152亿元、3556亿元、4209亿元、6077亿元。市场的债券融资能力很强，能弥补财政收支缺口。假设2020年政府债券在银行资产增量中的占比和2019年的18.8%相同，则银行有至少买入5万亿元债券的能力。

最重要的是中国现行法律不允许政府直接向央行借款或发债，这是约束财政行为的最后一道防线。2020年中国采取积极扩张性财政政策，中国人民银行配合财政部，从二级市场购入财政部在一级市场上发行的国债，是货币政策支持财政政策的最重要方式。

[资料涉及的理论要点]

(1)财政赤字货币化。

(2)零利率或者负利率。

[资料分析与讨论思路]

(1)分析财政赤字货币化的条件。

(2)中国现实条件是否允许财政赤字货币化？

四、财政赤字的经济影响

财政赤字形成的原因以及弥补方式不一样，对经济的影响也会不一样。财政赤字的经济影响主要包括以下几个方面：

(一)凯恩斯主义的财政赤字有益论

凯恩斯主义包括早期凯恩斯理论、凯恩斯主义学派以及20世纪80年代兴起的新凯恩斯主义学派。该学派认为社会存在有效需求不足，扩大政府支出或减税的财政手段，能有效扩大总需求，保持经济稳定发展。根据经济学中简单凯恩斯模型，均衡的国民收入的表达为：$Y=\frac{a-bT_0+G_0+I_0}{1-b(1-t)}$，该公式中增加政府支出$G_0$，或者减少税收$T_0$都使国民收入增加。政府采取增加政府支出、减少税收的扩张性财政政策必然会出现财政赤字。因此，赤字就成为财政政策刺激总需求的一种手段。新凯恩斯主义学派认为现代经济是货币经济，没有货币的存在，生产便不能进行。从公司经营角度得出"投资决定储蓄"的结论，进而说明了财政赤字的必要性。例如，公司经营第一阶段，公司必须先向银行借钱以支付工人工资。第二阶段，公司开始收回已向家庭支付的货币，进而才有家庭的储蓄。同样，在政府活动的第一阶段，政府没有得到货币收入之前，政府必须有一定的赤字，通过贷款支付工资、转移支付和基础设施的支出。根据$G-T=S-I$，私人部门的净收入等于政府赤字规模，所以，一定的财政赤字是必需的。在第二阶段，政府开始收税和出售债券以筹集收入支付财政支出，政府的经济行为得以循环。

(二)新古典学派的财政赤字有害论

新古典学派产生于20世纪70年代，该学派吸收了货币主义的观点，又称为理性预期均衡学派或新古典宏观经济学派。新古典学派认为财政赤字对经济增长是有害的。其观点建立在三个假设上：第一是完全竞争的资本市场，人们自由选择借贷；第二是个人消费决策取决于跨期效用最大化，即个人在生命周期内的行为是理性的；第三是市场处于持续出清的均衡状态。根据国民收入均衡条件：$Y=C+I+G$，能推导出来$(Y-C-T)+(T-G)=I$，即私人投资等于个人储蓄加上政府储蓄。当政府储蓄是负的，也就是财政赤字时，私人投资减少。这种政府部门通过财政赤字扩大公共投资而引起的非政府部门投资相应减少的现象被称作挤出效应。根据新古典学派的解释，财政赤字把税收负担跨期转嫁给后代，增加了个人在生命周期内的总消费。在经济资源充分利用的条件下，个人消费增加意味着储蓄减少，导致利率必须上升，利率作为投资的成本，必然引起投资减少，最终财政赤字挤出了私人投资，而且还会降低整个社会的投资率。另外，财政赤字以发行国债的形式来弥补，往往引起利率上升，提高投资成本，从而对非政府部门的投资产生更大的挤出效应。再者，当政府通过增加货币供应来弥补财政赤字时，以通货膨胀率来计算的名义利率较高，阻止了私人投资，同样产生一种挤出效应。这一理论在实践中产生了一定的影响：20世纪80年代后，随着凯恩斯学派逐渐被新古典学派所替代，许多国家开始向财政赤字"宣战"。1981年美国里根政府重要的财政政策就是消除财政赤字，1985年美国国会通过了《平衡预算和紧急赤字控制法》，1997年《平衡预算法案》禁止国会授权任何超过收入的支出。在欧洲，《马斯特里赫特条约》的规定也是向财政赤字宣战。在加拿大，预算平衡是中央政府和地方政府必须遵从的规定。国际货币基金组织在向遭受危机的国家提供援助时，总是以该国是否实行紧缩财政、紧缩货币政策为前提条件。另外世界银行和其他国际组织不断呼吁发展中国家做好预算平衡。

(三)财政赤字无影响论

李嘉图在《政治经济学及赋税原理》一书中提出政府征税与举债具有相同的经济效果。1974年,美国宏观经济学家罗伯特·巴罗采用了新古典宏观经济学的视角,通过数学推导出在政府支出既定的条件下,发债和征税的经济效应是一样的。1976年,詹姆斯·布坎南提出李嘉图等价定理,后经过巴罗的发展成为李嘉图-巴罗等价定理,其内容为:政府的债券融资只是一种推迟的税收,理性个人认为政府发行了债券必定会征税偿还,他们预期将来的税收会等于当前政府债券收入。因此,个人一生的预算约束不变,个人的消费行为和投资行为也不改变。换言之,财政赤字对相对价格、实际财富以及经济活动没有影响,因而,对经济是没有影响的。

(四)财政赤字与通货膨胀

财政赤字是影响一国货币供给的重要因素,但财政赤字并不一定导致货币供给增加,财政赤字对货币供给的影响主要是由财政赤字的弥补方式及其规模决定的。通过向中央银行透支或借款弥补财政赤字的方式,一般会增加中央银行的准备金,从而增加基础货币,但财政借款是否会引起货币供给过度,则不是肯定的。一方面,随着经济的增长,货币需要必然增加,从而要求增加货币供给量,因此只要财政借款控制在经济增长所需要货币供给增长的范围内,就不会有通货膨胀的后果;另一方面,如果银行在向财政贷款的同时,控制贷款的总规模,也不会引发货币供给过量的问题。完全以国债收入弥补的"软赤字",只要不超出适度债务规模,其扩张效应一般可被控制为良性的,不致引起严重的通货膨胀。

总之,各经济学派的财政赤字对经济影响的观点各有千秋,都能够在某一方面对现实经济做出解释。主张市场不能出清的学者认为,市场内存在闲置资源,因此财政赤字是必要的,是促进经济发展的一个重要手段。反对市场干预的学者认为,市场会自动出清,财政赤字产生挤出效应,公共投资替代了私人投资,对经济增长有害。财政赤字对经济有无作用,不但要根据宏观经济环境与经济运行的条件决定,而且很大程度上只能通过实证分析来加以验证。

[资料链接 14-3]

美国财政赤字的经济作用

美国财政赤字与经济的关系大致分为八个阶段:

第一阶段,从20世纪30年代经济大萧条到二战,凯恩斯主义盛行。为了应对20世纪30年代的经济大萧条,罗斯福政府改变之前平衡预算的财政政策,采取一系列改革措施,包括减少税收,扩大财政支出,尤其是1941年后开始大量扩大军事开支,以应对二战。积极财政政策对解决大萧条中的失业和经济衰退问题成效显著,失业率从相当长时间的两位数降低到个位数。

第二阶段,从二战以后到1960年,杜鲁门和艾森豪威尔的平衡预算思想。杜鲁门和艾森豪威尔交替运用扩张性和紧缩性财政政策对付经济波动,他们并没有放弃年度平衡预算或周期平衡预算的目标,因而在他们的任期内财政赤字数额较小。尽管从1953年到1960年消费物价指数只增加了12.7%,但是实际国民生产总值每年只增长2.5%,这一期间失业率却没有低于4%。

第三阶段,从1961年到1968年,肯尼迪和约翰逊时期实行赤字财政。肯尼迪政府受到凯恩斯主义经济学家影响,明确提出不怕赤字预算的观点。肯尼迪改革的侧重点是减税,而且是在赤字的条件下减税,以解决发展不足与失业问题。此后,失业率持续下降,到1966年已降到了被认为是自然失业率的4%以下。20世纪60年代美国在消费信贷支持下,在越南战争不断升级刺激下,国民对住房和汽车等耐用消费品需求增加,国民生产总值每年增加5.2%,这是凯恩斯主义赤字财政政策的全盛时期。

第四阶段,从1969年到1980年,赤字财政政策遇到麻烦。这个时期对美国来说是一个政治上动荡、经济上陷入滞胀的时期。政权先后经历了尼克松、福特、卡特三次更替,加上石油输出国组织大幅提高油价,70年代的美国年平均失业率为6.2%,年平均通货膨胀率为7.4%,经济增长缓慢。经济学家实证研究结果表明:巨额财政赤字与货币需求的增加会影响长期利率,从而对利率敏感型投资、消费存在挤出效应。另外,由于刺激消费或减税等刺激计划的实施往往是在经济走出谷底之后,这样会给快速扩张的经济带来不合时宜的过度刺激。扩张性财政政策造成的滞胀局面,直接动摇了凯恩斯主义如日中天时代的根基,实行平衡预算的新自由主义思潮又重新抬头。

第五阶段,从1981年到1993年,新自由主义当道。里根执政后实行"里根经济学",大规模减税、增加军费开支、减少福利支出和放松政府管制。"里根经济学"有效解决了经济滞胀的问题,但并未实现财政收支平衡,反而加剧财政赤字问题。老布什基本延续了里根时期的经济政策,试图减少政府对经济的干预,但没有像里根那样实行大规模减税。1992年海湾战争的爆发使得美国军费开支急剧增加,美国财政赤字约占GDP的4.9%。

第六阶段,从1993年到2001年,新经济带来了财政盈余。克林顿致力于削减财政赤字,以增收节支为主要措施。美国互联网经济和信息产业的发展,带动美国经济实现低失业、低通胀、高经济增长,美国迎来了新经济也就是知识经济时代。经济高增长促使税基扩大,而削减国防支出与压缩行政费用、医疗保险和社会保险费用等双管齐下,使财政收支从赤字转变成盈余,到2000年盈余高达2364亿美元。

第七阶段,从2001年到2012年,巨额财政赤字重现。小布什执政后重新实行类似里根政府的经济政策,推行减税计划,大幅度削减政府税收。但是,2001年的伊拉克战争和2003年的阿富汗战争,使政府支出剧增,到了2008年财政赤字占GDP的比重高达3.2%。2009年金融危机爆发,奥巴马政府先后实施了多轮大规模救市方案和减税计划,从2009年到2012年,美国联邦财政赤字连续四年超过1万亿美元,2009年财政赤字率创下了9.9%的新纪录。2010年到2012年,美国经济增长率平均每年约为3.3%,失业率约为8.5%。

第八阶段,从2012年到2020年,财政赤字不堪重负。2016年至2018年美国联邦政府年度财政赤字率均高于实际GDP增速。2019年联邦政府财政赤字接近1万亿美元,财政赤字率为4.64%,美国外债余额为20.4万亿美元,远高于2008年金融危机时水平,处于历史高位。美国2020财年财政赤字达到创纪录的3.13万亿美元。

[资料涉及的理论要点]

(1)财政平衡思想。

(2)财政赤字与财政盈余。

(3)赤字财政政策。

[资料分析与讨论思路]

(1)在哪种经济环境中,美国赤字财政政策有利于经济的增长?

(2)分析美国财政赤字、经济增长与失业三者之间的关系。

[资料链接 14-4]

财政赤字货币化的利弊之争

2020 年,新冠肺炎疫情暴发以来,亟须财政政策精准提振经济,中国财政缺口较大。如何应对我国财政赤字问题,中国财政科学研究院院长刘尚希提出可以在我国实行"财政赤字货币化"的观点,一石激起千层浪,学术界出现了财政赤字货币化的利弊之争。

1.财政赤字货币化的利处

在 2020 年疫情严重冲击这种新条件下,一些学者建议由央行按零利率认购特别国债,开启适度财政赤字货币化,不但可以避免国债向市场发行产生的挤出效应,而且可以产生和央行扩大货币供应不同的效果。在中国二级市场上发行国债从表面上看还有空间,但这个空间也不是太大。如果大规模地向二级市场发债,会带来两个方面的挤出效应。一是数量挤出。在资金数量上此多彼少,财政占用的资金多了,市场可用的资金就少了,银行信贷资金也少了。二是政策效果挤出。大规模的债券发行,加重了财政负担,意味着未来的税收负担也会加重。根据理性预期理论和李嘉图等价定理来分析,人们预期未来税负加重,会改变现在的经济行为,使减税降费的政策效果打折扣。财政赤字货币化在某种意义上就是铸币税,货币发行收入一部分给国家财政,来解决巨大财政收支缺口问题、贫困问题、失业问题,尤其中小微企业融资困难问题。

适度的财政赤字货币化不会有其他副作用。

一是不会破坏财经纪律。有人提出适度赤字货币化违反了《中华人民共和国中国人民银行法》,一旦打破纪律会一发而不可收。适度赤字货币化既有市场的约束,也有法治的约束,全国人大要审议预算,并不由政府独断。财政赤字货币化就是将隐性赤字货币化,放在明面,避免了财经纪律被隐性破坏。

二是货币化不会引起价格问题。按照货币数量论的逻辑,货币多了,使物价上涨或资产价格上涨。在供不应求、整体收入水平比较低、贫富差距也不大条件下,货币多了会直接导致物价上涨和通货膨胀。但在收入水平达到一定程度以后,在供过于求、贫富差距比较大的情况下,最重要的经济问题已经不是通胀,而是通缩。因为富人不花钱,而想花钱的却没有钱,货币政策的作用空间就越小。适度的财政赤字货币化能够改善货币结构,货币结构与货币总量相关联,合理货币持有结构,决定了实体的需求,才会拉动经济增长。

2.财政赤字货币化的弊端

反对学者认为财政赤字货币化的弊端较多,主要表现在:

一是破坏财政纪律。《中华人民共和国中国人民银行法》第二十九条明确规定:"中国人民银行不得对政府财政透支,不得直接认购、包销国债和其他政府债券。"这项规定是汲取了历史教训做出的理性抉择。财政赤字货币化一旦实施,鼓励财政过度负债,就可能引发国际市场对政府债务可持续性的信心危机,引发国家主权债的信用评级下降风险。

二是压缩了政策的空间。中国要珍惜正常的货币政策空间,不宜过快地滑向货币政策效应的边界,不要将发达国家赤字货币化的"无奈之举"当作"济世良药"。部分持赞成"赤字货币化"的研究者提出,货币化棚户区改造的本质就是赤字货币化,这实际上将很清晰的"财政赤字货币化"概念予以了泛化和模糊。现代货币理论所支持的零利率政策下,理论上发行货币能代替发行国债,不用支付利息。长期来看,这将极大损害货币政策和财政政策的有效的政策空间。从全世界的经验来看,非常规货币政策容易趋向常规化,退出十分艰难。例如已经进入负利率的欧洲和日本迟迟无法从负利率政策中退出，一旦遭受新的经济衰退风险，这些国家因货币政策空间有限只能依靠更为激进的财政政策。

三是加剧通货膨胀风险。现代货币理论认为只要货币供给没有超过充分就业所需要的水平，就不会引发通胀问题。但现实中很难确定充分就业水平和自然失业率，何况不同的行业充分就业情况必定不同。所以总需求增加而经济资源不足就会引发通货膨胀问题，而通胀可能导致主权货币的主权属性受到削弱而加剧通胀的预期。欧美 QE 的经验表明：赤字货币化未必会导致恶性通货膨胀，但由此导致的贫富差距、金融杠杆膨胀更危险。

四是诱发流动性陷阱。根据凯恩斯的流动性陷阱假说，当货币政策极度宽松，名义利率降低到一定程度，或者是零值甚至负值时，人们宁愿以现金方式持有财富而不愿意以资本形式进行投资或以消费品形式进行消费，人们对流动性最好的货币的需求变得无限大，这就是流动性陷阱。当前，中国已经实行了较为宽松的货币政策，银行间流动性充裕，进一步的“赤字货币化”政策，将继续增加市场的货币供给，这可能诱发“流动性陷阱”现象。

五是背离市场化改革目标。根据现代货币理论，财政赤字货币化将经济资源不断从私人部门转移到政府部门，不断损失经济效率，违背中国从计划经济转为市场经济的目标。在疫情背景下，中国的积极财政政策更加积极，适当提高赤字率，但是也远不会达到现代货币理论所提倡的政府债务无上限、彻底抛弃财政平衡的程度。

[资料涉及的理论要点]

(1)挤出效应。

(2)流动性陷阱。

[资料分析与讨论思路]

分析财政赤字货币化的利与弊。

第三节 财政政策调控

一、财政政策基本内容

(一)财政政策概念

财政政策是政府为了促进就业水平，减轻经济波动，防止通货膨胀，实现稳定增长而通过财政收入和支出变动调节社会总需求，进而影响某些经济总量的举措。西方宏观财政政策的理论依据是凯恩斯主义的有效需求不足理论。在供给既定，而有效需求不足的情况下，资源不能得到充分利用，从而导致生产下降和失业增加。为此，政府需要对经济进行宏观调控，刺激社会总需求，进而增加国民收入和提高就业水平。如果在社会总需求膨胀时，政府通过宏观调控抑制社会总需求，可以减少国民收入和降低就业水平。

(二)财政政策工具

财政政策工具由政府财政支出和财政收入两个部分构成。政府的财政支出是指整个国家中各级政府支出的总和，它由许多支出项目构成，主要可分为政府购买和转移支出两类。政府财政收入的最主要部分是税收，还包括公债。财政政策工具是财政当局为实现既定的政策目标所选择的操作手段，政府购买、转移支出、税收与公债的调节是政府实现财政政策的主要工具。

(1)政府购买。政府购买是指政府对商品和劳务的购买。在总支出水平不足时,政府可以提高购买支出水平,如举办公共工程,增加社会整体需求水平,同经济衰退进行斗争。反之,当总需求水平过高时,政府可以采取减少购买支出的政策,降低社会总体需求,以此来抑制通货膨胀。

(2)政府转移支出。政府转移支出是指政府在社会福利保险、贫困救济和补助等方面的支出。政府在进行这些支出时并无相应的商品和劳务的交换发生,因而是一种不以换取产品和劳务为目的的支出。因此,转移支出不能算作国民收入的组成部分。它仅仅是政府将收入在不同社会成员之间进行转移和重新分配,社会总收入并没有变动。一般来说,当社会的有效需求不足、失业增加时,政府可以通过增加转移支出,使公众手中的可支配收入增加,从而提高人们的消费水平,增加整个社会的有效需求,减少失业;当社会总支出水平过高、有效需求过旺、存在通货膨胀时,政府则减少转移支出,使人们的可支配收入减少,降低公众的消费水平,从而使社会的有效需求降低,以抑制通货膨胀。

政府购买支出和转移支出的变动通过乘数效应作用于国民收入。与政府购买直接构成社会总需求相比,政府转移支出受到公众边际消费倾向的约束,它间接影响社会总需求。因此,购买支出乘数大于转移支付乘数。

(3)税收。税收是国家实施财政政策的一个重要手段,它与政府的购买性支出、政府的转移支出同样具有乘数效应,即政府税收的变动对国民收入的变动具有成倍的作用。在讨论税收乘数时,一般要分两种情况:一种是税率的变化对国民收入的影响,改变税率主要是变动所得税的税率;另一种是税收绝对量的变动对国民收入的影响,如以一次性减税来达到刺激社会总需求目的。一般来说,降低税率、减少税收绝对量都会引起社会总需求增加和国民产出的增长。因此在需求不足时,可采取减税措施来刺激有效需求,抑制经济衰退;在需求过度时,可采取增税措施来抑制总需求,降低通货膨胀率。

(4)公债。公债是政府财政收入的另一组成部分,它是政府对公众的债务,或公众对政府的债权。中央政府的债务称国债,地方政府的债务称地方债,是政府弥补财政预算赤字所欠下的债务。一方面,通过发行公债能增加政府财政收入,弥补财政赤字,筹措公共建设资金,影响财政收支,属于财政政策;另一方面公债的发行在金融市场上或资本市场上影响货币的供求,导致利率发生变动,进而影响消费和投资,调节社会总需求水平,对经济产生扩张或收缩的效应。因此,公债既具有财政政策的功能,又具有一定的货币政策的功能。

(三)相机抉择财政政策

相机抉择的财政政策又称斟酌使用的、权衡性的财政政策,是政府根据政策目标与对经济形势的判断而主动采取的改变财政支出或财政收入的政策。财政政策一般遵循"逆经济风向行事",分为扩张性财政政策与紧缩性财政政策。

在经济萧条时,总需求小于总供给,经济中存在失业,政府要实行扩张性的财政政策,如增加政府支出、减税或降低税率,刺激需求。这种政策为扩张性财政政策。

在经济繁荣时,总需求大于总供给,经济中存在通货膨胀,政府则要实行紧缩性的财政政策,如减少政府开支、增税或提高税率,抑制需求。这种政策为紧缩性财政政策。

二、财政政策的传导机制与效果

(一)财政政策的传导机制

在产品市场与货币市场同时均衡的情况下,财政政策的传递机制就要考虑到财政政策对两个市场的影响。财政政策影响产品市场的总需求，总需求影响国民收入，国民收入影响货币市场上的货币需求，货币需求又影响利率，利率最后影响产品市场上的投资与总需求。图 14－1 以政府购买支出 G 增加为例说明财政政策发生作用的过程。

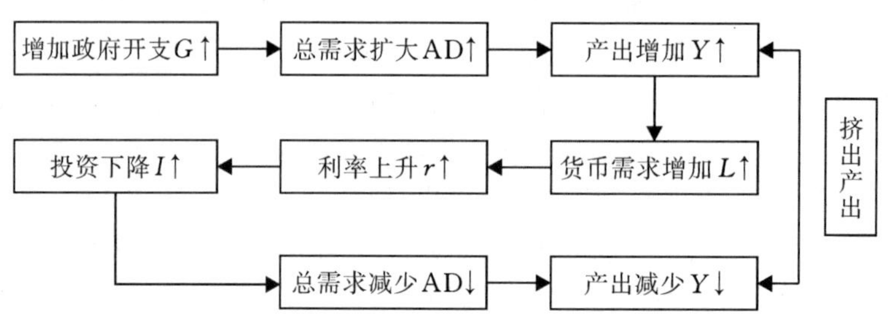

图 14－1 财政政策的传递机制

图 14－1 说明，政府支出 G 增加，使总需求 AD 与国民收入 Y 上升，但在货币供给量不变的情况下，货币需求 L 增加，r 利率上升，从而使得投资 I 与总需求 AD 减少，因此，利率上升导致投资下降对国民收入的增加具有一定程度的抵消作用，但总需求水平总体还是增加的。

(二)财政政策效果

1. 挤出效应

财政政策效果是指政府收支变化(包括变动税收、政府购买和转移支付等)对总需求的影响进而对国民收入和就业的影响。挤出效应是指政府支出增加所引起的私人投资减少的现象。从财政政策的传递机制看，扩张性财政政策所引起的财政投资的增加，导致货币需求增加，利率会上升，私人投资量减少，从而引起国民收入增加量被抵消掉一部分，因此财政政策效果的大小取决于公共投资对私人投资的挤出情况，即取决于挤出效应。如图 14－1 所示，当政府支出增加时，货币需求会增加，在货币供给既定情况下，利率会上升，私人部门的投资会受到抑制，产生政府支出挤出私人投资的现象，这就是所谓的挤出效应。挤出效应越大，财政政策的效果越差；反之，挤出效应越小，财政政策的效果越好。挤出效应的大小又与财政政策乘数相关，一般财政政策乘数越大，挤出效应越小，财政政策效果越显著。

2. 财政政策效果分析

下面利用经济学原理中 IS-LM 模型分析财政政策效果。财政政策实施将引起 IS 曲线移动，它与 LM 曲线形成新的均衡点，财政政策效果的大小与 IS 和 LM 曲线的斜率有着一定的关系。

政府支出增加，将使 IS 曲线右移 $k_G \cdot \Delta G$，在利率 r_1 时，收入从 Y_1 增加到 Y_1'，但是收入增加的同时，利率也上升了，而利率的上升抑制了私人投资，从而产生挤出效应。如图14－2 所示，若 LM 曲线斜率不变，图(a) IS 曲线较平坦，挤出效应大；图(b) IS 曲线陡峭，挤出效应小。

财政政策的效果与哪些因素有关？这里引入财政政策乘数，它是指当货币供给量不变时，政府支出的变化与均衡的国民收入变动之间的比值。比如，增加 1 美元的政府支出能使国民收入增加 3 美元，财政政策乘数就等于 3。在三部门经济中：IS 曲线的代数表达式为：$Y=\dfrac{a+e+G-bT_0-dr}{1-b(1-t)}$；$LM$ 曲线的代数表达式为：$r=\dfrac{kY+J-M}{h}$。将 LM 曲线代入 IS 方程，整

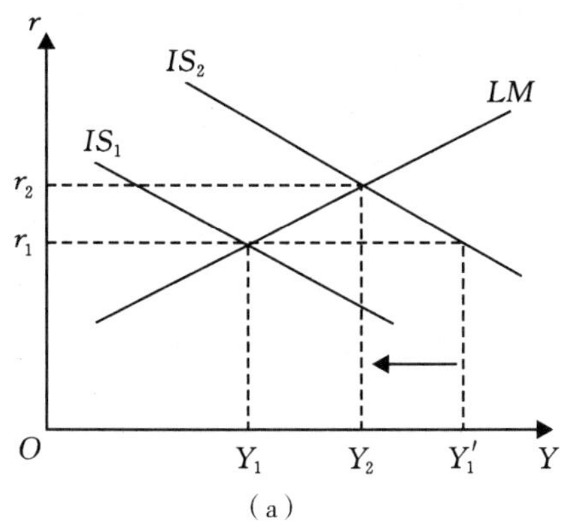

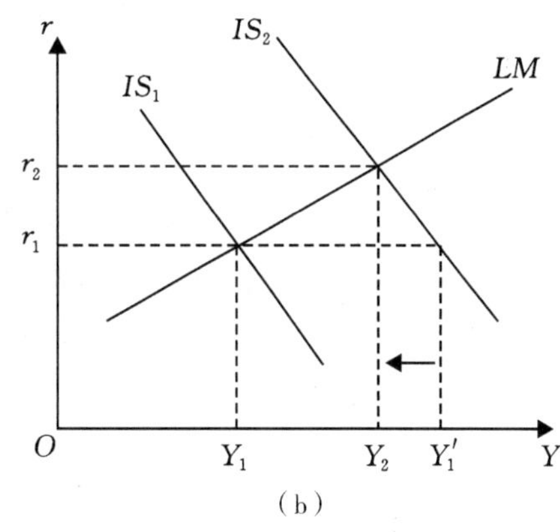

图 14-2　*IS* 曲线斜率不同时财政政策效果

理得：$Y=\frac{(a+e+G-bT_0)h-dJ+dM}{h[1-b(1-t)]+dk}$，这实际上就是产品市场和货币市场同时均衡时国民收入的表达式。均衡国民收入表达式中以 G 为自变量，微分可得财政政策乘数：$\frac{\mathrm{d}Y}{\mathrm{d}G}=\frac{h}{h[1-b(1-t)]+dk}=\frac{1}{1-b(1-t)+dk/h}$。在存在 GDP 缺口的情况下，财政政策乘数测算政府支出变化引起的均衡国民收入的变动。

结合财政政策乘数，影响财政政策效果的因素可以概括为：

第一，当 b、t、d 既定时，k/h 越小，即 LM 曲线越平坦，财政政策乘数就越大，挤出效应越小，即财政政策效果越好。若 k/h 趋于无穷小，LM 曲线成为一条水平线，财政政策效果最大。反之，若 k/h 越大，财政政策乘数就越小，挤出效应越大，即财政政策效果越差。若 k/h 趋于无穷大，LM 曲线成为一条垂直线，发生完全挤出效应，财政政策效果为零。

第二，同样，若其他参数 b、t、h、k 既定，d 越大，即投资对利率变动越敏感，财政政策乘数就越小，挤出效应越大，即财政政策效果越差。反之，d 越小，财政政策乘数越大，挤出效应越小，即财政政策效果越好。对于其他参数变化的讨论类似，不再赘述。

3. 影响财政效应的其他因素

事实上，财政政策在执行中会受到很多因素的干扰，影响财政政策的效果，主要体现在：

(1)有些政策难以收到预期效果。以转移支出为例，在经济膨胀时期，政府削减转移支出，将直接减少人们的收入，甚至影响居民基本生活，因此会遭到公众的反对；在经济萧条时期，增加政府转移支出，但如果人们将这笔收入用于储蓄而非商品购买时，就无法提高社会总需求，也就无法拉动经济复苏。再以税收为例，政府为防止通货膨胀而增加税收，以压缩社会总需求，抑制物价上涨。但是，如果企业为了保持原有利润，通过抬高商品价格，进行税收负担的转嫁，增税必然会引起物价上涨，使得税收政策效果大打折扣；另外，对个人所得增加税收，将直接降低个人可支配收入以及个人消费水平，会引起国民的反感，实施起来有一定难度。

(2)时滞的存在。时滞的问题是经济政策中很难避免的问题，主要体现为：①识别时滞，即在经济发生变化与认识这种变化之间存在着时间的迟误。其一方面来自识别和搜集资料时间产生的迟误;另一方面来自市场短期波动掩盖长期波动的现象,要从短期波动中识别长期波动的转折点很不容易。②行动时滞,即认识到经济的变化与制定执行政策措施之间存在的迟误。以美国为例,在经济周期转折点识别出来后,不能立即采取行动,而是由主管部门制定可供选择的财政措施,交总统批准,然后送交国会讨论。这需要通过长期的辩论、折中和妥协,才能达成一致意见。反复论证后,政策才能出台。③反应时滞,即在政策措施开始执行与产生实际效果之间存在时间的迟误。即使政府及时地将反经济周期的财政政策付诸实施,该措施也需经过一段时间才能奏效。各种时滞的存在,使财政措施往往因时过境迁而不能发挥出预期作用。财政政策乘数的不确定性与时滞,大大削弱了反经济周期财政政策的效果。

[资料链接 14-5]

国债一级认购与二级认购的区别

从理论上讲,央行从一级市场和从二级市场买进国债,货币创造的效果是一样的,但经济机制不一样,是两种不同的资源配置方式。

(一)一级认购作用

央行在一级市场直接认购国债,会等量扩大中央银行的资产负债表,等量增加基础货币供应。比如2020年4月份中国广义货币乘数是6.72,如果人民银行认购1万亿元的政府债券,整个货币供应量(指的是M_2)就会增加6.72万亿元。根据2019年的基数测算,这会导致M_2增速同比提高3.5个百分点。央行从一级市场买进,央行缺乏主动权,并受财政纪律的制约。我国人民银行法与美国联邦储备法里明确规定,央行不允许从一级市场买进政府债券,只能在二级市场上购买国债,进行公开市场上操作,这是为了保持央行独立性。

(二)二级认购作用

1.保证央行货币政策的独立性

如果只允许央行通过二级市场购买政府债券,它可以根据货币发行需要,分批、分期购买长期债券或者短期债券,这样就能保证央行货币政策的独立性。

2.市场价格发现作用

政府公开招标发行债券,需要参考二级市场交易价格。市场价格发现作用主要体现在以下三个方面:一是价格发现。中国国债二级市场有众多专业投资者,二级市场交易活跃透明,具备良好的"价格发现"功能,也能有效约束政府的发债行为。譬如现在十年期国债收益率大概是3.2%左右,政府公开招标发行债券需要参考二级市场的价格。二是金融市场定价。政府债券利率与金融市场利率相互影响,比如债券吸引力的问题影响着金融市场定价的问题等。三是利率定价。金融市场利率变动会导致实体经济的利率变动,只有央行在二级市场认购国债,这一约束作用才能发挥。

3.形成国债收益率曲线

美国在2008年曾经搞过"扭曲操作",通过抛售短期国债购买长期国债,这样长期国债价格上升,长期利率下降,从而可以促进长期投资。党的十八大报告中特别提到要形成国债收益率曲线,如果央行直接从一级市场认购国债,形成不了国债收益率曲线,这将制约货币政策的操作。

[资料涉及的理论要点]

(1)货币乘数。

(2)扭曲操作。

[资料分析与讨论思路]

分析央行购买国债的方式对资源配置的不同影响作用。

第四节　财政政策与货币政策协调

一、货币政策概述

货币政策是中央银行通过控制货币供应量来调节利率进而影响投资和总需求以达到一定经济目标的行为。一般将货币政策分为“扩张性”和“紧缩性”两种。扩张性的货币政策通过增加货币供给带动总需求的增长。当货币供给增加时,利息率会下降,取得信贷更加容易,投资增加,总需求增加,因此,经济萧条时宜采用扩张性的货币政策。紧缩性的货币政策通过减少货币供给来降低总需求水平。在这种情况下,利息率会相应提高,取得信贷也比较困难,投资减少,总需求减少,因此,在通货膨胀时,宜采用紧缩性的货币政策。

(一)货币政策工具

货币政策工具是指为实现货币政策目标所采取的政策手段,一般包括公开市场业务、再贴现率和调整法定存款准备金率等。货币政策的选择就是通过货币政策工具的选择来达到一定的经济目标。

公开市场业务是指中央银行在公开市场上购买或售卖政府债券,以增加或减少商业银行准备金,从而影响货币供应量和利率,达到既定目标的一种政策措施。公开市场业务之所以能成为中央银行控制货币供给量的最主要、最常用的手段,是因为该手段具有很多优点。第一,在公开市场业务中,中央银行可及时地按照一定规模买卖政府证券,从而比较准确地控制银行体系的准备金。如果央行希望少量地变动货币供给,就少量地买进或卖出政府证券;如果希望大量地变动货币供给,就大量地买进或卖出政府证券。第二,公开市场业务操作很灵活。中央银行能及时改变货币供给变动的方向,例如变“买进”为“卖出”证券,就能从“增加”货币变为“减少”货币。第三,中央银行可以连续地、灵活地进行公开市场业务,自由决定有价证券的数量、时间和方向,而且中央银行即使有时会出现某些政策失误,也可以及时得到纠正。

再贴现指中央银行给商业银行的贷款,把中央银行给商业银行的贷款利率叫作再贴现率(也简称为贴现率),中央银行通过调整再贴现率来调节金融市场。商业银行把商业票据出售给中央银行,中央银行按贴现率扣除一定利息,向商业银行提供准备金。再贴现变动影响着商业银行准备金变动。再贴现率政策是中央银行通过变动给商业银行的贷款利率来调节货币供应量的重要工具。再贴现率的提高会增加贷款成本,使商业银行向中央银行的贷款减少,货币供给量就会随着银行准备金的减少而成倍地减少;反之,再贴现率的降低会使商业银行向中央银行的贷款增加,货币供给量就会随着银行准备金的增加而成倍地增加。

法定存款准备金率是中央银行控制货币供给量的有力工具。根据货币存款创造乘数公式 $K=1/r$,法定存款准备金率 r 与货币创造乘数 K 负相关,当法定存款准备金率下降时,货币创造乘数增大,使货币供给量增加,反之则减少。因此,如果经济处于需求过度或通货膨胀的情况下,中央银行可通过提高法定存款准备金率来收缩货币和信贷量,从而提高利率,减少投资需求,抑制经济过热。如果经济处于衰退状态,中央银行可以通过降低法定存款准备金率来增加货币供给量,使银行和金融体系的信贷扩张,从而降低利息率,增加投资需求,抑制经济衰退。如果中央银行频繁地改变法定存款准备金率,不利于它对商业银行的管理,会使商业银行感到无所适从。因此,如果不是十分必要,法定存款准备金率轻易不会被改变。改变法定存款准备金率以扩张或收缩货币,是一个强有力但不常用的货币政策。

(二)货币政策的传导机制与效果

1. 货币政策的传导机制

货币政策的传导机制是指货币政策发生作用,最终影响总需求与国民收入的过程。货币政策的中间目标是利率,最终目标是总需求与国民收入。所以,货币政策的传递机制可以分为两步:第一步是通过货币量的变动影响利率,第二步是通过利率的变动影响总需求和国民收入。当中央银行增加货币供给量时,原来的资产选择由于货币供给量的增加而失衡了。在原来的利率和国民收入水平之下,人们所持有的货币量超过了他们愿意拥有的货币量(即货币供给大于货币需求)。这时,人们为了保持资产组合的均衡,就要增加购买债券以减少货币量。债券需求的增加就会引起债券价格的上升,而利率水平等于利息除以债券价格,利息不变时,货币供给量增加使利率下降。利率的下降刺激了投资需求,从而使总需求和国民收入增加。另一方面,货币供给量减少,带来利率上升,投资减少,总需求减少,国民收入减少。

2. 货币政策的效果

货币政策实施将使 *LM* 曲线移动,它与 *IS* 曲线形成新均衡点,货币政策效果的大小与 *IS* 和 *LM* 曲线斜率有着一定的关系。

如图 14 - 3 所示,若 *IS* 曲线斜率不变,货币供给量增加相同的数量,使 *LM* 曲线水平右移相同距离。根据图 14 - 3(a)与图(b)比较,*LM* 曲线越平缓,收入变化越小;*LM* 曲线越陡峭,收入变化越大。

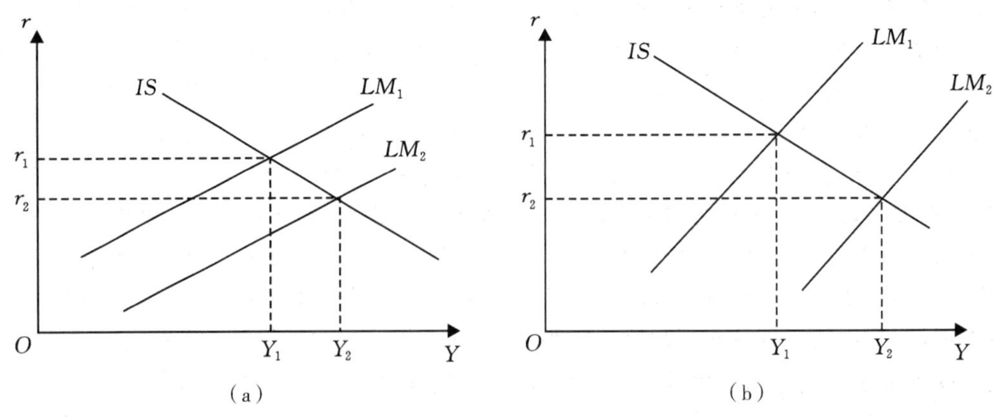

图 14 - 3 *LM* 曲线斜率不同时货币政策效果

如图 14 - 4 所示,若 *LM* 曲线斜率不变,货币供给量增加相同的数量,使 *LM* 曲线水平右移相同距离。根据图 14 - 4(a)与图(b)比较,*IS* 曲线越平缓,收入变化越大,当 *IS* 曲线为水平时,货币政策效果最大;*IS* 曲线越陡峭,收入变化越小。当 *IS* 曲线与横坐标垂直时,投资需求对利率的系数为0，此时货币政策无法改变利率，投资没法随利率变动，对收入没有作用，此时货币政策完全无效。

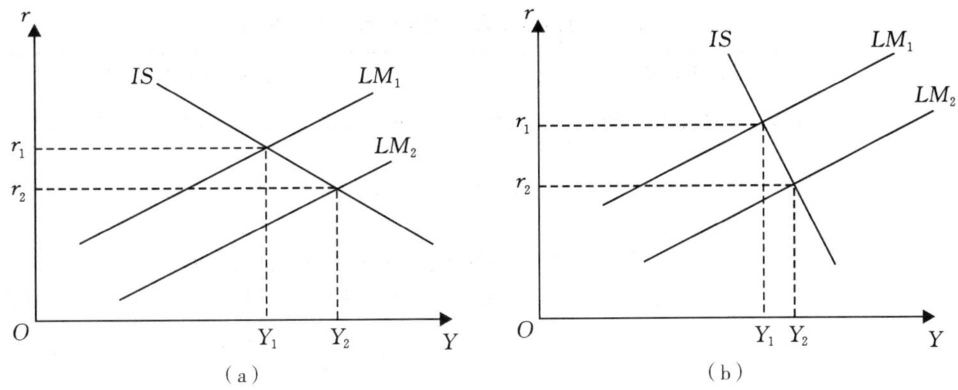

图 14－4　IS 曲线斜率不同时货币政策效果

二、财政政策和货币政策的特点

图 14－5 反映了在凯恩斯主义极端与古典主义极端时，财政政策与货币政策的效果。如图 14－5 所示，在 LM 曲线平坦区域，也就是凯恩斯主义的极端情况，货币变动不会引起利率的变化，利率为 r_0 不变，此时不存在“挤出效应”。财政政策在凯恩斯主义的极端情况最有效，而货币政策无效；中间区域财政政策和货币政策都有效。而在古典主义的极端情况，货币供给增加使利率从 r_5 下降到 r_4，投资极大提高，国民收入从 Y_5 增加到 Y_6，古典主义极端情况下的货币政策十分有效，但财政政策不能改变国民收入 Y_5，因而财政政策无效。

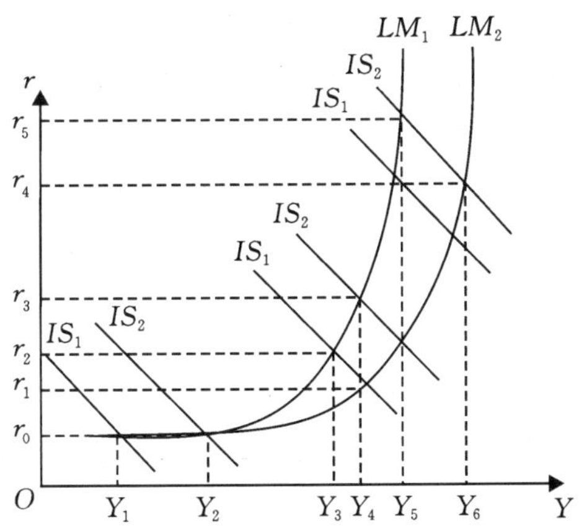

图 14－5　财政政策与货币政策比较分析

结合 IS-LM 曲线分析可以看出，扩张性财政政策导致 IS 曲线右移，国民收入增加，利率上升；扩张性的货币政策使 LM 曲线右移，国民收入增加，利率下降。所以使用一种政策对经济的调节会产生局限性，这就决定了政府要使政策更好地达到预期效果，最好的方法是把财政政策与货币政策配合起来使用。但在一些极端的情况下只能使用一种政策。表 14 - 1[①] 对财政政策工具与货币政策工具的作用对象、过程、强度、速度以及阻力进行了介绍。

表 14 - 1 财政政策工具和货币政策工具的特点

特点	常用财政政策工具			常用货币政策工具		
	政府购买支出	政府转移支付	税收	再贴现率	法定存款准备金率	公开市场业务
直接作用对象	总需求	可支配收入	可支配收入	货币供给	货币供给乘数	货币供给
传递过程	直接影响总需求	影响消费，再影响总需求	影响消费，再影响总需求	影响投资，再影响总需求	影响投资，再影响总需求	影响投资，再影响总需求
作用强度	较猛烈	较缓慢	较缓慢	较缓慢	较猛烈	较缓慢
决策速度	较慢	较快	较慢	较快	较慢	较快
阻力	较大	较小	较大	较小	较小	较小

三、财政政策与货币政策的配合

财政政策与货币政策配合使用又称为相机抉择。政府在进行需求管理时，可以根据市场情况和各项调节措施的特点，机动决定究竟应采取哪一种措施或者哪几种措施。

如表 14 - 2 所示，根据财政政策与货币政策的特点，以及根据经济状况及政府想达到的目标，选择财政政策与货币政策的配合使用。

表 14 - 2 财政政策和货币政策搭配使用方式

政策	对象	适应的情况	收入	利率
扩张性财政政策 扩张性货币政策	调节总量	开工不足，失业严重，经济严重萧条，国际收支盈余过多	增加	不能确定
紧缩性财政政策 紧缩性货币政策	调节总量	严重通货膨胀，失业较低，国际收支巨额赤字	减少	不能确定
扩张性财政政策 紧缩性货币政策	调节结构	总需求不足，经济基础薄弱，国际收支较大赤字，需警惕通货膨胀	不能确定	增加
紧缩性财政政策 扩张性货币政策	调节结构	物价上涨，失业较低，经济过热，国际收支较多顺差，需预防经济萧条	不能确定	减少

(一)扩张性财政政策与扩张性货币政策的搭配

这种搭配使用方式又称为“双松政策”。如图 14 - 6(a)所示，扩张性财政政策减少税收，能够扩大总需求，增加国民收入，但会引起利率提高到 r_1' 水平，抑制私人投资，产生挤出效应，减少财政政策对经济的扩张作用；扩张性货币政策抑制利率上升，扩大信贷，扩大企业投资，减

① 侯荣华. 西方经济学[M]. 北京：中国计划出版社，2003：385.

少扩张性财政政策的挤出效应，扩大总需求，增加国民收入。当经济中大部分企业开工不足、设备闲置、劳动力就业不足、大量资源有待于开发、市场疲软时，运用“双松政策”，使利率变动很小的情况下，国民收入达到充分就业下的 Y^* 水平。

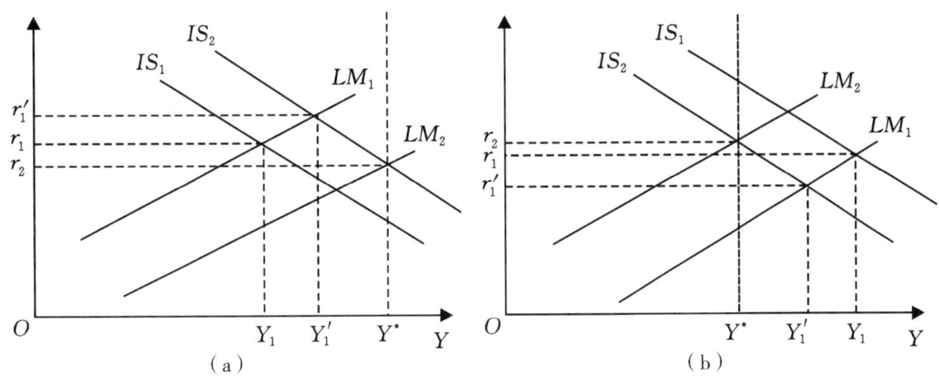

图 14－6 “双松政策”与“双紧政策”分析

(二)紧缩性财政政策与紧缩性货币政策搭配使用

这种搭配使用方式又称“双紧政策”。如图 14－6(b)所示：当经济过热、发生通货膨胀时，实施紧缩性财政政策，减少政府支出，压缩总需求，抑制通货膨胀，减少国民收入。此时利率下降到 r_1'水平，为了防止利率下降可能带动投资增加，实施紧缩性货币政策，减少货币供给量，提升利率水平到 r_2，投资得到了抑制，产出进一步下降。二者配合使用对经济膨胀起到紧缩作用，使得利率变动很小的情况下，国民收入达到充分就业下的 Y^* 水平。不过这种政策长期使用，将会带来经济衰退、失业增加。

(三)财政政策与货币政策松紧搭配使用

松紧搭配政策要根据经济条件与经济目标而定。扩张性财政政策通过减税和增加支出，克服总需求不足和抑制经济萧条；紧缩性货币政策可以控制货币供给量增长，从而减轻扩张性财政政策带来的通货膨胀的压力。扩张性财政政策和紧缩性货币政策配合使用，可以在刺激总需求的同时，又抑制通货膨胀。如图 14－7(a)所示，扩张性财政政策减少税收，能够扩大总需求，增加国民收入到 Y_1'；紧缩性货币政策使得货币供给减少，利率上升，抑制了信贷与投资，减少总需求，使国民收入调节到充分就业下的 Y^* 水平。另外，在紧缩预算的同时，松弛银根，刺激投资带动经济发展，可以将紧缩性财政政策和扩张性货币政策配合使用。如图14－7(b)所示，通过增加税收，或减少政府支出，实施紧缩性财政政策，抑制总需求，国民收入减少到 Y_1'；通过增发货币，实施扩张性货币政策，利率下降，刺激信贷与投资，增加总需求，使国民收入调节到充分就业下的 Y^* 水平。

由于财政政策和货币政策各有特点，选择财政政策和货币政策搭配时，会使国内生产总值的组成比例发生变化，从而对不同阶层和不同集团的利益产生不同的影响。例如，实行扩张性货币政策会使利率下降，投资增加，因而对投资部门尤其是住宅建筑部门十分有利。而实行减税的扩张性的财政政策，则有利于个人可支配收入的增加，从而刺激消费支出增加。同样是采用扩张性财政政策，如果是增加政府支出，例如兴办教育、防治污染、培训职工等，则人们公共

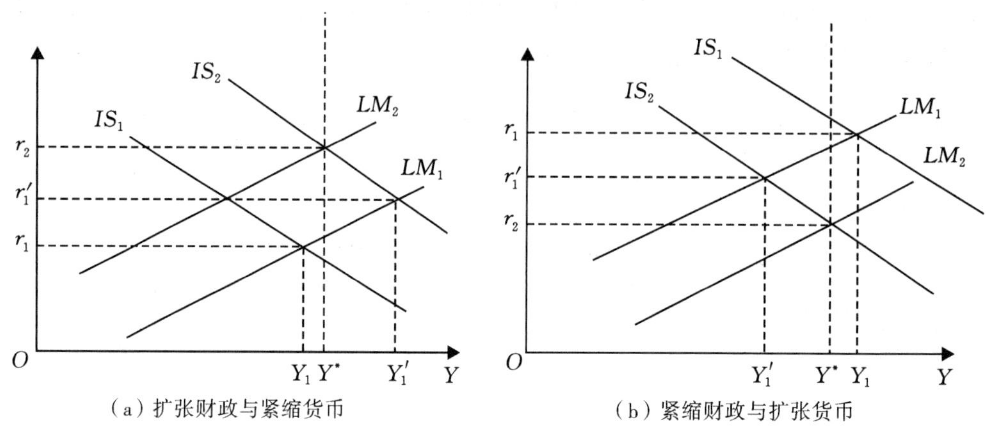

图 14-7 松紧搭配政策分析

收益增加。因此,政府在做出混合使用财政政策和货币政策的决策时,必须统筹兼顾,充分协调各行各业、各个阶层的利益分配。

[资料链接 14-6]

中国财政政策与货币政策的搭配概况

1990 年以来中国财政政策与货币政策搭配使用经历了六个阶段。

第一阶段(1990—1996 年):"双紧"财政政策与货币政策

中国通货膨胀在 1994 年达到历史最高点,其中重要原因是食品价格大幅上升。财政与货币政策的内容有:严格控制货币信贷总量,强化固定资产贷款管理,规范信贷资金拆借行为,严格控制财政支出,压缩社会集团购买力,严格控制税收减免,加强税收征管,坚决制止乱收费行为。1994 年,各项措施都更为严厉并对部分产品实行直接的价格管制。1995 年,又两次提高贷款利率。"双紧"政策结果是:1996 年底,通货膨胀得到控制,GDP 增长率也有所下降,但仍然保持在 10%左右的高位,国民经济实现"软着陆",宏观调控的预期目标基本实现。

第二阶段(1997—2004 年):扩张财政政策与稳健货币政策

1997 年东南亚金融危机,1998 年南方的特大洪涝灾害,国内商品供求由卖方市场转向买方市场,物质产品相对过剩,物价水平持续下跌,出现了明显的通货紧缩。1998 年开始实施的扩张性的财政政策与稳健的货币政策,其着力点在于扩大内需,治理通货紧缩,防范金融风险,摆脱经济萧条,促进经济增长和降低失业率,实现充分就业,保持经济平稳发展。在货币政策方面,表现为增加贷款规模,放宽贷款方向,下调存款利率,降低存款准备金,取消贷款限额控制,降低法定存款准备金。

第三阶段(2004—2007 年):双"稳健"的财政政策与货币政策

宏观经济的主要矛盾是结构性失衡,即经济结构和产业结构不合理,社会分配差距有拉大倾向,经济粗放式增长,市场经济体制改革尚需进一步深化。积极财政政策以刺激投资为主,直接结果就是投资增长过快,消费物价指数屡创新高,经济过热,出现通货膨胀。"稳健的财政政策和稳健的货币政策",主要措施是多次上调利率和存款准备金率,缩减长期国债规模和中央财政赤字,改革出口退税制度,减少部分商品出口退税率等。

第四阶段(2008—2010 年):“双松”的财政政策与货币政策

2008 年全球金融危机发生以后,宏观经济政策向全面宽松转变。这其中包括:4 万亿元经济刺激计划,货币政策包括降息、降低住房首次贷款比例等。2010 年,实际上宏观经济政策基调已经发生了转变,由过度宽松转向适度宽松,主要表现是:国家数次上调存款准备金率,存款准备金率接近历史最高点。

第五阶段(2011—2019 年):积极财政政策与稳健货币政策

2011 年以来,连续 9 年中央经济工作会议明确要实施积极的财政政策和稳健的货币政策,转变经济增长方式、调整经济结构来寻找新的、持久的经济增长动力。

2013 年中央政府一是适当增加财政赤字和国债规模,二是结合税制改革完善结构性减税政策。2013 年改变了中国经济粗放型扩张模式,走上持续健康发展的轨道。

2017—2019 年财政政策要更加积极有效,货币政策保持稳健中性,预算安排适应推进供给侧结构性改革、降低企业税费负担、保障民生兜底需要。2019 年财政政策的精准导向性更加明确,从平衡性财政向功能性财政切换的路径也十分清晰。货币政策方面,强调不搞“大水漫灌”而是增强有效“滴灌”,实现从“宽货币”向“宽信用”的传导。

第六阶段(2020 年至今):2020 年新冠肺炎疫情下,“双松”的财政政策与货币政策

2020 年突如其来的新冠肺炎疫情给中国经济带来了重大冲击,2020 年第一季度名义 GDP 当季同比增长−6.8%,实际 GDP 增长−5.3%,自 1992 年以来季度增速首次出现负增长。企业停工减产,生产停滞,第二产业增速下行 9.6%,第三产业增速下行 5.2%。1—4 月社会消费品零售总额同比下降 16.2%,固定资产投资累计同比下滑 10.3%,海外需求骤减,拉动经济的三驾马车同时承压。经济下行,地方政府的财政面临着很大的压力和困境。财政收入方面,2020 年前 4 个月累计完成地方收入 3.3 万亿元,同比增长−11.5%。政府负债方面,2020 年 1—4 月,全国发行地方债券 1.9 万亿元,比上年同期增长 16.16%,至 4 月末地方债务余额 2.3 万亿元,比上年同期增长 17.07%。为了实现“六保”任务,财政部发行 1 万亿元抗疫特别国债,还有 1.6 万亿元的专项债,以及减税降费带来的 2.5 万亿元左右的财政收入减少,财政形势十分严峻。

中国为应对疫情对经济的冲击,陆续出台了相关财政政策和货币政策措施来反周期调整经济。2020 年第一季度,央行表示“稳健的货币政策更加灵活、适度,反周期调整得到加强,流动性比较充裕”。央行强调结构性货币政策主要体现在“三级两优”的储备框架、再融资的再贴现政策和直接进入实体的货币政策工具上,表明这些工具将进一步发挥精确滴灌的作用,提高政策的直接进入性。积极财政政策措施主要是发出一个“信号”:适当提高赤字比率。财政着力打赢反贫困攻坚战,不断改善民生,确保扶贫不受金融安全不足的影响。财政实行减税、减费政策,密切跟踪疫情和经济运行。

针对赤字,有学者提出财政赤字货币化的观点。

中国财政科学研究院院长刘尚希分析宏观环境出现两个根本改变:疫情防控常态化,说明国内经济运行的宏观环境已经发生了根本改变;国外疫情还在扩散,说明国际环境也发生了根本改变。这两个“根本改变”意味着中国未来的发展进入了高风险轨道。刘尚希提出权衡当前与未来各方面风险,认为赤字货币化的方式,即通过人民银行以零利率直接购买国债,是风险最小的。由于现在没有修改《中华人民共和国中国人民银行法》,财政赤字货币化直接方式不能实现,所以需采取其他的方式。刘尚希认为:最典型的隐性财政赤字货币化就是 2015 年后央

行通过抵押补充贷款(PSL)来支持的货币化棚户区改造,资金规模在3万亿元左右,这说明财政赤字货币化在中国已经存在。另外,1.7万亿元的扶贫产业贷款中,最终很多需要由财政兜底。刘尚希表示,纵观十余年的现实状况,货币同质化的假设是不合理的,现在有必要调整,不能仅看货币的数量,还要看货币的状态,尤其是货币持有者的状态,它对流动性的影响很大。因此,传统货币政策理论需要更新,赤字和货币之间的关系也需要更新。应该让市场的归市场,让政府的归政府,让变相货币化(货币融资)摆在面上,加以法律约束,有利于货币政策和财政政策的配合。

资料来源:刘尚希,盛松成,伍戈,等.财政赤字货币化的必要性讨论[J].国际经济评论,2020(4):9-27.

[资料涉及的理论要点]

财政政策与货币政策的搭配方式。

[资料分析与讨论思路]

分析财政政策与货币政策协调配合的必要性与可能性。

本章小结

1.财政平衡是指在一定时期内(通常为一个财政年度)财政收入与财政支出基本持平的状态。财政平衡的概念经历三个阶段的演变,从年度平衡预算到周期平衡预算,再转变为充分就业平衡预算。财政平衡不再是政府的主要目标,财政平衡与财政不平衡之间的转化主要依据宏观经济形势,政府利用功能财政政策,逆经济风向而行事,形成财政赤字。

2.财政赤字产生的原因与弥补的方式对经济造成不同的影响。根据不同的假定,财政赤字对经济的影响主要有三种,分别是凯恩斯主义的财政赤字有益论、新古典学派的财政赤字有害论和李嘉图-巴罗等价定理的财政赤字无影响论。本章还重点阐述了现代货币理论中财政平衡、财政赤字思想,梳理了当前财政赤字货币化的概念,讨论了财政赤字货币化的条件以及利与弊的观点。

3.政策调控使用的工具主要包括财政政策与货币政策。财政政策与货币政策是政府调节宏观经济的重要手段,财政政策主要利用财政收入或者财政支出等工具来影响社会总需求,但是它也影响到了货币市场的利率,对私人投资产生一定的挤出效应。政府根据财政政策与货币政策的特点,在经济过热时采用双紧缩政策,在经济萧条时采用双宽松政策,在经济不明朗时,根据宏观经济目标,采取财政政策与货币政策紧松搭配使用来调节经济。

关键概念

财政平衡　财政赤字　赤字财政　财政赤字货币化　财政政策　财政政策乘数　挤出效应　货币政策

思考分析

1.平衡预算的财政思想和功能财政思想有何区别?

2.分析财政赤字的经济效应及财政赤字货币化的利与弊。

3.政府若想刺激经济却不改变预算赤字规模是可能的吗?

4.根据财政政策的工具及其作用机制分析如何提高财政政策效应。

5.中央银行的一般性和非常规性货币政策工具有哪些?如何发挥调控作用?

6.根据财政政策与货币政策的特点,结合国情说明财政政策与货币政策如何搭配。

参考文献

[1]公共财政概论编写组.公共财政概论[M].北京:高等教育出版社,2019.
[2]马海涛.财政理论与实践[M].北京:高等教育出版社,2019.
[3]贾康.财政学通论[M].上海:东方出版中心,2019.
[4]陈共.财政学[M].北京:中国人民大学出版社,2009.
[5]张馨.财政学[M].北京:科学出版社,2010.
[6]邓子基.财政学[M].北京:中国人民大学出版社,2010.
[7]钟晓敏.财政学[M].2版.北京:高等教育出版社,2015.
[8]罗森,盖尔.财政学(第八版)[M].郭庆旺,赵志耘,译.北京:中国人民大学出版社,2009.
[9]邓子基.财政学[M].4版.北京:高等教育出版社,2014.
[10]罗森,盖尔.财政学(第10版)[M].北京:清华大学出版社,2015.
[11]王玉帅,陈共.财政学学习指导书[M].8版.北京:中国人民大学出版社,2016.
[12]胡绍雨.财政学[M].成都:西南财经大学出版社,2017.
[13]吕炜,张妍彦,周佳音.财政在中国改革发展中的贡献:探寻中国财政改革的实践逻辑[J].经济研究,2019,54(9):25-40.
[14]周伯棣.论财政学的对象范围与任务[J].财经研究,1956(2):21-27.
[15]邓子基.试论财政学对象与范围[J].中国经济问题,1962(4):13-21.
[16]陈共.财政学对象的重新思考[J].财政研究,2015(4):2-5.
[17]王艺明.构建以马克思主义为基础的新时代中国特色社会主义财政理论[J].财政研究,2018(11):28-32.
[18]梁玉秋.社会主义市场经济条件下劳动和劳动价值理论问题研究[D].北京:中共中央党校,2002.
[19]曾世宏.价值创造与价值分配:劳动价值论及其发展与应用[D].苏州:苏州大学,2003.
[20]张鹏侠.劳动价值论研究[D].长春:东北师范大学,2007.
[21]林成.从市场失灵到政府失灵:外部性理论及其政策的演进[D].沈阳:辽宁大学,2007.
[22]王勇.从“公地悲剧”到“反公地悲剧”[D].上海:华东师范大学,2013.
[23]金洁.市场经济体制对地方政府职能转变的影响机理研究[D].杭州:浙江大学,2019.
[24]梁浩.马克思社会扣除理论中的福利问题探析[D].兰州:西北师范大学,2019.
[25]赵晓雷.中华人民共和国经济思想史纲[M].北京:首都经济贸易大学出版社,2001.
[26]张馨.财政学[M].北京:人民出版社,2002.
[27]马克思.哥达纲领批判[M].中共中央马克思恩格斯列宁斯大林著作编译局,编译.北京:人民出版社,2015.
[28]伍装.社会主义经济理论[M].上海:上海财经大学出版社,2015.
[29]于洪波,郑文范.社会主义政治经济学引论[M].北京:社会科学文献出版社,2016.
[30]陈共.财政学[M].10版.北京:中国人民大学出版社,2020.

[31]邓晓兰.财政学[M].3版.西安:西安交通大学出版社,2015.
[32]金戈,赵海利.公共支出分析[M].杭州:浙江大学出版社,2019.
[33]张平.中西方财政运行状态及运行机制的比较研究[D].天津:天津财经大学,2009.
[34]汤凤林.公共支出决策机制优化研究[M].成都:西南财经大学出版社,2015.
[35]蒋洪.公共财政决策与监督制度研究[M].北京:中国财政经济出版社,2008.
[36]曼斯基.不确定世界中的公共政策:分析和决策[M].魏陆,译.上海:上海人民出版社,2018.
[37]李燕.公共支出分析教程[M].北京:北京大学出版社,2010.
[38]戚昌厚,岳希明.财政支出与经济发展关系:对瓦格纳法则的新解释[J].经济理论与经济管理,2020(7):43-57.
[39]周绍森,胡德龙.保罗·罗默的新增长理论及其在分析中国经济增长因素中的应用[J].南昌大学学报(人文社会科学版),2019,50(4):71-81.
[40]庞瑞芝.财政支出影响经济增长的作用机制分析[J].南开经济研究,2002(3):14-16.
[41]郑方辉,刘国歌.论财政支出绩效评价结构体系[J].中国行政管理,2020(7):41-48.
[42]杨育才.中国国防费到底高不高? [N].环球时报,2019-07-25.
[43]徐世黔,张嘉斌.预算偏好下的政府卫生支出结构变迁[J].中国卫生经济,2016,35(1):50-52.
[44]阮艺华.政府为什么要干预教育供求:政府对教育供求进行宏观调控的理论依据[J].教育理论与实践,2000(12):24-28.
[45]财政部科教司.改革开放40年:财政支持科技教育事业蓬勃发展[J].中国财政,2018(24):14-17.
[46]周代数.中国财政支出结构对全要素生产率影响的实证分析[J].技术经济与管理研究,2018(8):101-106.
[47]张维凡.新常态下财政投资性支出的方向选择[J].西部财会,2015(10):4-9.
[48]武晓利,晁江锋.政府财政支出结构调整对经济增长和就业的动态效应研究[J].中国经济问题,2014(5):39-47.
[49]殷强.我国公共投资制度变迁的路径依赖[J].广东商学院学报,2007(4):45-48.
[50]杨茗.财政转移性支出相关问题探析[J].甘肃科技纵横,2005(4):63-72.
[51]聂芬.我国财政转移性支出的结构分析及其对城乡居民收入分配差异的影响[J].中国国际财经(中英文),2016(24):188-192.
[52]王立剑,代秀亮.社会保障模式:类型、路径与建议[J].治理研究,2018,34(5):43-52.
[53]王琪璐.我国转移性支出与缩小收入分配差距的相关性研究[D].青岛:中国海洋大学,2011.
[54]曼昆.宏观经济学(第九版)[M].卢远瞩,译.北京:中国人民大学出版社,2016.
[55]刘京焕,陈志勇,李景友.财政学原理[M].2版.北京:高等教育出版社,2018.
[56]钟晓敏.财政学[M].3版.北京:高等教育出版社,2020.
[57]刘怡.财政学[M].3版.北京:北京大学出版社,2016.
[58]刘隽亭,许春淑.公共财政学概论[M].北京:首都经济贸易大学出版社,2012.
[59]牛永有,李互武,富永年.财政学[M].上海:复旦大学出版社,2013.
[60]袁崇坚,李娟.财政学[M].上海:上海财经大学出版社,2020.

[61]邓子基，陈工，林致远. 财政学[M]. 北京：高等教育出版社，2020.
[62]《公共财政概论》编写组. 公共财政概论[M]. 北京：高等教育出版社，2019.
[63]马斯格雷夫 A，马斯格雷夫 B. 财政理论与实践（第 5 版）[M]. 邓子基，邓力平，译. 北京：中国财政经济出版社，2003.
[64]费雪. 州和地方财政学[M]. 吴俊培，译. 北京：中国人民大学出版社，2007.
[65]李文，王佳. 我国财产性收入的税收调节：对公平的偏离及优化取向[J]. 税务研究，2020(3)：22 - 28.
[66]白彦锋. 数字税作为间接税，存在税负转嫁与重复征税吗？[N]. 中国经济时报，2020 - 07 - 23(4).
[67]王东京. 从税负结构看结构性减税[N]. 21 世纪经济报道，2020 - 05 - 19(5).
[68]左胜强. 企业所得税的劳动需求效应：基于中国工业企业面板数据的研究[J]. 税务研究，2020(5)：56 - 61.
[69]李普亮，贾卫丽. 中国宏观税负的回顾、反思与展望[J]. 地方财政研究，2019(12)：48 - 59.
[70]曹婧，毛捷. 美国减税对中国经济的影响：基于跨过数据的实证研究[J]. 国际贸易问题，2019(2)：100 - 112.
[71]中国注册会计师协会. 税法[M]. 北京：中国财政经济出版社，2020.
[72]万晓清. 对新个税六大变化的探讨[J]. 纳税，2020，14(19)：34 - 35.
[73]杨志勇. 稳步推进房地产税立法的主要争议及对策思路[J]. 税务研究，2019(8)：38 - 44.
[74]黄立新. 新时期世界税制改革发展的趋势和逻辑[J]. 财政研究，2019(9)：121 - 129.
[75]胡洪曙，王宝顺. 我国税制结构优化研究：基于间接税与直接税选择的视角[J]. 税务研究，2017(8)：14 - 20.
[76]朱青. 完善我国地方税体系的构想[J]. 财贸经济，2014(5)：5 - 13.
[77]周克清. 税收制度的分类和税制结构的比较[J]. 税收经济研究，2012(4)：1 - 5.
[78]朱青. 国际税收[M]. 9 版. 北京：中国人民大学出版社，2018.
[79]吕明. 我国跨境金融服务税收制度研究[J]. 国际税收，2019(12)：57 - 63.
[80]李涛. 国际重复征税的法律问题研究[J]. 法制博览，2019(6)：210.
[81]杨伟韬. "一单一路"背景下国际税收面临的问题及其对策[J]. 产业创新研究，2020(7)：46 - 47.
[82]廖益新，冯小川. 强制性仲裁并非解决国际税收争议问题的灵丹妙[J]. 税务研究，2020(2)：59 - 65.
[83]王法忠. 预算知识手册[M]. 北京：中国财政经济出版社，2020.
[84]米克塞尔. 公共财政管理：分析与应用（第九版）[M]. 苟燕楠，马蔡琛，译. 北京：中国人民大学出版社，2020.
[85]徐旭川. 政府预算管理[M]. 上海：复旦大学出版社，2019.
[86]全国人民代表大会常务委员会. 中华人民共和国预算法[M]. 北京：中国民主法制出版社，2019.
[87]王金秀. 国家预算管理[M]. 北京：科学出版社，2018.
[88]吴敏，刘畅，范子英. 转移支付与地方政府支出规模膨胀：基于中国预算制度的一个实证解释[J]. 金融研究，2019(3)：74 - 91.

[89]沙安文. 预算编制与预算制度[M]. 北京:中国财政经济出版社,2016.
[90]倪志良. 政府预算管理[M]. 天津:南开大学出版社,2013.
[91]彭键. 政府预算理论演进与制度创新[M]. 北京:中国财政经济出版社,2006.
[92]高培勇. 地方预算改革典型模式的比较与评价[R]. 北京:中国发展研究基金会委托课题,2006.
[93]蒋洪. 公共经济学(财政学)[M]. 3 版. 上海:上海财经大学出版社,2016.
[94]陈建奇,张原. 美国赤字政策演化路径债务货币化风险研究:基于奥巴马新政背景的分析[J]. 世界经济,2010(5):27 - 50.
[95]龚强,王俊,贾珅. 财政分权视角下的地方政府债务研究:一个综述[J]. 经济研究,2011(7):144 - 153.
[96]贾俊雪,张晓颖,宁静. 多维晋升激励对地方政府举债行为的影响[J]. 中国工业经济,2017(7)::13 - 168.
[97]李扬. 国债规模:在财政与金融之间寻求平衡[J]. 财贸经济,2003(1):51 - 57.
[98]林双林. 中国财政赤字和政府债务分析[J]. 经济科学,2010(3):5 - 16.
[99]类承曜. 李嘉图等价定理的理论回顾和实证研究[J]. 中央财经大学学报,2003(2):9 - 13.
[100]刘蓉,黄洪. 我国地方政府债务风险的度量、评估与释放[J]. 经济理论与经济管理,2012(1):82 - 88.
[101]毛捷,徐军伟. 中国地方政府债务问题研究的现实基础:制度变迁、统计方法与重要事实[J]. 财政研究,2019(1):3 - 23.
[102]杨文奇,郑德全. 我国国债适度规模的影响因素分析[J]. 管理科学,2004(8):53 - 57.
[103]张鹤,陈超史,峰赫. 平衡财政约束下最优国债规模与利率[J]. 财政研究,2017(4):48 - 61.
[104]侯荣华. 西方经济学[M]. 北京:中国计划出版社,2003.
[105]那明. 美国经济大萧条后的税收政策实践[J]. 国际关系学院学报,2008(2):43 - 47.
[106]王志伟,湛志伟,毛晖. 扩张性财政政策的长期效应[M]. 北京:北京大学出版社,2010.
[107]姚璐. 美国巨额财政赤字及其对美国与中国经济的影响[D]. 北京:中共中央党校,2013.
[108]李永刚. 中国地方政府财政赤字成因分析[J]. 财贸研究,2013,24(1):110 - 114.
[109]汪喆. 我国财政赤字和经济增长关系研究[D]. 合肥:安徽大学,2013.
[110]杨奇才,韩文龙. 财政赤字、利率波动与金融危机:美国金融危机再审视[J]. 财经科学,2013(01):19 - 27.
[111]刘尚希,盛松成,伍戈,等. 财政赤字货币化的必要性讨论[J]. 国际经济评论,2020(4):9 - 27.
[112]吴晓灵. 中国财政赤字货币化问题辨析[J]. 清华金融评论,2020(6):59 - 62.
[113]周春生,冯科. 理性看待财政困境慎用财政赤字货币化[J]. 行政管理改革,2020(7):37 - 44.
[114]刘秀光. 货币政策与财政政策配合的中国实践及经验[J]. 金融理论探索,2020(1):3 - 7.
[115]多维观察财政赤字货币化[J]. 中国总会计师,2020(5):170 - 171.
[116]田素华. 疫情对美国经济影响几何[J]. 人民论坛,2020(17):124 - 127.
[117]刘秀光. 货币政策与财政政策配合的中国实践及经验[J]. 金融理论探索,2020(1):3 - 7.
[118]WRAY R. Understanding Modern Money: The Key to Full Employment and Price Stability[M]. Northampton, MA: Edward Elgar Publishing, 1998.
[119]BELL S. Can Taxes and Bonds Finance Government Spending? [J]. Reserve Accounting and Government Finance' Working Paper, 1998(244).